JN032322

日本ロック胎動期の証言者たち

須田諭一

皓星社

はじめに

二〇〇一年六月九日、頭脳警察が再び復活した。

頭脳警察の始動によって、あらゆる欲求が私のなかに生まれた。自我が目覚めたあの頃、耳にした頭脳警察とその時代の音楽状況をリアルタイムで体験した人の話を聞いてみたいという欲求。この欲求に決着をつけるために、本書『頭脳警察』に取り組むこととなった。

学生運動がやせ細り先鋭化するなか、一九六九年十二月、頭脳警察は結成される。中心メンバーのＰＡＮＴＡとＴＯＳＨＩは十九歳だった。

ステージデビュー直後、「日劇ウエスタン・カーニバル」の舞台でＰＡＮＴＡがマスターベーションを披露、頭脳警察は一瞬にして注目される存在になり、「銃をとれ！」「世界革命戦争宣言」「赤軍兵士の詩」の楽曲は、革命三部作と呼ばれ、「過激」「政治的」なＲＯＣＫを求める若者のシンボル的存在となる。「過激」「政治的」というイメージをより拡大・浸透させる結果となったのが、デビューアルバムの発売中止である。あまりに歌詞が過激すぎるゆえの発売中止措置。続くセカンドアルバムも発売後一ヵ月で、回収・発売中止。相次ぐ発売中止は、一般の新聞をも巻き込む騒ぎとなり、政治活動家のみならず文化人の局地的な支持も受けるようになる。

以降、四枚のアルバムを発表し、政治的時代の終焉とともに七五年十二月三十一日解散にいたる。

時は流れ、ベルリンの壁が崩壊し湾岸戦争の渦のなか、九〇年六月十五日、頭脳警察は復活を遂げる。三枚のアルバムを残し、湾岸戦争終結とともに「自爆」という名の活動停止。

そして、イラク戦争胎動に揺り起こされるかのように二〇〇一年、三度目の活動を開始するのである。

以上のように頭脳警察は、社会の政治的な部分と結びつけられて、活字にされることが多いバンドだ。しかしこれは、どの書き手も頭脳警察をあまり知らず、同じような資料を三十年間模写し続けた結果であると、私は思っている。頭脳警察の本質に迫ることのない、死んだ文章ばかりが垂れ流されてきた。よって、本書は「頭脳警察の本質を再検証する」というテーマを柱に構成されている。さらに日本のROCKの胎動期も描けていたなら幸いである。

日本のROCKの胎動期はいつだったのか。五〇年代のロカビリー、六〇年代のグループ・サウンズとする意見もあれば、グループ・サウンズの終焉後、六〇年代末から七〇年代初頭にかけて台頭したニューロックと呼ばれるシーンを指す意見など、いくつかあるだろう。本書ではニューロックを胎動期としたい。七〇年代にデビューした頭脳警察は、まさに日本のROCKの胎動期の一端を担った存在だったといえるだろう。

さて本書では「過激」だとか「政治的」だとか「革命三部作」だとかの一面性だけで語ることができるほど、頭脳警察は薄っぺらくないという、長年の怨念をポケットに忍ばせて取り組むことになるだろう。

もちろん頭脳警察も含めて、私と音楽の関係は、主観的であり同時に客観的であることから、このスタンスを崩すことなく本書に向き合いたかった。したがって頭脳警察に対して、直球で語っていただける方と変化球で語っていただける方に「証言者」として登場していただいた（七〇年代のROCKの環境や状況を伝えてくれる方々でもある）。状況のなかで証言者は、なにを感じ、どのような夢を抱き、どのように切り開いて、そして現在にいたったのか。頭脳警察を通じて、このような個人的な体験まで踏み込んでインタビューに臨んだ。現在の私と現在の日本の音楽状況にとって、彼らの個人的な体験がとても重要であると感じたからだ。この部分にも、本書の存在意義を感じていただけると幸いだ。

ところで、本書の構成を模索し始めた頃からだろうか、なぜか私の頭のなかをPANTAの楽曲「朝を呼ぶ男」が、グルグル、グルグル廻り始めた。どうして「朝を呼ぶ男」なのか、私にもわからない。ただこれだけは言えるだろう。本書を手に取られたあなたが「朝を呼ぶ男」をご存じであれば熱心なリスナーとして、ご存じでなければ未知の扉を開けるように、証言者の声に耳を傾けていただきたい、ということだけは。

なお、今回の増補復刊にあたって誤字脱字をはじめ、私の文章の稚拙さから文意のわかりづらい箇所、補足を必要とする箇所などが多々目につきました。修正などを加えましたが、証言者の趣旨や意見を変えるものではありません。また、私の補足・情報的な文章は、約二十年経って、インターネットの環境の変化などで、あえて本書で述べる必要がないと思われる部分はカットし、逆に必要を感じた情報などは加筆しました。

目次

増補版　頭脳警察　七〇年代、日本ロック胎動期の証言者たち

1 旧友の証言　岩田由記夫（音楽評論家）

頭脳警察の胎動期から誕生、そして「1＋1＝2.1の世界」

たぶんね、ふたりが出会ったのは赤坂。どの店だったとか、どういうきっかけで話をするようになったかとか、そういうことは一切憶えていない。記憶にないのは、たぶんPANTAも同じだと思う。当時、たまたまふたりとも赤坂が遊び場だった。それで、おそらく溜まり場が同じで、共通の友人がいて、なんとなく話をするようになった……そんな感じだったと思う。十七歳の終わりかな。あるいは、ふたりとも一九五〇年生まれだけど、PANTAは早生まれだから十八歳になっていて、僕はまだ十七歳のときだったかな。ふたりとも十八歳になっていたかもしれないし。とにかく、一九六八年ぐらい。

こう語るのは、音楽評論家の岩田由記夫氏。頭脳警察のデビュー以前からPANTAとTOSHIを知る人物である。

その頃、僕は結構変わっていてね。身体が弱くて、小学校と中学校を合わせて三～四年間しか通わなかった。子どもの頃から常に死が身近にあったし、家庭も複雑だった。だけど高校ぐらいから急に丈夫になって、それまでの反動でグレて遊び回っていたんだよね。で、僕の周辺にいたヤツらは、「高校に入ったらすぐに学校を辞めて遊ぼう」などと言っていた。「高校を辞めて、麻雀や女遊びをしたり音楽をやったりして、そして大検を受けて東大に行こうぜ」なんてみんなイキがっていた。実際に当時の仲間で日比谷高校を辞めて、二〜三年赤坂で女と麻雀に明け暮れて、それで東大に一発で受かって、今でも大学の教授をやっているなんていうのもいるし。まあ変な時代だった。

ただ、僕はそこまで踏ん切りがつかなかった。僕が通っていた高校は、都立で結構厳しい学校だったから制服があったけど、それがいやだからブラックジーンズを履いて、学生帽の代わりにモッズの帽子をかぶって、ロンドンブーツみたいなものを履いて、という学生だった。そんなことをやっていたから、校長に呼び出されたりもしてね。結局、卒業式の二十日ぐらい前に退学届を出した（笑）。一方で、僕は文学少年だったので、同人誌を創ったり、そんなこともしていた。「寺山（修司）さんからハガキをもらった！」って喜んだり（笑）。そういう時代。僕たちの世代は、東大の入試がなかった年だしね。

東京大学の入試が中止されたのは一九六九年である。PANTAとTOSHIは、岩田氏と同じ一九五〇年生まれだが、ふたりとも二月の早生まれなので岩田氏より一学年上で、六八年にそれぞれ大学、専門学校に進学している。ちなみに五〇年生まれのミュージシャンは、仲井戸麗市や友部正人、遠藤ミチロウなどがいるが、PANTAとTOSHIの一学年下になる。

東大の入試中止は、受験生が志望校を決めるにあたってドミノ倒し的な移動を生んだ。本来、東大を

受験するはずの学生が、北海道大学や京都大学、一橋大学、東北大学などに移動したため、受験生全体がドミノ倒し的に志望校を変更せざるを得なかったのだ。遠藤ミチロウは、北海道大学を受験する予定だったが、北大をあきらめて山形大学に進学した。また、小説『赤頭巾ちゃん気をつけて』（六九年発表　庄司薫 著）も、東大の入試がなかった年にまつわる話である。

六九年といえば、二月に日本初のインディー・レーベルと呼ばれるURC（アングラ・レコード・クラブ）が発足したり、三月にメンバーの加橋かつみ（g＆vo：四八年生まれ）が失踪したことを境に、タイガース（主に六七年から七一年に活動）の人気にかげりが見えはじめたり、八月に「第一回全日本フォーク・ジャンボリー」が行われたりしている。メジャーのグループサウンズとサブ・カルチャー（フォークやニューロック）が交錯しはじめた年といえるかもしれない。

横道にそれるが、この時期のPANTAの音楽活動を整理しておこう。

ピーナッツバターをつくって、ホリプロのオーディションに受かったのが大学一年生の六八年。ホリプロ在籍は二〜三ヵ月で、ケンカが原因で辞めている。その後、ザ・ルビーズ（主に六六年から七一年ほどに活動）のベーシスト・立川直樹（四九年生まれ）と「母親同士が知り合い」という理由で交流をもつ。

立川はルビーズとは別に、六七年から七〇年にかけて活動したサミー＆チャイルドのベースも担当したが、このサミー＆チャイルドのキーボード・プレイヤー古田皓士が、同時にザ・モージョ（主に六八年から六九年ほどに活動）に参加していた。この関係で、六九年の夏にPANTAはザ・モージョに参加し、「自分にはR＆Bは無理」と悟る。サミー＆チャイルドのサミーこと茅野雅美は、七二年に『LET IT BE』と『女・ロビンソン・クルーソ／ロック・ステディ』の二枚のアルバムを、田中清司（四八年生まれ）が在籍した稲垣次郎とソウル・メディア（主に六九年から八一年に活動）の演奏で発表した。ドラマーの田中清司は、のちに頭脳警察のレコーディング（『誕生』『仮面劇のヒーローを告訴しろ』）に参加する。

この後、サミー＆チャイルドのマネージャーがつくった事務所で扱う予定になっていたのが、スパルタクス・ブント。スパルタクス・ブントは、元ヴァン・ドッグス（主に六七年から六九年に活動）でキーボードを担当した千葉正健（四〇年－一一年）を中心に、元ピーナッツバターのPANTA（vo＆b）と元アロウズのTOSHI（ds）の三人で、六九年に編成されたバンド。しかし残念なことに、六本木で数回ライブをやっただけで、三～四ヵ月で解散してしまう。ちなみに、一九四〇年四月生まれの千葉は、二〇一一年に心筋梗塞と思われる状態で死去。享年七十一だった。

PANTAはこのような活動と同時進行で、上野や赤坂などで弾き語りを経験した。そして六九年十二月に頭脳警察が結成され、七〇年四月一日「HEADROCK 第三世界の幻覚共同体とロック」（HEADROCKコンサート 神田共立講堂）というイベントでデビューする。

ここに登場したバンドを簡単に見ていこう。

ザ・モージョは、ジャズ系のミュージシャンが結成し、弘田三枝子（vo：四七年－二〇年）のバックを中心に活動したR＆Bバンド（弘田三枝子が不在のとき、PANTAがボーカルを務めた）。デビュー・シングル「欲ばりな恋」を六九年二月一日に発表する。古田皓士（key）は「欲ばりな恋」発表後に参加したメンバーで、のちにPANTAとTOSHIと交流をもつ。

ザ・ルビーズは、シングルを三枚発表しているが、立川直樹は後期ベーシストとして六八年二月五日に発表した「恋のピストル」に参加している。

サミー&チャイルドでは、TOSHIと粟野仁（ヒトシ　頭脳警察初代ベーシスト）がボーヤを経験した。TOSHIと粟野仁は高校二年生の後期にアマチュアバンドを組んだ仲である。

ヴァン・ドッグスは、ステージに「ヴァン」という名前のブルドッグをあげて演奏していたという。シングル四枚とアルバム二枚を残している。千葉正健（key）は六七年四月のデビューから六八年まで在籍。その後、ギャンブラーズ（六七年ほどから活動）を結成し、スパルタクス・ブントへと歩む（ギャンブラーズには、ライブハウス・クロコダイルの店長を現在も務める西哲也［ds］も在籍していた）。ヴァン・ドッグスのアルバムに収録されている千葉正健が演奏するオルガンのインストルメンタルは高い評価を得ていた。

なお、弘田三枝子には、歌謡曲の歌手というイメージが強いかもしれないが、六五年、東洋人歌手として初めてアメリカの「ニューポート・ジャズ・フェスティバル」に招待され、トリを務めた実力派で、日本のR&Bの先駆けと呼ばれている。都はるみをはじめ、大瀧詠一や山下達郎、桑田佳祐などに影響を与えたといわれている。

僕とPANTAは同じ高校ではなかったけど、あいつも同じような高校生活だったみたいだね。PANTAも高校一年生ぐらいから、学校のロッカーに着替えを入れておいて、授業が終わるとトイレの蛇口にシャワーの栓みたいな物を勝手に付けて頭を洗って、着替えて、それで街に繰り出したり。そういうことをしていたみたいだから、自分と同じ匂いを感じた。

僕は自分で稼いで食わなければならなかったから、家庭教師をしたり、赤坂のスナックのような店でバイトをしていた。PANTAはバイトをしなくても遊べた。そこがあいつと僕の違い。まして当時の僕らの年齢にしてはめずらしく、ＰＡＮＴＡは自分の車を持っていた。スバル３６０ね。ＰＡＮＴＡは中学校の頃から「将来はカロッツェリア（車のデザインや製造をする業者）で働く」とか言っていたようなヤツだから、車に関しては当時から詳しかったし、ガキのレベルではちょっとしたものだったと思う。街でコンテッサクーペを見かけると「あれはこの前、ミケロッティ（イタリアのカーデザイナー）が造ったんだぜ」というレベルの話がすぐに出てきたね。ＰＡＮＴＡのスバル３６０には何回も乗せてもらったし、甲州街道をイキがって走って、ダンプに幅寄せされて怖い思いをした経験もある（笑）。だからあいつのスバル３６０は、僕にとっても思い出深い車だ。

その頃すでにＰＡＮＴＡを通じて、ＴＯＳＨＩとヒトシとも友だちだった。スバル３６０に男四人で乗ったりしたたな。確か、ＴＯＳＨＩとヒトシは頭脳警察以前、高校のときに一緒にバンドをやっていたはず。ＰＡＮＴＡは遊び慣れていてスマートな感じがしたけど、ＴＯＳＨＩとヒトシはまだウブだった（笑）。ＰＡＮＴＡが車を持っていたこともあったんだろうけど、ＰＡＮＴＡを中心に三人がツルんでいる感じだった。

あいつが当時車を持っていたことは、機動力という点で、結果的に頭脳警察がプロでデビューするための武器、近道になっていたと思うよ。とにかく当時、自分の車を乗り回していたヤツなんて、あいつぐらいなものだったね。

現在でもＰＡＮＴＡは車が趣味である。趣味の車、スバル３６０とＲＯＣＫが結びついて、頭脳警察のデビューに有利に働いた部分があったのだろう。ただ、ＰＡＮＴＡが初めて手にした車スバル３６０

は、一週間ほどで事故で廃車になったはずである。二台目もスバルだったが、これも一年も経たないで事故で廃車にしているから、この一年間の岩田氏とPANTAの付き合いの濃さが、車の思い出でうかがい知れる。

PANTAとヒトシは、小学校六年生からの付き合いである。PANTAのいる埼玉県所沢市の小学校に、ヒトシが仙台市から転校して来たのが、知り合うきっかけ。中学校と高校も同じ。中学校は東京の私立を受験して、その小学校からは五名しか入学しなかったというから、ふたりの縁は深いと言えるかもしれない。ヒトシがガットギターを買って、それをPANTAが弾かせてもらう。この経験がPANTAが楽器を購入するきっかけになる。高校一年生の出来事である。

自分と同じ匂いがする、これがPANTAの最初の印象。あいつはとにかくアグレッシブだった。行動力があったよ。赤坂とか六本木をよくふたりでフラフラしてた。当時は六本木のアマンドぐらいにしかシュークリームがなかったんだよ。それでPANTAがスバル360に乗ってアマンドまでシュークリームを買いに行って、それを持って女の子の家に行ったりね。まあ、別になにが起こるってわけじゃないんだけど（笑）。仲良くなった女の子をエディ藩に持って行かれちゃったり（笑）。そんなこともあったな。

当時僕はアパートを借りて、高輪でひとり暮らしをしていてね。よく女の子を連れ込んでいたから、狭い部屋にセミダブルのベッドを置いていた（笑）。で、PANTAとTOSHIが東京で寝るところがないと言うから「そのベッド、使っていいよ」とうっかり言ってしまったら、しょっちゅう居着かれて（笑）。バイトで疲れて帰ると、PANTAとTOSHIがいつもベッドを占領している。いくらなんでもこれじゃと思って、ふたりには知り合いが経営していた近所のアパートを借りてもらったんだよ。八畳か十畳ぐらいの部屋で結構広いし、演奏してもいいっていう好条件だったんだけど、あいつらの生活は昼も夜もないし、人の出入りも激しいし、結局追い出されちゃったね。

そういう付き合いのなかで、妙に憶えているのが、ＰＡＮＴＡとサウナに行ったこと。当時はサウナが流行っていて、それでＰＡＮＴＡと五反田のサウナに行ったんだよ。そうしたらあいつ、マッサージをしてもらいながら「気持ちが悪い、人に触られるのはいやだ。くすぐったいぞ！」とか叫んでた（笑）。そういうホント、ガキの遊びの付き合いだったよね。

岩田氏のアパートが港区の高輪で、道を隔てて白金にＰＡＮＴＡはアパートを借りたようだ。当時、大家さんから苦情がきて、ＰＡＮＴＡのお母さんが掃除に来たというから、どういう生活だったか想像できるだろう。

赤坂にロイヤルビルという飲み屋の集合ビルがあった。当時はまだ飲み屋の集合ビルがめずらしい時代でね。たぶん、赤坂でも一〜二番目に建てられた集合ビルだったと思う。そのロイヤルビルの五階に「樽小屋」というスナックのような店があって、そこで僕はバイトをしていた。

飲み屋の集合ビルがまだなかったということが、当時を思い出すうえで、結構重要なことだと僕は思っていてね。今はビルの中にいろいろな飲み屋があるのが当たり前だけど、当時は銀座のクラブが入っているようなビルや新宿の歌舞伎町の一角にあるビルだけで、赤坂や六本木にはめずらしかった。だから力道山刺傷事件で有名なニューラテンクォーター、PANTAともよく行った赤坂にあったディスコのムゲンやビブロスなどは、みんな一階建ての建物だった。ムゲンなんて日本でも老舗のディスコだったけど、それでも一階建てだった。

その街というか、一階建てのディスコや遊び場が一枚の絵のように僕には記憶されていて、当時の独特な空気というのかな、自分たちの時代のイメージとして残っているんだよね。

PANTAが樽小屋に遊びに来てそのときに知り合ったか、あるいは赤坂のどこかの喫茶店でたむろしていて知り合って、それで樽小屋に遊びに来たのか。そのへんは定かではないけれど……。

七〇年代前半を語るときに「街」が引き合いに出されることは多い。「学生街の喫茶店」や「神田川」あるいは「いちご白書をもう一度」などの歌でイメージされる「街」が、それに該当するだろう。しかし、岩田氏が記憶する「街」における「一階建てのディスコ」は、それらとは完全に一線を画している。「学生街の喫茶店」「神田川」「いちご白書をもう一度」などの「街」には、「貧乏な学生生活」や「学生運動」など、砂埃が足元に絡みつくイメージがある。閉塞された社会のなかで、立ち消えようとする繋がりを抱き締めるモノトーンだ。それに対して「一階建てのディスコ」の「街」には、「ネオン」や「その場限りの男女関係」というキラキラしたイメージがある。刹那的で、個人的で、抱き締めるべき繋がりは希薄だ。

これまで雑誌などで語られてきた頭脳警察のイメージが、どうしても筆者にとってしっくりこなかったのだ。それはきっと、「モノトーンの街」と「キラキラした街」が、ボタンのかけ違いのように誤解

されて語られてきたからだろう。たしかに頭脳警察に「四畳半」のイメージはない。頭脳警察は刹那的で、個人的で、抱き締めるべき繋がりが希薄、そんなバンドなのだ。

その頃、僕の記憶ではPANTAはギターをまだあまり弾けなかったはず。あとになって、この話をすると、あいつは否定するけど（笑）。「おまえにギターのコードを教えたのは、僕だったじゃないか」と言うと、あいつは「違う」とムキになるんだけどね（笑）。

樽小屋はTBSに近かったから、芸能人やミュージシャンが結構遊びに来ていた。確か、パワーハウス（主に六八年から七〇年に活動）のギタリストだった陳信輝は、PANTAが連れて来たはず。陳信輝を連れて来たのは、僕の記憶が正しければ、スパルタクス・ブントをやっていた頃だったと思う。あいつとしては結構不安定な時期だったという印象が残っている。

当時も今もPANTAは、パワーハウスが好きで、柳ジョージのベースも気に入っていた。PANTAは昔から人に好かれるタイプだったから、なにかで接点をもって陳信輝と知り合いになったんだと思う。あの頃は変に斜に構えた生意気なヤツが多かったけど、PANTAにはそういうところがなかった。あいつは育った環境が良かったのか、家庭的に恵まれていたのかは知らないけど、おおらかというか、ガツガツしたところがないし、ブルジョアっぽさに嫌味がない。そういう性格が、きっとみんなに可愛がられたんだと思う。ある種の余裕をもちながら自分のなかの飢餓感を表現しているところが、PANTAの個性だと思うよ。

僕はボブ・ディランなどが好きだったから、音楽もやりたかったんだけど、陳信輝が弾くギターを目の当たりにして、ミュージシャンをあきらめた（笑）。ＰＡＮＴＡはそれを見て頭脳警察をつくった。か、どうかはわからないけど、あいつは陳信輝が目の前でギターを弾いても、臆せずミュージシャンの道をあきらめなかった。そこがＰＡＮＴＡと僕の大きな違いだし、あいつのエネルギーというか、やっぱりプロになる資質をもっていたんだと思う。

陳信輝は、一九四九年生まれで横浜出身、中国人と日本人のミックスのギタリスト。十四歳でギターを弾きはじめ、エリック・クラプトンやジェフ・ベック、フランク・ザッパなどの影響を受けて、六六年、ミッドナイト・エクスプレス・ブルース・バンドを結成し、ヤードバーズなどをレパートリーとする（当初、陳信輝はドラムを担当した）。メンバーチェンジにともなって、陳はドラムからギターに移動、六七年にベベズにバンド名を変えるが、六八年に解散する。その後、陳はギタリストとしてムーに参加する。のちにムーは、バンド名をベベズに変更する（通称：第二期ベベズ）。第二期ベベズは、さらにバンド名をパワーハウスに変えて六九年三月に東芝からデビューする。

横浜の本格派ブルースバンドと呼ばれたパワーハウスは、二枚のシングル盤とアルバム『ブルースの新星／パワーハウス登場』を発表し、七〇年三月に解散する。『ブルースの新星／パワーハウス登場』は一聴の価値あり。のちに柳ジョージ&レイニーウッドなどでギタリスト&ボーカルで活動する柳ジョージは、パワーハウスではベースを担当した。ＰＡＮＴＡは「当時のベーシストでは柳ジョージが好きだった」とファンクラブの会報紙で語っている。

パワーハウス解散後、陳はフード・ブレインを結成し、七〇年九月に『晩餐』をリリースし、七一年一月にはソロ・アルバム『SHINKI CHEN』を陳信輝ウィズ・フレンズで発表する。その後、オレンジやスピード・グルー&シンキ（主に七一年から七二年に活動）などを結成し精力的に活動する。なお、スピード・グルー&シンキでボーカルとドラムを担当したジョーイ・スミスは、ペペ・スミスの名前で俳優として、母親の母国フィリピンで活動した（二〇一九年死去）。

ストーナーロックの先駆けとして現在再評価されているスピード・グルー&シンキは七二年に解散し、陳は陳信輝グループでセッション活動を行う。そして八八年、モージョーズを結成した。日本のエリック・クラプトンと呼ばれた陳は、八〇年代以降、音楽学校やライブハウス、楽器店、貸しスタジオなどを経営し、二〇〇〇年代後半からライブ活動を再開する。

横浜出身のバンドといえばゴールデン・カップス（主に六六年から七二年に活動）、日本のニューロックといえばフラワー・トラベリン・バンド（主に七〇年から七三年に活動）が真っ先に思い出される。もちろん筆者も異論はないが、当時の陳信輝の活動を追うと日本のロック黎明期の重要な部分が感じられると思い、こだわってみた。

樽小屋の隣で六本木の野獣会の末裔のような人が店をやっていたんだよね。そこには売れはじめたばかりの加賀まり子さんや大原麗子さんなどの芸能人が遊びに来ていた。その店の開店時間は午後六時だけど、九時頃まではヒマなんだよ。だから「早い時間に友だちに弾き語りをやらせてもらえませんか？」と頼んだんだ。友だちっていうのはＰＡＮＴＡなんだけど、歌いはじめたばかりだったし、いい練習場所にはなったんじゃないかな。ＰＡＮＴＡのレパートリーは、客ウケするような歌謡曲じゃなくて、ボブ・ディランだったりしていたから、お客さんは誰も聴いてないけど、僕は「やっぱりコイツなんかあるな」と感じたな。

すでにオリジナルも創っていた。大学ノートに随分書き貯めていた記憶がある。たぶん「さようなら世界夫人よ」や「言い訳なんか要らねえよ」は、その時点でできていたはず。僕も現代詩を書いていて、歌詞になりそうな詩をＰＡＮＴＡに見せたことがあるけど「あまっちょろい」とか言ってたな（笑）。

そういう感じでＰＡＮＴＡの弾き語りがはじまって、樽小屋でもやるようになるんだけど、僕はなるべくオリジナルをやるように頼んだ。僕にとってＰＡＮＴＡのオリジナルは、すごく衝撃的だったから。その頃、六八年とか六九年ぐらいって、僕の認識では関西フォークは東京にはまだあまり伝わっていなかったし、日本語のオリジナルのＲＯＣＫは、ジャックス（主に六五年から六九年に活動）とフォーク・クルセダーズ（主に六五年から六八年に活動）ぐらいしかなかった。そういう状況で、ポッと孤立したかたちでＰＡＮＴＡはオリジナリティーのある曲を創っていた。だから「コイツはすごい」と思ったね。

あの頃よくやっていた曲で印象に残っているのは「言い訳なんか要らねえよ」と「少年のつぶやき」かな。「言い訳なんか要らねえよ」は「てめえのマンコに聞いてみな〜」という歌詞が酔っ払いにウケてた（笑）。「少年のつぶやき」もすでに歌われていて、歌詞とメロディがシンプルでとてもいいと思った。九三年に発表した『ＮＡＫＥＤ』に収録するまで、ほとんど歌わなかったけど、僕の記憶にずっと残っていた曲だった。

当時のＰＡＮＴＡのオリジナルは、自分のギターとボーカルの技量を超えて難しいものが多かった。一般的に作曲の技術が身につかない段階では、自分の技量の範囲でしか創ることができないものだけど、ＰＡＮＴＡはどういうわけか違っていた。そういう部分でもやっぱり個性的だったと思う。とにかく、頭脳警察の『ファースト』『セカンド』あたりの曲のほとんどは、この弾き語りの時代にすでにできていたはず。

岩田氏は、頭脳警察の誕生を次のように思い出す。

ＰＡＮＴＡも僕も、もちろん音楽が好きだったわけだし、ＰＡＮＴＡの弾き語りを僕なりに応援したりしていたけど、不思議とふたりのあいだで、音楽の会話はそれほどなかった。ただ、ＰＡＮＴＡがある日「秩父に山ごもりするから、おまえも来ないか？」と言ってきた。僕はその誘いを断ったんだけど、結果的にその「山ごもり」は頭脳警察結成のための合宿だった。だから六九年後半の何ヵ月間か、ＰＡＮＴＡは僕の前から消えた。

「山ごもり」は秩父のヤクルトの倉庫の二階で、一〜二週間行われたはずである。普段の練習はＴＯＳＨＩの家の二階で雨戸を閉め切って行われることが多かったようだ。この時点で、ボーカルはＰＡＮＴＡ、ドラムがＴＯＳＨＩ、ギターは左右栄一、ベースにヒトシというデビュー時のメンバーはそろっていたはずである。加えてボーカルとキーボードを担当する女性が二名いたという話もあるが、女性が入っているライブなどの記録はないので、デビュー前に脱退したのだろう。「六九年後半の何ヵ月間か、ＰＡＮＴＡは僕の前から消えた」という岩田氏の記憶から、合宿だけでなく、赤坂界隈で遊ぶ時間がないほどデビューに集中していたのだろう。頭脳警察の始動である。

だから「山ごもり」の誘いに僕が乗っていたら、僕も頭脳警察のメンバーになっていたかもしれない。七五年に葬式をあげるまで、頭脳警察のメンバーは技術で選んでいたわけじゃないし、ある意味誰でもよかったわけだから、僕がメンバーになっていた可能性もあるわけ。友だちとバンドを組んで、そのままプロになって、プロになってからもメンバーは友だちから選んでという、そういうバンドだった、頭脳警察は。

でも当時は、歌謡曲の文化が幅を利かせていて、音楽大学を出ないと楽器は演奏できないとか、きちんとした音楽教育を受けた人間が作曲やアレンジをやるとか、歌詞は大手プロダクションとタイアップしたなかで作詞家がオーダーを受けて書くというシステムが一般的だったし、そういう先入観も強かった。とにかく、「演奏技術を第一に考えないでロックバンドをつくる」という発想はあまりなかった。だけどＰＡＮＴＡは、自分があまり楽器ができない状態でもバンドをつくってプロになった。この感覚はすごいと思う。ある種、現在の若い人がバンドをやる感覚に近いものがあった。

この時期の関西フォークに注目したい。たとえば、高石ともや（vo&g：四一年生まれ）は六六年から独自にライブ活動をはじめている。また六七年には、ザ・フォーク・クルセダーズが自主制作したアルバム『ハレンチ』に収録されていた「イムジン河」や「帰って来たヨッパライ」が京都や神戸のラジオで流された。「帰って来たヨッパライ」は、六八年にはオリコンチャート史上初のミリオンを記録する。「自分たちの活動方法で」ということでいえば、関西フォークシーンはとても早かった。

たとえば、関西フォークを牽引した五つの赤い風船（主に六七年から七二年に活動）のリーダーを務めた西岡たかしさん（vo&g：四四年生まれ）は、兄の影響で幼い頃からジャズなどに親しんで育った。そういう土台があって、西岡さんは独学でギターを習得して、アンサンブルなどの音楽的な部分を担当した。メンバーの中川イサトさん（vo&g：四七年－二二年）にギターを教えたのも西岡さんだったし、五つの赤い風船には音楽的な主導者がいたんだよね。

そう考えるとＰＡＮＴＡは、なにも身についていない段階で、すでに楽曲がいくつかあって、自分の心のなかの不満みたいなものと音楽が好きという気持ちだけで「バンドをやろうぜ」と走り出して、今も活動している。「気持ちだけで走り出した」というこの発想は、今考えてみるとすごいと思う。ましてＰＡＮＴＡは音楽の世界に飛び込まなくても、大学生だし、経済的にも安定した家庭だったから、他の選択肢もあったはずなのに。

さらにＰＡＮＴＡのすごいところは、弘田三枝子さんのバンドだったザ・モージョやホリプロに入ったり、プロの世界に足を踏み入れたにもかかわらず、「アマチュアなら好きなことがやれるから、もう一回アマチュアでやろう」と考えて頭脳警察をつくった点。この発想が意味するものは大きいと思う。

話は少し変わるけど、ＰＡＮＴＡは反体制といわれることが多い。だけど僕は全然そうは思わない。ただあいつの行動力は、良い意味での野次馬根性というか直線的というか。だから臨戦体制のイラクに行ったけど（〇三年二月十五日～二十二日。現地時間）、あいつとしては理屈で動いていないはずだよ、きっと。それを人は反体制と誤解するんだよね。誤解している様子を見て面白がっているようなところが、ＰＡ

ＮＴＡには昔からあったけど（笑）。

あいつの行動力がもう少し違う種類のものだったら、たとえばもう少しズルイ意味で頭が良かったら、逆に頭脳警察は名前も残らなかったと思う。結成当初はメンバーの技術はまだまだだったから、ズルイ意味で頭が良かったら、いやになっていただろうし。あの演奏力で、はっぴいえんど（主に六九年から七二年に活動）やフラワー・トラベリン・バンドなどの巧いバンドとイベントで競ったわけだから。頭脳警察の初期は勢いでやっていたという印象がとても強い。もちろんその勢いの裏側では、ＰＡＮＴＡもＴＯＳＨＩも相当努力をしたと思う。だから今でもやっていられるんだろうね。

頭脳警察はアマチュアの助走をカットして、はじめからプロのステージに立った。六九年十二月に結成されて、青山（または銀座）のディスコ「キラージョーズ」で開催された友人のファッション・ショーで演奏した頭脳警察（女性が二名いたという話もある）は、その後、アマチュア的な活動を行わず、七〇年四月一日には、「ＨＥＡＤＲＯＣＫコンサート」に出演している。これが実質的なデビューステージ。アマチュア活動を経験せずに、内田裕也やフラワー・トラベリン・バンド、モップス、ハプニングス・フォーなど錚々たるメンバーが出演した「ＨＥＡＤＲＯＣＫコンサート」で演奏したわけだ。次のステージは五月七日の「日劇ウエスタン・カーニバル」だが、このイベントはプロが目指すハードルの高いものだった。

余談だが、当時、銀座にキラージョーズという同じ店舗名のディスコがあった（六八年オープン）。ＰＡＮＴＡはこれまで「青山のディスコ・キラージョーズ」と各所で語っているので、銀座のキラージョーズは青山の系列店なのか、青山はPANTAの記憶違いなのか。なお、日本におけるプロジェクションマッピングの始まりは、このキラージョーズにおける商用利用からと言われている。二〇台のスライドとオーバーヘッドプロジェクターを使用して三六〇度の壁面に映像が投影されるサイケデリック・ショーが行われたという。

アマチュアの助走をカットした頭脳警察のスタートは、「ズルイ意味で頭が良かったら」あり得なかっただろう。あまりにとっぴすぎるのである。計算で行動していたら、このような極端なスタートは切れなかったと思う。

しかしいくらなんでも行動力があったからという理由だけで、いきなりプロのステージに立てるわけはではない。そのへんを岩田氏はどのようにみていたのだろうか？

ＰＡＮＴＡはルックスもそこそこいいし、口もちゃんときけるから、とくに年上に可愛がられるタイプだった。だからアマチュアだったけど、プロとの人脈をつくることができたのだと思う。もともとは親同士が知り合いで、友だちになった立川直樹さんもザ・ルビーズのメンバーだったし。あと、頭脳警察の前にＰＡＮＴＡとＴＯＳＨＩが参加したスパルタクス・ブントの千葉正健さんは、ヴァン・ドッグスにいたから、ヴァン・ドッグスのメンバーとも交流があったかもしれない。そういう付き合いと、榑小屋には井上順さんなども来ていたから、そのへんと交流があったのかどうか。それとやっぱりスバル３６０で、そういう交流を拡大、発展させる起動力があった。そういうＰＡＮＴＡの長所が活きたんだろうね。

どちらにしても「日劇ウエスタン・カーニバル」は、たぶん立川直樹さんが動いたと思う。「HEADROCKコンサート」はわからない。立川さんかもしれないし……初代マネージャーを担当する横川純二さん（四六年－一五年）は「HEADROCKコンサート」の前後にはすでに付き合いが始まっていたはずだから、横川さんかもしれない。秩父の「山ごもり」は横川さんの手配だったはずだし。PANTAと横川さんは東京キッドブラザーズの常設小屋にあった楽屋かどこかで知り合ったんだけど、横川さんも演劇関係に顔を出していたぐらいだから、変な人脈をもっていたはずだから。とにかく六九年の十二月から半年間ぐらいの話だから、非常に密度の濃い時間だよね。こういう説明だと「人脈に恵まれてデビューできた」と聞こえるかもしれないけど、PANTAの行動力が大きかったはずだし、実際はPANTAもメンバーも大変だったと思うな。

頭脳警察の成功は、横川さんというマネージャーとの出会いも大きいと思うよ。横川さんは相当動いていたみたいだからね。横川さんの彼女がファッション関係の仕事をしていたんだけど、その事務所が西麻布にあって、そこが自然と頭脳警察の事務所、事務所というよりも溜まり場になっていった。僕はそこにはあまり遊びに行かなかったから、詳しいことはわからないけど。

憶えているのは「日劇ウエスタン・カーニバル」に出演する一週間ほど前に、PANTAが樽小屋に遊びに来て「ウエスタン・カーニバルに出るから」と。「頭脳警察が出たって、どうせ真っ当に評価はされないから、なにかやる」と。きっとこのチャンスを利用しようという、あいつなりの意気込みがあったんだろうね。だけど、なにをやったらウケるとか、どうなるってことは一切考えていなかった。内に秘めた気迫のようなものは伝わってきたけど。

70年代のPANTAとTOSHI、学園祭の控え室

こういうPANTAの思考は、やっぱりパンクだと思うよ。ストラングラーズ（七四年から活動）はパンクかもしれないけど、マルコム・マクラーレン（四六年―一〇年）がバックに付いていたセックス・ピストルズ（主に七五年から七八年に活動）はパンクじゃないという解釈があるじゃない？　そういう意味ではPANTAはパンクだね。誰のマネをするわけじゃなくて、あいつの思考には、のちにパンクと呼ばれる要素がその時点ですでにあったわけだから、パンク以前のパンクだと思う。

余談だけど、アナーキー（主に七八年から八六年に活動）を初めてインタビューしたとき、あいつらもひねくれているから、なかなかまともに話ができなかった。そこで僕が「PANTAとはデビュー前からの知り合いだ」と話したら、急に打ち解けて話してくれた。「PANTAさん、すごく好きなんですよ。俺たちの元祖だから」って。

どちらにしても「日劇ウエスタン・カーニバル」でやったPANTAのパンク的な行動が、内田裕也さん（vo：三九年―一九年）に気に入られたのかどうかはわからないけど、裕也さんにも可愛がられていたね。

立川直樹さんはその頃、頭脳警察のプロデューサーやマネージャーをやりたい気持ちがあったと思うよ。だけど立川さんはどちらかというと、制作指向の強い人で、当時からイベントで儲けたりしていて、実業的な匂いがするというか、そういう部分でPANTAとは合わなかったのかもしれない。あと、結構ふたりとも似ているところがあるから、近親憎悪というか、惹かれ合ったり、反発し合ったり。そういう感情がゴチャゴチャになって、人間関係が築けなかったんだろうね。今なら良い関係がつくれるかもしれないけど。でも立川さんは、PANTAの才能を見抜いて、少なくとも頭脳警察がブレイクするきっかけになった「日劇ウエスタン・カーニバル」をブッキングした。日本のロック界にとって、この功績は大きいと思う。

このように整理してみると、マスターベーション事件によって「日劇ウエスタン・カーニバル」を最大限に利用できたPANTAのセルフプロデュース能力が見えてきた。デビュー以前の活動も衝撃のデビューも、有能なマネージャーと組めたことも、セルフプロデュース能力があったからなのだろう。加えて類推すれば、現在まで活動を続けられたのも、このあたりに答えがあるのかもしれない。ところで頭脳警察は、カンパなどで実施されるフリーコンサート（ほとんどの場合、バンドの出演料はない）には出演しない方針だったが、当時のフリーコンサートの様子を岩田氏は次のように語る。

頭脳警察がどうして、フリーコンサートに出なかったか、その事情は知らない。当時のフリーコンサートは、なんか美化されて語られているようだけど、実際はドロドロしたいやな面があったんだよ。たとえば、イベントの主催者側と出演するミュージシャンの関係では、表面的にはみんな仲がいいんだけど、裏にまわるとミュージシャンが主催者をよく言わないことが多かった。それはやっぱり、ミュージシャンが主催者に利用されて、金儲けの道具にされたという経験があるからなんだよね。

当時でいえば「100円コンサート」という日比谷野外音楽堂（野音）のイベントがあって、入場料が百円なんだけど、ミュージシャンには一円も還元されなかったケースが多かった。ミュージシャンは楽器の持ち込みから全部自前なのに、フリーコンサートということでギャラは出ない。でも、観客はみんな結構ちゃんとカンパしているわけ。僕もそういうフリーコンサートはよく観に行ったけど、ザルが吊してあって、そこに観客がお金を放り込んでいくシステムが多かった。100円コンサートといっても五百円ぐらい入れる人も多いし、どう考えてもミュージシャンにギャラを払えるぐらいは集まっているはずなんだよ。だから主催者は潤って、ミュージシャンには還元されないケースが多かったようだね。これはあまり語られてこなかったけど。

そういう状況で、利用されただけのミュージシャンもいるし、利用される側にいるようで主催者の側に付いていたミュージシャンもいた。まあ、だからフリーコンサートなんてあいまいなシステムで行うと、やっぱりお金のことでいやな思いをしたり、人間関係が壊れたりするわけだよ。

金銭問題ということでいえば、長く活動していたり、プロダクションやレコード会社がずっと同じだったりするミュージシャンは、不思議とお金の揉めごとが少ないね。問題がないから同じところで活動しているということなんだろうけど。チョコチョコ移るミュージシャンは、やっぱりなにかしらの問題を抱えやすい資質を本人がもっているような気がする。そう考えると、PANTAは事務所やレコード会社がずっと同じだったし、金銭トラブルの話は聞こえてこない。というか、あいつはスタッフに昔から恵まれている。PANTA自身が人を見る目をもっているとも言えるけど。

七〇年代の頭脳警察のステージは、野音のイベントで出たものは結構観ているよ。だけどそれは頭脳警察だけを観に行っているわけではなくて、他のバンドも目当てで行くわけだから。それ以降現在に至っても、頭脳警察だけとか、PANTAだけのライブを観に行くということはあまりないな。いいステージをしていることは知っているけど、デビューする前からの友だちという気持ちが強いからね。目の前で何十回もあいつの歌は聴いているわけだから、わざわざ観に行くという気持ちにはならない。PAN

TAも僕が改まってライブを観に行ったら、照れくさいんじゃないかな。アルバムはじっくり聴いているけどね。

最近観たPANTAのステージは、「ROOTS MUSIC 音楽祭」（〇二年十二月十四日 東京芝メルパルクホール）だね。これは僕が企画したもので、当然会場にいたから（笑）。PANTAにはゲストで「さようなら世界夫人よ」と「万物流転」を歌ってもらったけど、早川義夫さん（vo & g & pf：四七年生まれ）が「PANTA、いいね」って言っていた。

七〇年代に、毎週のように日比谷野外音楽堂で実施されていた通称「100円コンサート」の第一回目は、六九年九月二十二日「ニューロック・ジャム・コンサート」（主催者：成毛滋）として入場料十円で行われた。継続されたイベントで当初の入場料金は一〇円だったが、次第に百円になり「100円コンサート」と呼ばれるようになった。

ところで頭脳警察が本格的に動き出してから、岩田氏との付き合いはどうなったのだろうか。

PANTAやTOSHIとの当時の付き合いは、たぶんアルバムの『ファースト』から『セカンド』を録音するぐらいまでだったと思う。僕はその頃、もう一度勉強しようと思って、学校に入り直して、夜の世界で遊ばなくなったから。

それで本格的に現代詩を書いて、小さな賞をもらったりしたけど、それでは食えなくて編集に関わりはじめたんだよ。PANTAとの再会は『PANTAX'S WORLD』を出した頃だから七五年ぐらい。その頃僕は講談社に出入りしていて、雑誌名は忘れたけれど「ロック・ミュージシャンの夫婦生活」みたいな変な企画があって、編集者に頼まれてPANTAにインタビューの依頼をするために再会したんだよね。

僕はアルバムのライナーノーツを一年間で三〇本ぐらい書いたこともあったけど、レコード会社のシステムが嫌いだったから、そういう仕事を減らしている頃だった。ライナーノーツは僕の前の世代までは、好きなことが書けたんだよ。「今回のアルバムは愚作だ」なんて書き出しのライナーノーツだってあったぐらいだから。でも、そういうことが書けない時代になってきた。しかも僕は好きなものがクラシック、演歌からパンクまで幅広い。だけど、ライターとしてジャンルを明確にしないとレコード会社は非常に嫌がるわけ。なんか人より早くカセットテープがもらえて、感想文を書くと食えちゃう。そういうのが非常にいやでね。こういうことを言うから業界から嫌われるんだけど（笑）。それでも理解してくれる人もいて、なんとか食えていた。そういう状況のときにPANTAと再会して、頻繁でもないけど、また会うようになった。

七六年か七七年ぐらいに、中村文一さんというFM東京のディレクターと知り合ったんだよ。かつて中村さんはベースを弾いていて、七一年頃に本多信介（g：四九年生まれ）や松本裕（ds：五一年生まれ　松本隆の弟）などと、「ほうむめいど」（主に七一年ほどに活動）というバンドをやっていた。また、早川義夫さんの企画で斉藤哲夫（vo&g：五〇年生まれ）やあがた森魚（vo&g：四八年生まれ）、鈴木慶一（vo&g：五一年生まれ）と「サアカス社」というアーティスト・グループに参加したりもしていた。左翼系の活動家としても有名だったらしいけど。

それで中村さんに誘われて、FM東京の構成をずいぶんやらせてもらった。彼は好きなことをやらせてくれたから仕事は楽しかったよ。クラブ系の番組を制作したのも日本でもっとも早かったし、真っ先にセックス・ピストルズを日本でオンエアしたのは、たぶん中村さんと僕だと思う。だから僕が制作する番組では、PANTAをゲストに呼ぶことが多かった。七八年から九三年ぐらいまでは自分でDJもやっていたから、ゲストに年に一～二回は呼んでいたんじゃないかな。

話は変わるけど、八一年ほどに僕が茅ヶ崎市に家を建てたとき、PANTAが遊びに来てくれたんだよ。カーナビがない時代なのに、所沢から迷わないで茅ヶ崎の僕の家まで車で来たから、驚いたら「日比嘉賢くんが入院していた病院と一～二キロしか離れていないから、迷わなかった」って言うんだよ。これもなにかの縁かなと思ったりしたよね。日比くんは当時の友人なんだけど、入院生活が長くてノートに詩をしたためていたんだよね。その詩のひとつにPANTAが曲をつけて「少年のつぶやき」という楽曲になった。

知り合った頃のイメージのままでお互いきているから、音楽の話はほとんどしない。だけどあるとき、「今、どういうのが流行っているんだよ。おまえは専門だから知っているだろ?」って言うから「ニルヴァーナ（主に八七年から九四年に活動）に惚れているよ。こういうのが聴けなくなったら俺は評論家を辞めて、もっと専門的なことをやろうと思うんだ」と答えたんだよね。そうしたら「なんだよ、ニルヴァーナって?」って（笑）。その程度の音楽の会話はするけど、それ以上はないな。会えば、今でも車の話が中心。

最近のROCKには関心のないPANTAのようだが、一〇代の頃はどうだったのだろうか。

ＰＡＮＴＡの音楽に対するスタンスというか、特徴は当時も今も大きく三つあると、僕は思っている。ひとつはカウンター・カルチャーに対するセンスが良いという点。当時ＰＡＮＴＡはフランク・ザッパ（vo&g：四〇年－九三年）やピンク・フロイド（主に六五年から一四年に活動）に注目したけど、日本では非常に早かったと思う。ピンク・フロイドはふたりでよく雨戸を閉めて大音響で聴いたよ。

次に、僕らの世代は音楽体験というとビートルズ（主に六〇年から七〇年に活動）から入るケースが多かったんだけど、ＰＡＮＴＡはエルヴィス・プレスリー（vo：三五年－七七年 主に五四年から七七年に活動）から入ったという点。マセてたね。ビートルズに対して、あいつは「はじめは抵抗したけど、すぐに飲まれた」と言っているよね。この言葉は本当にあいつらしい。エルヴィスに対して何ヵ月か愛情を保ち続けたけど、やっぱりビートルズの素晴らしい部分を認める、そういう視点というかセンスね。「ビートルズなんか」と意地を張らないところがＰＡＮＴＡらしい。いいと思うよ。

三つ目に、ポップスに対するアンテナももっているという点。フランス・ギャル（vo：四七年－一八年）が好きだとか、とんでもないミーハーなものが好きだったりする。僕と趣味が共通する部分が多いから、ＰＡＮＴＡの好みは非常に理解できるんだけど、僕の感覚ではフランク・ザッパとフランス・ギャルは「別のもの」として存在している。だけどＰＡＮＴＡのなかでは「同じもの」なんだよね、たぶん。そこがあいつの個性だし、今も音楽をやっていられる要素でもある。

とにかくＰＡＮＴＡには、音楽の本質や普遍性を見抜く力がある。良質の音楽に対する感受性が強くて敏感だと思う。だから『PANTAX'S WORLD』や『走れ熱いなら』に、あれだけ優れたミュージシャンを起用できたんだろうね。

車に対する感性にも同じものを感じるんだよね。たとえばPANTAは、メルセデス・ベンツの新車を買って、というタイプではない。車好きというのはどうしても、フェラーリの新車に飛びついて、というタイプが多いけど、あいつはフェラーリだったらディーノが欲しいとかね。そういうタイプだから本質を見抜く力があると思うよ。


フランク・ザッパとフランス・ギャルが「同じもの」に感じる感性だから、「銃をとれ！」と「さようなら世界夫人よ」が、頭脳警察として成立するのだろう。この振幅の大きさが、頭脳警察の魅力のひとつである。

この振幅の大きさが、頭脳警察をジャンルに納まり切らない異質な存在にしているのだろう（ちなみに筆者は、ジャンルは商業的側面以外、なんの意味ももたないものだと思っている）。おそらく「元祖パンクの頭脳警察」などという表面的なキャッチコピーに釣られて頭脳警察を聴いたリスナーのなかには「これがなんでパンクなの?」と肩すかしを味わった方も多いのではないだろうか?

「パンク／PUNK」という言葉を使うとき、「精神的側面」と「サウンド的側面」があることを送り手も受け手も認識しておく必要がある。頭脳警察を「パンク」という言葉を使って説明するなら「その精神性においてパンクの元祖と言えよう」となるだろうか。マルコム・マクラーレンのプロデュースの傘の下にいたセックス・ピストルズが、パンクバンドとして揶揄される場合、この「精神的側面」の批判がほとんどである。

そしてビートルズ。異論を怖れずにいえば、アルバム『プリーズ・プリーズ・ミー』と『サージェント・ペパーズ・ロンリー・ハーツ・クラブ・バンド』は、筆者の感性では「別のもの」であるし、さらにこの二枚と『アビー・ロード』は「別のもの」に聴こえる。「ビートルズ」という巨大な先入観からビートルズを体験したリスナーには理解しづらいかもしれないが。

しかし『プリーズ・プリーズ・ミー』と『サージェント・ペパーズ・ロンリー・ハーツ・クラブ・バンド』と『アビー・ロード』を繋ぐもの。これらを「同じもの」にするのが、ジョン・レノンとポール・マッカートニーの声だ。どのアルバムでも、どのようなアレンジ、サウンドでも、ふたりの声の存在感がビートルズとして「同じもの」として永遠に存在させるのだろう。

PANTAの声にも存在感がある。アルバム『セカンド』と『仮面劇のヒーローを告訴しろ』を聴き比べると、ボーカルスタイルに変化が感じられるが、声の存在感によって「同じもの」になり頭脳警察として成立している。

機械の進歩によって、音楽は時代の顔をもつ。サウンドやアレンジ、リズムは時の流れのなかで新しく生まれ、去っていく。しかし「声」は残る。存在感のある声は時代を超えて残る。

しかしどう考えても、フランク・ザッパとフランス・ギャルは、筆者には「別のもの」に聴こえるのだが。

PANTAの感性は、一般の尺度とちょっとズレている。オリジナルを創りはじめてすぐに「言い訳なんか要らねえよ」と「さようなら世界夫人よ」を書いた感性。ビッグマウスやリップサービスではなく、本心で「ビルボードでナンバー・ワンを獲りたい」と考える感性。『KISS』も創れば『クリスタルナハト』も創る。頭脳警察を復活させてロールス・ロイスに乗る。頭脳警察をやりながら制服向上委員会のプロデュースをする。歌謡曲のシステムに取り込まれようとはしない。パンクをやったなんて意識は全然ない。フランス・ギャルが大好きで、フランク・ザッパが大好き。これがPANTAの世界、感性で、こういう世界がすべて一緒に成立している。普通の人には、非常に理解されないと思うよ。

どうして普通の人には理解しづらいかというと、PANTAの世界は我々の世界とほとんど同じなんだけど、少しだけ異なる「1＋1＝2.1の世界」だから。もちろん我々の世界は「1＋1＝2」で、我々には1＋1は2にみえる。PANTAには自覚はないけど、あいつが創る世界は我々の眼には「1＋1＝2.1」にみえる。PANTAは自分の感性と我々の感性に「0.1」の隔たりがあるとは思っていない。だから「言い訳なんか要らねえよ」と「さようなら世界夫人よ」を並行して書けるし、躊躇なく人前で歌える。

PANTAって、なにに対しても常にそう。音楽にしても車にしても、イラクに行ったことにしても。だからPANTAの話を聞いていると、大方理解できるんだけど、ほんの少し理解できないことが多い。この「ほんの少し理解できない」という感覚は、PANTAの周りにいる人たちはみんな感じているんじゃないかな。だけどあいつ自身は、自分が「1＋1＝2.1の世界」に生きているということには気がついていないし、説明しても理解できないと思うよ。

たぶん誰もPANTAの歌詞を明確に説明できないんじゃないかな。「屋根の上の猫」はまさにPANTAの世界だよね。「きみはいつか なぜか きっと猫になる」という歌詞はPANTAだけに見えている世界。あの歌詞ほどわかりにくいものはない。当然、意図的にわかりづらくしているわけではない。

曲がカッコイイとかみんなは言うけど、歌詞の内容は誰にも明確にはわからないと思うし、あの歌詞のすごさはPANTA自身もたぶんわかっていないと思う。

僕は理論的に書いた歌詞って嫌いなんだけど、それにしてもPANTAの歌詞は、よく読んでみると整合性がないものが多いし、おかしな内容が多い。「つれなのふりや」もそうだし、「さようなら世界夫人よ」は訳詞だけど、やっぱりなにを言っているんだかわからない（笑）。だから聴く人はみんな、説明する言葉をもてないんじゃないのかな。もっともリスナーは説明する必要はないけどね。だけど、そういう歌詞のわかりづらい曲が名曲と呼ばれているよね。

そういう意味でいうと、アルバム『マラッカ』は素晴らしいけど、タイトル曲の「マラッカ」は僕はあまりいいとは思わない。コンセプトがあってプロデューサーがついて、張り切って書いた結果、ちょっと具体的すぎるかな、と。もっといつもの調子で抽象的な部分、わかりづらい部分があったほうが、いいものになったんじゃないかな。あの歌詞にも一部そういうところはあるけどね。

曖昧だけど、心地のいい世界。それがPANTAの世界であり、まさしく六〇年代がもち得た世界なんだよね。

曖昧だけど、心地のいい世界。まさにPANTAの世界だ。PANTAが反体制の旗手だとか、思想的な部分で必要以上に持ち上げられるのも「1＋1＝2.1の世界」と1＋1＝2の世界の誤差なのだろうか？　逆説的にいえば、このような誤差を創りたくても創れない表現者はきっと多いはずだ。ということは、このような誤差をもち得たことは、アーティストとしての資質といえるのだろうか？

1＋1が2.1にみえるのは資質だと思う。そういう資質をもっている人はやっぱり少数だよね。天然にすごい。で、そのすごさを自分では気がつくことができない人がクリエイターなんだよ。1＋1を10にみせるのは、計算や技術でいくらでもできるわけだから、あざとくやった人は商売人になるわけ。だけど天然にすごい人はなかなか評価されない。ただ1＋1＝2.1じゃないかという可能性が、科学や風俗の変化によって、何十年後にフッといわれたときに、きっとPANTAは一般的にも評価される。そう思うよ。

西岡たかしさんが歌詞を書いた「遠い世界に」（六八年五月発表）も、ちょっと理解できないよね。あの七〇年安保のなかで「これが日本だ 私の国だ」と歌うのは、ほとんど右翼思想だから大変なことなんだよ。しかも反戦がモラルのような関西フォークのなかでは。

それで西岡さんに訊いたら「三ヵ月以上考えた」と言っていたから、本人もわかっていたわけ。西岡さんは考えてズレを創ることができるわけだよ。しかも「遠い世界に」は、そこそこヒットした。そうすると「『遠い世界に』と同じような曲を書いてくれ」という注文が山ほどくるんだよね。でも彼は全部断った。

だから「1＋1＝2.1の世界」に気がついて、あざとくやれる人はヒット曲を連発できるだろうけど、西岡さんみたいに、その世界に気がついてもやりたくないという人もいるということだね。

七〇年代の頭脳警察のときからPANTAにも曲の依頼がきていた。その依頼が演歌でもPANTAは書いた。書いた曲が演歌でも主義は曲げない。これがPANTAだよね。一方で西岡たかしさんは依頼があっても書かなかった。西岡さんは「遠い世界に」の金太郎飴みたいな曲を書いて、金を儲けても面白くないと思ったんだろうね、きっと。

音楽性から西岡さんとPANTAは相反する世界にいるように思われているかもしれないけど、逆に近い資質をもっていると思うよ。西岡さんのほうが論理的だけどね（笑）。

「1＋1＝2.1の世界」というのは、PANTAの資質を説明するのに非常に適した表現である。目からウロコというか、筆者が頭脳警察と出会ってから、もんもんとして言語化できなかった疑問をひとことで見事に説明した表現だ。

それにしても、頭脳警察と五つの赤い風船が近いというのは意外だ。リアルタイムでふたつのバンドを体験した人には、それほど意外なことでもないのだろうか？

もしも、PANTAが自分の「1＋1＝2.1の世界」に気がついて、自己操作できたら、ヒットメーカーになっていたかもしれない。鈴木慶一にも同じものを感じるけど、慶一は自分のズレに気がついているのかもしれないな。

では、村八分は1＋1がいくつの世界なのだろうか？

村八分（主に六九年から七二年に活動）や裸のラリーズ（主に六七年から九七年に活動）になると、1＋1＝2.7

ぐらいまでいっていると思う。村八分は、はじめからアバンギャルドを意識して結成した。それに対して、ＰＡＮＴＡはフランス・ギャルやザ・ピーナッツが好きで、それで頭脳警察を結成したわけだから、村八分とは決定的に違う。

頭脳警察と村八分。活動した時期、漢字のバンド名、日本語の歌詞、流動的なメンバー、孤立した存在など共通点が多いので比較されることが多いが、本質的にはまったく異なるバンドである。

ＰＡＮＴＡとＴＯＳＨＩが一時離れた理由のひとつに、お互いの音楽の方向性の違いが考えられる。自分のなかのポップスの部分が膨らみはじめたＰＡＮＴＡと、アバンギャルドの部分が膨らみだしたＴＯＳＨＩ。離れている期間に、ＰＡＮＴＡはアルバム『誕生』と『仮面劇のヒーローを告訴しろ』を発表する。それ以前に発表したアルバムよりポップである。

一方でＴＯＳＨＩは、エレクトリック・パーカッション・グループで前衛的なサウンドを模索する。エレクトリック・パーカッション・グループは、のちにＴＯＳＨＩの活動の拠点となるシノラマにつながる出発点にも思えるし、『誕生』と『仮面劇のヒーローを告訴しろ』は、その後のＰＡＮＴＡと鈴木慶一の出会いを裏付けるアルバムのようにも思える。

だからＰＡＮＴＡがノンフィクション小説『失われた私』（七三年発表 フローラ・リータ・シュライバー 著）にハマって、アルバム『16人格』を創ったのも、僕には理解できる。なんでＰＡＮＴＡが『失われた私』に惚れ込んだのか。結局『失われた私』はＰＡＮＴＡ自身だからだよ。

普通の人は『失われた私』に興味をもっても、「最近アメリカで話題になった本で、フロイトなどの従来の心理学をくつがえす精神分析の治療例の話で、そこから人間の心を眺めてみると」とか、そういう感じでとらえると思うんだよね。これが1＋1＝2の世界の『失われた私』のとらえ方だよ。

でも、ＰＡＮＴＡの興味はそうではなかった。単純に「これは面白いな」と。「どこか自分に似ているな」みたいな。で、知らないうちに『失われた私』の世界に入り込んでしまった。でも「1＋1＝2.1の世界」だからそれほど日常から逸脱しないで、楽曲を書いたりレコーディングしたりできる。この微妙なズレがＰＡＮＴＡの世界だ。

『失われた私』と『16人格』、そしてＰＡＮＴＡの神経症。このつながりから「やっぱりＰＡＮＴＡは芸術家なんだな」と単純に思ったものだ。たしかに筆者にとっても『失われた私』は興味深い小説だったが、もちろん神経症にかかることはなかった。

そしてアルバム『16人格』を聴いたとき、ある種の違和感を覚えた。中山努のキーボードの音色には幻想的な重さは感じたものの、アルバム全体の印象は、結構ポップで歌詞も暗くなかったから。アコースティックギターのキラキラした音は心地良ささえ感じる。もっと暗くどろどろした歌詞とサウンドを想像していたのだが。

たとえば仮に、ＰＡＮＴＡのことを知らない誰かに「この『16人格』というアルバムを創る過程でミュージシャンが入り込んで神経症になったんだよ」と説明して聴かせたら、どういう感想をもつだろうか。きっと「そんなに重い感じはしないけどね」と答えるのではないだろうか。とはいうものの、ＰＡＮＴＡの

声が苦しそうというか、霧がかかっているような印象も一方では避けられないが。
しかし、レコーディング中に神経症にかかっても逸脱せずに完成できたのは、統合というテーマを「希望、そして期待を持って、このアルバムをつくった」（ライナーノーツから引用）からなのか。

「1＋1＝2.1の世界」は、いってしまえば0.1しかズレていないので、他人に迷惑をかけることなく生活できる。これが0.7ぐらいズレていると、そういうわけにはいかないけど。

もっと詳しく説明すると「1＋1＝2.1の世界」は、「あの時代から活動を続けているアーティストの特徴」ということもできる。西岡たかしさんも早川義夫さんも、問題を起こさずに普通の生活を送っている。でも話をすると、少し違和感を覚える。0.1ズレているから。「ジャックスは売れなかった」とか「仕事がなかった」とか「沢田研二（vo：四八年生まれ）には、かなわなかった」とか早川さんは言うんだよ、まじめに（笑）。

当時、早川さんはディレクターの道もあったわけだけど、「本屋になるしかなかった」と言うんだよね。話を聞いていると、なにか素直に受け入れられないんだよ。「ジャックスは売れなかった」「沢田研二には、かなわなかった」と思っていたなら、どうして歌謡曲のシステムに組み込まれなかったんだろうと単純に思うよね。早川さんに言わせれば「一緒に活動した木田高介くんのようにはなれないから」とか、ますます訳がわからない。いまだに彼は、その基準で生きているわけだけど。

ところでPANTAは、最近変わったというか賢くなってきたと思ったんだけど。いや昔から賢いのかな。九〇年代になって、PANTAも人をプロデュースするようになって初めて気がついたんだろうけど、最近、本人の口から直接「セルフプロデュースはできねえな」って聞いたんだよね。

プロデューサーは独裁者であるべきと、僕は考えている。ビートルズのプロデューサーを務めたジョージ・マーティン（二六年−一六年）にインタビューをしたことがあるけど、彼も「プロデューサーは独裁者であるべき」というようなことを言っていた。ミュージシャンと一緒になって、プロデューサーが「これがいい、あれがいい」なんてやっていたら絶対に良い音楽は生まれない。ただそうはいっても、ミュージシャンは結果の責任すべてを負わなければならない。従ってプロデュースを他者に頼むのは、ものすごく器がでかくなければできないんだよ。

だからPANTAが、アルバム『マラッカ』と『1980X』のプロデュースを鈴木慶一に任せたのは、器のでかさの証でもあるんだ、実は。そのことにPANTA自身、自分でもちょっと気がついたかなと思ったね。

PANTAって昔から自分でプロデュースしないじゃない？　クレジットではプロデューサーはPANTAになっているアルバムもあるかもしれないけど、完璧なプロデュースはしていないと思うよ。アレンジャーを入れたり、バンドのメンバーにアレンジを任せたりしている。制作の課程であいつは、アレンジの希望は出すけどアレンジャーのやることに文句は言わない。制作の最終段階では、器が大きいからすべてを任せる。だから、サウンド的に一枚一枚違うものができあがるんだよ。慶一とやれば『マラッカ』や『1980X』のようになるし、サウンド的に一枚一枚違うものになる状況も、それはそれで誤解されるタネになるし。

たしかに頭脳警察の『誕生』や『仮面劇のヒーローを告訴しろ』では、アレンジャーに馬飼野康二（四八年生まれ）を立てている。これは注目すべき点だろう。頭脳警察には、ノリ一発みたいなイメージがあるが、あらためて考えると、とても進歩的で純音楽的な発想でアルバムを制作していたのだ。

九〇年代にファンクラブの会報紙でＰＡＮＴＡと鈴木慶一の対談をしたとき、「『マラッカ』『１９８０Ｘ』の年齢でプロデュースを他人に任せたＰＡＮＴＡは、皮がむけるのが早かった」と鈴木慶一は語っている。

頻繁に車を乗り替えることでもわかるけど、ＰＡＮＴＡは飽きっぽいんだよね。鈴木慶一とヒットを出すまでやろうとか、そういう気はさらさらない。唐突にバンドを解散したり、やっぱり常人とちょっと違う。

だから各アルバムのサウンドが異なるなんてあいつは思っていないよ。飽きっぽいから変化があったほうが、逆にしっくりくるんだろうね。アルバム『ＫＩＳＳ』にしても、ＰＡＮＴＡとしてはそれまでのサウンドと、それほど変えたつもりはなかったんじゃないかな。だけど疑問の声があまりに大きかった。あいつは変に斜に構えないから、そういう周囲の声を素直に聞けちゃう性格でもあるわけ。で、「こういうポップスは『唇にスパーク』でおしまい」と思うだけで、ＰＡＮＴＡのなかではそれまでのアルバムとさほど変えたとは思っていない。

サウンドは変化するけど、ボーカルスタイルは基本的に変化しない。これもＰＡＮＴＡの特徴だね。『ＫＩＳＳ』のときに少し変えた程度だから。樽小屋で弾き語りをしていた頃とＰＡＮＴＡのボーカルスタイルは、ずっと変わらない。これもめずらしいと思うよ。

基本的に一年間に一枚のペースでアルバムを発表していたPANTAだが、頭脳警察の八枚目のアルバム『歓喜の歌』（九一年発表）を境に、アルバム制作が途絶えてしまう。次のスタジオ制作盤は二〇〇二年の『波紋の上の球体』になった。

PANTAは歌を劇場化するから、日常を直接的に歌にしたケースはあまりない。劇場化の方法も、いわゆるアメリカ映画的な手法とか、文学的な手法ではない。PANTA独自の世界がある。ところが「リサイクル・デー」は日常を歌にした。だから「リサイクル・デー」のような曲が増えると、違う展開が生まれると思うんだけど。だけど、たぶん日常生活を直接歌にするということはしないだろうな。曲創りというか作風に関しては、周りがいくら言っても変わらない。柔軟な部分と強硬な部分がわかりづらい。それがPANTAだ（笑）。我々があいつを操作するのはやっぱり無理だな。

確かに「我々がPANTAを操作することはできない」だろう。戦友のTOSHIは、そのへんをどのようにみているのだろうか？

TOSHIはPANTAのことを「PANTAはああいう性格だから」とか「PANTAにはかなわないな」とか言っている。「あいつのフォローをしていたら、俺は死んじゃうよ」とか。でも、PAN

TAはTOSHIにフォローさせているとか、そういうことは考えていないわけ。だけど最近ちょっと大人になってズルくなったと感じるのは、「スタッフがやっていてくれるかな」とか、そういう言葉をちょっと聞くようになったかなと思うことはあるけど（笑）。

岩田氏は、復活した九〇年と二〇〇〇年の頭脳警察をどのようにみているのか。

PANTAもTOSHIも七五年に解散するときは、若かったから、若いなりの意志をもって「葬式」という名で解散した。九〇年に復活するときもプレッシャーはあったみたいだけど、ふたりの性格からすると、一度復活させてしまうと、肩の力が抜けていい感じになっていると思うよ。僕はやっぱり、昔からの友だちということもあるから、九〇年の復活に関しても、普通のファンほどには思い入れをもてない部分があったけど。

二〇〇〇年の頭脳警察は、まさしく「ロックバンドとして、PANTAとTOSHIがどこまでやれるか」だろうね。今のPANTAにとっては、頭脳警察もソロも一緒だと思うよ。形としては分けなければならないけど。形としてどのように分けるのかは、これからだと思う。

七五年に頭脳警察を解散したといっても、あれはPANTA流の美学であって、頭脳警察もソロもそんなに変わらないんだよ。強いていえば、ソロになることによって、そのアルバムに適したクオリティの高いミュージシャンを集めて、クオリティの高いアルバムが発表できたということだけだよ。

僕の感覚では頭脳警察もソロも復活頭脳警察も全部同じ。「こいつ、ずっと同じことをやってくれているな」と。「ＲＯＣＫの概念の責任をすべて引き受け続けているな」と。

たしかに頭脳警察は「ＲＯＣＫの概念の責任をすべて引き受け続けている」と思う。では、岩田氏にとってのＲＯＣＫとはどのようなものであろう。

僕にとってのＲＯＣＫは、月並みだけど、自分が熱くなれるもの。僕は評論家という仕事柄「踏絵」をその時代で設定しているんだけど、「踏絵」があるうちはＲＯＣＫを聴くことができるかなと思っている。たとえば七〇年代の「踏絵」はニール・ヤングだったし、やっぱりパンクは「踏絵」だった。九〇年代はニルヴァーナだった。そういう「踏絵」がなくなったら、僕はもうダメだと思っている。「踏絵」になるものがＲＯＣＫなんだよね。だから、僕にとってはマドンナもＲＯＣＫだし。

ただ、日本ではそれが皆無になってきた。ＰＡＮＴＡの曲じゃないけど「ロックもどき」ばかりになってきた。どっちにしても「音」としてのＲＯＣＫはもう滅びているよ。滅びるのは当たり前なんだよ。８ビートとか形式がある程度限定されて、スタイルが決まって、96チャンまでテクノロジーが進歩したら、当然「音」としてのＲＯＣＫは滅びるよね。でも「ＲＯＣＫを感じる」というのは「音」とは全然違う問題だから。

たとえばロキシー・ミュージック（主に七一年から八三年に活動）のブライアン・イーノ（ｓｙｎ：四八年生まれ）は、ブライアン・フェリー（vo：四五年生まれ）より派手な格好でステージに立った。ものすごい目立ちたがり屋。そういうケバケバしいものが彼のＲＯＣＫだし、ソロ活動では、ある時期アンビエント・

ミュージック（環境音楽）もやった。アンビエントも彼のROCKなんだと思う。イーノはデヴィッド・ボウイやU2などのプロデュースを務めたり幅広く活動しているけど、僕にとってのイーノは、なにをやってもすべてがROCKなんだ。そういう意味で、PANTAとイーノは似ているところがあると思う。

PANTAのすごいところは、そういうROCKの本質を本能的にわかっている点だね。だからPANTAはアコースティックでもやれるし、コンピュータも使う。音としてのROCK、それは一般的にはハードであるとか8ビートであるとか、そういうスタイルだけど、PANTAは音としてのROCKには、それほどこだわっていない。

ボブ・ディランがコンサート会場に入ろうとしたら、セキュリティから「お前は誰だ？」と止められて、ディランは怒ってそのセキュリティを首にしたというエピソードがあるんだよ。以前、PANTAにボブ・ディランの原稿を頼んだら、そのエピソードが中心でサウンドなどには、ほとんど触れていなかった。たぶんあいつが感じるROCKは、そういうことなんだろうね。

ROCKには「精神的側面」と「サウンド的側面」があり、さらにこの「精神的側面」には、受け手の側の「精神的側面」もあるといえるだろう。たとえば、レッド・ツェッペリン（主に六八年から八〇年に活動）はROCKにおける「精神的側面」をもったバンドだとしよう。そして解散後二〇年以上経ってもその「精神的側面」は色あせていないとする。しかし、受け手の側が懐古的にレッド・ツェッペリンを聴いていたとしたら、そこにはROCKにおける「精神的側面」は存在しない。

このROCKにおける「精神的側面」の有無は、再結成バンドにわかりやすい。PANTAは本能的

にわかっているから、「現在進行形の頭脳警察」という自信があってはじめて二〇〇〇年頭脳警察を始動したのだろう。

裏切ることもROCKの重要な要素だと思う。多くの人が支持していることを裏切るということ。それがROCKじゃない？　PANTAは常に裏切っているよね。裏切らない、好かれるものはROCKではなくて、ポップスとか大衆音楽ということだ。

この「裏切る」という部分を感覚的にわからないと、今からROCKをやろうとしている人はみんなつまずくだろうね。つまずくというより、「一生、ROCKはできない」と言ったほうがいいかな。七〇年代からやり続けているミュージシャンは、彼らが言葉にするかどうかは別にして、みんな「裏切る」という部分をわかっているんじゃないかな。遠藤賢司さん（vo＆g：四七年－一七年）にしろ早川義夫さんにしろ、もちろんPANTAにもそういうものを感じるよね。

『1980X』に続くアルバムは「クリスタルナハト」「風林火山」、そして「ヒ」という構想がある、というPANTAの予告を耳にしたときは、『マラッカ』『1980X』でさえ単なるステップに過ぎなかったのかと思い、正直大いに期待に胸をふくらませたものだ。そして『KISS』が発表された。『KISS』の善し悪しをここで述べるつもりはないが、これを「裏切られた」と言わずしてなんと言おう。「裏切る」こともROCKだという意味では、あのタイミングで発表された『KISS』は、まさにロックアルバムだ。

90年代頭脳警察のPANTA。ライブ前のリハーサル

蛇足だが、『マラッカ』『1980X』に続いて、「クリスタルナハト」「風林火山」「ヒ」が連続して制作されていたら、絶対、日本のロック界は大きく変わっていたはずだ。ここは断言したい。どのように大きく変わっていたか？　歌詞の可能性を真剣に考えるミュージシャンがたくさん育っただろう。作品の本質を大切にする土壌が育ったはずだ。

ところで裏切りは、ポップスや大衆音楽と相反するものなので、商業的成功からは無縁になるのだろうか？

プロである以上当然、ビジネスの部分はある。レコード会社の側に立てば、所詮商品だから売らなければいけないわけだし。でも、そういう音楽に対して、長い目で見た投資ができるかどうかだろうね。リアルタイムで見たら利益は少ないかもしれないけど、長い目で見た場合には、そういう音楽に投資しておいたほうが、未来に大きな利益を生む可能性がある。アメリカの音楽ビジネスではそういう投資をしている。かつてのアサイラム・レコードや初期のヴァージン・レコードなどが良い例だと思う。

現在の日本の音楽ビジネスでは難しい。目先の利益にとらわれているのが現状でしょう。芸術性が高いかどうかというのは問題にされない。どのジャンルに入って、どういうターゲットにウケるんだとか、そんなことばっかりで。

だけど、あの頃の日本の音楽業界にも投資は存在したんだよ。六〇年代から七五年ぐらいまで、ニューミュージックという言葉が定着するまでは、長い目で見た投資のようなことが行われていたんだよ。そういう状況のなかで育ったのが、松任谷由実さん（vo&pf：五四年生まれ）や佐久間正英さん（b&g&key：

五二年－一四年）、山下達郎さん（vo＆g＆key：五三年生まれ）だったり。だけど日本の音楽業界は投資を忘れてしまった。それはＲＯＣＫを失ったということだよ。

音楽に限らず、きっとさまざまな分野でこの「投資」は、かつては存在し、そして現在の日本では切り捨てられているのだろう。そしてそのツケは、もしかしたら取り返しのつかない大きな破滅を招くかもしれない。

少なくとも五〇年という単位でみたら、現在チャートの常連のアーティストの曲なんかより、頭脳警察の曲のほうが絶対に残っているよ。たとえば、二〇五〇年に生活する人たちが、二〇世紀終わりから二一世紀初めの音楽を、いったい何人が知っているか。たぶん一〇〇人中五人とか一〇人しか知らないだろうね。でも、その五人や一〇人が資料や文献を掘り出したりしながら熱く語るのは、絶対に頭脳警察なんだよ。チャートの常連のアーティストではない。ヒット曲は風俗とかナツメロとしては残るけど、語る人間は誰もいない。ヒット曲はコンピレーションで買っても、アルバムで買おうと思う人はいないじゃない？

頭脳警察は投資が存在した時代に生まれた。もしかしたら、そのシンボリックな存在かもしれない。投資が存在した時代のシンボル。音楽シーンでみたら、頭脳警察はニューロックでもないし、フォークでもない。やっぱり当時でいえば、フラワー・トラベリン・バンドであったり、吉田拓郎（vo＆g：四六年生まれ）であったり、はっぴいえんどファミリーが、音楽シーンのシンボルだよね。頭脳警察は音楽シーンでいえば孤立した存在だったから、逆に投資のシンボルということができる。

レコード会社や出版、ライブハウス、イベンターなど、これからの音楽業界を担う若い人たちが「投資」の意味をわかってくれるとうれしい。意志をもった「投資」だな。アフリカのセネガルからユッスー・ンドゥール（vo：五九年生まれ）が出たりしているんだから、日本にだって可能性はあるわけだし。そういうなかで、なにかが生まれるってロマンだよね。そういうロマンもＲＯＣＫだと思うよ。

2 レコーディング現場の証言　松下和義（レコーディングエンジニア）

『セカンド』のレコーディング中に、
寺山修司の言った言葉が
トラウマのように残った。

俺は生まれも育ちも長崎県佐世保市。ＰＡＮＴＡとＴＯＳＨＩとは同じ年齢だけど、学年では彼らは一学年上。佐世保には米軍基地があるけど、地元にいたアメリカ人には、恨みつらみはまったくないし、逆に仲が良かった。リトルリーグで野球を一緒にやったりとかね。一九六八年の佐世保エンタープライズ寄港阻止闘争のときには、わざわざ野次馬で見に行った。佐世保港に停泊したエンタープライズを山の上から見下ろして、なんてデカイ船だと思った。当時は学生運動真っ盛りだったけど、一種のハシカみたいなものだという印象が強かったな。

佐世保には高校卒業までいて、ビクターにとりあえず入社して東京に出て来た。入社したときは、まだ職種は決まっていなかった。ステレオの設計とかテレビの設計とか、そういうことを漠然と考えていたかな。音楽業界に入ろうという気持ちはなかった。とりあえず就職したという感じ。

それで新入社員の研修があって、鎌倉市の円覚寺で座禅を組んだりとか（笑）。研修で人事の方から「どういう部署に行きたいか？　第三志望ぐらいまで出せ」と言われて「なにになろうかな」と考えた。たまたまＴＶで見たミキサーのいる調整室ってなんか洗練された感じがして、緻密な機械をいじって、なんか上げ下げしてカッコイイなと思った(笑)。だからその程度の理由で、「ミキサーってありますか？」と面接で訊いたら、「あるよ。もし、ミキサーのテストがあったら受けるかね？」と。「はい。ぜひ」と答えてね。

テストの場所は築地のスタジオだった。日刊スポーツ新聞社の前にあったんだけど、初めて見たとき、どこか田舎の古い郵便局かなにかだと思うような建物だった(笑)。それで五十人ほどがテストを受けたのかな。俺はテストに通るなんて思っていないから、気軽な気持ちで好き勝手に答えてパッと切り上げてしまった。そんな感じ。

別に楽器ができるわけでもないし、全然受かるなんて思わなかった。でも運が良かったのかどうなのか、合格した。現在の青山スタジオが建設中で、スタジオが増えた後の要員としてね。その後、半年間は築地のスタジオにいて青山に移動になった。だから音楽にのめり込んで、どうしてもミキサーになりたいと思ったわけじゃないんだよ。

七〇年代の頭脳警察のレコーディングを担当した松下和義氏に当時を回想してもらった。

うちは両親と姉と妹が三人の六人家族。音楽に関して姉の影響は、まったくなかったな。ただ、妹たちも俺も、みんなビートルズは好きで、それで電蓄機を買ったりした。ステレオがまだ高級品だった頃だね。だからビートルズのシングル盤「抱きしめたい」(六四年二月発表)などを電蓄機で聴いていた。

当時はレコードは高級品だった。シングル盤（45回転）で三百七十円とか四百円だったかな。33回転で四曲入りとかあったね。

音楽との出会いは、三橋美智也さん（三〇年－九六年）とか三波春夫さん（二三年－〇一年）とか、そのへんかな。その前に土地柄でFEN（在日米軍向けラジオ放送）がガンガン入るから、幼稚園の頃からペレス・プラード（pf：一六年－八九年）の「チェリーピンク・マンボ」とか、そういうのはよく聴いていた。ペレス・プラードの「ウー」というかけ声がおもしろくてね。あと幼児体験としては、旅芸人などが近くに来ると祖母に連れて行ってもらった記憶があるな。そこで歌手が歌うのを初めて体験したり。ライブの初体験だ（笑）。

ライブ体験でいえば、ベンチャーズ（五九年から活動）が来たときに観に行った。「ドラムの音って派手だな」とか思った記憶があるよ。PAなんてない時代だから、生音だけだったけど、あのときのドラムの音は印象に残ってる。ノーキー・エドワーズ（g＆b：三五年－一八年）のギターも「すごいな」と思ったね。だから生で体験したエレキの音はベンチャーズが初めて。友だちがエレキギターを持っていたから、それ以前にも見たり聞いたり、さわったりしたことはあったけど、ノーキー・エドワーズにフェンダーのツインリバーブでグィーンとやられたら、やっぱり「ワー」と思うよね。

中学生のそういう経験のなかで、ビートルズがFENから流れてきて衝撃を受けた。日本で人気が出る前だった。「これはなんだ？」と夜中に起き上がった（笑）。そういう情報は土地柄で早かったかもしれない。あの頃はFENが聴けるかどうかで、情報量が全然違った。情報源としてのFENは大きかったと思うよ。

やっぱりビートルズはインパクトがあったよね。あのシャウト感ね。「プリーズ・プリーズ・ミー」（六四年二月発表）とか「シー・ラヴズ・ユー」（六四年四月発表）とか、今まで聴いたことのない音楽だったから、あのへんはやっぱりショックを受けたよね。ビートルズを知ったのが、深夜放送などを聴き始めた頃で、自分の知らないさまざまな世界に興味をもち始める時期だったから、そういう年齢的なものも重なって、なおさらショックだった。クラスの友だちとビートルズの話をよくしたなあ。ＰＡＮＴＡはプレスリーだったりするし、それはわかる。でも俺にとっては、プレスリーにはそこまでのインパクトはなかったな。

好きな音楽はビートルズが中心だったけど、日本のものも嫌いじゃなかった。でも、グループサウンズには、それほど熱中したタイプではなかったな。「タイガースってすごい人気だな」とか、その程度。

ここで改めて述べるまでもなく、情報量が多ければ良い結果が生まれるわけではない。その人間にとって、適した量の情報が適したタイミングで与えられたときに、理想的な肥やしになる。松下氏の話を聞いていると、六〇年代がいかにバランスのとれた時代だったか、想像できる。

それでミキサーになったわけだけど、「半年でチーフをやれなければクビだ」というのが、俺の師匠の方針でね。今だったら想像できない毎日（笑）。だからその半年間は、飯を座って食った記憶がない。十三キロ痩せたしね。毎日毎日、スタジオにこもりっきりでバタバタ走って、もう完全なパシリ（笑）。

スタジオでは、たとえばテンプターズなんかがすごい音でやっているわけ。びっくりしましたね。あとは、スパイダースとかオックス（主に六八年から七一年に活動）ね。六九年だね。グループサウンズの全盛期って、印象よりすごく短いんだよね。だから、グループサウンズのスタジオ・ワークを目撃できたのは貴重な体験だと思う。

たとえば、グループサウンズの第一世代と呼ばれるスパイダースの活動期間は、六一年から七〇年ほど。もっとも人気があったといわれているタイガースの活動期間は、六七年から七一年まで。テンプターズは六七年から七十年だったので、人気のあったグループでも三年程度だった。七一年をグループサウンズの終焉とみることができるが、チャートをみれば、六九年にはかげりを見せ始め、七十年には自然消滅というかたちで活動を終えるグループがほとんどだったようだ。

一方で六九年は演歌が全盛期でね。青江三奈さん（四一年－〇〇年）、森進一さん（四七年生まれ）、藤圭子さん（五一年－一三年）、内山田洋とクールファイブ（六七年から活動）、みんな売れていた。だから、ビクターの売上げはものすごかったよ。当時のレコード会社では、演歌が売上げの中心であることはまぎれもない事実だけど、その状況のなかで、グループサウンズだ、フォークだ、ＲＯＣＫだとトライする懐の深さがビクターにはあったんだよ。普通だったら演歌に偏りそうなもんじゃない？　今だったら考えられない。

だから俺としても、ＲＯＣＫだけじゃなくて、クラシックからあらゆるジャンルを手掛けられたというのは、良い経験になった。若いから「カッコ悪いな」とか思うこともあったけどね。

初めてチーフを任されたレコーディングは山形の民謡だった。地元から演奏される方々がいらっしゃって。

でも俺は音のことなんか、まだ全然わからない。ポーッとしているうちに終わってしまったという感じ。次にフォークダンスを担当した。小学校などに置いてあるようなレコードで、ドラム、ベース、アコーディオンのアンサンブルを録るわけ。

そういうものを一通り経験してから、歌謡曲のヒット曲のインスト物に入っていくわけ。サックスの演奏による森進一さんのヒット曲集とか、ギターの木村好夫さん（三四年-九六年）の名曲集とか。そういうヒット曲のインストによる編集盤を創りながら、まず流行歌の売れ線の勉強をするわけだ。そしてインスト物の次の段階に、同じくヒット曲の編集盤で歌が入っているレコードを担当するという段階を経ていくわけ。

六九年、ビクターから藤圭子が「新宿の女」でデビュー。翌年には「圭子の夢は夜ひらく」が七十六万枚の大ヒット、ファーストアルバム『新宿の女』はオリコン・アルバムチャートで二十週連続一位を記録した。藤圭子はその後も次々とヒットを飛ばす。

ところで、五木寛之のエッセイ集『ゴキブリの歌』に収録された「艶歌と援歌と怨歌」で、五木は藤圭子について語っている。五木はアルバム『新宿の女』を「日本の流行歌などと馬鹿にしている向きは、このLPをためしに買って、深夜、灯を消して聴いてみることだ」と力説している。また「艶歌と援歌と怨歌」では、「演歌」が明治時代には「演説歌」として政治的信念を歌う唄であったことが語られていたり、人生の応援歌に対する素晴らしい切り口が展開されていたり、その内容は興味深い。一読の価値あり。

このように演歌ファンから文化人に至るまで広く愛された藤圭子は単に「売れた」というだけでなく、時代の象徴的存在でもあったようだ。

頭脳警察の始動と時期を同じくして松下氏もミキサーとしての人生を歩み始める。


頭脳警察のアルバム『ファースト』のライブ・レコーディングは七二年一月だから、俺がミキサーになって頭脳警察と一緒にやるまで、一年かそれ以上あるわけ。この一年間は、青山にでっかいスタジオができて、いろいろなものをやらされた。まあ、歌謡曲の編集物などを一通り経験して、フォークやROCKをやるようになった。演歌を一緒にやっていたディレクターの深井静史さんが、「五つの赤い風船をやってみないか?」と。深井さんは演歌以外にも、高石ともやさんや岡林信康さん（vo&g：四六年生まれ）なども担当していたから、「そろそろ、コイツも大丈夫だろう」という感じでやらせてもらった。

だから俺は、ROCKやフォークで初めて経験したのは五つの赤い風船になるわけ。実際は、本格的に五つの赤い風船とやる前に、吉永小百合さん（四五年生まれ）が五つの赤い風船のカバーをやるというから、吉永小百合さんのシングルを担当しているんだけどね（「遠い空の彼方に」七一年八月発表）。これを経て本格的に五つの赤い風船をやるようになって、西岡たかしさんがソロになってからも、ずっと一緒にやることになるんだけど。

『ファースト』を担当することになったのは、スケジュールのなかのひとつとしてだったはず。たぶんディレクター同士、それから上役の推薦とか、話し合いがあって俺に回ってきたんじゃないかと思う。

頭脳警察がビクターに入ってくるというのは、社内的に話題になったのだろうか？

とんでもないヤツらだとか、過激だとか、そういうことは少なくとも俺の周りで話題になった記憶はないね。俺としてもそういうことは全然問題なかった。別に緊張もしないし、同じ音楽なんだから（笑）。そういう意味では、エルヴィス・プレスリーが来ようが、ハリー・ベラフォンテ（vo：二七年－二三年）が来ようが同じ。

ミキサーの取り組む姿勢は、音楽の種類で微妙に異なるものと思っていたが、フォークダンスも演歌も、五つの赤い風船も頭脳警察も同じということか。

そういう風に考えるのは俺だけかもしれないけど、その音楽をヒットさせるという部分をどう考えるか。その部分においては同じ。音楽のスタイルが違うだけ。そこからがスタートだから、尊敬はするけどエルヴィス・プレスリーだからだとか、いちいち緊張してもいられない。

ということは商業的に採算ベースに乗るという前提で、レコード会社は頭脳警察のライブ盤を企画したのだろうか？

当然だよね。出張機材だ人件費だと、なんだかんだかかるわけだから、採算が合わなければ会社は動かない。ただ当時でいえば、吉田拓郎やかぐや姫のように、頭脳警察がシングルヒットをコンスタントに出すとは、やっぱり会社も考えていなかったと思うよ。頭脳警察の編成会議に出ていないから、詳しい事情は知らないけど。ヒットチャートの一位になるような役割を頭脳警察に求めていたとは思えない。固定ファンとその周辺の層に、キチッとアピールできるものという意味でのヒット。

だからチャートをにぎわすバンドになるとは、誰も考えていなかったと思う。だってテレビで歌える曲がない（笑）。ターゲットはあくまでもマニアだったと思う。それよりもクリエートな部分で、先取りして、冒険して、これからの音楽だということだよ。チャートで一位になって、頭脳警察が大スターになって、まして藤圭子さんのようになるとは、誰も思っていなかったよ。ディレクターに訊けば「それは違う。チャートを狙っていた」と言うかもしれないけど（笑）。

ただ当時だと、ラジオの深夜放送で火がついてシングルが売れるという、いわゆる「深夜放送ヒット」という言葉があったけど、そういう期待はあったかもしれない。だけどそうだとしても、深夜放送ヒットと呼ばれた曲は、たとえば海援隊の「母に捧げるバラード」やかぐや姫の「神田川」などだけど、みんな演歌チックな部分があるんだよね。一種の泣き節みたいな。俺は地方で育っているからわかるんだけど、当時はそういう部分がないと田舎ではウケなかった。そういう泣き節みたいな部分が頭脳警察にはカケラもないから、田舎まで浸透するとは思えないんだよ。田舎まで浸透しないと、ヒットと呼ばれる売上げにならないからね。

ＰＡＮＴＡの詞は確かに文学的だと思うよ。「光輝く少女よ」にしろ「時々吠えることがある」だって文学的だし、ヘルマン・ヘッセ（一八七七年－一九六二年）の「さようなら世界夫人よ」を選んだセンスもいいよね。だけどヒットする要素は、もっと簡単な言葉でグッとくる詞だと思うんだよ。たとえば、井上陽水（vo&g：四八年生まれ）の「心もよう」（七三年九月発表）の「黒いインクがきれいでしょう 青いびんせんが悲しいでしょう」みたいな表現。今のヒット曲も同じだと思うよ。そういうものは時代に関係なく普遍的な部分だと思う。

PANTAの詞は文学的で、わかる人にはわかる、みたいな部分があって、そういう詞が何十万人に受け入れられるとは、やっぱり考えづらいよね。何十万人が『ファースト』を気に入るとは思えないじゃない？（笑）。

そういうことまで考えてのヒット。制作サイドが考えるヒットっていうのは、ようするにアーティストの主張に対して、どのように対応できるか。この部分なんだよね。音楽の種類じゃなくて、アーティストの主張が大切。かたやROCK、かたや演歌、かたやクラシック、そういう種類はなんでもいいと思う。アーティストに適したヒットを出すことができるかどうかが重要だから。ましてあの頃は、音楽の種類に対応できるだけの技量も機材もなかったからね。まあ、今から考えると、よくこんなヒドイ機材でやっていたな、みたいな（笑）。

『ファースト』は8チャンネル・テープレコーダーで録った。16チャンネル・テープレコーダーはすでにあったけど、スタジオで使っていて外には持ち出せなかったから。だけど、あのときの頭脳警察はPANTAとTOSHIのふたりだったから、8チャンネルで十分でしょう（笑）。4でもいいよ、みたいな（笑）。

あの頃は演奏するほうも大変だよね、今のようにPAでステージに音が返らないから。PAシステム

70年代レコーディング風景（左からTOSHI、悲露詩、PANTA、石井正夫、岩田ディレクター、高橋マネージャー、松下エンジニア）

が登場するのはもうちょっと後だね。今のように至れり尽せりの機材のない時代には、たしかにあの録音状態がすべてじゃないのかな。

ディレクターの要望で、お客さんの騒いでいる状況を上手く拾って欲しいと。お客さんがこれだけノッているんだよと。だから、演奏のないときと演奏中の声援の大きさが違う。演奏が始まると声援がスッと下がる。今だったら、もっときれいに下げられるけど（笑）。もう乱暴でもいいやみたいな感じもあった。

それから、ＴＯＳＨＩが足で床をドスンドスン踏み鳴らすじゃない？「ドスンドスン、やるな」とリハーサルで言ったけど、ノッてくるとやっぱり踏み鳴らし始める。当時のマイクセットだと拾ってしまうんだよ。楽器の音よりも足のドスンドスンでメーターが振り切れる（笑）。あのドスンという音は、聴感上では大したことなくても、メーターでは振り切れる。今なら「もっとやれ」と言えるけどね。

TOSHIに踏み鳴らし禁止を告げたとき、彼のリアクションはどうだったのだろう。

TOSHIは素直なヤツだから、「うん。やめるね」ってリハーサルでは言っていたけど、本番が始まったら、全然そんな話は忘れてしまったみたいだった。いつもと同じようにドスンドスンやってたもん(笑)。PANTAには要望を出した記憶はとくにないな。俺としたら初体験の音楽だから、要望もなにもなかったよ。

七二年一月九日「MOJO WEST」(京都府立体育館)と翌十日「オール・ジャパン・ロック・フェスティバル」(東京都立体育館)のライブが『ファースト』に収められているが、頭脳警察のノリは両会場で違いなどあったのだろうか。

それが、俺は京都に行った記憶がまったくないんだよ。俺が収録したのは、東京都立体育館だけだと思うよ。あのステージは今でも、ものすごく強烈な印象が残っている。

曲に関しては「レコ倫(レコード制作基準倫理委員会)に引っかかりそうなものばっかり歌っているな」と思ったのが第一印象かな。でも、あの叫びみたいな部分は同世代としてはわかるよね。あの歌詞のように言いたいけど、言えないヤツの代弁者でもあるね、頭脳警察は。レコーディングしながら、言葉とPANTAの声に大きなエネルギーを感じたな。

「オール・ジャパン・ロック・フェスティバル」は、内田裕也さんのプロデュースだったのかな。それで内田さんが、頭脳警察のステージのときに、ヘルメットをかぶっている学生たちに取り囲まれたんだよね。ミキシング・ルームのすぐ横だったから、機材に火をかけられたらアウトじゃない？　だから「困ったな」と思ってさ。しょうがないから、アシスタントの連中に「ミキシング・ルームのなかに入っていろ」と指示をして、俺はドアのところに立って、テープを回しながら頭脳警察の演奏を聴いていた。まあ、身体を張って守るというような緊迫した状況でもなかったけど。やっぱり火炎瓶には警戒したけど、ただ仕事を邪魔するんじゃないよという意識。内田さんがすぐ横で取り囲まれているのに、持ち場を離れられないから、黙って見ていることしかできなかった。内田さんが、どういうイチャモンをつけられていたかはわからない。あの連中は、なんにでもイチャモンをつけていたから（笑）。だけど、会場全体ではヘルメットのヤツらは一部だった。当時はあいつら、チケットがどうのこうのじゃなくて、ウォーって、集団でヘルメットをかぶって、ゲバ棒を持って入って来ちゃうから。

あのイベントで記憶に残っているのは、麻生レミさん（vo：四四年生まれ）のステージがすごく良かったことだね。あとPYG（主に七一年から七二年に活動）だったかな、沢田研二さんが良かったな。

「オール・ジャパン・ロック・フェスティバル」のポスターに「井上堯之バンド」とあるので、沢田研二はPYGではなく、おそらく井上堯之バンドで出演したのだろう。

ところで、PYGは個人的には好きなバンドであるが、リアルタイムでの評価はそれほど高くなかったようだが。

ＰＹＧは最先端のことをやっていたと思うよ。音もカッコ良かったし。だって、やっぱりメンバーがすごいじゃない？　メンバーがメジャーだったから受け入れられなかったとか、そういうことは俺は知らない。マスコミがそういうことを書いたかもしれないけど、だいたいそういう情報自体が、当時はあまりリスナーには届かないし、そういう文章に左右されていたとは思えない。現在のシーンが左右されているというならわかるけど。会場にいるお客さんは、いい音楽には自然と反応したよ。だから俺の記憶では、沢田研二さんは受け入れられていたよ。

結局『ファースト』は発売されなかった。制作サイドはどのようにとらえていたのだろうか？

だって「てめえのマンコに聞いてみな」「ニクソン、佐藤、キージンガー、ドゴールを殺し」って、レコ倫が黙っているわけないよ（笑）。もうその言葉が出た途端にレコ倫は通らないと思ったね。ましてレコ倫の管理をビクターの上層部がやっていたりするわけだから、通るわけがない（笑）。まあ、世間では騒いでいたのかもしれないけど、制作の現場では発売中止の件が話題にのぼったという記憶はあまりないな。

その頃の頭脳警察の事務所が、青山スタジオの近くだったから、個人的にちょこちょこ遊びに行ってたんだよ。だから、自主制作で出すとか出さないとか、そういう話は、なんとなくは聞いてはいたけど。今だったら、すぐに自主制作で出すんだろうけど、当時はそういう発想はなかったからね。

個人的に遊んだといえば、ＴＯＳＨＩとはマージャンをよくやったよね。あいつ、弱いんだ（笑）。Ｐ

ＡＮＴＡは酒がダメだから、個人的に遊んだ記憶はあまりないな。それとどういうわけか、ＴＯＳＨＩはボーナスの日を知っていて、ボーナスのたびにビクターの裏口で待っていて「メシおごれよ」「酒おごれ」とか（笑）。なんで社員でもないのに、ボーナスの日をお前が知っているんだって（笑）。だけど、あの顔でニコッとされてねだられると断れない（笑）。そういう子どもの付き合いもあったよね。

『ファースト』は当初の予定では、『サード』を出したあと、自主制作で発表することになっていたらしい。『ファースト』発売中止のエピソードが、頭脳警察のA面だとすると、松下氏とTOSHIのエピソードは頭脳警察のB面だろうか？　ともすると、頭脳警察は年がら年中、目尻を吊り上げて叫んでいたような印象があるが、当然このような微笑ましい人間関係の上に成り立っていたといえるのかもしれない。

担当という感じで、そのまま俺は『セカンド』のレコーディングに参加した（七二年二月下旬）。『ファースト』が終わってすぐ、今度はスタジオだね。その頃ほかに担当していたのは、青江三奈さんはじめ、五つの赤い風船や岡田可愛さん（四八年生まれ）など、いろいろ。岡田さんは女優で『サインはＶ』というドラマで主役を務めたのが有名だね。やっぱり会社だから、売れ筋をきちっとやったうえで、自分の好きなものも手掛けていくという状況だよね。若いときは、たとえばＲＯＣＫばかりやりたいとか、好みを優先したいと思うけど、当時の売上げは、演歌のほうが全然上だったから、そういう音楽もきちんとやれないと失格だね。

演歌も担当していたから、ＰＡＮＴＡも仲が良かった演歌のディレクターの鶴田哲也さんとはよく仕事をしたよ、飲みにも行ったし。鶴さんはおっかないイメージがあって、社内ではとっつきにくいと思われていたけど、親しくなるとホント優しい人で、俺なんかはかわいがってもらった。そんな鶴さんは、PANTAに演歌の作曲を依頼したこともあったね。

頭脳警察は『セカンド』のレコーディングで、初めてスタジオ録音を経験する。『ファースト』のライブ・レコーディング後、二ヵ月もしないで急遽決定したのだ。修羅場といえば修羅場だ。

初めてのスタジオだから、やっぱり硬くなっていたね。ライブのノリが出ない。最近もPANTAのステージを観る機会があったけど、相変わらずライブのほうがいいね（笑）。だからPANTAの場合、スタジオ盤でも制作行程はスタジオ・ライブみたいにして録ったほうがいいんじゃないかな。そういう気がした。PA機材で、ヘッドフォンなしで、メンバーと一緒に「せーの！」で、ガンガン音を出しながら録音したほうが雰囲気が出るという気がしたね。きれい、きれいにやったらダメな人だよね、PANTAは。それは当時も今も変わらないと思う。

時代でいうとちょっと後になるけど、沖縄出身の紫（主に七〇年から八一年に活動）とコンディション・グリーン（主に七一年から七九年に活動）のドライブ感はすごかった。やっぱり彼らはベトナム戦争真っ盛りの沖縄の米兵相手にやっているじゃない？　ノリを伝えないとビール瓶が飛んで来る、カービン銃はブッぱなすという状況で育っているからね。紫とコンディション・グリーンは、沖縄のライブハウスの「ジャンジャン」を使って、俺がミキサーでレコーディングしているんだよ、客入りバージョンと客なしバージョンで。発表されているかどうかは知らないけど、解散間際の時期だと思う。やっぱりドライブ感を優先したら、この録り方はいいと思うよ。こういう録り方を当時知っていたら、頭脳警察でやってみたかったたな。今のPANTAでやってもおもしろいと思うけど。

当時はROCKでも、楽器の音をよりセパレートにキチッと録ろうという意識があった。ライブでもスタジオでも、そういう発想が強い時代だった。とくにスタジオ録音は、そういう傾向が強かった。セパレートでキチッとした音が良い音なんだという考えで、みんな動いていた。

セパレートでキチッとした音を狙う制作サイドに対して、頭脳警察の反応はどうだったのだろう。

PANTAもTOSHIも、なにも言わなかったね。ふたりともこちらの要望に素直に対応していたよ。「軍靴の響き」のファズベースはPANTAのアイディアか、ディレクターが言ったのか記憶が定かではないけど、誰かの発案で歪ませた。ギターもベースに合わせてファズのかかったような音でやった。どの曲をレコーディングしているときだったか忘れたけど、突然、寺山修司さん（劇作家：一九三五年－八三年）がやって来たんだよ。それで「この音は違う」と言うわけ。そのときはカチンときたけど、今だったら十分納得（笑）。

「軍靴の響き」は、ドラムとパーカッションのアンサンブルも個性的で、のちに頭脳警察がどうしてパーカッションを必要としたのか、この曲に回答があるような気がする。

ＰＡＮＴＡの今までの発言では、寺山修司との面識はないはずである。寺山は勝手にフラっと立ち寄って、メンバーと言葉も交わさずに立ち去ったのだろうか？

そこまでは憶えてないなあ。でも寺山さんが顔を出したのは確か。打ち合わせかなにかでスタジオに来ていて、頭脳警察がレコーディングをしていると聞いてのぞきに来たという感じだったけど。とにかくあの口調で「ミキサーさんあのね、この音は違う」と俺に直接言ったんだよ。その後しばらくして寺山さんとは何回か仕事をしたけど、あのままの独特な雰囲気の人だよね。

寺山さんのハプニングはあったけど、頭脳警察の要望とこちらがぶつかったという記憶もないし、レコーディングは順調に進行して終了したという感じだったと思う。当時はみんな、頭脳警察も俺もウブだから（笑）。我を張るとか、意見がぶつかるなんていうこと事態、あまり考えられない。今でこそ、ミュージシャンがいろいろな知識をもって、エンジニアもいろいろな知識をもって主張するけど、当時はそんな知識はないから、ぶつかることもなかった。

だけど『セカンド』に関しては、寺山さんの言葉が引っかかってしまってね。「この音は違う」がトラウマのように残った。周囲の人は「いい仕上がりだ」と言ってくれたけど、しこりとしてずっと残ったね。

このしこりは、デヴィッド・ボウイ（vo＆g：四七年－一六年）をやったときに、答えを見つけることができたんだよね。『セカンド』のレコーディングから一年ぐらい経っていたかな。

デヴィッド・ボウイがライブで初来日（七三年四月）したとき、彼らからリハーサルをやらせてくれという要望があって、デヴィッド・ボウイとスパイダース・フロム・マースがビクタースタジオでリハをやったことがあってね。それにミキサーで立ち会ったんだけど、彼らの出す音を直接聴いて「これがROCKだ！」と思ったね。寺山修司さんは、イメージとしてこういう音を頭脳警察に求めていたんだろうね、きっと。このときにわかったよ。とにかくメンバー全員のグルーブ感が、全然違う。初めて体験したものだった。

スパイダース・フロム・マースが出した音で、スタジオ全体が鳴っている感じ。「モニターで、こう返してくれ」とか、いろいろな注文があって、その通りにやった。やっぱり演奏技術も高いんだよ。マーシャルアンプをひとり二台ずつ積んでいて、このマーシャルの音が違うわけ。アンプが唸っているという感じで、もうガンガンくるわけだよ。だけどドラムも生音で負けない。ただ音がデカイというだけじゃなくて、シャープに飛んで来る。

それから、本番ではどうのこうのという指示があって、ライブも付き合えって言われてライブのミキサーもやった。ライブも良かったなあ、やっぱり出音が全然違う。当時はモニターもたいしたことないのに、バンドとしてキチッとまとまっているわけ。すごいよね。

どうして、日本人の出す音と違うのだろう。

やっぱり生活環境と、そこから生まれた音楽のもつ意味の違いだと思う。デヴィッド・ボウイはイギリス人で、彼らは物心ついたときから教会音楽に接していて、これが大きい。教会音楽から培ったアンサンプルに対する意識を感じたね。最たる例がビートルズじゃないかな。アメリカにも教会音楽はあるけど、カントリー&ウエスタンも根底にあって、やっぱりイギリスのROCKとは異なる。生活環境の長い歴史があって、生み出されるROCKのサウンドだと思う。

それとイギリスのバンドはアクションがカッコいいよね。デヴィッド・ボウイはもちろんだけど、ギタリストのミック・ロンソン（四六年－九三年）もカッコいいし。俺は初めて外タレをやったのは、ポール・モーリア（二五年－〇六年）だけど、ロックバンドではデヴィッド・ボウイが初体験。いきなり世界のトップレベルの洗礼を受けたという感じだった。

そういう世界のROCKの状況があって、そのなかで和製ROCKの頭脳警察は、ボンゴとフォークギターだけで、十分絵にしていたわけじゃない？　それはやっぱりたいしたものだよ。

たとえばアコースティックでも、頭脳警察はROCKと呼ばれ、RCサクセション（主に六八年から九一年に活動）はフォークと呼ばれた。この違いはなんだったのだろうか？

ジャンルの括りというのは、レコード会社の売るための手段だけであって、演奏するミュージシャンも制作サイドも関係ないわけ。誰にどう言われようが、自分がROCKだと思っていれば、それはROCKなんだよ。

アルバム『セカンド』には吉田美奈子さん（vo&pf：五三年生まれ）が参加した。彼女はどちらかというとソウルとかポップスだけど、吉田さんが奏でたフルートは「さようなら世界夫人よ」の顔だよね。彼女はスリムなスタイルで、頭脳警察の雰囲気とは違って物静かだったから、吉田さんがスタジオにいたときのことをよく憶えている。だからジャンルなんてどうでもいいことなんだよ。

七二年の出来事を整理しよう。アルバム『ファースト』のライブ・レコーディングが一月九日と十日。『セカンド』のレコーディングは、オーケストラが使用できる広いスタジオで、二月下旬から二週間ほどかけて行われた。そして『ファースト』の発売中止決定が三月五日。『ファースト』の発売中止以前に、『セカンド』のレコーディングが行われていたのだ。そして『セカンド』の発売は五月五日で、六月に『セカンド』が発売中止となり店頭から回収される。ちなみに『セカンド』は発売中止が決まってから五百枚追加プレスしたという話もある。なお、八月十六日に予定されていた「『セカンド』発売中止記念コンサート」が中止になる。アルバム『サード』は七月から八月末にかけてレコーディングされ、発売は十月五日である。

『サード』は、まずディレクターが「重い音にしてくれ」と。だけど、ＴＯＳＨＩのドラムはいくらやっても重くならないんだ。ミュートしようがなにをしようが。調整で相当時間がかかった。今だったらＴＯＳＨＩのドラムを重く録るのは間違いだとわかるけど、当時は「たしかに重い音はカッコいい」とか思っていたから、いろいろ努力してみたけど。ただ単にミュートすれば、ピッチを低くすれば、重い音になるかといえばそういうものではないんだよ。そういうことを誰も知らなかった。

ベースやギターの音に関して、ＰＡＮＴＡからある程度の要望はあったよ。「ドラムを重くするなら、歪ませよう」とかね。音に対して取り組む姿勢が、頭脳警察も我々も芽生えはじめた時期だね。そうかといって、ふたりがわがままを言うことはなかった。『セカンド』のときと同じように、こちら側の要望に素直に従っていたよ。

とにかくレコーディングに関しては、頭脳警察は素直なバンドだった。五つの赤い風船とは正反対だったね。風船は全員自己主張が強かった。

発売中止を繰り返す頭脳警察は、素直にレコーディングをした。一方、ヒット曲をもつ知的なイメージの五つの赤い風船は、自己主張が強かったというのは、興味深い話である。『サード』にはストリングスが入っているなど、頭脳警察もレコーディングに慣れてきたような感じがするが。

六八年にシングルデビューした五つの赤い風船は経験もあるし、とくに西岡たかしさんはいろいろなことを実験してきて、「こういう音になるはずだ」とわかっていてレコーディングに臨むから、自分がイメージする音と違うと、はっきり「違う」と言ってきた。

そういう主張をＰＡＮＴＡはしたことはない。口を開けば車の話題だし、スタジオでは車の絵を描いているだけ。新人なのにある意味ですごい（笑）。ただ、どの曲だったかな……ＰＡＮＴＡがギターソロを入れると言い出して、何回も弾き直すからレコーディングが終わりゃしない（笑）。みんなで「もうやめようよ」と言ったんだけど「やるんだ！」と初めて自己主張した。目はすわっているし、時間をかけてギターソロを録った記憶があるな。あのときのPANTAは意地になっていたな（笑）。だからまったく自己主張しなかったわけではなくて、PANTAなりの音に対するこだわりは、やっぱりあったんだな。かといって、そのこだわる部分は大勢に影響のないもので、しかもそれをクリアするのに結構時間がかかった。時間がかかるんだけど、クリアしたからといって、あまり大した違いがあるわけじゃない（笑）。そのへんの彼のこだわり方は、昔も今も変わっていないんじゃない？

ギターソロといえば、『サード』にはフラワー・トラベリン・バンドの石間秀樹（［のちに秀機］四四年生まれ）がギターで参加している。フラワー・トラベリン・バンドは、結成後、七〇年十二月から七二年三月までカナダで活動し、シングル「SATORI PART 2」をヒットチャートで二十位以内にランクさせた。そんなフラワー・トラベリン・バンドを指して、PANTAはライバルバンドと言っている。石間が『サード』に参加したのは、カナダから帰国したあとのバリバリの時期だ。

石間さんはやっぱり印象に残っているよね。「あのフラワー・トラベリン・バンド」って感じで一目置く存在だった。大きなアンプを用意してくるかと思えば、小さなアンプをもってきたから「これでやるんですか？」って訊いたら「これで充分だよ」って。「へへぇ」って感じで俺もへりくだって応えたりしてね（笑）。でもさすがにうまかった。

「光輝く少女よ」で弾いてもらった。逆回転のような音が聞こえるけど、あれは石間さんが譜面を逆に読んで逆回転のように演奏しているんだよ。そんなことを一発でやったから「こんなこと、できるんだ」ってＰＡＮＴＡが感激していたっけ。

「嵐が待っている」か「少年は南へ」だったと思うけど、ＴＯＳＨＩのパーカッションは、ライブだとパフォーマンスが入るから、迫力があるように聴こえるけど、ラテン系の本職のパーカッショニストじゃないから、そういう部分では正直なところ録るのに時間がかかった。せっかくつくった手のタコがふやけるから、ラテン系のプロのパーカッショニストは手を洗わないいんだよ。そういう人の出す音とはどうしても違う。

それからこの時代は、間接音を録るという発想がまだ日本にはなかった。だからやっぱりパーカッションの音などは、なにか物足りない感じがするよね。ようするにスタジオでレコーディングするときに、ライブのように周りの響きを録音するという発想が、まだ日本にはなかったんだ。たとえば、ビートルズのレコードを聴いて「こういう音を録りたい」と思っても実現できなかったのは、間接音という知識が日本にはなかったからなんだよね。

それで後々、あるクラシックのレコーディングをしていて、「あれ?」って空間の重要性に気がついたんだよ。間接音プラス倍音感。それが今思うといちばん重要だったと思う。

倍音感というのは、たとえばドラムをドンと叩く。そうすると、そのオクターブ上とか下の音も出ているわけだけど、オンマイクだとそれが捉えられない。空間を捉えて、はじめてその音の感覚が出るわけ。いわゆる生音というのは、鳴らすスペースと空間が必要ということ。そういう意識で機材をそろえて音を録らないと、いわゆる「バンドの雰囲気」が出ない。

間接音とは壁などに跳ね返った音のこと。それに対して直接耳に届く音は直接音という。よく広い浴場で歌うと上手く聞こえるというが、これは間接音を体感しているからである。オンマイクとはマイクの先端部分と音源を近づけて録音すること。それに対して音源とマイクを離して録音するオフマイクがある。PANTAのボーカルは、何テイクぐらいでOKになっていたのだろう。

一回か二回歌ってすぐにOKだったね。だって作曲しているのはPANTAで、その作曲家がOKならOKなんだから。PANTAが「これでいい」と言えば、それで終了。たとえ少々違う音程にいっていたとしても譜面を渡されているわけじゃないし、こっちは「きっとこういうメロディなんだろうな」と思うしかないじゃない？

やっぱり勢い。歌詞を間違えたりしなければ、勢いが録れたらもうOKでしょう。だって頭脳警察は、俗にいう音楽性がどうのこうのというバンドじゃないじゃない？　叫びでしょ？　その叫びがこちらにピンときて、PANTAも納得したらOKだよね。ただね、PANTAはよく痰を飛ばした（笑）。「ゴメン、マイクに付いちゃった」って（笑）。だからこちらから指示を出すのは「飛ばすな！」とか「自分でふけよ！」とか、そんなもんだけ（笑）。

PANTAの声質はこちらの要望でいえば、ちょっと抜けない感じはするよね。ちょっと鼻にかかった声で、ストンと抜けない。この声質で迫力を出すためにどうやるかということはあったね。シャウトなんかは「もっと歪ませたかったな」という課題が残った部分はある。昔の機材だから良く歪むんだけど、欲しいところ、肝心なところでは歪まない（笑）。ギターで例えると、今はディストーションなどがあるけど、当時のギターはアンプで歪ませていたわけ、エフェクターなしで。そうするとやっぱり今の音と迫力が違うよね。

ギターの重い音を出すには、アンプのボリュームを上げるだけじゃなくて、アンプ自体を鳴らすといいんだよ。ハードロックのＫＩＳＳが武道館でライブをやったとき、俺はミキサーを担当したんだけど、彼らはひとりでマーシャルアンプを十六台積んで、それを一斉に鳴らすんだよ。そうすると重い音が出るわけ。アンプの近くに寄ると、風圧で身体が後ろにのけぞりそうになって髪がフーッとなった（笑）。だから発想が違うんだよ。ポーズでたくさん積んでいるだけとか、そういう噂もあったけど全部鳴らしていたよ。

頭脳警察に話を戻すと、サウンドに関してはレコーディングをしながら決めていくという方法だった。『サード』にはストリングスが入っているけど、こういうアレンジも最初の段階で決まっているというよりも、音を創りながら「じゃ、ストリングスをつけてみようか」というように進めていった。そして最終的にサウンドのＯＫを出すのは、ＰＡＮＴＡじゃなくてディレクターの仕事だ。

「あれはうれしかったな。ストリングスを入れているところを実際に見てさ。自分がひとりで生ギター一本でやっていた曲にストリングスがどんどんついていって、曲が完成していくというのが、うれしくてうれしくて」とＰＡＮＴＡは語っている。

『サード』の次に松下氏が担当したのは『悪たれ小僧』だ（七四年九月上旬にレコーディング、十一月二十五日発売）。ここに至るまでメンバーの変動が激しかったが。

どんなバンドでも、初めてスタジオでレコーディングを経験するとうまくなる。なぜかというと、レコーディングでは自分たちの音を何回もプレイバックして聴くから。そうするとお互いの音を注意して聴くようになって、結果としてアンサンブルを意識するようになるんだよ。だから、レコーディングが終わった後のステージは、メンバー間の音を気にするようになって、すごくアンサンブルが良くなる。どんなバンドでも、二回はスタジオでレコーディングを経験したほうがいいと思うな。

『悪たれ小僧』までに、すでにPANTAはスタジオを四回経験していて、TOSHIも二回、それ以外にも遠藤賢司さんや四人囃子（主に七一年から七九年に活動）のところなんかで経験しているから、当然、頭脳警察のアンサンブルは良くなっていた。

俺には、スパイダース・フロム・マースのトレバー・ボルダー（五〇年－一三年）のベースのイメージが強烈に残っているんだよ。ボルダーは下の弦から一番上の弦までパーンとはじくわけ。ピッキングというかアタックそのものが違う。それを石井正夫ちゃんに話したら、指の皮がベロンとむけるまで一生懸命がんばってくれた。

タイトル曲の「悪たれ小僧」の歌詞「アグネス・チャン見てなにをかいた」は秀逸だと思った（笑）。「オナニー」って歌えないから「なにをかいた」の前に「オーッ」って掛け声を入れたんだけど、みんなで「最高！」って爆笑した（笑）。

「あばよ東京」は名曲、好きだったね。今、この曲をシングルで出したら最高だと思うんだけど。若者は共感すると思うな。この曲は一発録りだった。スタジオ・ライブみたいな感じ。確か頭脳警察から一発で録りたいと言ってきたような記憶があるけど、どうだったかな。

メンバー全員がブースに入ってライブと同じようにはじめたんだけど、テンションが上がっちゃって演奏が終わらなくて、録音テープにギリギリ納まった。テープが途中で終わってしまったらアウトだもん、ヒヤッとしたなあ。脂汗をかいたもんな。勝呂和夫くんのギターもカッコ良かったよね。録音が終わって、勝呂くんと目が合ったら「もう二度と同じことはできない」って言っていた。

「戦慄のプレリュード」のイントロのドラムの録りにも時間がかかったな。頭脳警察も俺もレコーディングに慣れてきていて、「もっといいものを」という意識が出てきていたから、こだわった記憶がある。だからやっぱり、六枚目のアルバムの『悪たれ小僧』になると、そういう蓄積した経験値みたいなものが記録されているね。気後れもなくなって演奏も他のアルバムよりいいし、慣れてきた証拠だね。

「夜明けまで離さない」のバスドラムはいい音が録れた。すごく抜けてくるでしょう? 他のミキサーに「どうやって録ったんだよ?」って訊かれたもの。「あんな国産のボロ機械で、よくこれだけ抜けたな」ってみんなにほめられてうれしかった（笑）。この頃はダイナミックマイクを使用するようになったから、オンマイクでね。それ以前はコンデンサーマイクだから。コンデンサーマイクはきれいに録ることはできるけど迫力が出ない。

「夜明けまで離さない」は比較的ボーカルが立っていると思うけど、どうかな？ この曲は歌詞がいいよね。「愛してなんていないけど 君を抱きたい」とかね。ギターソロはエフェクターにはリバーブしかないから、これ以上の音を望むのは無理だね。

そしてトラックダウンに進むわけだけど、「あばよ東京」のトラックダウンは徹夜で行われた。日本のROCKはどこのバンドも、ボーカルバランスが大きいから、逆に埋めようというコンセプトがあったんだよ。とはいうものの「あばよ東京」はボーカルが小さくてあとで失敗したなあって思った。後半でシャウトするから、そこにバランスを合わせた結果、前の部分が小さくなったのかなあ？　当時はリミッターもロクなものがなかったから（笑）。エフェクトも鉄板リバーブとテープエコーしかない時代。ホント失礼しました。お恥ずかしい（笑）。

そういう感じで徹夜で悪戦苦闘していると、西岡たかしさんがのぞきに来たんだよ。俺の次のスケジュールは西岡さんだったんだけど、頭脳警察で押していたから、どうしたんだろうという感じで見に来たんだ。悪いことしたな。

コンデンサーマイクは、感度が高く繊細な音までキャッチできるので、たとえばアコースティックギターの繊細な音を収録したいときに適している。一方、ダイナミックマイクは、コンデンサーマイクほど感度は高くなく、マイクの近くの音だけをキャッチしたいとき、または音が入り乱れるライブなどに適している。さらに音圧レベルの高い音（大きな音）も処理できるので、エレキギターやドラムを録るときに好適である。

メンバーの入れ代わりとレコーディングの関係はどうだったのだろう。

一貫して変わらなかったのがギターとボーカルだから、それを我々がどうサポートするか。だからメンバーが代わっても、たとえTOSHIがいなくても、レコーディングのスタイルは基本的には変わらない。ボーカルが同じだから。

アルバム『誕生』と『仮面劇のヒーローを告訴しろ』では、スタジオミュージシャンを使って（水谷公生：g／武部秀明：b／田中清司：ds）、馬飼野康二さんがアレンジャーでついているから、やっぱりちょっと雰囲気が違う。だけど、作詞と作曲とボーカルが変わらないし、『サード』が終わって半年もしないで『誕生』のレコーディングに入っているわけだから、基本はそうそう変わらないよ。

『悪たれ小僧』のレコーディングのときは、偶然俺の誕生日が重なって、「ハッピー・バースデー」をいきなり演奏して、みんなで祝ってくれた。そういうチャメッケというか、妙な余裕のあるバンドだったよね。

頭脳警察のライブにもミキサーとして参加したことのある松下氏は、頭脳警察の様子を次のように語る。

頭脳警察は楽屋ではおとなしい真面目なバンドだったね。好青年だったかどうかはわからないけど（笑）。楽屋はメチャクチャにする、女の子はひっかけまくる、みたいなことはなかった。その代わりステージでなりきるみたいな。やっぱりステージでしょう、彼らは。その変化は素晴らしいと思ったよ。

個人的な思い出としては、俺がスピーカーを飛ばして、まいったこともあったな（笑）。だって、当時はロクなスピーカーがなくて、もっと出るはずだといじったら飛んじゃって（笑）。

久しぶりに当時の頭脳警察を思い出してみてどうだろう？

こうやって久しぶりに頭脳警察を思い出してみると、サウンドがどうのこうのというよりも、PANTAとTOSHIのキャラクターと歌詞のイメージが強いな。レコーディングというのは、そのバンドの雰囲気をどれだけ捕まえられるかということだから、『ファースト』がいちばん印象に残っているかな。他のアルバムは、まあ、ディレクターの指示に従ってやったという部分が大きいしね。

とにかく当時は試行錯誤の時代だった。アメリカやイギリスのバンドの音を聴いて、どうしたらこういう音になるんだろうと、みんなが試みと失敗を繰り返しながら追求した。そういう意味でサウンド主体にならざるを得なかった。日本のレコード会社すべてが、そういう方向を向いていた。あの頃は向こうの音を実現する知識がなかったから、しょうがないことなんだけどね。

だから、こうやって整理をしながら当時を思い出すと、やっぱり頭脳警察は独自の世界にいたと思うよ。みんながサウンド主体になっていた時代に、頭脳警察の叫びと歌詞を残すことができたのは貴重だったと思う。

いくら独自の世界にいたといっても、頭脳警察もスタジオの経験を積むわけだから、段階を踏むなかで、いろいろな試行錯誤をしたと思うよ。ひょっとしたらPANTAも、いろいろ考えていたんじゃないかなと思ったりもするよね。表向きは考えてなさそうだけど（笑）。

「試行錯誤の時代」から三十年。当時を経験したミュージシャンの現在はどうなのだろう。

先週までベーシストの河合徹三のソロアルバムをやっていたんだよ。参加したミュージシャンは、みんな「試行錯誤の時代」を通過してきた連中ばかり。当時の経験を肥やしにしてやってきたミュージシャンだから、今はもう試行錯誤する必要はないよね。みんな経験豊富だから「ウエストコーストの感じにしたい」と言うと、一瞬でウエストコースト・サウンドに行ける。

河合徹三は五五年生まれのベーシスト。七四年に結成したラストショウで正式にプロとして活動をはじめる。多くのミュージシャンのサポートやアレンジャーも務め、ROCKからアイドル、クラシックまで守備範囲は広い。現在は、南こうせつ（vo＆g：四九年生まれ）と活動することが多いようだ。「試行錯誤の時代」を通過してきたミュージシャンのエネルギーは、近未来の日本のROCKを創ることはできるのだろうか。期待したいのだが。

ただね、日本ではお年寄りのROCKって少ないじゃない？　いまだにROCKを続けているミュージシャンは少ないよね、知らないうちにリタイアした人は多いけど。だから五十代のROCKの輪郭は、残念ながらはっきりみえてこないよね。

だけど先般「ROOTS MUSIC 音楽祭」のPANTAのステージを観て、うまくなったなと思った。当時より歌の説得力も増しているし、声もよく出ているからビックリした。ギターもうまくなっているし。年齢を経て色気が出てきたのかな（笑）。まあ、俺もエンジニアとして全体を見ることができるようになるのに時間がかかったから、年齢を経て生まれるものもあるよね。

右から２人目が松下氏

ところで松下氏は、最近の音楽は聴くのだろうか。

聴かない。ＦＭや有線から流れてくる音楽を意識しないで聴くことはもちろんあるけど、そんなもんだね。最近というよりも、音のつくり方なんかが理解できるようになってからは、もう聴かなくなった。だから七〇年代後半から、その時代に流行っている音楽は聴いていない。

逆に自分の知らない音楽が新鮮に聴こえるわけ。だから民族音楽などを七〇年代から聴いている。知名定繁さん（一六年－九三年）と嘉手苅林昌さん（二〇年－九九年）という沖縄民謡の唄い手がいるんだけど、このふたりには本当に感動したなあ。沖縄の言葉で歌うから、歌詞の意味はわからない部分も多いよ。でも鳥肌が立つんだよ。ふたりとももう亡くなってしまったけど。

何回か一緒に仕事をしたことがある東京芸術大学の小泉文夫先生の書籍『フィールドワーク 人はなぜ歌をうたうか』（八四年、冬樹社。〇三年に学習研究社より再刊）が俺のバイブル。それまでレコーディングを散々やってきて、人はなぜ歌を歌うかなんて考えたこともなかったけど、この本を読んだときは、頭を殴られたような気分だった。

小泉文夫氏は二七年生まれ。世界の民族音楽の研究家である。書籍『フィールドワーク 人はなぜ歌をうたうか』は、小泉氏の講演や講義を編集したもの。日本・アジア・ヨーロッパなどの音楽と民族をはじめ、日本の音楽教育のあり方について考察している。

話をROCKに戻そう。バンドの厚い音と薄い音の違いは、どうして生じるのだろう。

アンサンブルとピッチ。日本人はピッチが甘い。気にしないというか（笑）。キチッとアンサンブルができていると音は厚くなる。アンサンブルでいうと、日本人のステージはバックへ回るのがヘタ。イギリス人やアメリカ人はうまい。

イギリス人やアメリカ人は、後ろに下がるときはキチッと下がる。その代わりソロ演奏などの自分の見せ場では、グワーッと出てくる。日本のバンドはみんなが主役になりたがるから、まとまりがつかないことが多い。逆に変な民主主義で、前に出るべきタイミングの人が遠慮気味だったりする。メリハリが本当にヘタ。メリハリをもって後ろに下がるには、テクニックが必要なんだよね。メインの楽器を立てながら、どう絡むかというのは難しいから。

俺はスティーヴィー・レイ・ヴォーン（vo&g：五四年－九〇年）のライブのミキサーを担当したことがあるけど、そのときのドラムとベースの腕が一枚落ちるミュージシャンだったんだよ。「どうして、こういうミュージシャンとやるのかな」と思ったけど、ステージを見てわかったね。スティーヴィーは気分次第でギターのフレーズから小節数から、ステージでどんどん変化するんだよ。だからギターの変化に合わせられるドラムとベースと組んでいたんだね。スティーヴィーのバンドのように、メインの楽器を立てながら絡むことができる。そういうアンサンブルを組み立てられるバンドが、厚い音を創ることができるんだよ。

　スティーヴィーが弾くギターは、やっぱり出音もまったく違った。初めてやらせてもらうから「ちょっと生音を聞かせてくれ」と頼んだらやってくれたよ。親切にいろいろな音を出してくれた。すごくハードな弦で、とても良い音を奏でるんだよ。キーンと気持ち良く響くんだ。本番でジミ・ヘンドリックス（vo&g：四二年－七〇年）の「ヴードゥー・チャイルド」をやったときに、スタッフ全員が思わず「ウォー！」と声をあげたんだよ。スタッフが全員一斉にあれだけ盛り上がったのは長年の経験でも、あの瞬間、あの一回だけだね。スタッフ全員が彼のファンになっちゃって（笑）。純朴でいいヤツだった、死んじゃったけど。彼は歌もいいね。

　あと記憶に残っているといえば、ドラムが村上秀一さん（五一年－二一年）で、ギターの松木恒秀さん（四八年－一七年）とベースの岡沢章さん（五一年生まれ）の三人でやったことがあって、この三人のアンサンブルは最高だった。村上さんのドラムは歌うわけ。もちろん演奏技術も高いけど、存在感もあるし絵になって歌う。だから彼の演奏は最高なんだよ。

音程は英語ではintervalで間隔や距離という意味で、音と音の間隔のこと。ようするに「音程良く歌

う」というのは、メロディ（音の上下）を正確に表現できることを指す。

ピッチ（pitch）は、日本語では音高と言い、ひとつの音の高さを指す言葉。音程は音と音の相対的な距離で、ピッチは音の絶対的な高さになる。つまり音程は「二つ以上の音」で、ピッチは「ひとつの音」のこと。

ひとりで演奏することを「ソロ（独奏）」と言い、二人以上で演奏することを「アンサンブル（ensemble一緒に）」と言う。アンサンブルという言葉は、オーケストラのような大人数ではなく、小規模なものを指す場合に使われるケースが多いが、本来は複数人での合奏、合唱のことで人数は限定されていない。

スティーヴィー・レイ・ヴォーンは、テキサス生まれの白人ブルース・ギタリスト。B・B・キングは彼のギターを「止まることなく流れるように喋る」と誉め、ジェフ・ベックは出会ってすぐツアーメンバーにした。九〇年八月、ヘリコプターの墜落事故により三十五歳で亡くなった。

村上〝ポンタ〟秀一は、七二年に赤い鳥に参加し、その後、日本のトップドラマーとして参加したアルバムは一万枚を超えるといわれている。松木恒秀は、十五歳からプロ活動を始める。ギタリスト以外にプロデューサーやアレンジャーとしても活躍している。岡沢章は、十七歳でTHE Mにベースで参加する。その後、本格的にスタジオミュージシャンの活動を開始し、渡辺貞夫や吉田美奈子、さだまさしをはじめ多数のミュージシャンと共演する。

なお、九三年十二月三十一日に川崎CLUB CITTAで「日本をすくえ！1993年大晦日オールナイトライブ〜くたばれ紅白歌合戦」というイベントが行われた。このイベントのハウスバンドを吉田健バンドが務め、村上秀一がドラムを担当する。出演したPANTAは、吉田健バンドの演奏で

「People」「万物流転」「屋根の上の猫」「コミック雑誌なんか要らない」の四曲を歌う。後日、PANTAは「いやあ、ポンタのドラムは気持ちよかった。『万物流転』なんか絶妙なところでフィルを入れてくるもんね」と語った。

ポンタ（村上秀一）とは約三ヵ月間、ふたりでスタジオにこもったことがあるんだよね。そのとき彼が「歌手のバックをやるときは、その歌手を包み込んであげたい。そういうサポートをしたい」と言っていた。その姿勢が「ミュージシャンとしていいなぁ」と思った。

たとえば、もう亡くなってしまったけどイタリアのニニ・ロッソ（二六年－九四年）というトランペッターはもうヨレヨレ。でも彼のトランペットは歌うんだよ。彼の演奏を聴くと感動するし、イマジネーションが湧く。テクニックがあるというだけの演奏には感動がないよね。だからポンタやニニ・ロッソのように訴えるものがキチッとあるミュージシャンを俺は尊敬する。

じゃ、PANTAはギターがうまいか？　テクニックという部分だけだとPANTAよりうまいミュージシャンはいくらでもいるよね。だけどPANTAは絵になる。PANTAがステージでカッティングをすると、会場全体が引き付けられる。これがもっとも重要なことなんだよ。これが「銭が取れる」ということ。

正確に演奏するだけならコンピュータで十分だよ（笑）。コンピュータを使っても人間が上回っていないとダメ。そのためには音に血が通っていないと。

素晴らしいといえば、やっぱり森進一さんは天才だと思う。美空ひばりと森進一、歌のうまさではこのふたりは別格。天才だと思う。森さんは、俺が初めてレコーディングを担当する前夜、俺の家に直接電話をかけてきてね。受話器を耳にしたら「あの〜、森ですが」というから「はあ、どちらの森さんですか?」って尋ねたら、「森進一ですが」って（笑）。それで、こうしてほしいって、ていねいに説明するわけ。あの天下の森進一が。恐縮だよね。やっぱりプロだね。それだけ真剣なんだよ。だからたくさんの人が彼の歌に感動するんだよ。なんか歌謡曲に対して、下にみる傾向があるかもしれないけど、それは絶対間違い。ちゃんと聴いてから言って欲しいね。

森進一、村上秀一、KISS、デヴィッド・ボウイ、スティーヴィー・レイ・ヴォーンなど錚々たるメンバーと仕事をしてきた松下氏。では松下氏にとって、頭脳警察とは一体なんだったのだろうか?

九四年だったかな、実はこういう仕事をしたんだよ。千葉県の芝山町で、成田国際空港建設の和解のための野外コンサートが行われたんだけど、俺が総合プロデュースを務めた。かつて激しい闘争が行われた場所に行ったのは初めて。初めて三里塚の鉄塔も見た。

二千人から三千人が集まるコンサートで、クラシック関係のギタリストが演奏することは決まっている。クラシックギターの小さな音を、野外で三千人ほどに聴かせるためにはどうすればいいか。

大きなPAが必要になるから、まずそれを置くための場所を選ぼうということで、滑走路の端の傾斜地になっているところに決まった。ただ、そこはぬかるみだから大型のスピーカーを入れると傾いて倒れてしまう。それで空港公団に「整地してくれ」と頼んでやってもらった。整地に「百六十万円かかりました」と言うから「いいじゃない。それで和解できりゃ」と答えたんだけどね（笑）。

そうやって整地してステージを造って、ＰＡを載せて開催したら大成功。最後に運輸事務次官や空港公団総裁、千葉県知事、成田市長を全員ステージに上げた。どんなに争っても、人にはふるさとがあるから「ふるさと」を二回歌って終わりにしましょうと。そうすると地元のジイちゃんバアちゃんが泣いているわけよ。涙を流して、みんなが一緒に歌ってくれた……。

その光景を目にして、「一体、なんだったんだろう」と思ったんだよね。三里塚闘争。それは歴史のなかのひとつのエポックなのかどうかはわからないけど、「あのエネルギーはなんだったのかな」と。みんなは信じてやっていたわけ。俺としては左翼じゃなくて、心情右翼だったから、ある部分では反発があったけど、エネルギーは右翼も左翼も変わらないわけだよね。

ビクターの青山スタジオの周辺だって、しょっちゅう、デモ隊と機動隊が衝突していた。機動隊はビクターのトイレを使っていたんだよ。催涙ガスのなかを毎日スタジオに通勤していたようなものだよ。あの催涙ガスは本当に強烈だったよ。デモ隊がアスファルトをはがして投石するから、道路なんか本当に瓦礫の山になっていた。アンプを運ぼうとすれば、機動隊に呼び止められて「これなに？　この重いのは」ってさ。六八年の新宿騒乱のときには新宿駅で足止め。しょうがないから中野まで青梅街道を歩いて帰ったよ。そういう時代だった。

そういう状況や時代を背負って、頭脳警察が三里塚で歌った（七一年、日本幻野祭）。今思うと、やっぱり時代の大きなうねりに引きずられて、頭脳警察はここまで来たんだろうな。そう思う。だって、最初は出演を断ったわけじゃない？　そういう世相のなかで生まれた頭脳警察。ＰＡＮＴＡとＴＯＳＨＩが頭脳警察以前になにをしていたかは、俺は全然知らないけど、ふたりは自分の感性の発露というような部分で音楽をはじめたんだと思うんだよね。手探りでスタートしたわけでしょう。ウエスタン・カーニバルでもやった。政治集会でも叫んだ。学園祭でも歌った。時代の匂いがするいろいろな場所で頭脳警察が受け入れられた。

三里塚で頭脳警察がやったときに、みんな喜んだわけじゃない？　その約二十年後に俺が同じ場所でコンサートをやって、当時とは意味は違うけど、やっぱりみんなが喜んだ。なんか、めぐり合わせだなと思ったね。頭脳警察と逆のステージを自分がやったのもなにかの縁かなと。

時代の大きなうねりに引きずられた頭脳警察。現代の十代の若者にもその音は伝わるだろうか？

伝わると思う。だって、頭脳警察は本能だもの。単純明快じゃない？「てめえのマンコに聞いてみな」って、女に浮気されれば今の若いヤツらも言うんじゃない（笑）。今、俺が頭脳警察の歌詞が、ちょっと恥ずかしく聴こえるとすれば、年齢的なものがあるんじゃないかな。若いときはあえてそういうストレートな言い方をしたいときもあるじゃない？　俺は専門学校でエンジニアの授業の講師をしていたことがあるけど、たとえばコンピュータの音が良いと、決して今の若い人たちは思っていないし、そこに嘘がなければ気持ちは伝わるよ。だから頭脳警察の歌は、時代に関係なく受け入れられると思うよ。

松下氏にとって音楽とは？

宗教に近いもので精神的に安定できるもの。人間はひとりでは生きていけないから、自分の気持ちが同調できるものを、音楽のなかに探しているんじゃないかな。音に囲まれて平衡感覚を保っているという部分もある。

頭脳警察に話を戻すと、頭脳警察には、若さとか青春の情念をものすごく感じるんだよね。だから、アルバムには音以前にその情念が記録されていればいいと思う。それを音楽性がどうのこうのと評論する必要はまったくない。気持ちが伝わるか伝わらないかがいちばん重要。

その頭脳警察の青春の情念を多くの人に伝えるために、レコード会社という売るための組織が彼らと絡んだわけだ。それはそれで広めるためには絶対に必要なこと。

今の若い人が当時の頭脳警察のアルバムを聴いても、そこに刻み込まれた情念は感じるはずだよ。うまいとかヘタという部分よりも、まず頭脳警察の情念だよ。その情念が当時の俺の拙い技術で、今の若い人に伝わるのかどうか。伝わるんだったらうれしいし、これしかないじゃないですか。

3 メンバーの証言　石井正夫（ベーシスト）

「あばよ東京」は、曲が完成していない状態でレコーディングに突入した。

やっぱりPANTAは、シャンソンなんかも聴いていたよね。いろいろなジャンルを幅広く聴いていた。俺にレコードを貸してくれたり、そういう付き合いだった。その頃俺は、バッドフィンガー（主に六一年から八三年に活動）がすごく好きだったんだよ、メロディアスなところが気に入っていた。だから頭脳警察でも「さようなら世界夫人よ」や「詩人の末路」のような叙情的な曲も好きなんだよ。PANTAが俺の誕生日に、バッドフィンガーのアルバムをプレゼントしてくれたっけ。

頭脳警察はメンバーのあいだで、「これがいいよ」「あれはカッコいいよね」という音楽の話はよくしていた。TOSHIにしても「オシビサ（六九年から活動）はいいよ」とかよく言っていたな。TOSHIはツトム・ヤマシタさん（四七年生まれ）も好きだった。やっぱりパーカッション系に惹かれていたね。

まだ俺はスタッフみたいなことをしていて、正式に頭脳警察のベーシストになっていなかった頃で、確かアルバムでいえば『誕生』か『仮面劇のヒーローを告訴しろ』のときだったと思うんだけど、俺がベースのプレイで、スランプというか悩んでいる時期があったんだよね。そのときPANTAがジャクソン5（主に六二年から九〇年に活動）やタワー・オブ・パワー（六八年から活動）のレコードを貸してくれた。

その頃ＰＡＮＴＡは、そういうソウル・ミュージックをたくさん聴いていて、レコードを貸してくれたんだけど、俺はどうしても好きになれなかった。まして頭脳警察のベースをプレイするにあたって、ソウルは参考にならないとも思った。どうしてかというと、ソウルのようにリズム、リズムでいくと、ＰＡＮＴＡのボーカルが入ろうとしても、リズムが先になって言葉があとになって、ボーカルが聞こえなくなってしまうから。

あの頃のソウルは、リズムセクションがポンと前に出るじゃない？　ＰＡＮＴＡはそういうレコードを貸してくれたんだけど、自分としてはソウルっぽいプレイはやりたいとは思わなかったね。そういうアンサンブルは頭脳警察には合わないと思った。たしかに自分のベースが走ったりモタったりするからいけないんだけど、ソウルのようにやったってねぇ……まあ、リズムに正確性を求めるというか、ＰＡＮＴＡは「リズムはちゃんとしていなくてはダメだ」ということを言いたかったんだと思う。そして「俺に合わせるよりも、正夫がなにをもっているかが大切なんだ」と言いたかったんじゃないかな。

その頃、赤坂にあった高級ディスコのムゲン（六八年から八七年まで営業）にＰＡＮＴＡが誘ってくれたこともあった。その日はブラザーズ・ジョンソン（主に七五年から一五年に活動）が演奏していた。まだ世に出る前だったけど、これでもかとお客さんを盛り上げていた。たしかに彼らの音やルイス・ジョンソン（五五年－一五年）のベースはノレるんだけど、俺のなかではＰＡＮＴＡの歌を聴きながら弾いていたいという思いがあって、頭脳警察にはブラザーズ・ジョンソンみたいなサウンドは、ちょっと違うと感じた。

同じ時期に中野サンプラザにタワー・オブ・パワーもＰＡＮＴＡと観に行ったけど、ただ、ＰＡＮＴＡは頭脳警察にソウル・ミュージックを求めていたわけじゃないんだよ。俺にソウルを聴かせたのは、宿題だったんだな。頭脳警察におけるリズム隊をハッキリさせるという宿題を俺に与えてくれたんだよね。だから『仮面劇のヒーローを告訴しろ』に収録されている「ハイエナ」では、リズムセクションを前に出しているよね。

ＰＡＮＴＡとそういうやり取りをしたのは、ＴＯＳＨＩがいない時期なんだよね。今から思えば、ＰＡＮＴＡはＴＯＳＨＩが戻ってくることを確信していたんだろうね。ＴＯＳＨＩが戻ってきたら、ＴＯＳＨＩをパーカッションにしてドラムを誰か入れてと、考えていたのかもしれない。だからパーカッションとドラムに対抗しながらテンポを決められるベースをイメージしていたのかもしれない。

七三年の数ヵ月間、ＴＯＳＨＩは頭脳警察を脱退した。よってアルバム『誕生』と『仮面劇のヒーローを告訴しろ』には参加していない。

七〇年代頭脳警察の後期ベーシストの石井正夫氏の話から、頭脳警察の純ロックバンドとしての側面が感じられる。頭脳警察の音楽的試行錯誤が伝わってくるような気がする。

俺は一九五二年生まれだから、ＰＡＮＴＡとＴＯＳＨＩより二歳年下。十代の頃の二歳は大きいよね。だって俺が高校生のときにすでにふたりはプロで、頭脳警察は俺のあこがれのバンドだったんだから。

俺は生まれも育ちも東京の世田谷区北沢。プロのミュージシャンになりたかったから、高校を卒業して一応浪人という名目で時間をつくって、キャバレーの箱バンのトラ、ようするにそのバンドのベーシストが参加できないときに臨時で弾いたりしていた。

音楽の目覚めは中学二年生ぐらいかな、ローリング・ストーンズ（六二年から活動）がきっかけ。友だちからアルバム『アフターマス』（六六年発表）を借りて好きになってね。それで月に一回ぐらいのサイクルでローリング・ストーンズのファンクラブの催しがあって、レコード会社の会議室で行われた新譜の試聴会に行ったりした。このイベントは楽しかったなあ。

あとはブラック・サバス（六八年から一七年に活動）とか、ようするにハードロックが好きで、基本的に洋楽を聴いていた。ビートルズは、その頃は自分から積極的に聴くということはなくて、ラジオから流れてくるのを聴く程度だったね。

俺が高校生のときは、学生運動は下火に向かっていたけど、それでもまだまだ状況下ではあった。やっぱりベトナム戦争の影響が大きくて、俺も集会に出たり、それなりに関心はあったほうだと思う。それと自分が通っていた高校は実業高校で、実業高校の生徒は「高校を卒業したら社会に出る。そのために手に職をつける」という体制のなかで教育を受けるわけだけど、それは違うんじゃないかという動きがあって、そういう高校生の集会に何度か参加した。だから思想的なことよりも、なにかしなければいけないんじゃないかという考えで動いていたという感じだね。

「時代に育てられた」というＰＡＮＴＡの言葉があるが、石井氏の場合はどうだろうか。

時代に育てられたとか物ごとに対する意識を育てられたという感覚はたしかにあるね。まあ、政治に関心をもつ前に音楽に夢中になるわけだ。初めてバンドを組んだのは中学三年生のとき、三人の同級生バンドをね。ベースを選んだ理由はジャンケン（笑）。頭のなかでは「俺は寺内タケシだぜ！」って感じでギターをやりたいと思ったけど、ジャンケンで負けてベースになった（笑）。

高校に入ってからは、ジャズ喫茶にも行くようになった。新宿のACB《アシベ》に内田裕也とザ・フラワーズ（六七年から七〇年まで活動）やハプニングス・フォー（六九年から七二年まで活動）、アダムス（六八年から六九年まで活動）を観に行ったりしていた。

フラワーズは、ヴァニラ・ファッジ（主に六六年から七〇年に活動）やクリーム（主に六六年から六八年に活動）、ジェファーソン・エアプレーン（主に六五年から七三年に活動）などの曲をやっていたからよく観たね。内田裕也さんの曲紹介やメンバー紹介なんかの語り口が、お客さんをノラせるというか絶妙でおもしろかった。でもお客さんは少なかったな。お客さんの人数よりバンドの人数のほうが多いなんてこともよくあったよ。

その頃からプロのミュージシャンになりたいと思っていたよ。だから高校の仲間でバンドをつくって、1910フルーツガム・カンパニー（六七年から七十年まで活動）やストーンズのコピーをした。当時はコピーをすることがバンドをやることだと、なにか当然のように思っていたな。オリジナルを創るという発想は、まだ俺にはなかった。

それで高校三年生のときかな、乱一世（五〇年生まれ）と知り合っていろいろなことを教えてもらって、オリジナルという発想が生まれたんだよね。駒場東大前駅に東大生の溜まり場の「レオ」という喫茶店があって、そこで友だちの友だちみたいな感じで、なんとなく知り合った。出会ったとき乱一世は東海大学の学生だったから、彼は二歳上じゃなかったかな。今でもナレーターやレポーターで活躍しているね。レオは自分の好きなレコードがかけられる店だったんだよ。それで自宅だと大きな音でかけられないから、俺もレコードを持って行ってかけてもらった。そういう喫茶店だから、周りのお客さんとも音楽の話を自然とするようになって、乱一世と意気投合して一緒にバンドをやろうとなった。彼はボンゴを叩きながらボーカルをとって、「パラシュート革命」や「言い訳なんか要らねえよ」をやったんだよ。だから俺は、乱一世のボーカルで頭脳警察を知るわけ。おもしろい歌だなあと思ったね。七〇年の出来事だよ。「パラシュート革命」は、七二年に発表されたアルバム『サード』に収録されたけど、だから七〇年にはすでにあったわけだ。

それで乱一世に誘われて行った野音（日比谷野外音楽堂）の10円コンサートで初めて頭脳警察を見るんだよ。そのときのメンバーは、ＰＡＮＴＡとＴＯＳＨＩに山崎隆史と粟野仁の四人。ＰＡＮＴＡはハンドマイクだった。「パラシュート革命」「前衛劇団〝モーター・プール〟」「言い訳なんか要らねえよ」とか五～六曲やっていたな。「革命三部作」が出る前だね。聴いた瞬間、「すげぇな」と思った。音のほうを先に感じたんだけど、歌詞の単語も断片的に聞き取ることができるから「歌詞もすごいな」と思ったよね。断片的に聞こえる言葉がビシバシ入ってくる。

それに比べてほかのバンドは、ミュージシャンに走りすぎるというか、技術的な面にこだわり過ぎていて、「なにをもったいぶっているんだ」と思った。もったいつけているくせに薄っぺらなんだよな。それに対して頭脳警察は、もったいつけるどころかストレートで、逆にストレートの頭脳警察のほうが内容が厚すぎちゃって。「すげぇ、日本にもこんなバンドがあったんだ」という感じで、自分の感性にハマッたんだよね。言葉に関してはROCKもフォークも含めて、あらゆるミュージシャンのなかで頭脳警察が圧倒的だった。これだけは断言したい。

それで一発でファンになって、その瞬間に「俺は頭脳警察のベーシストになる」って、なんの根拠もない確信をもった(笑)。これがきっかけで野音のイベントによく行くようになるんだけど、もう頭脳警察しか目に入らなかった。フラワー・トラベリン・バンドなんかも出ていたけど、レッド・ツェッペリンの「移民の歌」や「胸いっぱいの愛を」なんかをコピーしていた。頭脳警察の洗礼を受けた俺は「もうコピーはいいや」という考えになっていたから、かつてのフラワーズは好きだったけど、フラワー・トラベリン・バンドには興味はなかった。頭脳警察を知ってしまった時点で「これがROCKだ」と俺のなかで確信するものができたし、もう意識はオリジナルにいっていたから。

そういうことがあって、雑誌の平凡パンチで「巷にあふれている音楽に不満を持っている君に　久遠の魂の疼きを表現する音楽をめざすWHAT・MUSICが出来ました、一緒にやってやろうというファイトのある人は下記に連絡を」というような広告を目にして、連絡をとったんだよね。それはのちに音楽評論家になる富澤一誠(五一年生まれ)が企画したサークルみたいなものだったんだけど。彼はそのときはまだ大学生だったけど、すでに歌謡曲の作詞などをやっていたのかな。その「WHAT・MUSIC」は、ブルース・クリエイション(六九年から七二年まで活動)やスピード・グルー&シンキなどのコンサートの企画や運営をやっていたから、プロになるきっかけになるかなという、俺なりの考えもあって参加したんだよね。富澤一誠に頭脳警察を教えたのは俺なんだよ。彼を誘って野音に頭脳警察を観に行ったこともあったな。

そういう富澤一誠との付き合いが続いて、彼が評論活動を開始したわけ。アルバム『ファースト』の発売は彼に教えてもらった。「正夫、今度、頭脳警察のレコードが出るよ」って。結局、発売中止になってしまうんだけど、俺としては「頭脳警察のベーシストになる」という夢があるわけだから、アルバムが出ることは、うれしい反面、遠い存在になってしまうような気がした（笑）。『セカンド』も回収になったよね。『セカンド』の回収は一般の新聞でも取り上げられて注目される存在になってしまう。「頭脳警察のベーシスト」のハードルはどんどん高くなるばかり（笑）。

それで富澤一誠が「PANTAを取材するんだけど、一緒に来ないか？」って言って、インタビューに同席させてくれたんだよ。原宿の明治通りを新宿方面に行ったところに「メイジ」という喫茶店があって、そこで会ったわけ。そりゃ緊張したよ（笑）。

PANTAはひとりで来た。PANTAの第一印象は優しかったね。ステージのイメージしかなかったから、ファンとしてはステージの激しいイメージでいて欲しいと思う部分もあったけど（笑）。それで「自分はベースを弾いている」ぐらいのことは、まあ伝えて（笑）。PANTAが電話番号を教えてくれてね、電話で何回か話をしたんだけど「今、三枚目のレコーディングをしているから遊びに来いよ」って言ってくれたんだよ。PANTAとは電話で何回か話をしたけど一度しか会っていない。それでも図々しく青山スタジオに行ったわけ。だけど、PANTAに挨拶することなく帰ってきた。気後れしてブースの向こう側に行けなかった。

その後もスタジオに何回か足を運ぶんだけど、初めてスタジオでPANTAと話をしたのが「孤独という言葉の中に」のホーンかなんかのトラックダウンをしているときだった。トラックダウンだからP

ＡＮＴＡのテンションもいつもと同じで、話しかけやすかったからね。だけど「トラックダウンって結構大変なんだな」と思った記憶があるよね。

本格的に頭脳警察のスタッフになったのは、九州から倉敷にかけて廻った七三年一月のツアーから。そのツアーを最後にベースの増尾光治くんが脱退するという話があって「そのうちベースをやってもらうから」みたいな話はもらっていたんだけど、実現するまで一年半ぐらいかかった（笑）。

ツアーはハイエースのロングでまわった。座席は六人分あるんだけど、後ろは楽器を積むスペースだから狭い（笑）。ツアーの途中で麻丘めぐみさん（vo：五五年生まれ）の実家に寄って挨拶したんだよ。「いつもお世話になっています」みたいな（笑）。どうして立ち寄ったのかは記憶にないんだけど。

このツアーから俺は、頭脳警察のスタッフになったわけだけど、これで食えるとかそういうことは考えていない。自分がやりたいことができればいいということしか頭になかった。ＴＯＳＨＩと話をするようになったのは、このツアーからだったな。

ところが実はＴＯＳＨＩとは、随分前に初対面を済ませていて（笑）。初対面というか、頭脳警察のライブのときに、俺は客で会場にいたんだけど、他の客とケンカしちゃって。気がついたら、俺を後ろから羽交い締めにして止めるヤツがいる。振り向いたら、ＴＯＳＨＩなの（笑）。ステージから飛び降りて止めてくれたんだよ。それがＴＯＳＨＩとの初対面（笑）。


海外の動きに影響されて、この頃から大手レコード会社のなかにイメージを限定したレーベルが設立され始めた。ビクター音楽産業株式会社にも、このような動きが始まり、邦楽部門のなかにポップス系

を専門にした制作第三部が新設され、GAMレーベルが立ち上げられた。GAMレーベルの第一号が麻丘めぐみのデビューアルバム『さわやか』（七二年八月五日 GAM1001）で、第二号が頭脳警察のアルバム『サード』（七二年十月五日 GAM1002）だった。

当初GAMレーベルは、ROCK系ではなくポップス系で、麻丘めぐみのデビューに力を注いだディレクターがGAMレーベルに異動になり、麻丘めぐみはこのレーベルからデビューしたらしい。同じレーベルということで、頭脳警察は麻丘めぐみの実家に挨拶に寄ったのだろうか。ちなみに『さわやか』と『サード』は、ビクターにおける七二年度のヒット賞を受賞している。

ところで増尾光治はどのようなミュージシャンだったのだろう。

高校生のとき増尾くんは、TOSHIと一緒にバンドをやっていたんだよ。マジック・バスっていうバンドで、バンド名はザ・フーの曲からつけたらしい。増尾くんはマジック・バスではボーカルで、頭脳警察でベースを弾き始めたんだ。PANTAが彼にベースを教えて、即、次の日にステージとかそういうレベルで参加したと思うよ。増尾くんが辞めるって言い出したんだよね。

七三年一月のツアーから帰って来て増尾くんが脱退した。そのときNHKのドキュメンタリー番組「新日本紀行」の音楽を頭脳警察が担当するという話があって、そのレコーディングに参加したのが、俺のデビューになるわけ。「さようなら世界夫人よ」をやったんじゃなかったかな。ギターで森園勝敏（g&vo：五四年生まれ）も参加した。四人囃子のプレデビューアルバム『ある青春 ～二十歳の原点～』が出るのが、この年の十月だから彼も初めてのレコーディングだったんじゃないかな。良いギタリストだと思って冗談で「四人囃子をやめて、頭脳警察にきなよ」なんて言ったのを憶えているな。

増尾くんは脱退したあと、ライブ会場に遊びに来るとかそういうことは一切なかったね。のちに俺とリトル・ウィングというバンドをやることになるんだけどね。

そして、TOSHIの脱退になるわけだ。

「新日本紀行」のレコーディングの数日後、TOSHIが「脱退する」と言い出した。

その頃、俺はスタッフだから毎日事務所に顔を出していたんだよ。場所は千駄ヶ谷小学校の横に五階建てのマンションがあって、その一室が頭脳警察の事務所になっていた。ここは当時、頭脳警察のマネージャーをしていた横川純二さんがビーウィッチという事務所をやっていて、頭脳警察の事務所もそこに置いていたんだよね。七五年十二月に『ファースト』が自主制作で発表されるけど、そこに「BE－WITCH RECORD」と記載されていて、そのビーウィッチのこと。

とにかく俺は頭脳警察の事務所で電話番をしていた。『ファースト』の自主制作の告知はもう出ていたから、現金書留が毎日事務所に届くし、その整理だけでも結構手間だった。

気が向いたようにTOSHIは、たまに事務所に顔を出すことはあったけど、PANTAが事務所に来ることはほとんどなかった。ましてふたりが揃って遊びに来ることは、まずなかったな。そうじゃなくてもライブやレコーディングで、常に一緒にいるわけだから、昔のようにツルんで遊ぶということはほとんどなかったよね。

その日は、まずTOSHIがやって来て、PANTAも来た。事務所には俺を含めて三人だけ。俺の推測だけど、PANTAとTOSHIのあいだで「話がある」という連絡をとって、事務所に集まったんだろうね。俺はそういう背景は全然知らなかったけど。

それでPANTAが「TOSHI、なんなんだ？」と口火を切ると、TOSHIがいきなり「頭脳警察を辞めます」とストレートに言ったんだよ。それに対してPANTAが「辞めると言っても責任はあるよ」と。「今月からレコーディングだろ？」って。四枚目の『誕生』のことだね。誕生どころか告別式になっちゃう（笑）。「それだけじゃなくて、コンサートのスケジュールも入っている」と。そういうことをPANTAは言った。

でもTOSHIは「辞める」と。「ほかでやりたいものをやってもいいよ。その代わり頭脳警察にはいろよ」というような折衷案のようなものもPANTAから出たね。でもTOSHIは突っぱねた。「お世話になりました」とPANTAに頭を下げた。それだけTOSHIの気持ちが強かったということだよね。

すごくきつい話し合いだった。はっきりとTOSHIは「頭脳警察は続けて欲しい」と言った。「でも俺は自分の音楽をやっていきたい」と言うわけ。「自分は自分の方向性でメンバーもいるし、辞めさせてくれ」とね。エレクトリック・パーカッション・グループのことだね。そういう会話がぽつりぽつりとあって沈黙が続いて、PANTAは「わかった」と。

時間にして一時間か、それほど長くなかったか。ディスカッションじゃなくて、ほとんどが重苦しい沈黙だから、えらく時間が長く感じられてね。PANTAは激怒するとか、そういう態度ではなかった。

ただ重く口を閉ざしてね。

俺としてはインパクトが大きかったよ。だって、やっと頭脳警察でベースが弾けると思っていた矢先だもの。ましてTOSHIが辞めたいと考えていたなんて、全然気がつかなかったし。TOSHIは具体的な言葉が足りない部分もあったと思うよ。もう少し自分の気持ちをわかりやすく伝えても良かったとも思う。でも十代からツルむ仲だから、そういう言葉は必要ないのかもしれないし。そこの部分は、俺にはわからないものがあるんだろうね。PANTAもわりとドライで、去るものは追わずという感じがあるから。その後、PANTAから「モッチン（アイ高野［ds&vo：五一年－〇六年］）に声をかけた」という話を聞いたけど、実際に彼が来てセッションをしたとかいうことはなかった。

それまで俺は、PANTAとはよく会っていたけど、TOSHIと個人的に会うことはあまりなかったんだよね。だけど、この件があってTOSHIの家に、ちょくちょく遊びに行くようになった。

当時TOSHIは京王線の代田橋に住んでいて、俺は隣の笹塚に住んでいたから、自転車で行くことができた。だからTOSHIが脱退してから、逆にいろいろな話をするようになるんだよね。TOSHIは当時も今もあのまま、変わらないな。あの頃TOSHIはあまり酒は飲まなかったから、変わったといえばそれぐらいだね。日本酒を一～二杯飲む程度だったな。

俺はどうしても、TOSHIを頭脳警察に戻したいと考えていたわけ。で、そうやって会うなかで「戻せる」という自分なりの確信はあったね。

その確信はどこからくるものだったのだろうか。

90年代の石井正夫氏（左）とTOSHI（右）

ＴＯＳＨＩはＰＡＮＴＡや頭脳警察の悪口を一切言わなかったから。言わないというよりも、そもそもそういう気持ちはなかったから。とにかく俺は、ＴＯＳＨＩとゆっくり話をする機会があると「ＴＯＳＨＩがいる頭脳警察をやりたい」と常に伝えた。自分がいかに頭脳警察を愛しているかを真剣に話した。それに対してＴＯＳＨＩは、いやがらずに真面目に聞いてくれた。そういう態度や表情から「絶対戻る」と思ったよね。

ＴＯＳＨＩはエレクトリック・パーカッション・グループを始めるわけだよね。エレクトリック・パーカッション・グループのメンバーは、ＴＯＳＨＩのほかに四人囃子の岡井大二（五三年生まれ）と安全バンドの伊藤純一郎（五一年生まれ）、チッコ相馬（五二年生まれ）などで、みんなドラマー（笑）。その布陣にプラス、シンセサイザーの原点みたいな発信機を操る東海大学の理工系出身の人がいた。それと藤田くんというベーシストが参加したこともあったんじゃないかな。リーダーはＴＯＳＨＩがやった。

たぶん、ドラマーの人数はライブのたびに異なっていたと思う。俺はTOSHIとチッコなど三人にプラス、シンセサイザーのステージを観ている。綺麗なチッコとワイルドなTOSHIのドラムが絡む非常におもしろいアンサンブルだった。TOSHIはタージ・マハル旅行団（主に六九年から七六年頃に活動）に、自分が求める音楽を見出している部分があって、エレクトリック・パーカッション・グループを創ったんだよ。

その頃TOSHIは、遠藤賢司さん（vo＆g：四七年－一七年）とふたりでやったりもしていた。エレクトリック・パーカッション・グループや遠藤さんとやるときは、俺はTOSHIのスタッフをしていたんだよ。TOSHIの家に行って、一緒に楽器を運んだりね。そういう付き合いのなかで、例によって復帰をうながしていたら、ぽつんと「そこまで正夫ちゃんが言ってくれるなら、俺、戻るよ。頭脳警察、やるかな」と言った。辞めてから四ヵ月ぐらい経った頃だと思う。実際に「辞める」と言ってから復帰のステージまでは六ヵ月かかっている。復帰しようと決めてから、実際ステージに立つまで少し時間がかかっているからね。


結果的にTOSHIが抜けていたのは、約半年である。イメージよりも意外と短い。半年という時間は、ライブ活動の少ないバンドなら、すぐに経ってしまうし、病気や海外に行ったりしていても、すぐに経過してしまう時間である。つまり一時的に抜けていても、公にはわからない場合もあり得る時間だ。頭脳警察の場合、ライブ活動を頻繁に行っていたし、この半年間で二枚もアルバムを発表しているので、

話が大きくなってしまったような気がする。
とにかくTOSHIは復帰する。再活動した頭脳警察のメンバーは、ボーカルとギターがPANTA、ドラムはTOSHI、それに加えてギター・鈴木健一とベース・鈴木良輔（通称：鈴木兄弟）という編成だった。

俺は鈴木兄弟とは面識はないんだよね。再活動をするにあたって、PANTAが「誰かギターいない？」と言うので、東海大学の学生だった勝呂和夫に声をかけた。それでオーディションをやったんだけど「ちょっと線が細いんじゃないか」ということで、ほかに探そうという話になったんだよ。自分の後輩に「誰かいいギタリストいないかな？」って頼んだら、福生にいた鈴木兄弟の兄の健一を紹介されたんだよ。それで健一のギターはOKということになって、たぶん健一から「兄弟で参加させてくれ」という話が出たんじゃないかな。そういう経緯があって、PANTAとTOSHIに鈴木兄弟というメンバーで再活動することになったんだよ。

俺としてはおもしろくないよね。だって、TOSHIが抜けて、TOSHIを説得して頭脳警察に戻して、やっと自分がベースを担当できると思って、ギターを探していたら、知らないうちにベースまでほかの人に決まっていたんだから（笑）。「正夫ちゃん、ベースはほかの人に決まってしまった。申し訳ない」とTOSHIは頭を下げてくれた。そういう彼の気持ちを俺は一生忘れない。

でも、どうして鈴木兄弟っていうのかな。確か本名は多和田っていうんだよね（笑）。

鈴木兄弟は、頭脳警察に参加する前は三年ほど、米軍キャンプもしくはナイトクラブなどで、ジャズ

やソウルを演奏していた。PANTAとスタッフが彼らの演奏するクラブかディスコのムゲンに観に行き、参加が決定した。兄でギターの健一は活動的なタイプで「ソウル・ミュージックというのではなく、ソウルのある音楽がやりたい」など、頭脳警察のサウンドへの提案なども積極的にしたらしい。ベースで弟の良輔は、言いたいことはすべて演奏で表現するという寡黙なタイプだったようだ。健一はコーネル・デュプリー（g：四二年－一一年）やエスター・フィリップス（vo：三五年－八四年）が好きで、良輔はロン・カーター（b：三七年生まれ）やチャック・ベリーが（vo&g：二六年－一七年）が好みだった。なお、鈴木兄弟の在籍期間は、七三年の八月から九月までの二ヵ月程度だったようだ。

TOSHIの揺れ動く気持ち。PANTAの音楽的欲求。この時期の頭脳警察は、まさしく少年から大人に脱皮するような危うさに満ちている。ベースで参加できなかった石井氏の掻きむしるような苦悩が、頭脳警察の状況を象徴しているようにも思えるのだが。

鈴木兄弟が入った時点で、一時期、俺は頭脳警察と離れる。自分のバンドをつくるために動かなければならなかったから。それでつくったバンドが、リトル・ウィング。メンバーは、ボーカルをひとり入れて、ドラムがTOSHI、ギターが俺と勝呂和夫、ベースが増尾光治の五人編成。オリジナルでハードロック。TOSHIが詞を書いて、俺と勝呂で曲をつけた。当時、西荻窪にあったロフトに出たり、佐渡山豊（vo&g：五〇年生まれ）のバックをやったり。

TOSHIは大変だったと思うよ。頭脳警察は再活動を始めるし、エレクトリック・パーカッション・グループは継続しているし、加えてリトル・ウィングでも叩いていたからね。リトル・ウィングに参加してくれた彼の気持ちは本当にうれしかった。

七三年十月、だててんりゅうの悲露詩（b＆vo：五二年－二三年）がベースで加入する。悲露詩は一部リードボーカルも担当したが、頭脳警察でPANTA以外のメンバーが歌うのはめずらしい。

悲露詩はだててんりゅう（主に七一年から八三年に活動）を辞めて、つのだ☆ひろ＆スペースバンドに入る話もあったんじゃないかな。兵庫県出身の悲露詩は、東京に来て代田橋のTOSHIのアパートに居候していたんだよ。それでTOSHIのアパートで俺と初めて会ったとき、「頭脳警察じゃなくて、つのだ☆ひろ（ds＆vo：四九年生まれ）とやるはずだったんだよ」と言っていた。野音のイベントなどで、つのだ☆ひろさんと会うと悲露詩は「ひろ」って呼んで親しく話をしていたよね。

悲露詩はね、ちゃんと自分の世界をもっているヤツだった。でも、悲露詩の音楽の世界は、頭脳警察のなかでは反映できなかったんだろうね。自分の音楽を突きつめて壁にぶつかってしまったり、彼女のことなんかが重なって、精神的にダークになっていった。両親が早くに亡くなって、祖母とふたりで暮らしていたという話をしてくれたこともあったな。

辞めたのはアルバム『悪たれ小僧』のレコーディング中だった。結局、PANTAが「悲露詩は自分の音楽を追求したほうがいいんじゃないか」というようなことを言ったんだと思うんだけど。その場にいたわけじゃないから、確かなことはわからないけど。

悲露詩がいたときの頭脳警察は三人編成。下手がPANTAで、上手に昔のバンカラのマントにベストを着た悲露詩がいた。悲露詩はステージでブルースハープを吹いたり、自分なりのアプローチをしていた。ベースを弾きながらジャンプしたり、カッコよかったよ。悲露詩在籍の頭脳警察はちょっとカラーが違っていたな。

悲露詩の在籍は一年に満たなかったけど、「インパクトが強かった」って言う人が多いよね。実際に、ステージでPANTAは悲露詩の持ち場をちゃんと用意していたしね。だから悲露詩が勝手に動き回ったわけじゃなくて、悲露詩のテンションが高くなってくるとPANTAはステージの後ろに下がって、悲露詩に自由にやらせていたんだよ。

音楽的に壁にぶつかっていた悲露詩だけど、アルバム『悪たれ小僧』のレコーディングには意気込んでいたんだよね。悲露詩は自分のベースを改造していて、レコーディングに適さないと思ったんだろうね。俺に「ベースを貸してくれない？」って言うから貸したんだよ。それでレコーディングは、悲露詩を含めて三人で始まって、最初、俺は見に行ったりしていた。それである日、PANTAとTOSHIが喫茶店のレオまで会いに来て、「今レコーディング中だけど、正夫、いつなら空いている？」っていきなり言われて、なにを言っているのかわからなかった。そうしたら「実は悲露詩が辞めることになって」と。

のちに悲露詩は裸のラリーズに参加する。その他、ニプリッツなど兵庫県を中心に活動を続け、〇三年には、高橋ヨーカイ（b：五二年－二一年）とTOSHIとJOKERSというバンドを組んで、同年にアルバム『JOKERS』を発表した（悲露詩はボーカルとギターを担当）。

ここで少し、ほかの元メンバーの頭脳警察後の足跡をみてみよう。左右栄一（g）は、ファーラウトやファニー・カンパニーを経てアメリカに渡り、七四年、アメリカで交通事故で死亡。山崎隆史(g)は、ブルース・クリエイションから頭脳警察に移籍してきた。ブルース・クリエイションではベースを担当。頭脳警察を脱退後、乱魔堂でプレイする。松本恒男(g)は、DEWやハルヲフォンに参加した。DEWではベース、ハルヲフォンではギターを弾いた。

頭脳警察というとノリ一発のイメージがあるかもしれないが、それぞれが実力派バンドに散っている。頭脳警察は日本のロックシーンにおいて、実力派バンドにメンバーを輩出できる実力を兼ねそろえたバンドだったことを事実が証明している。

ところで、頭脳警察のメンバーの話で欠かせないのが、東京大井町での共同生活だ。

大井町はねぇ、この話をすると長くなるよ(笑)。まず悲露詩が京都から東京に来て、代田橋のTOSHIのアパートに居候していたんだよ。二人編成の頭脳警察が絶好調のときだったけど、悲露詩が「今度、大井町のアパートに引っ越すんだ。家賃が一畳千円なんだぜ」って(笑)。三畳の部屋なら三千円という当時でも破格の値段で、しかも音出しOK。レコードを大音量でかけるなんて、まだあまいからね。夜中にガーンと演奏しちゃうんだから(笑)。

それでTOSHIと悲露詩が移って、「正夫も来なよ」って呼ばれて、ふたりが移った同じ週に俺も引っ越した。悲露詩は一階の四畳の部屋で、俺は悲露詩の真上の四畳で日当たり良好(笑)。TOSHIは引っ越してすぐ結婚したから、アパートの裏にある一軒家に住んだ。アパートの影になって、まったく日が当たらなかったから、破格の二万円。もちろん音出し自由(笑)。

食事はＴＯＳＨＩの奥さんが、俺たちの分も作ってくれたから、時間になると一軒家に大移動して、みんなでワイワイ食べた（笑）。お風呂は近くの銭湯にみんなで行って、いつも一番風呂。毎日ヒマだから開く前から待っていて、それで二時間近く浸かっていたよ（笑）。大井町の生活はそんな毎日だった。頭脳警察がＰＡＮＴＡとＴＯＳＨＩと悲露詩の編成の絶好調のときだね。

俺たち三人のほかには、日本音楽集団というのをやっていたヤツ、なんか暴力団を脱退したとかいうヤツ、新橋のキャバレーのホステスさん、あとはワーナー・パイオニアから歌手でデビューしたヤツもいたな。彼は七八年に小柳ルミ子さん（vo：五二年生まれ）の「ひとり歩き」というシングルの作曲をしたりしていたっけ。もちろんみんなで仲良く楽しくやっていた。

ＰＡＮＴＡはここには住まなかったけど、遊びには来ていたよ。佐渡山豊もよくのぞきに来ていた。大家さんが頭脳警察のファンだったんだけど「とんでもないヤツラを入れてしまった」と後悔しただろうね（笑）。苦情を俺たちに言っても聞くはずがないから、ＰＡＮＴＡに愚痴をこぼしていたみたい。

ＴＯＳＨＩの結婚式は、東京カテドラル聖マリア大聖堂で、披露宴が椿山荘だった。仲人はビクターのディレクターだった岩田さん。厳かにパイプオルガンが流れる素晴らしい結婚式でした。ＴＯＳＨＩの誓いの言葉もしっかり聞いたし（笑）。

七六年にＴＯＳＨＩは初台に引っ越して、その一軒屋に悲露詩夫妻が移った。俺は七七年までいて、最後まで住んでいたのは悲露詩だった。

頭脳警察とファンの関係はどのような感じだったのだろうか。

それほど多くなかったけど、大井町のアパートに遊びに来るファンもいたね。当時も出待ちはあったけど、サインをくれというのはなかったな。あの頃から頭脳警察のファンは男のほうが多かったんじゃないかなぁ。乱一世とはもう疎遠になっていたね。その頃彼は、キャロル（主に七二年から七五年に活動）やファニー・カンパニー（主に七一年から七四年に活動）のコンサートのロードマネージャーのようなことをやっていたんじゃないかな。

カルメン・マキ&OZ（主に七二年から七七年に活動）のドラムの内藤正美くん（元DEW）とは、気があって楽屋でよく話をした記憶があるけど、バンド同士の交流はそれほどなかったと思うよ。当時はライブ後に飲みに行く習慣がなくて、せいぜいラーメンを食べに行くぐらいだった。友だちの家に集まって飲むことはあったけど、飲み屋に行くことはほとんどなかったな。

俺がスタッフになる以前は、頭脳警察の事務所が溜まり場になっていたという話もあるけど、そういうこともなくなっていた。突然、友川カズキ（vo&g：五〇年生まれ）が寄るぐらいかな。俺が知っている事務所は、千駄ヶ谷と六本木の芋洗坂。今のスイートベイジル（九八年から一四年まで営業）の裏あたり。次にNHKの西口玄関前の割烹の二階に移った。ここが最後の事務所になるんだけどね。

石井氏が頭脳警察にベースで参加した七四年から七五年にかけては、日本のロックシーンが大きく変化した時期である。

キャロルやサディスティック・ミカ・バンドなどのようにROCKとビジネスを平衡感覚をもって考

えられるバンドが増えたことや、日比谷野外音楽堂で定期的に行われていたイベントが減ったこと、グループサウンズ世代のミュージシャンはもちろん、PANTA世代のミュージシャンですら二十代半ばを迎えようとしていたことなど、さまざまな要素が重なり、日本のロックシーンはノリの時代からビジネスの時代に切り替わろうとしていた。

同時に学生運動の衰退に象徴されるように、日本の社会のすべての価値観が大きく変化しようとしていた時期でもある。社会の変化とロックシーンの変化は無関係ではないだろう。

七五年に入ると、TOSHIはパーカッションを担当しフロントに出る。アンサンブルでいえば、一般的にパーカッションはドラムのサポート的な役割だが、頭脳警察ではリードの位置をとった。そしてラテンの匂いが一切しない。頭脳警察の音に馴染んでいると見落としがちだが、このパーカッションのポジションは、実は「画期的」なのだ。パーカッションをここに位置することで、頭脳警察は「音楽的特殊性」を手に入れたといっても過言ではない。

アルバム『ファースト』から『サード』までを「叫び・過激・政治性」の第一期とするなら、『誕生』と『仮面劇のヒーローを告訴しろ』は「サウンド的アプローチ」の第二期、そして第三期は「音楽的特殊性」とみることができる。『悪たれ小僧』のレコーディングが「音楽的特殊性」を獲得する以前だったことが悔やまれる。

TOSHIがパーカッションでフロントに出ることに関しては、俺は最後まで首を縦に振らなかった。TOSHIのドラムは歌うドラム。頭脳警察にはTOSHIの歌うドラムが絶対必要だと俺は思っていたから、あくまでもTOSHIはドラムだと固執した。TOSHIがパーカッションをやるというアイディアは誰から出たのかな？　PANTAかな？　俺はTOSHIから「ドラムを叩きたくない」という話も「パーカッションをやりたい」という話も聞いていなかったけど、PANTAから「TOSHIがパーカッションをやりたいと言っている」と聞いて、結局納得したんだよね。

サウンド的に意図して、パーカッションをフロントに出すということではなかったはず。なぜかというと、もし意図しているのであれば、ベースの俺に絡み方の指示などがあるはずだから。

それで、ドラムのオーディションを何人かしたんだよ。

新しいメンバーを決めるときは、ほかのメンバーの意見も反映されたのだろうか。

ドラムのオーディションのとき、PANTAは「どう思う？」という感じで、ほかのメンバーに意見を求めたよ。そういう意味では、頭脳警察はPANTAのワンマンバンドじゃないよね。俺も「ダメだよね」とか、はっきり意見を言ったりしたもの。

俺がイメージしたドラマーは、TOSHIのパーカッションに合うという意味で、冷静な音を出すタイプ。あまりバカバカやるドラマーだとTOSHIの引っ張る部分がなくなってしまうから、TOSHIの個性が生きてこない。TOSHIはすごく感情移入するじゃない？　彼のパーカッションが歌う余白をつくることができるドラマーがいいと思ったんだよ。

安全バンド（主に六九年から七七年に活動）の伊藤純一郎もオーディションに来たけど、ノリが違うんだよね。

安全バンドの関係からもうひとり来たけど、やっぱりしっくりこなかった。リズムキープはするけど重たいというか、なにか違う。これはドラマーとして、うんぬんじゃないよ。あくまでも頭脳警察のドラムに合うかどうかだからね。

やっぱりベーシストの俺としては、TOSHIのパーカッションを生かしたうえで、ドラムとキャッチボールをしたい。そういう意味では、正岡邦明（クニ）のドラムは素晴らしかった。TOSHIとのコンビネーションは抜群だったよ。クニのドラムも八木下剛のドラムもTOSHIのパーカッションとマッチしたから、結果としてはTOSHIも楽しんだんじゃないかな。

正岡邦明と八木下剛はどのようなアーティストだったのだろうか。

クニは自分のスタイルをもっているけど、順応性があって我を通す強い性格じゃなかった。俺も含めてほかのメンバーも、アイドルやニューミュージックのバックやキャバレーの箱バンなどをアルバイト的にやっていたけど、その頃クニはキャンディーズのドラムも叩いていたんだよ。だから頭脳警察とキャンディーズを同時並行で活動していた。

それである日、キャンディーズのバックをした足で、頭脳警察の横浜野外音楽堂に駆けつけたんだけど、寝ていないわけ。リズムがモタったり走ったりキープできない。ベースの俺が頑張ってキープしようとしても、ドラムが走ればベースも自然と走ってしまう。ドラムもベースも行ったり来たりで、PANTAが歌えない。それでPANTAがブツッと切れて、ステージでクニをボコボコ。これがクニの最後の頭脳警察のステージだった。そのときの対バンはイエロー（七二年から七六年まで活動）だったな。八木下はどちらかというと、クニより自分をもっていたかもしれない。箱バンで八木下と俺が知り合って、勝呂和夫が八木下をリトル・ウィングに誘ったのが付き合いの始まり。リトル・ウィングの活動で、TOSHIのスケジュールを押さえられないときに八木下に叩いてもらった。彼の場合は、頭脳警察の最後に期間限定ということで参加してもらったんだよね。

そして任務を終えるかのように、七五年十二月三十一日、頭脳警察は解散を迎える。頭脳警察の解散を石井氏はどのように受け止めたのだろうか。「あまり醜くならないうちに、葬式をあげてやろうか」「いつ言い出すのか待っていた」という、PANTAとTOSHIのやりとりの現場にいたのだろうか？

ふたりがその話をしたときには、俺はいなかった。たぶん、ふたりだけで話し合ったんだと思う。解散の話はPANTAから聞いた。ふたりで乗っていた車の中、七五年十月だった。「正夫、頭脳警察をどう思っている？　いろいろ話はあるけど」とPANTAは言った。

いろいろな話というのは、レコード会社の契約が切れるにあたって、ビクターとキティとポリドールの三社からオファーがあって、どこにしようかという話をメンバーでしていたから、一瞬、そのことだと俺は思ったんだよね。それから花之木哲（vo：五一年生まれ）がやっていたロック・ミュージカルの音楽を頭脳警察が担当することになっていたけど、プリズムに代わってもらおうかという話があったから、そういうことを指していると俺は思った。だけど次の瞬間、「俺は頭脳警察を辞めようと思っている」って、ＰＡＮＴＡが言ったんだよ。
その後、事務所にメンバーとスタッフ全員を集めて、ＰＡＮＴＡは「頭脳警察を辞めたい」と意志を伝えた。八木下は、十月二十六日の野音のステージから加入したんだけど、そのときにはすでに解散は決まっていたんだよね。

ＰＡＮＴＡとＴＯＳＨＩのあいだでは、解散は「そろそろ」だったわけだが、石井氏の気持ちはどうだったのだろうか。

俺は「ふざけんじゃねえよ」と思ったよ。予感もなにもなかったね。青天の霹靂。当然、続けたいという気持ちは十分にあったよ。だって、三社からオファーがあって、どこのレコード会社と契約しようかとか話をしていたんだから。アルバム『悪たれ小僧』は数日で創ったけど、キティではカルメン・マキ＆ＯＺのファーストアルバムには四百時間かけたとか、そういう情報がメンバーのあいだで交わされていたんだから。マネージャーはどんどん仕事を取ってきていたから、メンバーもスタッフも解散に反対したよね。みんなは当然のように今後もやっていくと思っていたんだから。
で、ＰＡＮＴＡは「俺がいなくても頭脳警察をやっていってくれ」と言ったんだよ。だからあくまでも解散ではなく、ＰＡＮＴＡとＴＯＳＨＩが脱退するだけということなんだよね。その言葉を聞いて「メチャクチャを言うな！」と、俺の気持ちは高ぶったよ。ＰＡＮＴＡの優しさがマイナスに出たね。だってなんかきれいに聞こえるけど、実際はＰＡＮＴＡとＴＯＳＨＩがいなければ、頭脳警察が成立するはずないじゃない？　ジョン・レノンとポール・マッカートニーが抜けたビートルズを誰が必要とする？

そういうことでしょ？

……でもね。ＰＡＮＴＡが「頭脳警察を辞めたい」と言ったことは……まあ、イコール解散なんだけど……俺はもちろん続けていきたい気持ちはあったけど、裏返しに「そうなのかなあ」と納得する部分もあったんだよね……なんかね、そう思ったことを今でも鮮明に憶えている。

それから十二月三十一日の解散までは、すでに入っているスケジュールをこなしたり、自主制作盤の『ファースト』の発送の準備をしたり、そういう忙しさに追われた。

そして七五年十二月三十一日の屋根裏のライブで解散したんだけど、実際には「人形劇団ろば」の仕事が残っていたんだよ。七六年二月に人形劇団ろばの音楽をＰＡＮＴＡが作曲していて、それを収録して頭脳警察は完全に終わり。


七五年十二月三十一日。渋谷の屋根裏にて頭脳警察は「葬式」をあげて、その任務を無事終了する。その後、ＰＡＮＴＡはソロアルバム『PANTAX'S WORLD』（七六年四月発表）のレコーディングに入り、しばらくの期間ＴＯＳＨＩは人形劇団ろばと行動をともにする。

話は前後するが、石井氏のレコーディング体験を聞いていこう。石井氏はアルバム『誕生』でスタッフとして参加している。


七三年二月にレコーディングに入った『誕生』は、ギターが水谷公生さん（四七年生まれ）、ドラムは田中清司さん（四八年生まれ）、ベースが武部秀明さん（四八年－〇二年）だよね。二人ともキャリアもテクニックも一流の売れっ子ミュージシャンで、当時で月収が二百万円とか三百万円あるって言っていた。だからすごい過密スケジュールのレコーディングだったけど、テクニックがあるからパッパと終わってしまった記憶がある。

アレンジを担当した馬飼野康二さんも作曲や編曲家として、歌謡曲の世界では有名だった。その馬飼野さんが譜面を起こして、水谷さんなど三人に渡して合わせるわけ。それでテイク2ぐらいで全部ＯＫだから、すごいよね。リーダーシップをとっていたのは水谷さんだったな。演奏を見ていてすごいと思ったよ。俺がベースを弾いたアルバム『悪たれ小僧』とは全然音の創り方が違う。

「鹿鳴館のセレナーデ」は石間秀樹さんがギターを弾いているんだよ。ＰＡＮＴＡが石間さんに連絡して参加してもらった。石間さんは国産のボイスという小さなアンプを持ち込んでね。

で、譜面はなくて、歌詞が書いていないコード譜をＰＡＮＴＡが石間さんに渡して、「石間くん、これでやってよ」と言ってレコーディングが始まった。ＰＡＮＴＡがスタジオでつくった単純なコード進行だけが書かれているコード譜で、ＰＡＮＴＡが石間さんに指示を出しているわけ。歌詞がないから、「ここでこうやって、ここではこう弾いて」と、結構細かく説明していたよ。それでできたサウンドに、ＰＡＮＴＡが歌を入れていくという手順で「鹿鳴館のセレナーデ」は創られた。やっぱり石間さんは存在感がすごくて、ギターを弾く姿がとても印象に残っている。

七三年四月にレコーディングを開始し、八月に発表したアルバム『仮面劇のヒーローを告訴しろ』で

も馬飼野康二をはじめ水谷公生、田中清司、武部秀明が『誕生』と同様に参加した。そして石井氏もスタッフとして参加した。

「間違いだらけの歌」で水谷さんがすごくノッて演奏していた記憶があるんだよね。「仮面劇のヒーローを告訴しろ」では武部さんがノッていた。武部さんのノリに引っ張られて、水谷さんのテンションもあがって「ギターを替える」と言って、ストラトキャスターからギブソンのSGにチェンジした。それがとてもカッコよかった。それだけ曲に入り込んでいたんだろうね。

『誕生』では、スタジオミュージシャンという枠のなかで三人は演奏していた雰囲気があったけど、『仮面劇のヒーローを告訴しろ』では、二度目のレコーディングということもあって、雰囲気が和んでノリノリだった。そういうこともあって『仮面劇』のほうがコナレていて、バンドっぽく仕上がっていると思う。

『仮面劇』でも、馬飼野さんが三人に譜面を渡して、演奏してOKになったら、そのテイクにPANTAがアコースティックギターを弾きながら歌うという進行だった。PANTAのボーカルも一発か二発ぐらいでOKが出ていた。

アルバム『誕生』と『仮面劇のヒーローを告訴しろ』は、「TOSHIが参加していない」という状況と「頭脳警察＝ライブバンド」というイメージを裏切る音色などの理由から、七〇年代の頭脳警察のアルバムのなかでは、評価が低いようだ。

しかし、当時のライブ主体の日本のロックバンドが「スタジオ的な音創り」にチャレンジした記録は非常に貴重だといえるだろう。チャレンジした「スタジオ的な音創り」が成功しているか否かは、各リスナーが判断する問題だが、日本のロック史における二枚のアルバムの位置づけをここで再認識してもいいだろう。蛇足だが『マラッカ』の成功は、この二枚なくしてはあり得なかったと思う。

しかし、石井氏の考えは違うようだ。

ＰＡＮＴＡがやろうとしていたのは、あくまでも「頭脳警察をどこまで追求できるか」ということだと俺は考えている。だから「スタジオ的な音創り」とか、そういうレコーディング手法うんぬんは関係ないと思うな。

この二枚のアルバムのレコーディングに対するＰＡＮＴＡの意識は「ＴＯＳＨＩは一時休んでいる」というものだったんじゃないかな。それで「いつまで休むのかは自分で決めろ」と、逆に突き放したのかなと思うんだよね。ＴＯＳＨＩ不在で自分ひとりで頭脳警察を死守するというのが、ＰＡＮＴＡがＴＯＳＨＩに贈った具体的な答えだと思う。

アイ高野さんを入れるという選択肢はあったかもしれないけど、心のどこかで、定位置はＴＯＳＨＩでなければ頭脳警察が成り立たないと、ＰＡＮＴＡは考えていたと思う。理屈じゃなくて、アマチュア時代からのつながりや培ってきたものによって、そう思ったのかもしれない。そういうふたりの関係には、当然俺にはわからないものがあるよね。

頭脳警察の不思議なところは、メンバーのパーマネント性が欠如しているにも関わらず、バンドという鎧を纏っている点である。石井氏とPANTAは、当時「バンドとはなにか?」というようなことを話し合ったことはあったのだろうか。

そういう話はしなかったな。言葉としては交わさないけど、ライブのなかで感じることはあった。たぶんPANTAにしてもTOSHIにしても、バンドはこうでなければならないという考えはなかったと思うよ。

七四年九月にレコーディングを開始し、十一月に発表したアルバム『悪たれ小僧』で、石井氏はメンバーとしてベースを弾いた。そのレコーディングを次のように語る。

悲露詩が辞めて、俺がベースを弾くことになった。そのとき、はっきりメンバーだと言われてレコーディングに参加したのかどうか、憶えてないな。

レコーディング以前からやっていた曲は「悪たれ小僧」「戦慄のプレリュード」「ひと粒の種になって」「落ち葉のささやき」「真夜中のマリア（転換の為のテーマ）」の五曲。悲露詩が「悪たれ小僧」と「戦慄のプレリュード」のベースを弾いて、それ以外の曲は俺が弾いた。アルバム『悪たれ小僧』は、カバー曲の「ひと粒の種になって」を含めて全部で九曲だから四曲は新曲で、しかもレコーディング・スタジオで初めて聴く曲だった。

「落ち葉のささやき」「真夜中のマリア（転換の為のテーマ）」は、劇団「不連続線」（主に七一年から七八年に活動）にＰＡＮＴＡが楽曲を創って、新宿御苑音楽スタジオ（御スタ）で『悪たれ小僧』以前にレコーディングした。俺がベースを弾いて、勝呂がギター、悲露詩がキーボード、八木下がドラムを叩いている。だからアルバム『悪たれ小僧』に収録されたものとは、別のテイクでずいぶん雰囲気が違う。『悪たれ小僧』に収録されている二曲は、あらためてレコーディングしたものだからね。

御スタで「真夜中のマリア」をレコーディングしたとき、曲名が決まっていなくて「正夫、これタイトルどうしたらいいかなあ」ってＰＡＮＴＡに訊かれたから、富澤一誠に聴かせてみたら「これは『真夜中のマリア』だな」って即答した（笑）。どういう理由でそう言ったのかは知らないけど、この案がそのまま使われた。

劇団「不連続線」に提供された「落ち葉のささやき」と「真夜中のマリア（転換の為のテーマ）」をはじめ、「つれなのふりや」「最終指令自爆せよ」などは、〇四年に発表されたアルバム『頭脳警察 Music for 不連続線』で聴くことができる。「不連続線」や当時の演劇に関してもライナーノーツで詳しく語られている。

今は知らないけど、当時の頭脳警察は曲が揃って、レコーディングの日程を決めているわけじゃないんだよね。まずスケジュールありきで、曲が揃わない状況でスタジオに入って、以前からやっている曲を録ったり、同時並行でＰＡＮＴＡは新曲を創ったり。それで新曲をスタジオにもってきて、みんなの

70年代、レコーディングにおけるTOSHI

前で披露して、すぐにレコーディングに入る。メンバーは初めて聴いた曲をすぐに録る。そういう方法で進めていたんだよ。

新曲はレコーディンク・スタジオで合わせる程度で、練習と呼べるようなものはできない。だって持って来た曲は未完成で、スタジオで「サビはこっちのほうがいいかなあ」とか「こういうメロディもあるんだけど」とか「こっちの歌詞のほうがわかりやすいんだけど」とかやっている状態だから、それが落ち着いてやっとレコーディングできるといっても、メンバーは自分の楽器のパートを付けていくだけなんだよ。ベースラインにしても「こうしてくれ」というような指示はないし、手直しする作業も時間もない。正確な譜面があってそれを見ながら弾くわけじゃないから、テイク1とテイク2でアレンジを変えたりして、どちらが良いかその場で決めるというやり方だった。まして俺は、このレコーディングからメンバーになったわけだし、すごい話だよね（笑）。ディレクターやエンジニアは苛立ったと思うよ。

確か「夜明けまで離さない」もレコーディングの直前か前日に創った曲だったはず。録音の順番では最後のほうだったと思う。

この曲のリズム録りは鮮明に憶えているよ。テイク8ぐらいまで、なかなか決まらなかった。というのは、俺がTOSHIのドラムにこだわったから。どうしてTOSHIのドラムにこだわったかというと、プレイしているうちにTOSHIのドラムの歌う部分に合わせて、ベースラインができてきて、そのラインの輪郭をもう少しはっきりさせたいと思って、テイク8ぐらいまで繰り返したんだよ。

なんといっても、スタジオで初めて聞かされた曲だから、録りながらベースラインを創っていかなければならない。俺がなかなか決まらないから、ディレクターが「もういいよ」と言い出した。俺も「これ以上できない」と思ったけど、TOSHIが「じゃ、もういっぺんいこうかな」と叩き出して、その後、何テイクやったのかは記憶にないけど「夜明けまで離さない」は、本当に夜明けまでかかった(笑)。だから「夜明けまで離さない」のベースのラインを創ったのは、TOSHIということになるね。

「あばよ東京」もスケジュールの最後のほうにレコーディングした。明日がレコーディングだという前夜、PANTAは大井町のTOSHIの家を訪ねて、「これを明日、レコーディングする」と言って、ギターを弾きながら「あばよ東京」のさわりの部分を歌い出した。まだ全体が完成していなかったからね。俺はその場にいなかったけど、そういう話をTOSHIから聞いた。TOSHIに「あばよ東京」のさわりを聞かせたあと、夜なべして完成させるのかと思ったら、ドラムのヘッドに「頭脳警察」と描いたりして遊んでいたという(笑)。

だけど「あばよ東京」は、アルバム『悪たれ小僧』のレコーディングがスタートする直前に、PAN

TAのなかでイメージが湧いて生まれた曲じゃないかな。産みの苦しみがすごくあったと思うよ。あの楽曲に対するPANTAの集中力というのかな、注いだエネルギーは尋常じゃなかったね。ほかの曲では俺も「ここはこうしたほうがいいんじゃない？」とか口を挟んだりしたけど、そういう雰囲気ではなかったし、PANTAもそういう時間はつくらなかった。

「あばよ東京」のレコーディングは、ほとんどスタジオライブのようなかたちでやったんだよ。一度もメンバーに曲を披露することなく、しかもPANTAから「キーはこうだ」とか「サビはこうやる」とかいう説明もまったくなかった。さらにいえば完成されていたのかどうか。

PANTAに一瞬の沈黙があって、「じゃ、みんな、いってみようか」とつぶやいて、イントロのハーモニックスが鳴った。PANTAのギターの出足で、メンバーはみんな引っ張られて最後までいってしまった。PANTAが入り込んでいるから、誰も口を挟めない状態。テイク2かテイク3ぐらいで、ディレクターが「もうこれ以上はない」と言って終わった。メンバーがひとつになった瞬間だった。PANTAの緊張と集中力が伝わってくるし、レコーディング初体験の俺としては、非常に刺激が強かった（笑）。

レコーディングがすべて終わって、TOSHIとエンジニアの松下和義さんとマネージャーと俺で、打ち上げで日光の温泉に行った。「いやぁ、いいな、温泉は」って楽しかったなあ。レコーディングはメンバーもスタッフもみんなが一丸になっていて、チームワークが抜群だったな。

PANTAにとって「あばよ東京」「朝を呼ぶ男」「THE END」の三曲は、とくに思い入れがあるようだ。

ＰＡＮＴＡの思い入れが感じられる楽曲といえば、やっぱり「万物流転」がそうじゃないかな。アルバム『7』のレコーディングが始まって、ある日「ちょっと飯でも食おう」って連絡があってね。それで「正夫、ヘラクレイトスって知ってるだろ？」「万物流転って聞いたことある？」って始まった。こういうときのＰＡＮＴＡって、相手が理解しているかどうかなんて気にしないで話し続けるよね。『川の水に手を浸してごらん。その手を出して、もう一度浸してごらん。同じ川の同じ場所でもさっきの水とは違うだろ？』っていうヘラクレイトスの言葉があってさ」って熱心に話すんだよ。俺としてはヘラクレイトスの万物流転をどれだけ理解できたかわからないけど、ＰＡＮＴＡは頭脳警察の復活に手応えを感じているんだなあと思ったよね。

ＰＡＮＴＡの楽曲の創り方は、まあ、ケース・バイ・ケースだけど、歌詞とメロディが同時に出てくる場合が多かったような気がするな。「夜明けまで離さない」は詞とメロデイが同時だったような記憶がある。歌詞よりもメロディが先にできて、それに詞をつけるケースも多いんじゃないかな。意外かもしれないけど「BLOCK25 −Auschwitz−」もメロディが先だった。アウシュヴィッツというモチーフは、先にあったのかもしれないけどね。

メロディを創って、それに取りあえずでたらめ英語をつけておいて、あとで歌詞をつけるという創り方もあったな。この場合、最後までサビのワンフレーズだけ、でたらめ英語が残っているとかね。こういう創り方はソロになっても同じじゃないかな。

歌詞が最初にできて、それにメロディをつけると「コミック雑誌なんか要らない」みたいに譜割りが違って、普通のロックンロールの構成にならないまま完成になることもある。一般的には、ロックンロールみたいにシンプルでノリを優先する楽曲の場合、曲があって歌詞をつけるから譜割りが異なることはあまりないいんだけど、「コミック雑誌」は少し違う。

これは俺の想像で、PANTAから聞いた話ではないんだけど、たぶんPANTAは言葉や単語を大切にしたんじゃないかな。楽曲を創っていると、単語の音数の関係でワンコーラスとツーコーラスの長さが微妙に違ったりすることがあるけど、そういう場合は、単語を変更してメロデイはいじらない。だけど、PANTAは歌詞をいじらないから、おのずとメロデイが異なってしまうことがあるんだよ。

単語の音数がはみ出しても小節のなかに収めようとしないで、小節を足してみたり、二拍ぐらい変えてみたりするから、譜割りが違ったり、四小節のところが五小節になったりして、ワンコーラスとツーコーラスの長さが微妙に違ったりするんだよね。だからPANTAのメロディって簡単そうにみえて、構成が複雑な楽曲が結構あるんだよ。急に呼ばれてセッションすると戸惑ったり、歌ってみると難しいと感じたミュージシャンは多いいんじゃないかな。技術があると「おっ、そう来るか」とか思って楽しめたりするんだろうけど（笑）。

さて、アルバム『悪たれ小僧』にはパーカッションは入っていないが、その後のライブは、パーカッション編成で行われた。そのへんを石井氏はどう考えていたのだろう。

そうだよね。レコードとライブでやっていることが違うわけだから、不思議と言えば不思議だね。だけどそこが頭脳警察なんだと思う。当然決まりごとはあるけど、その枠にとどまらない。たとえばTOSHIがライブでドラムを叩いても、ふたつとして同じドラムは叩いていない。曲は同じだけど、その場のテンションや雰囲気でTOSHIの手数が違ったり、PANTAのカッティングが違ったり。それが頭脳警察。

ここまで頭脳警察との関わりやレコーディング体験を石井氏に語ってもらったが、石井氏にとって音楽とは、ROCKとは、どのようなものなのだろうか？

俺にとって音楽とは、頭脳警察。頭脳警察を知って、インパクトを感じて、スタッフになって、ステージに立って、解散して……達成感も当然あるし。

それからも頭脳警察は、変わらず俺のなかでは続いている。結局何年経っても、いまだに頭脳警察がいちばん好きなんだよ。だから「音楽とはなんですか？」と訊かれると、「頭脳警察だ」と答えるしかないよね。

それはサウンドとしての核なのだろうか？　意識としての核なのだろうか？

両方かな。自分のなかでは、頭脳警察はナツメロに決してならないんだよ。意図して創った音楽ではないというのかな、今聴いても全然違和感はない。ただ、技術的なものなどに関しては、いろいろな意見はあると思うけど、ね。

　俺としては頭脳警察以上の音楽はいまだにない。だから頭脳警察が解散してからは、自分からほかのバンドのレコードを買おうとは思わなかった。頭脳警察以外の音楽はBGMにしか聴こえないから。

　頭脳警察以降のPANTAのソロのアルバムもずっと聴いているよ。「PANTA、素晴らしいな」と思ったのは『クリスタルナハト』だね。このアルバムを聴いたときは、「やっぱりPANTAは変わっていないな」と思ったよね。「核たる部分は変わっていないんだな」と。もちろん七〇年代の頭脳警察と『クリスタルナハト』では、技術的な部分や表現方法は違うけど、PANTAの視点というのかな、そういうものは変わらないと思う。


では、石井氏はビジネスとしてどのように考えていたのだろう。石井氏は、頭脳警察をビジネス的に成功するバンドだと考えていたのだろうか。


　考えていなかったね。バンドの音を追求するという試行錯誤はメンバーのあいだであったけど、ヒット曲を出すとか売るということは考えていなかった。ヒットを出すとか出さないとか、そういうことすら話題になることはなかった。ROCKでもヒットが出たり、アルバムが売れたりという時代にぼちぼちなってはきていたけど、個人的には冷ややかにみていた。

　ただマネージャーには、ROCKをビジネスとしてやっていかないとダメだという姿勢はかなりあったよ。その姿勢とバンドのメンバーがきちんと頭脳警察をやっていこうと考えることは、全然別の問題だよね。たとえば学園祭で、PANTAが一曲歌ってパッと引っ込むとか、ベンチャーズの「パイプライン」（六五年発表）や「ウォーク・ドント・ラン」（六〇年発表）をやってすぐ引っ込んじゃうとかあったわけ。引っ込むには引っ込むだけの理由があったんだよね。こんな客なら、なにをやっても同じ、とかね。だけどマネージャーにはマネージャーの言い分もある。それは立場が違うからしょうがないよね。

あと、売れているミュージシャンの楽曲でオリジナルとかいっても、しょせん外国の曲のコピーに過ぎないものが多かった。頭脳警察は完全なオリジナルだから、俺が頭脳警察を好きな理由もこのへんにあるな。

頭脳警察は有線の挨拶まわりをしたという話を聞いたことがあるが。

それは俺は知らない。俺が参加する以前にそういうことをしたのかもしれないね。『悪たれ小僧』を出したあとに「夜明けまで離さない／やけっぱちのルンバ」（七四年十二月発表）でシングルを切ったじゃない？　それでキャンペーンに行ったのは憶えているけどね。俺としては、やっていられないという気持ちがあったけど、レコード会社がポスターもつくって、九州、大阪、京都、東京、福島、仙台と廻ってレコードの即売会をしたんだよ。仙台では、シングル「十二月の雨」（七四年十月発表）を出した頃の荒井由実（vo＆pf：五四年生まれ）と一緒になったよ。東北大学だったかな、東北学院大学だったかな、どちらか忘れたけど、ユーミンと頭脳警察が一緒になって即売会（笑）。

70年代頭脳警察の石井正夫氏（左）とPANTA（右）

では、石井氏の現在の日常に頭脳警察は存在するのだろうか。

俺には現在、カミさんがいて、二十一歳と十六歳と十四歳の子どもがいる。子どもは三人とも男。音楽の話は俺からはしないけど、子どもからしてくることはあるね。かつて父親が頭脳警察というバンドをやっていたことは、俺から話したことはない。だけど何年か前に、長男がＹＭＯ（主に七八年から八三年に活動）が好きで、坂本龍一（key：五二年－二三年）、高橋幸宏（ds＆vo：五二年－二三年）、細野晴臣さん（b＆vo：四七年生まれ）の三人のプロフィールを調べていたんだよ。そうすると、はっぴいえんどなどに出会うわけだ。長男が「はっぴいえんどって知ってる？」と訊くから「知ってるよ。俺は大嫌いだけど」と（笑）。「じゃ、頭脳警察は知ってる？」「知ってるよ」と。それ以上具体的には訊いてこなかったけど、自分の父親の名前を目にしたんじゃないかな。だから、直接そういう話はしないけど、知っているんだよね。カミさんも頭脳警察時代の俺のことは知らない。家にあるレコードで知っているぐらいだね。

どうして「俺は頭脳警察だったんだよ。頭脳警察は俺にとって大事なものなんだよ」という親子の会話がないのか？

もちろん頭脳警察を聴いて欲しいとは思うよ。だけど親子って、直接そういう会話をもつよりも、お互いに感じ取って成立している部分があるから、そこのところは微妙だよね。

九〇年の再結成のとき、真ん中の弘毅は保育園だったんだよ。それで保育園に車で送り届けるときに、カーステレオで「万物流転」をかけていたら、前奏の太鼓の音が気に入ってね。それ以降「万物流転」は弘毅のお気に入り。かけないと、保育園に行かない時期があった（笑）。

七〇年代の頭脳警察のアルバムがＣＤで再発されて事務所からもらったから、家に置いておいたら、知らないうちに子ども部屋にあるんだよ。だけど封は切っていない。「なんで封を切らないのかな」とカミさんに尋ねたら「開けるのがもったいないんじゃない？」って。「おお、いいじゃん」って思った（笑）。それで十分だよ、そういうふうに感じ取ってくれれば。

自身の子どもと同じ世代の現在の若者に、頭脳警察を聴かせたい気持ちはあるのだろうか。

聴かせたいと思うね。たとえば「それでも私は」とかさ、今の若者が聴いても全然違和感がないと思うよ。

「暗闇の人生」なんかも。結構、勇気をもらえるんじゃないかな。歌ってそういう力があるじゃない？

石井氏が関わった七〇年代前半の日本のＲＯＣＫは、なんだったんだろう。

あの頃はＲＯＣＫといえば、洋楽のほうが強かった。日本で主流だったサウンドは、ＲＯＣＫというよりは、もう少し柔らかい、聴きやすいという表現はおかしいけど、俺にはあまり刺さらないような音だった。いろいろな意見があると思うけど自分の主観では、ＲＯＣＫは刺さる音楽というのかな、気持ちに残るものだったよね。聴いていて血が騒ぐというか、元気になれるというか、めげているときに後ろから押してくれるというか。捉え方は人によって違うから、なんとも言えないけど。

だから頭脳警察をやっていて、ほかのバンドに対して差別化しているという気持ちはないんだけど、いや、やっぱり無意識に「それで刺さると思っているの？」とか、差別をしていたのかもしれないな。

差別化とは別に、自信は当然あったよね。観客を全員納得させるというような気持ちでステージに上がっていたよ。やる側と聴く側の一体感というのかな、お互いに共感し合うというのかな。やる側の勝手さと聴く側の勝手さのなかで、共有できる部分というかな。そういう思いをもってステージに立っていた。

ボックスセット『頭脳警察 LIVE Document 1972－1975』（〇三年四月発表）に収録された七〇年代のライブを聴いても、音の厚みというか熱さを感じるんだよ。きちんとレコーディングしているわけじゃないから、聴きづらい部分はたくさんある。でも、こんなすごいことをやっていたんだと単純に感動する。

決して自己満足じゃない。今聴いても全然おかしくない。そう思うよ。

「やる側の勝手さと聴く側の勝手さのなかで、共有できる部分」という表現は、ROCKを語るうえでキーワードだと思う。ひとつの音楽を共有できるとは、どういうことなのだろう？

「集中しているときに、無我の境地にどれだけ没頭できるか」だろうね。当時を振り返ると、メンバー全員が演奏や表現に没頭していたと思う。体力的にアンコールができない状態まで集中してやっていた。ステージからはけると、ＰＡＮＴＡは声が出ないし、ＴＯＳＨＩは叩きまくってパンパンに手が腫れている。自分たちの限界をどこにもっていくかという目標よりも、いつも上回ったところで燃焼していたから、アンコールができない状態が多かった。

お客さんはアンコールを求めて拍手をしているけど、燃焼という意味では、ステージの頭脳警察と同じようにアンコールがなくても燃焼できていたと思うよ。そういう空間を共有できるのが音楽であり、人間なんだと思うな。

4

増補版 インタビュー

70年代頭脳警察のギタリストの証言　勝呂和夫

デモテープをつくるから手伝ってくれと言われて『悪たれ小僧』のレコーディングに参加した

（二〇一四年三月二十四日 相模大野・貸会議室にて）

年齢を偽って、高校一年生から箱バンを経験する

出身は目黒の祐天寺で、僕は一九五三年生まれだから、ＰＡＮＴＡとＴＯＳＨＩより三歳下です。小学生のときは人見知りでおとなしい子どもだったから、人前で演奏するようになるなんて想像もできませんでした。ＲＯＣＫとの出会いは小学校の五年生か六年生のとき、テレビで観た「エド・サリヴァン・ショー」に出演したビートルズです。身体全体でリズムをとりながら、四人がつくるサウンドに驚きました。身体が震えるほどの衝撃でしたね。

その後、たまたま誘われて六年生のときに、ベンチャーズのマネごとのようなバンドをクラスメートとやるようになるんです。中学生になると、メンバーの四歳ぐらい上のお兄さんが「おまえら巧いよ」と認めてくれて「ヤマハ・ライト・ミュージック・コンテスト」に応募してくれました。その地域大会

で初めて人の前で演奏します。ベンチャーズのコピーバンドなどが多いなか、僕らはアニマルズやローリング・ストーンズのコピーを演奏しました。審査員に「キミたち、ずいぶんシブイ曲をやるんだね。歌詞の内容はわかってないだろうけど」なんて言われました。やりたいものはR&Bやブルースだったけど、黒人のサウンドはハードルが高いので、白人のブルースをコピーしていました。三年生の卒業式では、体育館で全校生徒の前で三〜四曲ほど演奏しました。初めて生でバンドの音を聴く生徒がほとんどだったので、演奏するだけで盛り上がってくれました。

中学生のときは、バンドのメンバーでお金を出し合って月賦でエレキギターを買って、それを僕が弾いていたんです。でもやっぱり自分のギターが欲しくて親父に頼んだら、「都立高校に受かったら買ってやる」と。本当は普通科に行きたかったけど、確実に受かる工業高校を受験しました。進学先よりもギターを優先したわけです（笑）。

それでヤマハのSA－50チェリーレッドのセミアコを買ってもらいました。五万五千円ぐらいしたから、家計的にも大変だったと思うし、当時の高校生としては高価なギターでした。あのときは本当に親父に感謝しましたね。そのギターを選んだ理由は、テン・イヤーズ・アフター（主に六六年から七四年に活動）のアルヴィン・リー（g&vo：四四年－一三年）が、映画『ウッドストック』で弾いていたギターに似ていたから。映画を観たときに「カッコいいギターだなあ」と思って憧れていたんです。もちろんアルヴィン・リーはギタリストとしても好きで、「あの早弾きを目指せ」と真剣にコピーしました。

高校生になると、例のお兄さんがジャズ喫茶に出演することを勧めてくれました。まだメンバーは全員十六歳で、十八歳以上じゃないと雇ってもらえません。そこで年齢をサバ読んでオーディションを受けたら、渋谷の「ハッピーバレー」というダンスホールが採用してくれました。ハッピーバレーは大人のお客さんを対象にした店でしたが、土曜日と日曜日は若者を呼ぼうという新しい方針があって、若いバンドを探していたので演奏できることになりました。

僕の高校生活は、平日は清掃のアルバイト、土日はハッピーバレーの演奏で過ぎていきました。三年生になるとバンドのメンバーも就職や進学で忙しくなって解散してしまいます。だけど僕はまだ音楽活動を続けたかったので、親を説得して大学に進学させてもらいました。工業高校でなおかつバイト漬けの三年間だったけど、なんとか合格できてバンド活動を続けられたわけです。

高校から大学にかけて、ハッピーバレーでは四〜五年やったんじゃないかな。この店でいろいろなミュージシャンと知り合って活動範囲も広がり、大学生のときは、ほかのダンスホールやキャバレー、夏になるとビアガーデンなどでも演奏しました。いわゆる箱バンですね。プロではなくてアルバイトです。主にジョニー・ウィンター（g & vo：四四年―一四年）やアルヴィン・リーなどの白人ブルースをコピーしていました。箱バンだったのでオリジナルを創ろうという発想はありませんでした。

はっぴいえんどを観に行って、頭脳警察の三田祭事件を目撃する

友だちの高校のOBにギタリストの鈴木茂さん（g & vo：四九年生まれ）がいたんですね。鈴木さんはすでにはっぴいえんどをやっていて、学園祭に出るというのでその友だちと観に行きました。これが七年の慶應大学の三田祭前夜祭です。ようするに頭脳警察の三田祭事件を、はっぴいえんどを目当てに足を運んで目撃してしまったという。これが自分の頭脳警察初体験で、このとき僕は高校生でした。

残念ながら「過激な頭脳警察に衝撃を受けた」というような感想はありません。結局、はっぴいえんどは観ることなく「なんなんだよ。せっかく来たのに」という不満だけが残りました。僕としては頭脳警察に対して「学生運動のなかで、こういうステージがあってもいいんだろうな」と思いながら、「自分が目指す音楽とは、かけ離れているな」とも思いました。それと同時に「ふたりだけでこういうことをやっちゃうのか」という驚きもたしかにありましたね。とにかくこのときは、数年後に自分が頭脳警察でギターを弾くなんて露ほども思っていませんでした。

ちなみに高校の学園祭で演奏を観て、同世代ですごいと思ったギタリストに春日博文（g&Perc：五四年生まれ）がいます。彼はレッド・ツェッペリンやディープ・パープルを楽々と完全コピーしていて、圧倒されたのを憶えています。

そんなある日、ハッピーバレーで知り合ったバンド仲間が溜まっているアパートが、目黒の中町にあるというので、フラッと遊びに行ったんです。そうしたら友だちは誰もいなくて、見たことのない男がひとりでいたんです。部屋の主人の石井正夫でした。のちに頭脳警察でベースを弾く正夫です。これが正夫と僕のファーストコンタクトで、たいした会話もなく、部屋に転がっていたアコースティックギターをつま弾いて帰ったという感じでした。あとで正夫は「こいつ図々しいけど、ギターは巧いと思った」と言っていたけど（笑）。

頭脳警察のオーディションで「ギターの線が細い」と

そこから正夫との付き合いが始まって、どれくらい経ったかなあ、正夫がハッピーバレーにＴＯＳＨ

Iを連れて来たんです。

それで「三人でちょっとやってみようか」とセッションをしたんです。店のスケジュールにない演奏だから、最初は三分、長くても五分程度のつもりで始めたんだけど、僕が演奏に入り込んでしまって、結果的に十分近くやってしまいました。気がつくと僕は、倒れんばかりの姿勢で弾いていて、白いギターが血染めになっていた。

TOSHIとは初対面で、まして彼はプロだけど「音楽って垣根を取ってしまえば、一瞬で通じ合えるんだな」と、このときの演奏で新しい扉が開いたような気がしました。今思い出しても、僕にとって貴重な経験でしたね。TOSHIと「一瞬で通じ合えた」というような話はしなかったけど、彼も僕のことを「こいつ、やるじゃん」と思ってくれたんじゃないかな。

こういうことがあって、正夫から「頭脳警察のオーディションがあるから受けてみないか?」と誘われて、千駄ヶ谷小学校の隣のマンションに入っていた事務所に案内されました。正夫からPANTAを紹介されて、ギターを弾いたら「ちょっと線が細いなあ」と。そして雑談をしていたら、僕が大学生だとわかって「ダメだよ、学生は」って。

そういう感じで軽くあしらわれて落とされて、正直、少し腹が立ちましたね。だって僕から「頭脳警察に入れてくれ」と頼んだわけではなかったから。「ギターの線が細いって、じゃどういう音ならいいんだよ」「学生がダメなら最初に言えよ」って正夫に文句を言ったら、「悪い、俺は大丈夫だと思ったんだけど」と下を向いていたけど(笑)。

僕のオーディションのあとに、鈴木兄弟が参加します。正夫は「ベースの鈴木良輔は箱バン中心の活動で世間的には無名なのに、雑誌の人気投票で常に上位にランクインしていた」と言っていましたね。だけど三〜四ヵ月しか頭脳警察に在籍していないんじゃないかな、大阪でケンカ別れしたって誰かに聞いたけど。

デモテープだと思って弾いた音が『悪たれ小僧』に収録されている

その後、正夫がリトル・ウィングというバンドをつくって、僕も参加します。リトル・ウィングでライブをやる一方で、ＰＡＮＴＡが音楽を担当していた劇団「不連続線」のレコーディングにも参加しました。

不連続線のレコーディングは、リトル・ウィングのメンバーに悲露詩がキーボードで参加して「落ち葉のささやき」と「真夜中のマリア（転換の為のテーマ）」を収録しました。「落ち葉のささやき」は、ＰＡＮＴＡから「こういう曲なんだけど」と聴かされて「前奏、どうしようか？」と言うから、「こんな感じはどうかなあ」とアドリブで弾いてみたら、みんなが「それ！それ、それで！」と喜んでくれて採用されました。この不連続線のレコーディングから、僕の頭脳警察との関わりが始まります。

その後、頭脳警察はアルバム『悪たれ小僧』のレコーディングに入りますが、ベースの悲露詩が抜けてしまいます。『悪たれ小僧』のレコーディングは、悲露詩がいたスタートから終わりまで何日ぐらいあったのかなあ、十日間ぐらいかなあ、二週間もなかったと思います。とにかく最初の数日で悲露詩が抜けて、レコーディングのほぼ初心者だった正夫と僕が入って完成させたわけです。スタッフを含めてレコーディングに関わった全員にとって、とてもスリリングで濃密な時間だったと思います。

オーディションで落とされた僕が、どうして参加したのかというと「デモテープをつくるから、ちょっと手伝ってよ」と正夫に頼まれたから。「デモテープならいいかな、正式なメンバーじゃないし」という軽い気持ちで、フェンダーのストラトキャスターを持ってスタジオに行きました。そうしたらビクターのすごく立派なスタジオなんです。「こんなところでデモテープを録るの？　頭脳警察って贅沢なんだなあ」と単純に思いましたね。そういう気持ちで言われるままに曲に合わせてギターを弾くと、ブースの向こうから「ＯＫ！」なんて声が聞こえて、「これがプロのデモテープ制作の現場か」と（笑）。だから、正式なメンバーではないギタリストがデモテープだと思って弾いた音が『悪たれ小僧』に収録されているわけです（笑）。

結局、正夫は「本番のレコーディングだ」と本当のことを僕に伝えると、ビビって拒否すると思ったんでしょうね。それともＰＡＮＴＡが「デモテープだと言って誘え」と正夫に提案したのか、いまだにその真相は訊いていないけど（笑）。

そして、そのデモテープだと思い込んでいた作業が終わると、頭脳警察はライブのスケジュールがたくさん入っていました。マネージャーに「大丈夫？　全部出られるよね」と確認されたから、「僕はまだ正式にメンバーだって言われていないんだけど」って逆に確認したら、「いいの、いいの、それは」って（笑）。

こういう経緯で頭脳警察に参加するようになって時間の余裕がなくなったので、ハッピーバレーなどの箱バンの仕事は辞めました。それほど当時の頭脳警察は、ライブなどのスケジュールが入っていたのです。

曲の輪郭ができあがってくると、PANTAはリズムをねじりたがった

とにかく僕は、デモテープだと思ってギターを弾いたわけです。たとえば「あばよ東京」は、ほとんど決めごとがなくレコーディングをしましたが、僕としては「デモテープだから、尺が長くなっても本番で調整するだろう。弾いているうちになにか良いフレーズが生まれればいいかな。本番で弾くギタリストが、そのフレーズを活かしてくれれば」と思って臨みました。だから尺を気にしないで弾いて、結果的に「あばよ東京」は、本来の二倍近い尺になってしまったけど（笑）。この曲は、正夫のグレコ製ギブソンフライングVモデルを借りて弾きました。

あと憶えているのは、「戦慄のプレリュード」ですね。あの曲は僕が参加する以前に、PANTAとTOSHIと悲露詩の三人で録ったものです。その音源を聴いたとき「PANTA、ギターやるな」と思いましたね。「こんなカッコいいギター、弾けるんだ」と。なにしろコードとアーミングだけで最後まで突っ走っちゃって、あのギターはなんか特異だよね。

レコーディング中、僕のギターのフレーズに対してPANTAからは「ここはこういうふうに弾いてくれ」というような注文は、ほとんどありませんでした。オーディションのときは「ああでもない、こうでもない」と抽象的なことをいろいろ言ってきたけど（笑）、レコーディングでもライブでも、フレーズの指示はありませんでしたね。PANTAが披露する新曲を聴いて、僕から「このイントロでツインリードを入れようか？」というようなアイディアを出したことはあったけど、PANTAからそういう提案はほとんどなかったな。「ここの俺のアルペジオは、これでいいかなあ」などと、PANTAが訊

いてくることはあったけどね。

だけどリズムのこだわりは強かった。ある程度曲の輪郭ができあがってくると、PANTAはリズムのパターンをねじりたがる（笑）。「ここのカッティングは、もうちょっとハネて」とか「ここは半拍遅らせて」とか、リズムに関しては注文が出ました。自分がギター一本で作曲しているときには、そういうリズムはイメージしていないんだろうけど、曲が固まってくると、いろいろ思いつくという感じでしたね。だけど指示されたとおりに直しても、曲のイメージが大きく変わることはなかったような気がします。

TOSHIは阿吽の呼吸でアンサンブルを構築していくタイプなので、レコーディングでもライブでも、彼から指示されることはなかったと思います。ハッピーバレーのセッション以来、僕とはやりやすいと思ってくれているんじゃないかな。そういう話をしたことはないけどね。友川カズキさんや茶木みやこさん、短歌絶叫の福島泰樹さんでも一緒にやっているし、TOSHIのバンドのシノラマでも呼んでもらっています。二〇〇五年に発表したシノラマのアルバム『不器用な手品師』でも声をかけてくれたので、長い付き合いですね。

頭脳警察に参加するまで僕はコピーを中心に活動していたので、不連続線と『悪たれ小僧』のレコーディングで初めてオリジナルのフレーズを創る経験をしたわけです。ましてPANTAは曲を譜面に起こさないしスタジオで初めて聴かされて、すぐに「じゃ、録ろうか」というやり方だったから鍛えられましたね。

瞬時にフレーズを提示しなければ作業が進まないとか、そのためにはどういう引き出しが必要かとか、すごく勉強になりました。僕がスタジオで四苦八苦して絞り出したフレーズを聴いて、正夫は「アパートでおまえのギターを初めて聴いたときから、オリジナルを創れると思っていたよ」なんて無責任なことを言っていたけど（笑）。

大学生活の後半を頭脳警察に費やして、その結果が解散

僕がライブに参加するようになったときは、ＴＯＳＨＩがパーカッションでフロントに位置していたけど、ギターを弾くにあたってなにか工夫をしたとか、そういうことはありませんでした。

ＴＯＳＨＩがパーカッションを担当する編成が、僕は頭脳警察として理想的だと思っています。ＰＡＮＴＡとＴＯＳＨＩのスターがビジュアル的にフロントにいて、ほかのメンバーがバックでサウンドを固める。このスタイルが僕の頭のなかに最初からイメージとしてありました。実際問題、この編成はどこで演奏しても、ほかのバンドに見劣りしなかった。欲をいえば、キーボードが欲しいと思った曲も少なくなかったかな。

僕にとって理想の頭脳警察でしたが、解散してしまうわけです。解散の話を聞いたときは、本当にがっかりしました。自分としては大学三年生の後半と四年生のほとんどを頭脳警察に費やしたわけです。大学の友だちは就職活動に躍起になっているときに、自分は頭脳警察に集中していて、その結果が解散ですから。七五年十二月に解散しますが、僕は七六年三月に大学を卒業して、アルバイトなどに従事、食品卸会社、地質調査会社に就職し、四年後に公務員になります。

ところでこの七四年、七五年頃というのは、自分の感覚だと日本の音楽業界が大きく変化した時期だ

PANTA手書きによる「さようなら世界夫人よ」の譜面。勝呂和夫氏所有

と思っています。とくにロック業界ですね。

フォーク系の井上陽水などの盤石な人たちやニューミュージック系の人たちは勢いがあったけど、日本のROCKは失速していたように僕には感じられました。結局、頭脳警察も例外ではなく、解散の背景にはそういう業界の変化も関係していたように思います。

とはいうものの、所属しているビクターとの契約が終了することを知って、数社から頭脳警察にオファーあったんですね。移籍先によってはアメリカでレコーディングできるなどという話も耳に入ってきます。やっぱり夢が膨らむよね。それが解散だからショックだったなあ。

そういう景気のいい契約話と関係があったのかどうかはわからないけど、音楽関係の会社を辞めたような人たちが頭脳警察の事務所に遊びに来て、なんか溜まり場みたいになってしまっていたんですね。「手弁当でお手伝いしますよ」「ウチを手伝ってもしょうがないよ」というようなやり取りが、遊びに来た人とマネージャーのあいだで交わされていました。

ロック業界にしても頭脳警察の解散にしても、僕がその全体像をどれだけ理解していたかはわからないけど、とにかく頭脳警察は「屋根裏」のライブを最後に解散しました。その後、PANTAと会う機会はなくなりました。

友川カズキさんと茶木みやこさんのアレンジを担当して

話は前後しますが、あまり知られていないけど頭脳警察は相模湖ピクニックランド（現・さがみ湖リゾート プレジャーフォレスト）のCM音楽を担当しているんです。この仕事を聞いたとき、「頭脳警察って営業もやるんだ」と僕はビックリしました。

僕は憶えていないけど、正夫が言うには「青山にあったレストラン・TOPSの近くのスタジオでレコーディングした」ということです。CMなので三十秒や十五秒などの短い尺ですが、ディレクターを板谷博さんが担当したんです。板谷さんはPANTAの奥さんのお兄さんで、ジャズのトロンボーン奏者です。頭脳警察の演奏を聴いて、「遅れている」「今度は走っている」って厳しかった(笑)。レコーディングが終わると、「兄がいろいろダメ出ししてすみません」と奥さんが気を使ってくれたらしいです。これも正夫から聞いた話だけど(笑)。

あと、恵比寿のイベント会場で催された毛皮のコートのファッションショーの営業もありました。ショーを盛り上げるためにステージの奥で演奏をする仕事です。女性のコートを紹介するイベントで、モデルさんはほとんど外国人でした。演奏している場所から女性のモデルさんが着替えるスペースがチラリと見えてしまう(笑)。みなさん、裸に近い状態になって一瞬で着替えるわけです。そういう身のこなしに「やっぱりプロなんだなあ、すごいなあ」と気が散って演奏に集中できない(笑)。というのは冗談ですが、ライブとは異なる緊張感のなかで演奏する営業の仕事は、僕は大賛成で「頭脳警察の営業いいねえ、もっとやらないかなあ」などと思っていました。

ところで僕は、友川カズキさんと茶木みやこさん(vo&g：五〇年生まれ)のアルバムのアレンジを担当しているんですね。茶木さんは七五年に発表した『うたがたり』で、友川さんは七五年の『やっと一枚目』と七六年の『肉声』です。『やっと一枚目』と『うたがたり』は、頭脳警察の活動と並行して務めた仕事です。

友川さんも茶木さんもマネージャーを通じてお話をもらいました。だけど友川さんは、頭脳警察をやる以前にイベントで一緒になったときに、初対面なのにケンカをしてしまったんですね。友川さんが「もうお前とは口をきかない」って言うから、僕も若気の至りで「上等だよ、絶交だ」なんて言い返して。そういうことがあったけど、友川さんが所属していた徳間のディレクター経由で声をかけてくれました。「絶交したのに、どうして声をかけてきたの?」なんて訊いたことはないけど（笑）、「あのケンカ、気にしていたのかな」なんて僕なりに理解しています。詩人だけあって、やっぱり繊細なのでしょう。

マネージャーから「アレンジの仕事がきているよ」と言われたとき、「やったことないから無理だよ。だいたいアレンジ自体を理解していないし」と答えたら、「やればできますよ、大丈夫ですよ」と軽く説得されて受けたのが、友川さんのデビューアルバム『やっと一枚目』です。五曲ぐらい担当したかな。

次に任されたのが茶木さんの『うたがたり』で、ある楽器のパートでどうしても譜面が必要になったんです。だけど僕は書けないからPANTAに電話をしたら、「いいよ、ウチに来なよ」って二つ返事で引き受けてくれました。それで音を聴かせたら、その場でスラスラっと譜面にしてくれたんです。PANTAは自分のレコーディングで譜面を用意しないから書けないと思っている人が多いと思うけど、慣れているというレベルで書けました。茶木さんにはレコーディング後、レコード発売記念ツアーでギターを弾かせてもらいました。

二枚のアルバムのアレンジを経験して、まだまだ大した技術ではなかったけど、自分なりに濃密なサウンド創りができるようになってきて、それを頭脳警察に活かせると思っていたところでの解散だったから、そういう意味でも解散は残念でしたね。バンドとしての音も、やっと固まってきたのにというもどかしさがありました。

『肉声』のアレンジでは、「もう少しやらせてください」と頭を下げた

友川さんの『肉声』のアレンジは、頭脳警察の解散後、大学を卒業してアルバイト生活をしているときに務めました。経験としては三枚目なので、自分のなかで「こういう音にしたい」というビジョンのようなものが芽生えていました。自分の頭のなかで不確かに鳴っている音を具現化するために、創っては壊し創っては壊しを繰り返してしまいます。

友川さんから「もうこれでいいよ」と言われて終了した曲もありますが、どうしても納得できなくて「ギャラはいらないので、もう少しやらせてください」と頭を下げて粘った曲もあります。とくに「歩道橋」は何回も創り直して、本当にみんなに迷惑をかけてしまいました。こんな僕に付き合って製作費も膨らんだんじゃないかな。ちなみに『やっと一枚目』と『肉声』、『うたがたり』にはＴＯＳＨＩもドラムやパーカッションで参加していますね。

友川さんはこのレコーディング以降も、僕をライブに呼んでギターを弾かせてくれました。僕は公務員になって比較的時間の調整ができたので、付かず離れずという感じで関係は続きました。もちろん公務員なので、ギャラはもらっていません（笑）。

自分の活動としては、大学卒業後も「このままじゃ終われない」という気持ちがあって、ブロー・アンド・ルーズ・ブルースバンド、ＢＬＢというバンドを組みました。デレク・アンド・ザ・ドミノス（上に七〇年から七一年に活動）のメンバーの曲のコピーを中心に、ライブハウスの「屋根裏」などで活動しま

した。ところが一年ほど経ったときに、ベースの前田隆くんが辞めて自然消滅してしまいます。その後、前田くんはグンジョーガクレヨン（七九年から活動）を結成したと、後々、正夫に教えてもらいました。

頭脳警察にいたからこそ、勝呂モデルのギターをつくってもらえた

僕にとってのＲＯＣＫは、その言葉のとおり「岩」というか「塊」です。サウンドとしては、耳や脳に響くというよりも心臓にガッツリ来るものですね。ライブを観てＲＯＣＫを感じたのは、レッド・ツェッペリンとピンク・フロイドです。

僕は大学生のとき、コンサートの場内警備のアルバイトをしていたんです。チケットを買わずにコンサートを観ることができるだけではなく、リハーサルまで見ることができて勉強になるから、とても良いアルバイトでした。場内警備をしながら観たツェッペリンだったけど、やっぱりすごかった。興奮してアンコールが終わったタイミングでバックステージに移動して、ステージから戻って来る彼らを待ち伏せしたんです。通路をこちらに歩きながら、なんとロバート・プラントとジョン・ボーナムが派手に言い争いをしている。止めに入っているジミー・ペイジに、「すみません、サインしてください」とマジックを手渡して背中を向けたら、上着の皺を伸ばして快くサインしてくれました。ジミー・ペイジ、すごくいい人！　一生の思い出です（笑）。

ピンク・フロイドは場内警備ではなくてチケットを買って観たけど、会場に入った瞬間から小鳥のさえずりが聞こえて来て、異次元空間を演出しているんですね。演奏中のステージのセットはもちろん、最初から最後まで会場全体の演出が完璧で、ＲＯＣＫというエンターテイメントの可能性を追求する姿

70年代頭脳警察の勝呂和夫氏

勝呂和夫モデル

勢に圧倒されました。こういうエンターテイメントの追求もＲＯＣＫの重要な部分だと思いましたね。

箱バンも経験した、世界の最高峰のバンドのステージも観た、頭脳警察でギターも弾きました。そして今、思い出してみて僕にとって頭脳警察はなんだったのかな、と。

ひとつ言えるのは、頭脳警察がなければ、たぶん僕はメジャーデビューできなかったでしょう。プロのバンドが出演するイベントで肩を並べて演奏することもなかっただろうし、ライブというかたちでお客さんを前に演奏する機会もどれだけあったか。もちろん友川さんと茶木さんのアレンジを務めることもなかったでしょう。

とにかく自分の人生のなかで、多感な時期に頭脳警察という非常に特色あるバンドでギターを弾いた記憶は、消えるものではないしね。単に「箱バンをやっていました」で終わるはずだった僕の音楽キャリアを、一段も二段も引き上げてくれたことは確かです。

それと頭脳警察にいなかったら、ヤマハのモニターになって自分のモデルギターをつくってもらうこともなかったはずです。ＰＡＮＴＡモデルのギターをつくりたいとヤマハから依頼があって、ＰＡＮＴＡが僕の分も頼んで実現したんです。これはまさに頭脳警察にいたからこそですね。

浜松市のヤマハの工場に行って、「ピックアップの特性は中域を強調してください」とか、色や仕様、裏のカッティングなどをオーダーしてつくってもらいました。ボディの形状のオリジナルはさすがに無理なのでＳＧにしました。勝呂モデルができあがって手にしたときは、本当にうれしかったなあ。ステージで必ず一回以上使用することという条件があったな。勝呂モデルは本当にいい音が出たよ（笑）。それでヤマハの渋谷店で、勝呂モデルが「頭脳警察の勝呂和夫が使っているギター」って展示された（笑）。

ＰＡＮＴＡモデルは、たぶんソロアルバム『走れ熱いなら』のジャケットで使われているギターじゃないかな。

二〇一三年、七〇年代の頭脳警察がシークレットライブ

九〇年代以降は、ハッピーバレー時代の友だちや頭脳警察でドラムを叩いた八木下剛くんとハッピーバレーというバンドを六年ぐらいやったり、職場から直行した友川さんのライブで急遽飛び入りでスーツにネクタイでギターを弾いたり、そんな感じでした。家で趣味的に弾いていたので完全なブランクはなかったかな。

ＰＡＮＴＡが亡くなったのは、友人のメールで知りました。それ以前からＰＡＮＴＡが体調を崩してライブが中止になったとか、そういうことは知っていました。僕は父親を肺がんで亡くしているので、「大事に至らなければいいけど」と思っていたんですけど、残念ですね。

ＰＡＮＴＡとの付き合いは、一三年の新潟以来なかったけど、若いメンバーで頭脳警察をやっていることは知っていたから、「まだまだ頑張るんだろうな」と思っていたんだけど……。

「一三年の新潟」というのは新潟市の西蒲区、かつての岩室村で一三年に頭脳警察のシークレットライブがあって、そのとき僕がギターを弾いたんです。だから僕としては七六年以来、およそ三十七年ぶりのＰＡＮＴＡとの再会でした。そしてこのライブが時間を共有した最後になりました。

車の販売や修理、車検などをやっている五十嵐モータースという整備工場が新潟にあって、そのショールームを改装したライブスペースで頭脳警察がライブをやったんです。メンバーはＰＡＮＴＡとＴＯＳ

HI、ベースが正夫で僕がギター、ドラムは五十嵐モータースの五十嵐治作さん。五十嵐さんは、七〇年代に三原元主宰の芝居『ロック・サド・イン・ジャパン』などで役者をやりながら、スタッフとして頭脳警察に関わってドラマーとしても嘱望された人です。

「このメンバーでやろうと言い出したのはPANTAなんだ」と正夫から聞きました。かつてのメンバーがまだできるか、どれだけやれるかを知りたかったんじゃないかな。スペースの関係もあってお客さんは五十人ほどで、ほとんどが五十嵐さんの知人、それプラス聞きつけた頭脳警察のファンという感じでした。だけどきちんと入場料金は取っていましたね。

まずTOSHIの二十分ほどのソロライブに僕がギターで加わって、続いて頭脳警察が九十分以上やりました。セットリストは当日PANTAと正夫が決めて、「赤軍兵士の詩」「銃をとれ!」「さようなら世界夫人よ」「あばよ東京」「万物流転」など代表曲ばかり。だから「ちょっと遊びでやりました」というものではなく、「マジでやりました」というライブです。時間の関係でリハーサルはありませんでした。よく九十分もやったと思いますね。

僕はストリングスの音も出るギターシンセを持って行きました。PANTAは僕がギターシンセを持って来ることは知らなかったので、ストリングスの音を出したときは、驚くやら喜ぶやら(笑)。彼は変わったものが好きだから。

このライブは自分たちも驚くほど出来が良くて、PANTAもテンションをあげちゃって、僕は「PANTA、入れ込んでいるな」と手応えを感じながら弾いていました。それで最後は五十嵐さんが相当へばっていた(笑)。僕としては、とくに「世界夫人」が満足できるものになりました。ワンステージを通じてＰＡＮＴＡは声が良く出ていて、やっぱり現役だなと思いましたね。だけどＰＡＮＴＡって、あまり語られていないけど昔から声量はあったんだよね。

ライブが終わって、ＰＡＮＴＡが「このメンバーでちょっと廻ろうか」って言い出して、僕も含めてみんなも賛成したけど、結局実現しませんでした。このライブが最高だったから、逆にこれで終わって良かったのか、それとも引き続きミニツアーをやったほうが良かったのか。まあ、いまさらそんなことを考えてもしょうがないか（笑）。

5 ロックライターの証言　鳥井賀句

頭脳警察はコピーじゃないから、
同時通訳か英詞で歌えば、
かなり反響があると思う。

渋谷の百軒店（現在の道玄坂二丁目あたりの地域）に「ＢＹＧ」というロック喫茶が当時も今もあるんですけど、そこは地下でライブもできるようになっていて、お客さんは五十人ぐらいで満杯になるお店です。それで音楽事務所の風都市の本拠地というか、はっぴいえんどがよく出ていたんですね。

一九七一年のある日、ＢＹＧに頭脳警察が出るというから観に行ったんですよ。オープニング・アクトが吉田美奈子。まだソロデビューする前で、「ぱふ」というベースとピアノのふたり組のグループで活動していた頃です。吉田美奈子というと、はっぴいえんど系じゃないですか？　それなのにどういうわけか頭脳警察とライブをやったり、アルバム『セカンド』で彼女がフルートを吹いたりしている。

頭脳警察とはっぴいえんどは仲が悪いという噂がありましたよね。実際に後々、大学祭でそういう事件があったんだけど、まだこの頃はそんなことはなかったはずです。ちょっと不思議な感じがするけど、風都市の本拠地で頭脳警察がライブをしたりしているくらいだから、交流はあったと思うんだよね。深い交流かどうかはともかく。

七〇年にギタリストとして頭脳警察に在籍した山崎隆史の友人が吉田美奈子だった。山崎は頭脳警察を脱退後『セカンド』のレコーディングのみ参加した。そのとき吉田美奈子も参加したようだ。ぱふは、吉田美奈子がブルース・クリエイションに在籍した野地義行（b&g）と組んだベースとピアノのデュオ。頭脳警察とは、七一年五月八日「ロック・イン・カワサキ」でも同じステージに立っている。なお、野地義行はぱふの後、はっぴいえんどでベースを担当した時期がある。

ＢＹＧは小さな店だから、頭脳警察のステージはバラード中心の選曲で二部構成でした。僕はギターを弾くときはサウスポーなんですよ。ＰＡＮＴＡもサウスポーだから、そういう共通点にもシンパシーを感じたりするんだけど。

それで僕は最前列でかぶりつきで観ていて、一部が終わって「じゃ、休憩十五分入ります」とか言って控え室に入って行ったので、控え室に追いかけて行って「僕もサウスポーなので、ギターを弾かせてもらえませんか？」って、怒られるという前提で訊いたら「ああ、いいよ」と言ってくれた。で、ボロンボロンと弾かせてもらったんですよ。たぶんヤマハかなんかのフォークギターだったと思うんだけど。そうしたら、なんだか歌いたくなっちゃってね（笑）。ＰＡＮＴＡと店の人に「一曲だけ歌わせてもらっていいですか？」と訊いて、ステージで歌わせてもらった。

自分にとって、初めてプロのギターに触れて、なおかつ歌ったという感じでね。ますますＰＡＮＴＡは良い人だなというイメージになって。だけどこの出来事、のちにＰＡＮＴＡにインタビューしたときに話したら、全然憶えていないと言っていたけど（笑）。

僕にとってPANTAは、東京で日本語のROCKをやっているヒーローみたいな、スターみたいなところがあって、とにかくカッコいいなという感じだった。だから、頭脳警察のアルバムはずっとアナログ盤で買っていたし、コンサートも頻繁に行っていましたね。当時、雑誌のインタビューで「俺はいつ右翼にテロられるかわからないので、いつもブーツの中にナイフを隠している」なんて、PANTAが言っているのを読んで「カッコいいな」と思ったりして（笑）。

このように当時を振り返るのは、ロックライターの鳥井賀句氏である。

僕は五二年の京都生まれだから、PANTAとTOSHIより二歳年下ですね。いわゆるビートルズ世代で、ビートルズの来日公演の頃にちょうど中学生ぐらいでした。ビートルズ、ストーンズ、アニマルズ、ヤードバーズ……それらを中学生のときにモロに体験したんです。それまではテレビで歌謡曲を聴くぐらいだったから、この体験は大きいですね。最初にビートルズを知ったのは小学校六年生だったんですよ。テレビでビートルズを見て、そのときは、なんだかよくわからないなりにも、カッコいいなと思った記憶があります。

ちょうど中学生ぐらいのときに関西フォークが盛り上がったんです。友だちから「面白いコンサートがあるから観に行こう」と誘われて行ったら、高石ともやの前座で岡林信康が出てきて「カッコいいな」と思ったんですね。これをきっかけにフォーク集会なんかに行くようになったんです。そんなある日、ジャックスを観て「なんだこれは?」とショックを受けましたね。ジャックスのシュールな世界はインパクトがありました。

それで高校生になって友だちとバンドをやるようになるわけです。そのときにストーンズの「ストリート・ファイティング・マン」(六八年十二月発表)などと一緒に岡林信康の「それで自由になったのかい」(七〇年五月発表)とか日本語のメッセージソングもやったりした。だから外国のROCKから入って、関西フォークのメッセージソングと出会って、ROCK＝メッセージのような志向になったわけです。

ちょうどベトナム反戦、学生運動なんかがあった頃ですね。高校二年生のときに、親が会社の関係で引っ越しして、自分ひとりが大阪に残って下宿生活を始めたんです。

そこは大阪市立大学の全共闘の学生ばかりがいる下宿で、隣の部屋も全共闘のバリバリの人だったりしたんです。それで「ちょっとデモに来い」とオルグされたわけですよ。訳もわからないのにマルクスや吉本隆明を読まされたりして、すぐに僕も感化されて「行動あるのみ」なんて言って、ゲバ棒を持ってデモに参加したりしていたわけ。その頃はアナーキズムに惹かれたりして、大杉栄とかミハイル・バクーニンなんかのアナーキストがいちばんカッコいいと思っていたんです。既成のセクトの中核や革マルなんかはいやだなという感じはありましたね。だから高校生活は、バンドと政治への関心が中心だったかな。

そしてある日、「頭脳警察」という文字を見たんです。それで「カッコいいじゃないか」と。「頭脳警察」という言葉自体がいかにも反体制みたいでね。僕は洋楽マニアだったので「頭脳警察」と見たときに、パッとフランク・ザッパ＆マザーズの「フー・アー・ザ・ブレイン・ポリス?」という曲をイメージしてね。絶対ザッパから取ったなと確信して、余計気になったんです。頭脳警察がレコード・デビューする前の七〇年ぐらいですね。

それで浪人して東京に出て来たんですね。渋谷のジャンジャンに頭脳警察が出演するという告知をチラシかなにかで知って、早速行ったんです。初めて観る頭脳警察ですね。PANTAが生ギターでTOSHIがボンゴのふたり編成でした。そのとき客は四十〜五十人だったと思います。それまで僕は、頭脳警察はバリバリに過激なバンドで、暴れまわって怖いという噂を聞いていて、そういうイメージを持って観に行ったわけです。

でもそのときの頭脳警察は、きれいなアコースティック・サウンドで、後に『セカンド』に収録される「ふりかえってみたら」とか「さようなら世界夫人よ」みたいなバラードを中心にやっていたんですね。アコースティックだから、歌詞もはっきり聞き取れる。すごく文学的な詞だということに気がついたんです。で、僕のもうひとつの興味がたまたま文学で、大学も仏文科なんですけど、高校のときから海外文学をよく読んでいて、ドイツのヘルマン・ヘッセの詩も読んでいたんですよ。そのヘルマン・ヘッセの「さようなら世界夫人よ」をPANTAが歌っているじゃないですか？ 正直びっくりしました。加えて、インドのラビンドラナート・タゴールの「おお詩人よ夕べが迫って」に曲をつけたりしているじゃないですか？ タゴールの詩に関しては、たぶん当時は日本語訳がそれほど出ていなかったから、PANTAも自分と同じ本を持っているんだな、とか勝手に思ってね。ベルトルト・ブレヒトの「赤軍兵士の詩」もやったかな。とにかく文学と音楽をこういうかたちで融合させている人がいるのかということで、すごく興味を持ちましたね。

それまでは関西弁のドギツイ笑いとか、そういう関西のフォークぐらいしか知らなかったので「全然

70年代頭脳警察。PANTAとTOSHIのふたり編成

違う」と思いました。メロディもヨーロッパ風で都会的な感じがしたし、声もいいしね。それで、前列二列目ぐらいのかぶりつきで見ていたんだけど、PANTAは垢抜けていて結構ルックスもカッコ良かったんだよね（笑）。関西フォークの人たちは、むさくるしい感じのミュージシャンが多いんだけど、やっぱり東京なんだなあって（笑）。イメージを抱いていた過激なロックバンドとは違ったけど、初めて体験したライブで、バラードを聴いたことで「詩人なんだなあ」という印象をもちましたね。

当時は、日比谷の野音で毎週のようにイベントがあったんですね。100円コンサートとかいって入場料金も安かったから、僕も毎週のように野音に通っていたんです。だからROCKからフォークまで、七〇年代に活躍したほとんどのアーティストを野音で観ましたね。

で、あるイベントで本来の頭脳警察を見たんですよ。何バンドか出演して、頭脳警察が出て来ると、赤ヘルをかぶった連中がガーッと前に押し寄せて来て、ワーッと騒ぐわけ。「世界革命戦争宣言」にワーッと絡んだり「銃をとれ！」

でワーッとなったり、すごく過激なファンにすごく過激なステージ。このときもふたり編成だったけど、これが本来の頭脳警察なんだなと思いましたね。

当時の頭脳警察は野音などの大きな会場だとハードな曲を中心、ライブハウスのような狭い場所だとバラード中心、というように考えて選曲していたような気がしますね。残念なことに野音では結局、ふたり編成しか観ていないんです。他の場所ではバンド編成も観ているけど。でも、生ギターとボンゴだけでも、客がものすごく盛り上がるんですよ。僕たちのヒーローという感じでね。

そういうわけで僕にとっての頭脳警察は、当時の学生運動の側にいて、アングリー・ヤングメンというか、僕たちの怒りを代弁してくれるというような、政治的なことも歌ってくれるというような、そんなヒーローのような部分と、ＰＡＮＴＡのもっている詩人のような文学性をもった部分があって、どちらの面も自分に合うアーティストだと思いました。

当時の日本語のＲＯＣＫといえば、ジャックス、はっぴいえんど、そして頭脳警察ですね。村八分はもう少しあとだよね。そのなかで、最初に好きになったのはジャックスだったけど、すぐに解散してしまった。はっぴいえんども嫌いではなかったけど、ちょっと軟弱な感じがした。で、やっぱり頭脳警察がカッコいいと思ったんです。

たとえば内田裕也系というか、ニューロック系が中心のイベントだとしますよね。フラワー・トラベリン・バンドとかフライド・エッグ、ブラインド・バード、ファーラウトとかいろいろ出演するわけですが、だいたい英詞なんです。そういうイベントにもなぜか頭脳警察は呼ばれるわけです。それで唯一日本語で歌うわけです。それから「日本語のふぉーくとろっくのコンサート」などになると、どちらかというとフォーク系が多いわけです。ウッドベース時代のRCサクセションとか、吉田拓郎、井上陽水、泉谷しげる（vo＆g：四八年生まれ）、友部正人、はっぴいえんど、遠藤賢司、あと浅川マキ（vo：四二年－一〇年）とか。そういうイベントにも頭脳警察は出ていたんです。つまり頭脳警察はどちらにも出ていたんですよ。そしてどちらにいても違和感がなかった。

頭脳警察が「どちらにいても違和感がなかった」理由は、歌詞もメロディもビートもオリジナルだったからではないだろうか。オリジナルな故にジャンルの垣根を越えて「どちらにいても違和感がなかった」のではないだろうか。逆にカテゴリーの視点からみると「頭脳警察はニューロックじゃないんだよなあ」という感想をもつリスナーもいただろう。

とにかく七〇年、七一年頃の野音は、ホントすごかったからね。客が一升瓶をラッパ飲みして騒いでいたり、フーテンと呼ばれていたヤツラがたむろっていたり、大日本ボンド党（笑）がシンナーの袋を持って、ステージにフラフラ上がったり。そういうヤツラをまわし蹴りで蹴り落せないと、ミュージシャンとして務まらなかった（笑）。

今のコンサートはヤジったりすることはほとんどないけど、当時はヤジがすごくてね。つまらなかったら「引っ込め！」とか「つまんねぇぞ！」とか「帰れ、帰れ」とか。今なんかヤジったらすぐに警備員が来るでしょう。酒の持ち込みは禁止とか。予定調和なんだよな。

頭脳警察は、僕の見ている範囲ではヤジられることはなかったね。頭脳警察や泉谷しげるのように「うるせえ。テメエ。この野郎」って対抗してくるミュージシャンが逆にウケたんです。野音の頭脳警察の出番の前に「唄わせろ」とデビュー前の泉谷が、飛び入りで歌ったのを見ているよ。「戦争小唄」を歌ったんだよね。バカウケだった。

村八分もチャー坊（柴田和志 vo：五〇年－九四年）が客席に降りて来て「今言ったのは誰や。どこにおるんだ」とすごんだり「今日の客はアホばっかりや」とマイクを投げて帰ってみたり。そんなことはしょっちゅうだったから、村八分はホント恐かった。京都の喫茶店にたまっているのを見たことがあるんだけど、チャー坊なんかも本物の不良。ヘタに口をきけばボコボコにされそうで（笑）。チャー坊は身長が百八十センチぐらいあったから、ケンカも強そうだった。僕は村八分も好きで、東京でやるときは必ず観に行っていたんです。でも、五回行くと、二回ぐらいしかちゃんと演奏しなかった。ステージまで来たけど演奏しないで帰ったとか、会場にも来ないとか。

政治集会に出演した頭脳警察も観たことがありますよ。ふたり編成だったね。白ヘルだったから革マルか中核の集会だと思うんだけど、「赤軍兵士の詩」とか歌っても、セクト的に違うはずなのに、ウケているんですよ。記憶が確かならそのときは、ブラインド・バードも出たと思うんだけど、ブラインド・バードはブーイングで帰されてしまった。あとは「日本語のふぉーくとろっくのコンサート」で、頭脳警察のステージに赤軍のヘルメットをかぶって覆面したヤツが出て来たのも観ていますね。で、その覆面がアジったりするんだけど、それもバカウケでウワーッとなって。

ステージジャックした三田祭（前夜祭 七一年十一月六日）も観ています。頭脳警察のあとに、はっぴいえんどが出て来たけど、ヤジられて一曲しかできなかった。あと次の年かな、同じ三田祭で憶えているのは、村八分がやっているときに「私服が来てる」とか誰かが言って、客が全員で村八分のメンバーをガードして逃がしたということがあったよね。山口冨士夫（g＆vo：四九年－一三年）が白塗りでステージやったのを鮮明に憶えているな。その次に頭脳警察が出たと思うんだ。三田祭には二～三回行っているから、記憶がごっちゃになっている部分もあるけど。

ただ三里塚は観ていないんですよね。三里塚でも頭脳警察は人気があったらしいけど、ほかのバンドは、かなりヤジられたりしたという話ですね。

七一年十一月六日の三田祭前夜祭（慶應大学三田校舎 中庭特設ステージ）**で、起きたいわゆる「頭脳警察のステージジャック」を筆者は観ていないが、知る限りまとめてみる。**

まずこの日、ふたり編成の頭脳警察には三本のステージのスケジュールが入っていた（三本とも「世界革命戦争宣言」をやった）**。三田祭前夜祭は三本目のステージ。会場に遅れてきた頭脳警察に、このイベントをディレクションしていた風都市**（はっぴいえんどやはちみつぱいが所属していた事務所）**のスタッフから「遅れてきたから、頭脳警察のやる時間はないよ」と、そっけなく告げられる。「それじゃ、しょうがない。じゃ帰ろう」と、PANTAとTOSHIは帰ろうとする。ところが駐車場まで行ったところでTOSHIが「なんだよPANTA、このまま帰るのかよ」と導火線に火をつけ、PANTAも「それもそうだな、やるか」と演奏することに軌道修正する。**

この時代の学園祭は、実行委員会が複数存在し勢力争いをすることはめずらしくなかった。実権を握る実行委員会は風都市と組み、頭脳警察は対立する新左翼系の実行委員会が呼んだのだ。風都市からみ

ると、そもそも頭脳警察は招かれざる客だったのかもしれない。本当に時間がなくて「時間はない」と言ったのか、「大体こいつらジャマなんだよ」という感情が優先したのかはわからない。

とにかく風都市の対応に、ＰＡＮＴＡとＴＯＳＨＩがカチンときたのは確かである。ふたりが踵を返すと、警護していた新左翼系のノンセクト（だと思うが）黒ヘル軍団があっという間に校内へ集まったという。

ステージの進行は、はちみつぱい、頭脳警察、はっぴいえんど、吉田拓郎の順だった。はちみつぱいが演奏しているとき、はっぴいえんどのメンバーに「頭脳警察が帰ったから出演時間が早くなった」と連絡が入る。

一方で頭脳警察は、ステージ下手の校舎の非常階段で腕を組んで、はちみつぱいのステージと準備に入ったはっぴいえんどの両方を見ている。そして、はちみつぱいがステージを終えた瞬間、黒ヘルがステージを取り囲み、颯爽とＰＡＮＴＡとＴＯＳＨＩが登場。黒ヘルのバリケードのなかで演奏を始め、演奏時間をオーバーし結果的に約一時間やり続けた。

当然、はっぴいえんどは頭脳警察が終わるのを待つしかない。最初は楽屋として使っている教室で時間をつぶしていたが、イライラしてきたのか、頭脳警察のステージを見に行ったり教室に戻ったりを繰り返したらしい。

なかなかステージを終了しない頭脳警察に激怒したはちみつぱいのマネージャーは、傘を振り上げながら「頭脳警察、許さねえ、ぶっとばす。お前らは危ないから帰れ！」と楽屋にいたはちみつぱいのメンバーに叫んだという。はちみつぱいは「今日はもう仕事はないし、そろそろ飲みに行こうか」などと話をしていたところだったので、早々と退散した。

やっとステージを降りた頭脳警察だが、観客のアンコールは鳴り止まない。そのアンコールのなかで出ざるを得ないはっぴいえんど。大滝詠一が「今日は時間が押してしまったので、一曲しかやりません」というようなことを言った。それに対して怒ったのか、それとも「おめえらじゃねえよ、頭脳警察を出せよ」という意思表示だったのか、とにかく観客はステージにブーイングと石を投げつけた。ブーイングのなかで「はいからはくち」が演奏された（翌日、はっぴいえんどの何人かは京都の仕事があり、このステージを終えて新幹線に乗らなければならなかったので、時間に余裕がなかった）。投げつけられた小石が細野晴臣の頬に当たり涙が出てきたという。後日、細野晴臣は「ボブ・ディランの気持ちが実感できた」と知人のカメラマンに話したという（ボブ・ディランがエレキギターを使い、ブーイングを浴びたことを指しているのだろう）。

そして、はっぴいえんどの次に出てきた吉田拓郎だが、彼にはビール瓶が飛んできて、一曲も演奏できないままステージを降りたらしい。この三田祭前夜祭のステージをもっとも印象深く憶えているのは、もしかしたら吉田拓郎かもしれない。頭脳警察もはっぴいえんども、取材などで尋ねられないかぎり自発的に語ることはあまりないが、吉田拓郎はラジオなどで自虐ネタのように自ら語っている。「はっぴいえんどは四人だからまだいいよ。俺なんかひとりで全部受け止めたんだから（笑）」というような話を、筆者は二回ほどラジオで聴いたことがある。吉田拓郎の著書『吉田拓郎・お喋り道楽』（徳間書店、九七年発行）にも、この日の出来事が語られている。ちなみに、吉田拓郎とはっぴいえんどがステージをともにしたのは、この日が最初で最後らしい。

PANTAとTOSHIは、イザコザもなにもなく、無事に会場をあとにしている。もしふたりが時間通りに入っていれば、問題は起きなかったのかもしれない。ところが遅れたために、二つの実行委員会の対立構造の代理戦争になってしまったのだろう。これが「頭脳警察のステージジャック」の真相だと思われる。しかし、どちらにしても二つの実行委員会の証言がとれなければ、真実は闇の中だ。なお、「頭脳警察のあの騒ぎを収めたのは、その後に出演した遠藤賢司だ、とエンケンが言い張っている」という話を耳にするが、どのように収めたのか、具体的に確認できませんでした。残念です。

そして二〇二二年六月、はっぴいえんどのドラマーだった松本隆が慶應大学で「言葉の教室」と題するシンポジウムに出演した。キャンパスにそびえる銀杏を控室から見下ろして、松本は「はっぴいえんどで三田祭に出たなあ。時間が押すトラブルで、あの銀杏を背にして一曲しか演奏できなかったけど」とつぶやいたという。


七五年ぐらいになると、野音の100円コンサートのようなものがほとんどなくなって、ライブハウスの時代になってくるんだよね。だから、頭脳警察も渋谷のセンター街にあった「屋根裏」で観たりしましたね。だけど個人的にはアルバム『セカンド』『サード』『誕生』ぐらいまでの頭脳警察が好きでしたね。『仮面劇のヒーローを告訴しろ』や『悪たれ小僧』になると、歌詞が抽象的な感じがして、当時はキャッチーにのめり込めるという感じではなかった。最近になって聴き直せば「いいな」と思う曲はあるけど。

フラワー・トラベリン・バンド、クリエイション、カルメン・マキ&OZ、スモーキー・メディスン（主に七三年から七四年に活動）なんかの客層と頭脳警察の客層は違うような気がしたな。個人的にはOZは好きだったね。当時は『ニューミュージック・マガジン』誌の「日本語ロック論争」に象徴されるように、内田裕也系の英語でやっているニューロックと、はっぴいえんど系の日本語のウエストコースト系のサウンドの対立概念があったわけです。だから、はっぴいえんど、はちみつぱいなどを聴くような人は、フラワー・トラベリン・バンドなんかはあまり聴かないという傾向があったんですね。まあ、そういう対立概念以前に趣味の問題もあるだろうけど。

僕はサウンド的には、クリエイションとかフラワーに対して「ギターが巧いな」とか惹かれる部分もあったけど、文学をかじっていたから、心情的には歌詞がわからないニューロックには、どうかなとも思っていたんです。七・三で日本語のはっぴいえんど系を評価していたんです。

収録曲がすべて向こうのカバーで構成された内田裕也さんのアルバム『ロックンロール放送局』（七三年三月発表）に唯一「コミック雑誌なんかいらない」が入っていたり、頭脳警察は日本語で歌っていたけど、こういう場所でも独自の立場を保っているんですよね。

当時の野音のイベントは、ただバンドが演奏するだけじゃなくて、時代の熱気みたいなものがあったんですよ。来ている客もやっている側もみんな本気だし。みんながなにかを求めてやってきている。自分もそれを同時体験できてよかったなと思いますよね。人生が変わるぐらいの影響力がありましたから。今の若者が、好きになったバンドの影響で人生が変わるのかどうかは知らないけど、僕たちの頃は岡林信康を聴いて家を出たヤツもいるし、頭脳警察を聴いてデモに行ったヤツもいるだろうし。それぐらい人間の精神に影響力を及ぼすようなリアルな力を持っていた。その最たるものが頭脳警察だった。

「日本語ロック論争」とは、七一年五月号『ニューミュージック・マガジン』（現・ミュージック・マガジン）

誌「日本のロック情況はどこまで来たか」という座談会企画を指す。『ニューミュージック・マガジン』が選出する「日本のロック賞」に、アルバム『私を断罪せよ』（岡林信康 七〇年）、『はっぴいえんど』（はっぴいえんど 七一年）が選ばれたことに対して、内田裕也が編集長の中村とうように抗議したことがきっかけで座談会が組まれた。

次は断片的な抜粋（切り取り）なので、あくまでも参考程度と考えてください。

「（はっぴいえんどは）普段話しているような言葉がそのまま歌になって、バッチリ乗ってるってとこが、すごくいいよね」（ミッキー・カーティス）

「ぼくらが日本語で歌ってるのは、曲を作るのに英語の歌詞が書けないという単純な理由なんです。日本語のせるのに苦労してるのは事実です」（松本隆）

「（音のバランスなどレコーディングに関する）欠点はあるけど、とにかく、日本語もロックのリズムに乗るということを証明してくれたことだけでもすごく大きい」（福田一郎）

「日本語がロックに乗るという自信はありましたね。まだうまくは行ってないけど」（松本隆）

「ぼくのばあいは、インターナショナルに成功したいという気持ちが大きいので、やっぱり英語でやりたいですね」（折田育造）

「自分の言葉でスタートして、完全に自分のものができたらそれをいい英語に直すのが本当じゃないの」（ミッキー・カーティス）

「去年の『ニューミュージック・マガジン』の日本のロックの一位が岡林で、今年ははっぴいえんどだと、そんなにURCのレコードがいいのか、われわれだって一生懸命やってんだ、といいたくなるんだ（中略）

観客の受取り方が、ＰＹＧだとヒッコメというし、岡林だとワーッとなるけど、移行したということではどっちも同じだと思うんだ」（内田裕也）

「ぼくたちは、人のバンドが英語で歌おうと日本語で歌おうとかまわないと思うし、音楽についても趣味の問題だから」（松本隆）

これだけでは座談会の内容はわからないが、七〇年代初頭の日本のロック業界は、どのようなことを模索していたのかを理解するきっかけにはなるだろう。

ときは流れ、はっぴいえんどの細野晴臣が英詞のＹＭＯで成功し、内田裕也は日本語の歌詞の「コミック雑誌なんかいらない」を自らのテーマソングのように歌い続け、同名の映画まで制作した。

僕は大学を二年生で中退したんです。それで二年間ぐらい肉体労働をしてお金を貯めたんですね。お金がとりあえず貯まって、就職する気もないし、どうしようかと思ってね。それで思いついたのがロック喫茶。僕はＲＯＣＫが好きで、暇があれば中古レコード屋に行って中古のレコードを買っていたから、それを聴いて商売になるロック喫茶がいいなと思って（笑）。当時は中央線沿線の高円寺なんかに行くと、ロック喫茶がたくさんあったんです。それで高円寺の場末のスナック街の潰れた店を買って、ロック喫茶にしたんです。七五年ぐらいだったかな、十五人か二十人が入れば満杯になるような店だったけど。

お客さんはバラエティーに富んでいましたね。学生運動くずれとか、詩人や短歌をやっている人とか、バンドをやっている人とか。そのなかに熱心な頭脳警察のファンで、頭脳警察のファンクラブにも入っていたような、ミニコミ誌をやっている女の子が来るようになったんです。その子がアルバム『ファースト』を持っていたんです。幻のレコードだからね、店に持ってきてもらってカセットに録音して「これか！」と聴いたんです。『セカンド』や『サード』に入っていない知らない曲も収録されていたから、ファンとしては聴きたくてしょうがない一枚ですよね。

そうこうしているうちに七七年ぐらいになると、ロッカーもたくさん来るようになってね。のちにフリクション（主に七八年から九六年に活動）のギターで有名になったツネマツ・マサトシ（五二年生まれ）とかも来ていましたね。その頃に彼は確か「はぐれ雲」というバンドにいたと思う。当時『ZOO』というミニコミ誌があって、今は『DOLL』（二〇〇九年休刊）という雑誌になっているけど、そこの編集長やスタッフも飲みに来て「パンクが向こうでは、すごいらしい」という話になったんです。僕はパティ・スミス（vo&g：四六年生まれ）やラモーンズ（主に七四年から九六年に活動）なんかも聴いていたから、向こうのパンクシーンに興味があったんですね。パンクに興味のある人たちが多くなりはじめて、店の方向を検討したんです。それまではロック喫茶だからドゥービー・ブラザーズ（主に七〇年から八二年に活動）やオールマン・ブラザーズ・バンド（六九年から活動）あたりも、かけていたんだけど、いきなりパンクの店にしたんです。

それで、七七年の三月にパリとニューヨークに行ったんです。本場もののパンクを目の当たりにして、ショックを受けてね。帰って来て、レイドバックした音楽はもういいやと、店の装飾も天井からマネキンを吊るしたりして全部パンクにしちゃったんです。そこにSEX（のちのフールズ［八〇年から活動］）、フリクション、スピード（七六年から活動）、S－KEN（vo：四七年生まれ）、そういうのちに東京ロッカーズと呼ばれるようになるバンドが集まって来るようになるんです。自分もバンドをやりたくなってTH

EPAINというバンドをはじめてね。そういう仲間と一緒にライヴ・オムニバス・アルバム『東京NEW WAVE '79』（七九年六月発表 ビクター）をプロデュースしたりしました。その頃からですね、『ジャム』という雑誌でライターをやるようになるのも。

仮にセックス・ピストルズをサウンド的パンクとしたなら、セックス・ピストルズを聴いてパンクに目覚めた人が、日本にも頭脳警察というパンクバンドがあると聞いて、頭脳警察を手にしたとする。このような経緯で頭脳警察にたどり着く人は少なくないだろう。しかし実際には頭脳警察は、バラードや変則ビートの曲が多く、元祖パンクと呼ばれるに値する曲――それは「銃をとれ!」「マラブンタ・バレー」「ふざけるんじゃねえよ」などを指すが――が少なく、期待外れだと思うことはないだろうか。

僕はそうは思わない。だって、アナーキーなんか頭脳警察をカバーしたり、一目置いているじゃない? ピストルズも既成のROCKを「オールドウェーブ」と罵倒していたけど、唯一イギー・ポップ（vo&g：四七年生まれ）だけはリスペクトしていたのと似ているよね。七〇年代前半の海外にはイギー・ポップやMC5（主に六四年から七二年に活動）がいて、日本には頭脳警察がいた。そういうことだと思うよ。八二年ぐらいまで店をやっていたんだけど、ピストルズとかを聴いている若いヤツらに、頭脳警察や村八分を聴かせたら実際ウケていましたよ。「カッコいい」とか「すごいな」と。やっぱり日本語で歌っているしね。わざわざ店を訪ねて来て「頭脳警察を聴かせてください」と言うヤツも結構いましたね。僕たちパンクをやっているヤツらにとっては、頭脳警察は尊敬すべき対象だったんです。いろいろ言う人はいるだろうけど、僕たちの周りでは、頭脳警察、村八分、サンハウス（主に七〇年から七八年に活動）は三大パンクだったね。あとはジャックス、そしてもっとマニアなら裸のラリーズだよね。

鳥井氏にとって、パンクとはどういうものなのだろうか。

パンクというのは、いわゆる業界のジャンル分けの言葉で言うと、七〇年代中期に起こった「既成の商業主義ＲＯＣＫに対するアンチな動き」というか、ＲＯＣＫをもっとライブハウスレベルに取り戻そうというような動きだよね。

でも僕にとってのパンクは、精神の在り方というか、それこそＲＯＣＫ自体がパンクだと思っているからね。ローリング・ストーンズが自分にとって最初のＲＯＣＫの衝撃で、僕にとってのパンクだったわけ。「ストリート・ファイティング・マン」とか「黒くぬれ！」（六六年五月発表）とか。あの頃は、そういう曲を聴いて熱くなってデモに行っていた。そういう反体制みたいなもの、大人とか権威的なものに対して唾を吐きかけて「ふざけんじゃねえよ」みたいなことを歌っていたのがローリング・ストーンズだったんです。だから僕にとってのＲＯＣＫとは、そういうエスタブリッシュされたものに対して、チンピラが「ふざけんな」「言いたいことは言うぜ」というようないちばん小さなレベルの異議申し立てみたいな部分があります。

あと七〇年代中頃までは、ＲＯＣＫとは芸能界のようなところに対するアンチだと思っていたんです。だけど、だんだん七〇年代中期から、ビジネスになって、スタジアム・ロックなんかになってきて、でかい金が動く世界になってくるわけじゃないですか？　結局ＲＯＣＫは、ただの芸能界になってしまったわけですよね。まして今や死語になってしまった。

だから僕にとってのパンクとは、七七年のピストルズ誕生以前に、プレスリーが「俺のブルー・スウェード・シューズを踏むんじゃねえ」と歌った瞬間から存在したものなんですね。アンチ・エスタブリッシュメントというか、ガキの怒りというか、反抗するティーンエージャーみたいなもの。もっと言えばプレスリー以前にも、もちろん黒人が始めた音楽があるわけだから、そういうものも含めてパンクだよね。グループサウンズは商業主義のなかで活動していたわけだけど、女の子が失神しちゃったり、学校がコンサートに行くことを禁止したり、上品な大人からは忌み嫌われるものだったんです。だからグループサウンズは、そういう大人の価値観に対して「自己主張せよ」という応援歌でもあったんですね。

つまり僕にとっては、音の形式よりも、存在がパンクであるかどうかが重要。そういう反体制的な意識をどこかにもっているものが、パンクなわけです。

日本語のＲＯＣＫは七〇年代中期までにも、いろいろあったけど、ただ日本語で歌えばいいというものではなくて、日本語の歌詞でもくだらないのもたくさんあるわけ。女々しく自分肯定するみたいな、自己憐愍みたいな、そういう曲は好きじゃないです。そういう曲を聴いても自分が成長しないというか、鼓舞されないんですよね。

でも頭脳警察の歌は、常にクエスチョンマークを投げかけているからいいですね。「前衛劇団〝モーター・プール〟」みたいな僕には訳がわからない曲もあるけど（笑）。でも「ふざけるんじゃねえよ」とかは好きだし、アルバムに一曲は必ず好きな曲があるし、いいなと思いますよね。僕は現在、月に一回ぐらいクラブでDJをやっているんですが、必ず頭脳警察はかけますよ。「夜明けまで離さない」「やけっぱちのルンバ」「まるでランボー」なんか、よくかけますね。

現在もクラブのDJで必ず頭脳警察はかけるという鳥井氏は、頭脳警察以外のPANTAのアルバムも聴いているのだろうか。

もちろん頭脳警察のアルバムだけじゃなくて、全部聴いていますよ。最新のアルバム『波紋の上の球体』(〇二年七月発表)まで全部。『マラッカ』(七九年三月発表)とか『クリスタルナハト』(八七年一月発表)も大好きで愛聴していたし。『クリスタルナハト』は、ああいうナチスの歴史を現代にもってきて、かつ、音楽的にも高質であって、内容的にもひとつの映画や劇のようにドラマチックで、すごいなと思いましたね。

でも『KISS』(八一年八月発表)などのスイート路線はやっぱり好きじゃないですね(笑)。PANTAのアルバムのなかではあまり聴かないほうになります。ただし、PANTAがスイート路線をやりたくなった気持ちはわからないでもないですけどね。PANTAは昔から過激な歌も歌えば、その一方でヘルマン・ヘッセの抒情詩を歌っていたり、フレンチ・ポップスが大好きでフランス・ギャルの大ファンで、メロディもフレンチ・ポップスみたいなものもあるわけだし。だから『KISS』をやるんだったら、歌詞もやっぱり自分で書いて欲しかった。人の詞を歌うのも自由だけど、それがなんかつまらなかったね。なぜ自分のラブ・ソングを歌えないのかなと思ったよね。

たしかに職業作家PANTAが書いた曲を、アーティストPANTAが歌えばスイート路線も違った展開があったかもしれない。

僕はセルジュ・ゲンスブール（vo：二八年−九一年）にインタビューをしたことがあるんだけど、ゲンスブールとPANTAって共通点があると思うわけです。ゲンスブールは、めちゃくちゃ過激な歌を歌って、右翼から狙われたりする反面、職業作家として、フランス・ギャルやブリジット・バルドーからジェーン・バーキン、ヴァネッサ・パラディやカトリーヌ・ドヌーヴなんかに曲を書いたりしているわけ。PANTAも職業作家の顔をもっていて、アイドルや石川セリに曲を提供しているじゃない？「PANTAは日本のゲンスブールだよ」って直接本人に言ったら「そう言ってもらうとうれしい」みたいなことを言っていたけど。職業作家としての一面をもっているのは、ひとつの才能であって僕は悪いとは思わない。

鳥井氏とPANTAの個人的な交流を訊いてみよう。

最初にインタビューをしたのは、たぶん七七年のアルバム『走れ熱いなら』ぐらいからで、雑誌の『宝島』のPANTAの取材は、僕がほとんどやっていた。アルバム『TKO NIGHT LIGHT』（八〇年十月発表）の頃に、僕は東急ケーブルテレビの音楽番組の司会を一年間やっていたんです。その特番でPANTA&HAL（主に七七年から八一年に活動）の野音のワンマンライブをドキュメントで撮るというのがあって、インタビューしたときにはゆっくり話ができたな。『ＫＩＳＳ』で取材したときには、なんか僕も訊きにくい感じがあったけど。

　そういうインタビューで話を訊く機会はずいぶんあったけど、個人的に会ってという付き合いはないです。コンサートの打ち上げなんかで会うこともあるけど、ＰＡＮＴＡはアルコールを飲まないから、隣に座って話すこともないし。挨拶程度の会話だけで。

　僕は二〇〇二年に『SONGS FROM THE STREET』というアルバムを自分のバンドで制作したんだけど、そのときにＰＡＮＴＡにコメントをいただいたんですね。「ボロカスに言われるかなあ」と思ったんだけど、すごくほめてくれたんです。それがうれしくてね（笑）。そうしたら、ＰＡＮＴＡがその頃コーナーをもっていた雑誌『ＢＵＲＳＴ』の対談に呼んでくれた。ＰＡＮＴＡがインタビューアーになって僕のことをいろいろ訊いてくれたんです。そのへんからちょくちょくメールが来たり、僕のバンドのライブにゲストで来てもらって「Ｒ★Ｅ★Ｄ」を一緒に歌ったり。僕としてはギターを借りてから、三十年目に一緒にステージ立ったということで感激しましたね。年は二歳ぐらいしか違わないんだけど、ガキの頃にステージに立っていた大先輩というか、僕にとってはいまだにスターというか、カリスマだからね。

　ライブハウスの「ドアーズ」で二日間（〇二年六月十五・十六日）ＰＡＮＴＡがやったのを観に行ったんですよ。アコースティック・ユニットだったんだけど、石間秀機さんがオリジナルの楽器のシタールで参加したり、アルバム『Ｒ★Ｅ★Ｄ』に収録された曲をやったり、すごくよかったですね。新作の『波紋の上の球体』もいいと思う。なかでも「言いつけ」がいい。時代意識というか、今の世相をちゃんと歌い込んでいるところはすごいなと思って。そのライブの二日目かな、ステージでちょっとしたトラブルがあって、Ｐ

ANTAがキレてスタッフを怒鳴ったんだけど、僕にとっては怒れるPANTAを久々に見て、ウオーッと思ったよね（笑）。最高に良かったな。スタッフの方は気の毒だけど（笑）。でも、打ち上げなんかで会うと、本当に気のいい人なんだよね。そのギャップがすごいですね。

だけど実際は、わりとそういうギャップのあるミュージシャンって多いんですよ。遠藤ミチロウなんかもスターリン（主に八〇年から八五年に活動）の過激なイメージがあるけど、あの人もお酒を飲まないし、普段は大人しいんですよ。忌野清志郎（vo&g：五一年－〇九年）もあまり飲まなくて無口なんです。でも、ステージに上がるとみんな人格が豹変して過激になりますよね。あのギャップがカッコイイと思う。

PANTAは常に問題意識を捨てないじゃないですか？　そのへんに触発されますね。すごく僭越な言い方になりますけど、もっとPANTAは活躍できると思うんです。あの人なら小説を書くこともできると思うし、映画の脚本を書いたり映画に出たり、もっともっといろいろな活動ができると思うんだよね。PANTAに言ったら「そんなにいっぱいできないよ」と言っていたけど、僕はもっとやって欲しいと思う。

逆説になるけど、こんな世の中だからこそ、頭脳警察の出番だよ、と。お呼びだよという感じだよね。平和ボケしているときにいくら頭脳警察が歌っても、聴いている人はボケているから耳を傾けないけど、今は市民レベルで、僕もこの間久々にデモ、今はピースウォークって言うんだけど、参加したし。ピースウォークは、そのへんの学生の女の子とか主婦が乳母車に子どもを乗せて参加しているわけ。良い悪いは別にして、大衆レベルでそういうような意識が高まっているわけだから、そういう人たちが頭脳警察を聴いたらビックリするだろうね。そういう意味で、頭脳警察の歌は全然古びていないと思う。

頭脳警察の歌が古びない理由はどのへんにあるのだろう。

歌詞がつくりものじゃなくて、本当の自分の気持ちを歌っているから。頭脳警察は本質を歌っているでしょ？　流行歌は、その時代に合うようなオシャレな言葉とか、意味のないキャッチコピーでコーティングして、流行のリズムに乗せて流れていくけど、そんなもの三年もすれば誰も聴いていないじゃないですか？　でも、頭脳警察の曲は三十年経って聴いても全然おかしくないわけ。その時代だけの一過性のものではなくて、本質的なものを見据えているし、詞の内容も普遍性をもっているし、サウンド的には当時のことだからチープな録音なのはしょうがないけど、ＲＯＣＫの芯はちゃんとある。だから、すごいバンドでありアーティストであると思うよね。たとえばＹＭＯが売れたことで、そのメンバーのルーツのはっぴいえんどが再評価されたり、そういうことがあるけど、頭脳警察もなにかきっかけで再評価されて欲しいよね。

九〇年頭脳警察の再結成の話を聞いたときの鳥井氏の気持ちはどうだったのだろうか。

うれしい反面、大丈夫かなというような、ちょっと複雑な思いもありましたね。再結成の話を聞いたとき、頭脳警察を復活させて、昔の曲をやっていますというような、昔のヒット曲メドレーみたいな感じ、グループサウンズの同窓会みたいな感じでやるのかなと思ったんですよ。ファンは喜ぶけど、それじゃナツメロじゃないですか？　あの頃は良かった、オジサンたちもゲバをやっていました、みたいな。そ

90年代頭脳警察。左から藤井一彦、TOSHI、PANTA

れだとあまりいい感じはしないなと。昔、活動をかじった連中が、今は会社の部長かなんかになって「あの頃俺は」ってね、僕はそういうの嫌いなんですよ。

だからそういう復活だったらいやだなと思ったんだけど、新しいアルバムも創って、ステージもノスタルジーにならなかったから、僕は良かったと思う。演奏もグルーヴァーズの藤井一彦くん（g＆vo：六七年生まれ）を参加させたことによって、ものすごくいいものになっていたし。藤井くんのギターは、頭脳警察に参加する以前からすごく評価していたんだけど、ＰＡＮＴＡやＴＯＳＨＩとも合っていて、いいものができたと思いますね。頭脳警察のアンサンブルって結構微妙なところがあって、ドラムとＴＯＳＨＩのパーカッションのバランスとか、ステージごとに良かったりそうじゃなかったり、難しいね。

ただ楽曲の良さでいったら、たとえば十曲選べと言われたら、七〇年代の曲を中心に選んじゃいますね。再結成の頭脳警察は「万物流転」みたいなテーマになっちゃったけど、逆に僕はアルバム『Ｒ★Ｅ★Ｄ』のようなテーマを二十一世紀の復活頭脳警察に望みますね。もちろん頭脳警察では、あのようなアルバムを通したストーリー性をもたせる必要はないけど。

冷戦が終わって世の中が平和ボケしちゃったけど、今は逆に頭脳警察が登場すべき緊迫した世界情勢になっているじゃないですか？　「どこがジハードなんだよ」みたいな情勢でしょ？　「マラブンタ・バレー」とか、昔の曲がピッタリだと思うんです。「銃をとれ！」は逆説になると思うんだけど。

だから頭脳警察には、九・一一以降の世界に向けた曲をどんどんやって欲しい。今こそ、頭脳警察が出て行かなくてどうするんだ、みたいな感じですよね。だって、ほかにそんなバンドいないじゃないですか？　ＰＡＮＴＡは、今回イラクに行ったらしいけど（〇三年二月十五日〜二十二日。現地時間）、まさに戦争状況にあるこの世界の中心で、日本のメッセンジャーとして頭脳警察には歌って欲しいよね。

六〇年代や七〇年代には「ＲＯＣＫで世界を変えよう」とかいう夢があった。でも今はすべて牙を抜かれてしまった。だから、ＲＯＣＫというのが今の若者にとっては人畜無害なものでしかない。だけどＲＯＣＫは、ただ人畜無害なものではなくて、ジョージ・ハリソン（vo&g：四三年-〇一年）が、バングラデシュ救済コンサート（七一年八月一日　マジソン・スクエア・ガーデン）を開いたように、いつの時代でもＲＯＣＫの動員力をひとつの力にできるわけ。だから、今でもＲＯＣＫで人を集めてなにかできると思う。お金儲けのためだけに人を集めるんじゃなくてね。そういうアクションが起こせるなら、ＲＯＣＫにはまだまだ力があると思う。

そういうことを、もっといろいろなところでいろいろなミュージシャンにやって欲しいし、やっていくべきだと思う。僕もそういうことがあったら、協力したいと思っているし、自分でもなにかやりたいと思っている。しかしそれはもう、昔のオジサン世代の夢なのかもしれないけれど（笑）。

PANTAは、最近そういうイベントを企画したりしているよね。五十歳を過ぎてすごいと思う。だって、五十歳を過ぎて現役でROCKをやっている人自体ほとんどいないでしょ？　みんなレコード会社のディレクターになったり、スナックを経営したり、プロダクションの社長になったり、そういう人ばかりじゃないですか？　そう考えると忌野清志郎なんかいまだにインディーズにいってまで、過激なことを歌っていますよね、「あこがれの北朝鮮」（九五年四月発表）とか。だから清志郎やPANTAのように七〇年代にバリバリにやってきたオヤジに、ここでまた見せてくれよという感じですよね。若いヤツらに負けてたまるかと。

話は逸れるが、七〇年代前半のアコースティック編成の頭脳警察はROCKで、アコースティック編成のRCサクセションはフォークと呼ばれていた。リアルタイムで目撃している鳥井氏はどのように見ていたのだろうか。

RCサクセションは「ハードフォーク」と言われていましたね。RCはデビュー当時の活動の場所が、フォーク系のイベントが多かったからじゃないかな。頭脳警察は裕也さん系というか、アコースティック編成でもROCKのイベントにもよく出ていたから、そういうイメージの違いがあったのかもしれない。それに頭脳警察のアップテンポの曲は、フォークという感じじゃないよね。リズムがすごく立っているし、ROCKという感じだよね。当時は客との戦いみたいなところがあって、清志郎もあの頃から過激で「うるせえ！　ブス！」とかMCで怒鳴りながらやっていた（笑）。

当時、日本人でROCKをやるヤツは、だいたい海外のコピーから始まって、オリジナルと言いながら、曲をパクって、ただ日本語を乗せているみたいなのが多かったんだけど、頭脳警察の曲にはパクリとかいうのがないんだよね。僕は当時から洋楽に詳しかったから、パクっている日本のバンドの曲を聴いて、ネタ当て大会とかやって遊んでいたんだけど（笑）、頭脳警察の曲にはオリジナリティーがありますね。フォークでもないし、向こうのROCKのパクリでもない、PANTA節みたいな。独自のものという感じでね。そこが頭脳警察の個性的なところだと思いますね。

パーカッションをフロントに出すアンサンブルもオリジナリティーがあると思うが。

めずらしいですね。編成としてはT・レックス（主に六七年から七七年に活動）がいましたけど、パーカッションの使い方があきらかに全然違いますから。TOSHIのパーカッションは暴走することが多いから、TOSHI抜きの普通の編成のほうが、音楽的にはやりやすいのかもしれないけど（笑）。だけど、七〇年代にTOSHIが抜けていた時期にはライブはやらなかったし、PANTAには、TOSHIがいないと絶対に頭脳警察じゃないみたいな、こだわりがあるんでしょうね。

頭脳警察に音楽的オリジナリティーがあるなら、オリジナリティーを求められるイギリスやアメリカで、頭脳警察は通用するだろうか。海外のシーンを実際に見続けている鳥井氏はどう考えるか。

僕は通用すると思いますね。音も通用すると思うけど、ステージで言葉が同時通訳できたら、通用する可能性はもっと確実になると思う。あるいはPANTAが英語が堪能で、頭脳警察の詞を全部英語バージョンにして歌えればね。英語で歌ったものを向こうで出せば、かなり反響があると思います。歌詞の思想性においても、メロディーもコピーじゃないから、イギー・ポップとかMC5を聴いていた人には、これが日本のパンクだということで、ウケるだろうね。日本の曲を向こうの人に聴かせると「ああ、これはナニナニのコピーだ」と言われて、たいてい終わっちゃうんです。だけど頭脳警察は向こうの人に聴かせても、たぶん独自のものだと感じると思うね。

ところで、音楽誌を取り巻く環境はどのようなものなのだろうか。

自分の知っている範囲の雑誌状況を顧みると、八〇年代に入って徐々にそのシステムがみられるようになって、八〇年代中期にそのシステムが構築されて、九〇年代に入って完成したという感じですね。「初めにお金有りき」のシステムね。

八〇年代に入ってROCKを取り巻く状況に、マネージメントが介在し始めたんだよね。それまでは自由に取材して書けたものが、八〇年代の中期ぐらいから事務所の力が、ものすごく大きくなってきた。たとえば、売れているAというアーティストに取材したいとします。そうすると事務所は、「Aを取材したいなら表紙にしろ」とか。「Aを取材させてやるけど、B、Cという新人も取材して載せろ」というバーターみたいな条件を提示してくるわけです。

あとは原稿チェックが厳しくなって、ライターが書いたものに対して、都合の悪い部分を事務所やレコード会社が全部ハネちゃう。もしくは、お抱えライターにしか書かせない。だから、本当のジャーナリズムじゃないんだよ。そんなことならマネージャーとかレコード会社のプロモーション担当が、美辞麗句で書けばそれでいいじゃないですか？　面白くもなんともないです。こういう状況が八〇年代初頭から始まっていますね。

当時『Music Steady』という雑誌があって、そこの方針は、レコード評をそのアーティストのことを嫌いなライターにわざと書かせていたんです。だからPANTAなんかが好きな僕のところには、Aが回ってくる。僕は自分が思ったまま「とっちゃんボーヤかシティボーイのできそこないかは知らないけど」なんて書いちゃうでしょ（笑）。そうしたらレコード会社からクレームが入るわけよ。「なんで鳥井なんかに書かせるんだ」と。「もうお宅の広告は来月号からストップ。サンプル盤も送らない」と。結果として雑誌は潰れる。だからヨイショ記事を書いて、広告費をもらったほうがいいとなるわけ。

こんな例もあります。あるアーティストのある曲の歌詞が過激で、レコードはピー音処理がされたんです。でも、ライブでは本来の歌詞のまま歌っていたんですね。すると右翼の抗議があって、そのレコードはすごく売れていたにもかかわらず、社長命令で途端に廃盤になってしまった。その後、僕がそのアーティストに、ある雑誌でインタビューしたら、そのことを延々と話すわけ。僕はジャーナリストだから、真実を報道するためにそのことを書くじゃない？　でもレコード会社から、そのことを書くと広告を掲載しないという圧力があって、その事件の部分の四十行すべてカットされてしまった。「このインタビューはインタビューアー鳥井賀句の不本意な形で掲載させて頂きました」と書いてあったけど、読者にはなんのことだかわからないじゃないですか？　こういう状況だと、こちらはなんのためにライターとして取材しているのかわからないじゃない？　そういう状況が八〇年代中期から増え始めた。

今、音楽雑誌社に「このアーティスト、無名だけど良いので取り上げてください」と行くでしょ、そうすると「いいですよ。一ページの四分の一はいくらで」とかね。つまり、金を出さないと載らないんです。昔は編集者やライターがプッシュしたら、無名なヤツでも載せてくれたんです。現在は基本的に金なんです。このような状況でまともな批評を書くのは難しい。今でも「自由に書いても良い」というアーティストはいるけど、「自由に書いても良い」という事務所やレコード会社はないね。

雑誌の側も内容の善し悪しじゃなくて、販売部数で事務所やレコード会社から選別されてしまう状況もあるし。だからライターや編集者のなかには、頭脳警察を取材したいと思っている人がいるかもしれないけど、そういう人の純粋な気持ちが反映されるような世界じゃないよね。

だけど、どの雑誌も同じことをしていたら、それはそれで雑誌という媒体自体が地盤沈下してしまうじゃない？　今は売れるアーティストしか扱わないからこそ、頭脳警察のようにメッセージ性をもったアーティストを扱えば、逆にインパクトはあると思うんですけどね。そのインパクトが販売部数に跳ね返るはずだね、絶対。

音楽を取り巻く環境は厳しいようだが、今後の頭脳警察に期待することはなにか。

まず素晴らしいのは、PANTAもTOSHIも現役で二十一世紀に突入したことだと思います。引退してプロデューサーやソングライター、全然違う職業になっていてもおかしくないじゃないですか？　PANTAは車関係の仕事とか。でも、いまだに現役でやり続けているのはすごいと思いますね。僕の目の黒いうちは現役でいて欲しい。

僕がイメージするリアルロックという音楽があるとしたら、そのリアルロックをなんの装飾もないまっすぐな形で表現しているバンドが、僕にとっての頭脳警察なんですね。つまりリアリティーをもったバンド。僕は頭脳警察に「リアリティーをもったバンド」であり続けることを期待します。

頭脳警察というか、PANTAとTOSHIの三十年間の活動のなかで、リアルロック――すなわちROCKの在るべき姿、本物のROCK、真実の歌――の部分が弱まった時期があったかもしれない。それは彼ら自身が弱まったのか、時代の平和ボケみたいなもので目立たなくなってしまったのか、さまざまな状況があったと思う。でも、PANTAとTOSHIがもっている資質とか精神性みたいなものは、年齢を重ねたり、時代背景の変化があったり、音楽状況が変わったり、そういうなかで紆余曲折はあっても、三十何年間絶対に変わっていないと思うんです。

若い人は若い人なりに、頭脳警察からリアルロックのもっている真実に気づいて欲しいね。年齢を経た人も頭脳警察から、自分のなかでできることを考えて、若いときの気持ちを忘れないでなにかの形で力を出して欲しい。

世界は決して、今いい状況にあるとは言えないけれど、目をそらさずにいましょう、と。僕たちの目と耳をふさいでいるものがあるとしたら、頭脳警察は、それを外してくれる音楽だと思う。それが僕にとっての頭脳警察であり、頭脳警察の今後に望むことです。

日本のＲＯＣＫの歴史のなかに残るべき頭脳警察。リアルロックの最初の体現者である頭脳警察……

こうなればもう死ぬまでやってもらいたいですね。見せつけて欲しい気分だよね。

ＲＯＣＫがこの世界からなくなっても、頭脳警察の残した曲があるかぎり、ＲＯＣＫは生き続けるのだから。

6 ライブハウス経営者の証言　平野 悠

頭脳警察とは「今月売上げが悪いから、ちょっとやってよ」
という関係でしかなかった。
だから思い入れはないよね。

簡単な話、学生時代に政治活動をかじっていたら赤軍まで行っちゃって、危なくてしょうがないから、そこから逃げ出して、出版社に入社した。そこでまた、新左翼系の組合なんかをつくったりして、バリケードストライキをやって指名解雇。で、なんとか広告代理店に勤めて、二年ぐらい頑張って小金を貯めてね。サラリーマンをしていると、仕事が終わって落ち着いて飲める店が欲しくなるじゃない？　仕事が終わって自分の店で飲むのっていいなって、そんな単純な理由で店をつくった。「ジャズが好きでジャズのレコードを（少しだけど）持っているから、ジャズ喫茶をやろう」と、七坪のジャズ喫茶を開いたんです。七一年に京王線の千歳烏山に「烏山ロフト」を出したわけ（七五年まで営業）。

だけどスナック経営なんて、そんなに簡単にうまくいくもんじゃないよね。しょうがないから、自ら会社を辞めて、自分が店に入るようになったんだよ。本物のジャズファンは何千枚もレコードを持っているのに、ジャズ喫茶とかいっても、僕はたかだか四百枚ぐらいしか持っていなかったんだよね。しかもそのうちの四十数枚が、ジョン・コルトレーン（sax：二六年－六七年）だった。

その頃のジャズ喫茶は、お客より店のほうが威張っていて、良いスピーカーを置いて大音量でジャズを流しておけば偉いと思っているようなところがあったんです。お客はそういうなかで黙って聴くしかなかった。だけどウチの店はお客が少ないから、一人ひとりに話しかけたり、落書きノートという情報交換の場をつくったり、いろいろなことをしてお客と店が馴染むように努力したんです。そうすると、お客が「この店はかわいそうだ」と自分でレコードを持って来てかけるようになるわけ。

このようにして生まれたお客とのコミュニケーションのなかで、僕は頭脳警察も教えてもらったし、たとえば浅川マキだとか友部正人、高田渡（vo＆g：四九年－〇五年）、はっぴいえんどなども初めて知ったんです。ピンクフロイドのアルバム『原子心母』（七〇年十月発表）を聴かせてもらって「すごいな。ROCKってこういうものなんだ」というような感じだった。THE APRYL FOOL（主に六九年に活動）のアルバム『エイプリル・フール』（六九年九月発表）とか、はっぴいえんどの『風街ろまん』（七一年十一月発表）なんかも印象に残っているレコードですね。お客のなかには、坂本龍一や生江有二（ジャーナリスト：四七年生まれ）、二木啓孝（元日刊ゲンダイニュース編集部長：四九年生まれ）なんかもいたな。

だから僕は、お客に教えてもらって「ROCKもフォークも結構面白いじゃん」と思った。でも、当時の音楽状況（ROCK）は、せっかくはっぴいえんどを知ったのに、生で聴くことができない。その頃の東京には、ROCKやフォークのライブハウスがまったくなくてね。ジャズは「PIT INN」（六五年から営業）とか大御所がたくさんあったけど、渋谷や吉祥寺にあったROCKやフォークのライブハウスは潰れてしまっていたり。それなら自分でライブハウスをつくって、聴くしかないと。それでつくったのが「西荻窪ロフト」。広さは烏山ロフトの倍で十五坪（笑）。オープンは七三年六月だね（八〇年まで営業）。

オープニング・セレモニーには頭脳警察も出ているはずだよ。

ライブのスケジュールは、まだ週三～四日しか組めなかった。まだまだ圧倒的にバンドの数が少なかった。ライブのある日は、ライブが始まるまではロック喫茶をやって、夕刻五時頃からリハーサルをやって七時頃から、ライブをやって、ライブが終わってからは、また朝までロック居酒屋をやるわけです。三毛作だね。ライブのない日は、通常のロック喫茶と居酒屋営業。場所が狭く、防音設備もないから、出演者はフォーク系が中心だった。

ライブハウス「新宿ロフト」（七六年十月から営業）創始者の平野悠氏の言葉は続く。

生まれも育ちも東京の世田谷、四四年生まれです。僕はリズム＆ブルースからジャズに入った人だから、ビートルズを知らない世代なんですよ。ビートルズで世間がギャーギャー騒いでいるときには、僕はもう全共闘運動をやりながら、ジャズを聴いていたから「お前らとは違う」というエリート意識があった（笑）。あの頃はジャズを聴いていることがカッコ良かった。プレスリーも興味なかったし、ポール・アンカ（vo：四一年生まれ）も興味がなかったし、ビートルズも興味がなかった。その頃はコルトレーンに凝り固まっていましたからね。「コルトレーンを聴いていればすべてＯＫだ」という意識がずっとあった時代ですね。コルトレーンで僕にとっての音楽は終わったという意識があります。

僕は全共闘運動からブント（共産主義者同盟）に入って、そのブントから赤軍派が生まれてくるわけです。赤軍は本当にヤバくて、だんだん爆弾闘争になっていくわけだよね。それで「僕は爆弾を持つ勇気はな

70年代、ライブ前の控え室（上：PANTA 下：TOSHI）

いよ」とトンズラしたわけ。赤軍派議長の塩見孝也（四一年－一七年）は顔ぐらいは知っていた。アイツには地位があって偉かったけど、僕は単なる党員だったから、当時は面識はなかった。

七一年の日本幻野祭は観ているんだけど、残念なことに頭脳警察のステージは観ていないんだよな。ＰＡＮＴＡは自分でも「ノンポリだった」と言っているけど、そういう状況にシンパシーをもっていたという感じなんだよね。だけどＰＡＮＴＡの功績は、政治的な部分とＲＯＣＫを初めてシンクロさせたことだろうね。それまで日本のＲＯＣＫは、そういうことに関わらないというところがあった。政治集会や三里塚で歌って歓声を浴びたのは、ＰＡＮＴＡとＴＯＳＨＩの本質がそうさせた部分があると思うし、日本のＲＯＣＫ史にとってすごい功績だと思うよ。

関西でプロテストソングというか関西フォークが生まれて、一方では、山下洋輔さん（pf：四二年生まれ）とかそういう人たちがフリースタイルのジャズをやりながら、反権力のスタンスで三里塚とか水俣と連帯し始めるんですね。ＲＯＣＫでは頭脳警察だろうね。日本語で歌うか英語で歌うかとか、コピーするのがやっとの時代に、政治的な部分とＲＯＣＫをシンクロさせた頭脳警察は、画期的なことをやったと思うね。だけどそれを評価できる土壌が日本にはないんだよ、昔も今も。

まあ、店のほうはその後、荻窪（七四年十一月）、下北沢（七五年十二月）、新宿（七六年十月）と増やしていくわけ。「荻窪ロフト」は、はっぴいえんどというかティン・パン・アレー（主に七三年から七七年に活動）系がよくライブをやっていた。だからロフトというとパンク・ニューウェイブ時代の話がよく出て、たしかにそれは事実なんだけど、自分のなかではティン・パン・アレー系と一緒にやった思い出のほうが強いんです。ティン・パン・アレー系が再評価されて、最近ティン・パン・アレー系を知った人には、ロフトとティン・パン・アレー系ってピンとこないかもしれないけど。

「ライブハウス」という言葉が定着するのは、七〇年代中期であり、それ以前は「ライブスポット」と呼ばれていた。東京で早くからオープンしたライブハウスは、渋谷の「ジァン・ジァン」（六九年から〇〇年まで営業）、同じく渋谷の「BYG」（七一年から営業〔六九年の記述もある〕）である。BYGとはっぴいえんどの事務所「風都市」は仲が良かったらしく、はっぴいえんどとその周辺のミュージシャンが主に活動の場にしていたようである。また、吉祥寺の「OZ」（七二年から七三年まで営業）には頭脳警察も出演したが、残念なことに一年二ヵ月の歴史だった。東京以外では、福岡の「照和」（七〇年から七八年まで営業、九一年に再開）や京都の「拾得」（七三年から営業）などが歴史を刻んでいる。

頭脳警察とPANTAでは、店として損をしたことは一度もないね。一応お客はいつも入っていた。それで結構お客も飲んでくれるから、PANTAでは（結構売上も上がって）儲かったという思い出しかない。だけど、そういうミュージシャンって、僕は逆にあまり興味ないんですよ。これから伸びていきそうだとか、こんなにお客の入らないミュージシャンをどうしようかとか、そういうアーティストに対しては、いろいろ思い入れがあるんだけど。

頭脳警察とその後のPANTAは、ようするに「売上げが悪いから今月ちょっとやってよ」みたいな関係でしかなかったな。「俺のところでレコードを出してあげよう」とか「俺たちがマネージメントしてなんとかしてあげよう」とか、そういうことはまったくない。初めから成立しちゃっているバンドだったからね。

同じようなアーティストでは細野晴臣さんがいるね。彼はたしかにミュージシャンとしてすごいと思うし、話をしていても気持ちがいい。でも、細野さんに思い入れをもったことはないね。それより「どうやって客を入れよう」と徹夜で話した桑名正博さん（vo&g：五三年－一二年）とか山下達郎さんのほうが思い入れがありますね。山下達郎さんもシュガー・ベイブ（主に七三年から七六年に活動）でほとんど客が入らなかった時代を経て、試行錯誤しながら実力が認められて成功していった。そういう過程を同時体験したミュージシャンに、僕は思い入れがあるんだよね。

だから、ＰＡＮＴＡやＴＯＳＨＩと初めて会ったときのことも憶えていない。まあ、ライブハウスの親父としては当然かもしれないな。それより、ＰＡＮＴＡのスタッフと出会ったときのことは憶えているよ。彼がまだ大学生で学園祭の実行委員とかしていて、シュガー・ベイブとか呼んで、僕が企画で絡んでいてさ。そこからの付き合いだから。それでＰＡＮＴＡ&ＨＡＬが結成して、「新宿ロフト」もオープンしてようやく軌道に乗り出して、月に一回、ＰＡＮＴＡ&ＨＡＬに入ってもらったんだ。その「月に一回やろう」という話は、ＰＡＮＴＡのスタッフと新宿の道ばたで、ばったり久しぶりに会って、立ち話で決まったんだよ。彼も大学を卒業して、勤めていた音楽事務所を辞めて、独立してＰＡＮＴＡ&ＨＡＬを始めたところで、ちょうどタイミングが良かったんだよ。まあ、ＰＡＮＴＡ&ＨＡＬが後々アルバム『マラッカ』とか創るけど、その力にどれだけなれたかはわからないけどさ、ちょっとは協力できたかなと思うと、そういうことは憶えているんだよな。

それで、僕は八二年に旅に出ちゃうわけ。ロフトは人に任せて、十年間、世界中を八十四ヵ国をブラブラするわけだけど、その間、ＰＡＮＴＡは渋谷の「ＬＩＶＥ－ＩＮＮ」（八二年から八八年まで営業）や新宿の「日清パワーステーション」（八八年から九八年まで営業）などに移って、ロフトではほとんどやらなくなっちゃうんだよ。そうすると普通だったら、付き合いも自然となくなってしまうんだけど、そうではないわけ。この前もＰＡＮＴＡとアメリカの開戦直前のイラクに一緒に行ったし（〇三年二月十五日〜二十二日。現地時間）、なんだかんだとＰＡＮＴＡとは付き合いがあるんだよな、付かず離れずって感じで。そのへんが不思議というか、ＰＡＮＴＡの人柄なんだろうな。

ＰＡＮＴＡのアルバムで好きなのは『マラッカ』ぐらいですね。逆にいうと『マラッカ』しか聴かない。『マラッカ』の良さは、やっぱりあのダイナミズム。サウンドのダイナミズムと奥の深さというのかな。もちろん彼の歌の質もいいんだけれど、あの深さ。彼がお袋を思い浮かべながら「マラッカ」というタイトル曲を創ったというダイナミズムがすごくあるよね。いまだに俺は好きだよ。

ＲＯＣＫをビジネスと割り切っている部分があるのだろうか。ジャズのライブハウスをやろうとは思わなかったのだろうか。

ＲＯＣＫに関してはビジネスと割り切っているという見方もあるけど。ジャズはね、ライブハウス「ＰＩＴ ＩＮＮ」という金字塔があって、ＰＩＴ ＩＮＮには勝るはずないしね。

それでも西荻、荻窪のロフトは週に一回はジャズのライブをやっていたんですよ。だから荻窪の看板には、ロックとフォークより、ジャズのほうが大きく書かれていたんです。山下洋輔さん、本田竹曠さん（pf：四五年生まれ）、ジョージ大塚さん（ds：三七年－二〇年）、安田南さん（vo：四三年－一八年［没年は諸説あり］）なんか、自分の好きなアーティストはみんな出演してもらったんですね。

山下さんは動員力があったけど、ジャズ全般に動員力の限界があった。ＰＩＴ ＩＮＮなんかでやれば別なんだろうけど。ＲＯＣＫやフォークで客が入らなければ「あいつら、やっぱりダメだな」と思えるけど、自分が好きなジャズだと思えない（笑）。で、お客が五人なのに、ギャラを一万円渡しちゃったり。当然、赤字（笑）。そういうことも含めてジャズはだんだんやめてしまうんだよね。ようするに、好きなジャズは自分でお金を出して、ほかの店で聴いたほうが楽だと。荻窪ロフトの初期ぐらいにジャズをやめちゃうんですよ。

日本のライブハウスで初めてチャージ制を導入したのは、西荻窪のロフトだと思うよ。それまでライブハウスは、固定ギャラだったわけ。固定ギャラだと、お客が入らなくても一定のギャラをバンドに払わなくてはならない。それだと赤字が出やすいんだよ。チャージ制だとお客の人数でギャラが決まるから、リスクが少ない。チャージ制をロフトが導入したことで、日本のライブハウスの可能性が広がったと思う。

それで新宿ロフトをつくる。初めのうちは中山ラビ（vo&g：四八年－二一年）とか吉田美奈子、大貫妙子（vo&pf：五三年生まれ）とか、シティポップを歌うこぎれいな音楽が中心だったんだよ。それとティン・パン・アレー系だった。関西フォークも出演してもらったけど、主流はシティポップ。だけど時代はロック御三家とかいって、ようするに阿久悠さん（三七年－〇七年）から詞をもらったりしている歌謡曲。そういう傾向がいやになって、僕はパンクを始めたんだよ。非常階段（七九年から活動）からスターリンから、ものすごいバンドが出演し始めた。パンクを二年ぐらいやったかな。

パンクは面白かった。で、パンクはライブハウスの経営に適しているんだよな、売れても中途半端だから（笑）。ロフトはパンクに対して良心的だったよ。自由にやらせたしね。だって、ダイブを最後までやらせたのはロフトだけだもん。一億円の保険をかけたんです。そりゃそうですよ。あれ、危ないんだから。

パンク・ニューウェイヴの時代と『マラッカ』はぶつかっているが。

ＰＡＮＴＡはそういう観点で時代を見ていないでしょ？　もっと独自の視点というか、大きな視点というか。だからパンク・ニューウェイヴがどうしたとか、関係ないんじゃない？　それとＰＡＮＴＡって頭脳警察のときから、大きくブレイクするわけじゃないけど、まったく売れないわけでもない。メジャーなレコード会社でずっとやっていられる。そういうＰＡＮＴＡの環境が、ハングリーさを生まないというか「時代に乗ってちょっと自分も」なんて計算してやる必要がないから。ＰＡＮＴＡの性格もあると思うし、時代に左右されないような環境をつくる努力をしているのかもしれないし。だからＰＡＮＴＡにはライブハウスがすごく似合うようなイメージがあるけど、実はそうでもなかったりするんだよ。

ＡＲＢ（主に七七年から九〇年に活動）、ルースターズ（主に七九年から八八年に活動）、アナーキー、スターリンなどがロフトをホームグラウンドにしていると、アマチュアバンドがロフトに憧れて全国から集まってくるわけ。やらせてくれというバンドが、もう目をつぶっていても群がって来る。いわゆるブッキングが楽になってくる。

こういう状態になったところで「パフォーマンスの手を抜いて客が少なかったら、ロフトには二度と出られない」という、バンド側に対してひとつのプレッシャー的な雰囲気をつくっちゃう。そうするとあとは放っておいても、バンドが頑張って客を集めてくれる。こういう理想的な状況が当時は確立できたから、楽勝だったね。ライブハウスというのは、ひとつのイメージができると、あとは勝手に回転していくから、ある意味では楽なんだけど。

そこまでは良かったんだよね。だけど、あるバンド——名前は言えないけど——をゼロから育てて、やっとウチで二日間のライブができるぐらいになったときに、ボーカルとギターのヤツが、女の取り合いで解散するとか言いやがって。バンドに解散はつきものだけど、女の取り合いで、解散だぜ。「お前らを大きくするために、どれだけみんなが努力したかわかっているのか！　このバカ野郎！」と。それで僕はＲＯＣＫがいやになって、旅に出ちゃうんだよね。だからパンク・ニューウェイヴは、僕が扱った最後のシーンになるんです。

中途半端がいちばんいい。僕たちは売るために一緒に頑張るけど、売れちゃうとホールや武道館に活動の場が移行するから困る（笑）。だからライブハウスは、今はいろいろな権利を持つ方向に行ってるよね。自分のところで育てて、権利を持って、スーパースターにするというビジネススタイルです。だけど、そうそううまくいくはずがない。ウチも金をかけて育てたりしているけど成功しないもの。ライブハウスのノウハウで過酷なメジャー合戦を勝ち抜いていくのは、無理じゃないかという気がしますけどね。

ライブハウスなんて、つまらない商売ですよ。ミュージシャン側はメジャーになりたがってしょうが

90年代頭脳警察のPANTAとTOSHI

ないわけでしょ？　売れないときにはライブハウスに出演するけど、本心では、目標は武道館を平気でできるようなポジションだから。売れたらキャパ二百～三百人のライブハウスなんか相手にしないわけじゃないですか？　そこらへんがバカバカしくて、旅に出たということもありますね。

シーンという話が出たが、頭脳警察やPANTAはシーンの中心にいたことがないが。

ＰＡＮＴＡは、本来ならばロックシーンのまとめ役になるべき人間なわけ。だけどアイツはそういうポジションを取らないね。ひとつには、酒が飲めないということが大きいと思う。たとえばロフトでは、ライブが終わるとそのまま打ち上げになだれ込むわけじゃない？　毎日どこかしらのバンドが数組、朝まで打ち上げをやっているんだよね。そこにひょっこり顔を出すミュージシャンは多いわけ。そういうところから人間関係が生まれたりもするんだけど、そういう場にＰＡＮＴＡはめったに顔を出さない。そういう場が好きじゃないのかもしれないけど、酒が飲めないから来ないということもあると思うよ。まとめ役になる人間は、そういう場に必ずいるということが必要だけど、アイツはそういう場にいないね。

もうひとつは、頭脳警察は暴力的なイメージがあるけど、PANTA自身は決して暴力的な人間ではないよね。頭脳警察の暴力的なイメージをうまくビジネスにしていけば、違った展開もあったんだろうけど、本人はそんなこと、これっぽっちも考えるタイプじゃないしね。アイツがモヒカンにするとか考えられないじゃない（笑）。PANTAには不良の匂いがしないし、矢沢永吉（vo＆g：四九年生まれ）のようなハングリー精神みたいなものもない。成り上がりという感じもないんだよな。

村八分にしても、鮎川誠さん（g＆vo：四八年−二三年）にしても、不良の匂いがするんだよ。山口冨士夫なんてホント恐くて、昔も今もステージが組めない（笑）。だから不良の匂いやハングリーさがないということと、あまりほかのバンドとツルまないということを含めて、ロックミュージシャンとしてはPANTAは特異な存在で、中心じゃないんだよ。

シーンということでいえば、PANTAは威張ってそこに居座らないじゃない？　ロフトに居座るでもない、頭脳警察のイメージでパンクに大御所として居座るでもない。だからいつの時代でもシーンにはいない。それはPANTAが意図してやっていることなのか、偶然なのかはわからないけど、アイツの意識のなかにシーンなんてものはないんじゃない？　PANTAには孤立無援のイメージがあって、だから空気みたいなもんだね。ロック界にいなくてはならない存在だけど、じゃ「新しいシーンが盛り上がってる！」と言ったときにPANTAが出てくるわけではないという。たしかに日本のロック史に名前は残すんだろうけど、いつも主流にいないんだよな。

「元祖パンク」「過激なバンド」などの謳い文句で扱われていた頭脳警察やPANTAであるが、現場を長く見ている人間に訊いてみると、実はそうでもないようだ。ところでPANTAが三十年以上も歌い続けられた理由は、どのへんにあるのだろうか。

なんだろうね。まず熱狂的なファンがいたということだろうね。『マラッカ』の頃かな、あの頃はPANTAのファンというと、きれいな女性が多かった。俺もPANTAのファンクラブのスタッフに恋をしたこともあったたな（笑）。

ファンの雰囲気もほかのバンドとちょっと違っていたんです。ミーハーというか一過性のファンとは、やっぱり一線を画していた。だからファンと話をしても、魅力的な人間が多かったよね。そういう人間を魅了するなにかがPANTAにもあるんだろうし、そういう人間がPANTAを支えている部分があることも確か。それと音楽や雑誌の業界の年配の人たちにファンが多いんだよね。雑誌の『BURST』の編集長のピスケンだって、PANTAファンだったじゃない？　そういうファンが多いよね。

さらにいえば、PANTAの悪い噂も聞かないんだよ。僕は商売柄、ミュージシャンの裏の話を聞くことも多いけど、PANTAの悪い噂なんか聞いたことないよ。誰かの女を取ったとか、金でもめたり、ケンカしたなんて話もないし。そういう部分も歌い続けられた理由なんだろうな。

今のロックシーンを平野氏は、どのように見ているのだろうか。

知らないよ。興味ないね。ときおりTSUTAYAの試聴盤を聴く程度。ほかのライブハウスに行って、新しいバンドを探す気力なんてのもないしね。それならジャズの古いレコードを聴いていたほうがいいもの。もうROCKのトップシーンを語るには、年を取りすぎたよな。そういうことができたのは、パンク・ニューウェイヴの頃までだね。

あの頃はライブハウスでは、ロフトがトップだという意識で常に生活していた。ライブハウスのトップに立って、これからのシーンを常に考えていた。誰にも負けない。常に新しいものを創っていく自負があった。どこにでも出かけて行って、あらゆる音楽を聴いていたよね。音楽に精通したブレーンを抱えて、そいつらからいち早く情報をもらって、どこのライブハウスにだって出向いて行った。

なにが面白くてそんなことをやっていたかというと、バンドが育っていく姿を直に見ることができるわけです。最初はお客が五人しかいなくても、だんだん増えてくる。それをどこまで辛抱強く見ていられるかなんだよ。途中で見切りをつけて、ヨソで売れたらどうする？　育てても結局花が開かなかったらどうする？　そう思いながら辛抱強く面倒をみてやると、ミュージシャンも恩を感じて、ロフトは自分たちのバンドの拠点だという意識をもってくれる。それを積み重ねていく。

ミスチル（Mr.Children 八九年から活動）なんか「ロフトから出た」と言ったって、実際は二回ぐらいしかやっていない（笑）。結構そういうバンドって多いんだよね。おかげさまで「ロフトはROCKの登竜門」みたいな幻想ができあがったけど。

そういうなかで、僕が胸を張って「ロフトが育てましたよ」と言えるのが、サザンオールスターズ（主に七七年から活動）だね。逆に僕の誤算は、サザンが売れるということを見抜けなかったこと（笑）。サザンのメンバーはみんな大学生の頃、ロフトでバイトをしていたんだよ。それで月に一回とかライブをしていたんだよ、店員バンド。店員バンドなんて客は入らないけど、勤労意欲を向上させるためにライブをやらせていたようなものだよね。だけど桑田佳祐（vo＆g：五六年生まれ）があんなに芸達者とは思わなかった。「勝手にシンドバッド」って店員バンドの時代にあったのかな？

あらためて訊いてみた。平野氏にとってROCKとはなんだろうか。

難しいね。僕にとってのROCKは「飯を食わせてもらった」ということですね。気持ちの部分でたしかにハマったときもあったけど、今はシラけているね。たしかにROCKが面白かった時代もあったし、心を打たれたこともあった。ただ、そういう部分だけで生きていけるかというと、生きられない。ビジネスとして割り切らないと、やってこられなかった。

僕にとって音楽の中心は、あくまでもジャズ。だからROCKはすべての音楽の中のいちジャンルにしか過ぎない。それがたまたま自分の飯の種になったということです。僕が「ROCKって面白いな」と思った時代には、ロック業界にすき間があって、そのすき間で商売ができたということだよね。ジャズは好きだったけど、すき間がなかった。「僕はROCKが好きだよ。ハマったよ」と言うのは簡単だけど、そんな単純な話じゃないね、僕とROCKの関係は。

僕が音楽でなんとか成り立つことができたのは、たぶんジャズのライブハウスに手を出さなかったことと、ROCKに対してどこかで冷ややかだったことが、大きいと思います。どこまでもマイナーなジャズは「フォービートでいい」と、永遠に言ってればいいところがあるけど、メジャーになりつつあったROCKはそうはいかない。「次のシーンはなにか」といつも頭をひねるわけですよ。客の反応とかすべてを見て、「次のシーンはこれだ」と手を打っていくわけ。ライブハウスが次のシーンを読めなかったら負け。ライブハウスが次のシーンを読んで、ライブハウスがそのシーンをつくって、そのできあがったものをレコード会社とか大手プロダクションが追っかけて来るわけで。

ウケているバンドを見て「なんでこんなに客が騒いでいるんだ?」と分析して、次のシーンを決めるわけ。このバンドはまだ客が入らないけど、伸びそうだからとりあえず押さえておこうと、やるわけじゃないですか? 好きだったらできないですよ。たいしてROCKが好きでもないから、ビジネスとしてバンドを見ることができるわけで。そして、とにかくロフトが輩出したスターを創ることなんです。スターを創れば、あそこで育ったとかいうことで、みんながロフト出演を目指す。そうすると、ノルマなんかつくらなくても、黙っていてもバンドが必死でお客を集めてくる。

実は今僕は、ノルマ制のライブハウスをやりたいんですよ。ノルマのライブハウスはおいしいですよ。バンドにチケットを二十枚買わせる。それで一日に五バンド出れば、なにもしなくても百枚のチケットが売れちゃうんだから。バンドを食い物にするシステムです。お金を払っても演奏したいという、まあ、カラオケの延長だよな。

だけど「それでもいい」と言うミュージシャン予備軍がいっぱいいるから「ノルマをかけるライブハウスをつくろう」と、ロフトの会議で言っているんだけど、僕以外全員反対(笑)。社員に「ロフトの名前は使わせない」とか言われた（笑）。

僕は本当は、ペンションのオヤジになりたいんだよ。沖縄に土地の目ぼしは、もうつけているんだけどね。ひとつの村……村までいかなくても、いろいろな人が集まれるような場所をつくりたいんだよ。ライブスペースを造ってもいいよね。それで、世界中を放浪しているような外国人が立ち寄れるようなペンションをやりたい。

僕にとってROCKって、お祭りのひとつなの。かつてはデモとか政治活動が、僕にとってのお祭りだった。それが終わってライブハウスが、次のお祭りの場になった。で、人生の最後は小さな村みたいなスペースをつくって、そこでお祭りみたいな生活を送りたい。そういうことなんだよ、僕にとってROCKとは。

では、平野氏にとって頭脳警察やPANTAとは？

PANTAをスケジュールに入れておけば安全だなと。毎年年末に、PANTAのスケジュールを数日入れて、赤字の穴を埋めてもらう。PANTAにハズレはない。そういうのが俺のPANTA観。頭脳警察も同じだった。冷たく聞こえるかもしれないけど、それは「どうするよ？　この客の人数で」とか苦楽をともにしたことがない、集客力のあるミュージシャンだから言えることだよね。

それでやっぱり、PANTAにはアルバム『マラッカ』があればいい。ムーンライダーズ（主に七五年から活動）は『火の玉ボーイ』（七六年一月発表）でいいよとか、はっぴいえんどなら『風街ろまん』でいいよとか、あるじゃないですか？　そういうアルバムをミュージシャン人生のなかで一枚残せただけで、素晴らしいと思うよ。それがＰＡＮＴＡなら『マラッカ』。ＰＡＮＴＡの新しい音楽を聴いてみたいかと訊かれれば「そういう気持ちはあまりない」と答えるね。

九〇年の復活頭脳警察も観ていないしね。たぶんそのときは、日本にいなかったんじゃないかな。でも日本にいたとしても観たかどうかはわからない。だって九〇年頃の僕は、すでに音楽に興味がなくなっていたから。

でも二〇〇一年に復活した頭脳警察は観ているよ。「NO WAR WORLD PEACE NOW CONCERT～イラクの子供たちに医療援助を～」（〇三年四月二十日　日比谷野外音楽堂）なんかで制服向上委員会とやっているやつを。制服向上委員会と一緒にやって、久しぶりに新しい境地を開き始めているなという気はしたけど（笑）。「ああいいじゃない。やっと頭脳警察もそういう境地に入ったのかな」と。

頭脳警察と制服向上委員会、最高じゃない？　ＰＡＮＴＡとＴＯＳＨＩのそういう変にこだわらないところが好きだね。だって、頭脳警察が制服向上委員会と一緒にやるなんて誰が想像できた？　それだけ画期的なことなんだよ、アイツらのやっていることは。来世紀にならなきゃ、正当に評価されないいんじゃない？　普通の感覚の人間には理解できないいんだよ、頭脳警察は（笑）。

7 イベンターの証言　高沢正樹

とにかく頭脳警察には、シャウトするに値する歌詞と
それをシャウトできるボーカリストがいたということです。

そのイベントに出演したバンドは、すべてロックバンドなわけです。でも頭脳警察だけが、ふたり編成でアコースティック・セットだったんです。

「そのイベント」とは、七一年八月二十八日・埼玉県の浦和市駒場サッカー場で行われた「ウラワ・フェニックス4th URC破産コンサート」のことである。主催はアマチュアのイベンター「ウラワ・ロックンロール・センター」（URC）。昼の十二時から夜の七時ほどまで行われたという入場無料のイベントで、頭脳警察をはじめ、ニュー・ダイナマイツ、安全バンド、スーパー・ショック・コレクション、四人囃子、花電車などが出演した。七百名ほどの観客が集まったという。特筆すべきは、日本でもっとも早い時期に行われたアマチュア主催の野外フリー・コンサートであることだ。おそらく、ロックバンドだけで七百名もの集客を実現した「日本初」のアマチュア主催の野外フリー・コンサートと言っても間違いないだろう。

一九五三年生まれ、当時高校生だった高沢正樹氏は、この歴史的ロック・イベントの目撃者である。

「ウラワ・フェニックス4th URC破産コンサート」を観客の立場で体験した高沢氏は、のちにURCの中心的スタッフとして、数々の貴重なロックコンサートを企画・主催していく。URCは、七〇年から八六年まで走り続けた、日本のROCK史を語るうえで重要なアマチュアのイベンターである。

URCの代表的なイベントとしては「田島ヶ原野外フリーコンサート」があり、七三年から八六年まで埼玉県の浦和市（当時）で、ほぼ毎年夏に行われていた。「田島ヶ原野外フリーコンサート」を含めて、URCのイベントに出演した主なバンドを列記してみよう。URCのイベントが、いかに時代を反映したものであったか理解できると思う。

前述の「URC破産コンサート」に出演したバンドのほかに、タージ・マハル旅行団、ウエスト・ロード・ブルース・バンド、ハルヲフォン、メリケンブーツ、だててんりゅう、イエロー、エディ藩とオリエント・エクスプレス、ヒーロー、内田裕也&1815スーパーR&RバンドwithスマイラーI、キングコングパラダイス、マンドレイク、ペグモ、マゼンダ、中川五郎&XOXO、P-モデル、水玉消防団、レディ・キラー、リアル、朴保&切狂言、白竜、町田町蔵、レピッシュ、グレイトリッチーズ、メトロファルス、パパイヤ・パラノイア、ロンドンタイムス、コンセントピックス、痛郎、きどりっこ、ルーズ、山口冨士夫、羊、ソドム、D-DAY、フールズ、無限水路、ハネムーンズ、山猫、鉄城門、リザード……などである。

筆者としては、レディ・キラー、キングコングパラダイス、鉄城門、だててんりゅう、マンドレイクのステージをURCのイベントで体験できたことを、非常にラッキーだったと今も思っている。これだけのバンドが通過したイベントを企画・主催し続けたにも関わらず、URCは最後までアマチュアであったことも大変興味深い。

ところでマンドレイクは、サウンドのカテゴリーでいえばプログレに属し、のちにPーモデルへ発展するバンドである。「田島ヶ原野外フリーコンサート」では、演奏中ステージ後方にまさしく絵に描いたような虹がかかる神がかり的なステージを展開したかと思えば、ほかの年には、演出用の巨大アドバルーンが、出演前に飛び去ってしまったり、とにかく野外コンサートならではの記憶に残るステージを繰り広げていた。また一歩早すぎた感のあるパンクバンド・鉄城門（のちにBAD SCENEに参加したメンバーがいる）の「田島ヶ原野外フリーコンサート」のステージをマンドレイクの平沢進が観たことをきっかけに、Pーモデルが誕生したという逸話もある。この逸話からも「田島ヶ原野外フリーコンサート」の日本ロック史における意義が理解できよう。

「田島ヶ原野外フリーコンサート」のほかに、筆者の記憶に残っているURCのイベントのひとつに、八〇年に行われた朝霞自衛隊観閲式にバッティングさせて、路上においてトラック上からライブをするというものがあった。結果として、機動隊に包囲されて身動きできなくなったトラックと演奏機材と運転手が、駐車禁止違反という理解しがたい理由で検挙されてしまった。その経過報告もされた、直後の埼玉会館でのコンサートには、PANTA&HALも出演した。このイベントでもわかる通り、URCの企画・主催するイベントは、単に音を提供するだけではなく、社会と繋がったものだったと記憶している。

イベント以外の活動としては、八〇年代初頭に音楽や社会に対する自分たちの考えを『羅針盤』（のちに『COMPASS』に名称変更）というミニコミ誌で発信するなどした。

URCの紹介はこのぐらいにして、中心的人物だった高沢氏の話を聞いてみたいと思う。

僕は、仙台とか大阪を転々と転校して、高校のときに埼玉県の浦和市に来て、それ以来ずっと浦和に住んでいます。浦和に来たのは六八年ですね。

音楽に興味をもったのは、父親が歌が好きだったことが大きいでしょうね。父親は、服部良一（〇七年－九三年）や古賀政男（g：〇四年－七八年）の創るポップな曲が好きだったようです。当時でいうところのハイカラなものですね。僕はその影響が強くとにかく歌が好きで、高校生の頃から遊びでバンドもやるようになりました。

ただ、そういうミュージシャン的な自慢話は、小学生のときだけという（笑）。その頃住んでいたのが、仙台だったんですね。NHKの仙台放送局で行っていた仙台児童放送合唱団っていう名前だったのかな、その合唱団のオーディションに合格したんです。小学校五年生のときです。放送用に自分の歌が録音されるわけです。で、ギャラが出るんです（笑）。そのギャラが当時の小学生には高額なんですよ。千円とか二千円とか。しかも録音するたびにもらえるんですよね。これが唯一のミュージシャン的な自慢話（笑）。でも合唱団はとても堅苦しいところだったんで、すぐドロップアウトして、辞めてしまったんですけど。

ビートルズが来日したのが六六年、僕が中学一年生のことです。それ以前もビートルズが、風俗として騒がれていることは子どもながらに知っていましたけど、まだ自分で関心をもつという段階ではなかった。関心があったのは、舟木一夫（vo：四四年生まれ）、西郷輝彦（vo：四七年－二二年）、橋幸夫（vo：四三年生まれ）の御三家なんかですね。なぜか舟木一夫が一番好きだったな。

そういう小学生の生活があって、中学生になるとラジオの深夜放送に興味をもつわけです。で、洋楽のヒットチャート番組みたいなものを聴くわけ。そういう番組から流れてくるなかで、やっぱりビートルズは耳の残り方が違った。モンキーズ（主に六五年から七一年に活動）とかビージーズ（主に五五年から〇三年に活動）とか、ほかにも好きになったグループはありますけど、やっぱりビートルズは別格だったな。

それで中学生の少ないお小遣いで、洋楽のシングル盤を買うようになるんです。やっぱり最初はビートルズで、そこからストーンズとかほかのバンドも買うようになって。まあ、どちらかというとポップス系が好きだった。

洋楽と同時進行で、日本のグループサウンズも聴いているわけです。だけど子ども心になんかインチキ臭いな、と（笑）。だからレコードを買うほど熱中はしなかった。僕はヒットポップス自体は好きだったので、それほど毛嫌いしていたわけじゃないんだけど、そういうグループサウンズのレコードは買わずに、ビートルズのレコードを買うほうを優先しましたね。

六八年頃、いわゆるニューロックとかアートロックとか言われる新しい波みたいなものが生まれてきたんです。「ニューロックがこれからのＲＯＣＫで本物のＲＯＣＫだ」みたいな雰囲気。僕も高校生になって、ニューロックに興味とか幻想とかをもって、そういうバンドのアルバムもだんだん買うようになっていましたね。ビートルズから始まったＲＯＣＫへの関心が、だんだん広がり始まったという状況です。だけど当時の高校生なんて僕も含めて、ふつう月に一枚のアルバムを買うのがやっとなんだよね。だから、選びに選んで悩みに悩んで、やっと一枚のアルバムを買って、たとえそれが期待はずれでも、何回も何回も聴き返したっていう時代。やっと手に入れたアルバムだから、どんなアルバムでも愛着が湧いちゃうんだよね。一枚のアルバムを、もう何回でも聴いたからね。期待はずれでも、ちょっとでもいいところが見つかるまで、何回でも聴いたんだよね、当時はみんなそうだったと思うよ。今の若い人たちのCDの聴き方とは、たぶんずいぶん違うよね。

六九年というのは「ウッドストック」が開催された年ですよね。ウッドストックの情報がいろいろ入って来たり、映画が話題になったり、盛り上がりはかなりのものがあった気がする。でもここでちょっと注意しなければならないのは、当時のメディアと現在のメディアの違いです。現在のメディアは、そこで働いている人自体がROCKを聴いている人たちですよね。ROCKに好意的な人も多い環境。だけど当時は、とにかくROCKは一部の酔狂な若者の偏った趣味だったんだよね。歌謡曲とか演歌を支持している人たちが、メディアの中枢にいた時代だったわけです。ROCKは、髪が長くて不潔だとかジーパンが汚いとかいう、まだ揶揄の対象として扱われていた時代だったんです。

だからウッドストックは、たとえば会場で女性が裸になったとか、セックスを始めてしまったとか、そういうことがフリーセックスとかなんとか、わけもわからず語られて、盛り上がったということが実体だよね。音楽の話題よりもあきらかにスキャンダラスな話題のほうが、先行していた。ウッドストックで演奏されたROCKのすごさは、メディアを扱っている歌謡曲とか演歌を支持している人たちには誰もわからなかった（笑）。ウッドストックで展開された演奏は、ある種ROCKのピークですよね。今聴いても、ものすごい演奏がなされているけど、誰もそんなことはわからなかった。でも、観客の女性の裸のおかげで大きな話題になった（笑）。

そんなウッドストックのドキュメンタリー映画（七〇年公開）は大々的な宣伝をされるんだけど、全然客が入らなくてコケるんですよ。僕も試写会に当たって試写会で観たんです。だけどロードショーが始まったら、全然客が入らなくてすぐ終わってしまった。

ウッドストック（Woodstock Music and Art Festival）は、六九年八月十五日午後から十八日午前にかけて四日間実施され、約三十組のアーティストが出演し、約四十万人の観客を動員したといわれている。開催地はニューヨーク州サリバン郡ベセルのヤスガーズ ファーム（現在でも記念碑がある）。ウッドストックは、よく「愛と平和の祭典」と形容されるが、当時のポスターには「3DAYS of PEACE&MUSIC」としか書かれていない。「愛」が冠に付いたのは、どういう理由でいつ頃からなのだろう。

ウッドストックの趣旨は政治的なものではなく、あくまでも芸術的なものだったと聞く。しかし「ROCKはビジネスになる」ことを実証し、ROCKが資本に取り込まれる第一歩でもあったともいわれている。

ウッドストックの映画に、実際は全然客が入らなかったということが、当時の日本のROCKの現状を端的に表わしていると思うんです。ようするにビートルズやグランド・ファンク・レイルロード（主に六九年から七六年に活動）などの人気がある二～三のバンドは別として、全体的にはまだセールス的には厳しいものがあったと思います。ROCKは一部の物好きが聴くだけのマイナーな世界だったんです。だから情報源もラジオの深夜放送が中心でしたね。テレビでROCKにふれる機会なんてたまにしかなかった。ちなみに、当時はレッド・ツェッペリンに優るとも劣らずグランド・ファンク・レイルロードにも人気があったんです。ちょっと不思議だと思うかもしれないけど。

そろそろ時代的に、日比谷野外音楽堂（野音）で、10円コンサートや100円コンサートとか、ROCKのイベントが活発に始まるんだけど、僕は日本のニューロックのバンドは、まだ正直あまり興味がもてなかった。そしてそのような僕の日常に「ウラワ・フェニックス4th URC破産コンサート」が訪れるわけです。

「ウラワ・フェニックス4th URC破産コンサート」を通じて、高沢氏はURCと携わるようになる。

「ウラワ・フェニックス4th URC破産コンサート」をひとつの区切りとして、創設時のスタッフがほとんど辞めてしまうんですね。それで、県内のROCK好きでイベントを運営していけそうなヤツを探そうという話が出て、僕に声がかかったわけです。正式にスタッフになったのは七二年です。ちょうど高校を卒業した春休みからでした。スタッフは全部で五人ぐらいだったかな。体制を一新して再スタートという時期でしたね。

とにかく年がら年中、コンサートを企画・主催していたから、ミーティングも頻繁に行っていました。でも、バンドの選定はスタッフのひとりが観て気に入ったとか、いい評判を耳にしたとか、そういうわりとイージーな感じで決めていました。だけどあまり外れたことはなかったですね。出さなきゃよかったみたいなバンドはないわけじゃないけど、ごく少なかったですね。

高沢氏が頭脳警察を初めて知ったときの印象はどうだったのだろう。

たぶんバンド名は、雑誌の『ニューミュージック・マガジン』などで目にしていたから、まず活字で知ったんでしょうね。ライブを初めて観たのは「ウラワ・フェニックス4th URC破産コンサート」ですね。ただね、そのときは頭脳警察のステージがとくに印象に残ったわけではないんですよ。自分の住んでいる近くで、このようなイベントが行われること自体にインパクトがあったし、知らないバンドも多くてすべてがめずらしかったんですね。それとやっぱりウッドストックの幻想があったから、これがもう世の中の新しい趨勢だ、みたいなね。野外のロックコンサートは、グランド・ファンク・レイルロード（七一年七月十七日　後楽園球場）で体験済みだったし。

だから、頭脳警察との出会いは「最初に観た強烈なインパクトで」みたいな感じじゃなかったですね。

頭脳警察は「ウラワ・フェニックス4th URC破産コンサート」に出演する約二週間前に、三里塚で行われた「日本幻野祭」（七一年八月十四日〜十六日　頭脳警察は十四日と十五日に出演）に出演している。『ファースト』の発売中止が七二年三月だから、正式なデビューを待たずに頭脳警察は活発に活動していたわけである。

当時の状況は、今だとすごくわかりにくいけど、ROCKとフォークは、相容れないものというニュアンスがあって、今以上にものすごく互いに排外的な意識があったんです。ROCKとフォークの違いは、いろいろな言い方ができるけど、ある種わかりやすい言い方でいうと、フォークっていうのは軟弱、ROCKっていうのは硬派、みたいなね（笑）。これは当時の意識なんだけど、あの頃は大雑把な区分けが通っていたんだよね。

だからROCKのイベントに頭脳警察のようにアコースティック・セットで出るということは、それだけでハンディなわけ。たとえ少し下手でも、大音量でドカンとやって、ROCKっぽくふるまえば、はったりかませるっていうのがあるんだけど、その反対っていうのはあんまりないわけでね。で、その頃は僕も、そういう大雑把な区分けに結構のっとって、新しい時代はROCKで創る、軟弱なフォークなんかじゃ新しい時代は創れないっていう意識はありましたね。

そういう時代や僕の個人的な意識の前に、頭脳警察が登場したわけです。だけど「あいつら生ギターで、しょぼい音出しやがって」という印象は全然なかった。ホント自然に受け入れられた。頭脳警察を自然と受け入れたのは、僕だけじゃなくて、炎天下に集まった約七百人の客全部だった。フォーク・スタイルだからといって「なにやってんだ！　ここはロックコンサートだぞ！」みたいなヤジとか全然なくて、まったく当たり前のように頭脳警察もやり、聴くほうも受け入れているという、ね。今思い出すと、その光景が頭脳警察の本質をある種象徴していると思うわけです。

頭脳警察がふたりで活動していた七一〜七二年は、ROCKの幻想みたいなものがいちばん大きかった時期だからね。そのようななかで、アコースティック・セットでロックファンと対峙するというのは、なかなかのことなんです。当時の会場の雰囲気は、今のコンサートしか知らない人にはちょっと想像できないと思うけど、荒々しいんですよ、客が。今みたいに、みんな揃って手拍子とか振りで応えてくれ

71年、幻野祭のステージ

るなんてまったくないですからね。会場全体が同じ動きになるなんてまったくなかった。

でも、僕はPANTAとTOSHIを変な人たちだとも思っていたんです（笑）。だって、ベースをひとり入れればエレクトリックのロックバンド編成になるわけじゃないですか？　ひとりメンバーを増やしてロックバンド編成にしたほうが、単純に楽になると思うんだけど（笑）。それをやらないので、変わっているなと思ったよね（笑）。

だから、ふたりでやることが自由で、よっぽど気持ち良かったんでしょうね。生ギターとあんなに小さなボンゴだけで、ブルース・クリエイションなどと張り合っていたんだから、並々ならぬ自信があったんだと思うよ。たぶん、ROCKで不足してはいけないものは全部自分たちはもっていると、PANTAとTOSHIは考えていたと思うんですよ。だからふたりでやっていけたんでしょうね。自分たちに不足しているものがあると思ったら、それを補うためにメンバーを補充するなりするはずじゃない？　でもこれで十分だと。少なくともほかのロックバンドを見れば、なおさら十分だと。そのぐらいの自負心はあったと思う。

あと、そういう気持ちと同時に、逆にふたりでどこまで勝負できるか、みたいなところもあったと思うんですよ。具体的に意識していたかどうかはわからないけど、そういう緊張感をふたりは求めていたんじゃないかな。だから半端にメンバーを増やして緊張感を曖昧にしてしまうよりは、この状態がベストだ、とね。


アコースティック編成の頭脳警察が、ＲＯＣＫのイベントで受け入れられた要素とは、なんだったのだろうか？


それは受け入れた人、それぞれ感想はまちまちだと思うんですよ。たとえば「頭脳警察は歌詞が過激だ」と言われていたよね。それだけで、頭脳警察には反体制的な匂いがあるわけです。そういう部分に重点を置く人にとっては、アコースティック・セットでも頭脳警察はＲＯＣＫとなるわけです。

それと彼らのステージを見ていると、汗と熱気以外のなにものでもないわけ。その汗や熱気がＲＯＣＫだと思って観た人もいると思う。フォークだったら、同じ生ギターでも汗をかかずに淡々と歌ったりするけど、頭脳警察は全然そうじゃなかったから。そういう部分にＲＯＣＫを感じる人には、アコースティック・セットでも頭脳警察はＲＯＣＫとなるわけです。

このようにさまざまな要素が考えられるわけだけど、僕個人としてはＰＡＮＴＡの「シャウト」にＲ

ＯＣＫを感じたわけです。もともと僕は「シャウト」ということにＲＯＣＫの重要な部分を感じていたわけだけど、どういう編成だろうとＰＡＮＴＡのシャウトにＲＯＣＫを感じるんですよね。

　実は当時の日本のＲＯＣＫのボーカリストは結構弱かったんですよ。ボーカリストということでいえば、全体としてはグループサウンズのほうが、おもしろいボーカリストがゴロゴロいた印象がある。だから当時僕は、日本のＲＯＣＫのボーカリストのクオリティの低さに歯痒さを感じてしょうがなかったんですよ。低さに加えて軽んじられてもいたし。当時のいわゆるニューロックでは、ギターのアドリブを延々とやる、みたいな部分を重視して、ボーカリストの役割が軽視される面があった。まともにシャウトできるボーカリストは、それほどいなかったんです。

　そういう状況で、ＰＡＮＴＡは傑出していたというか、唯一無二という感じでしたね。ＰＡＮＴＡのシャウトには説得力があった。ＰＡＮＴＡのシャウトは有無を言わさず「ＲＯＣＫ」だったんですよ。

　ＰＡＮＴＡ自身、シャウトできることがＲＯＣＫだと思っていたと思います。シャウトするためには、ＴＯＳＨＩが必要であり、生ギターとボンゴだけでもいいと思っていたんじゃないかな。だから、ニューロックのようなギターソロでもなく、演奏力やアレンジの妙とかそういうことでもなく、それよりも肝心なものがあって、それを自分たちはやれると、考えていたのでしょう。その肝心なものとは、ようするにシャウトする力だったわけです。

　ここは、すごく本質的な話になるんだけど、シャウトするといっても、歌詞をシャウトしているわけですよね。だから「頭脳警察にはシャウトにふさわしい歌詞があった」ということでもあるんです。シャウトと歌詞は、離れられない表裏一体としてあるわけです。そしてシャウトするに値する歌詞を、ＰＡ

NTAは創ることができたということなんですよ。これがもっとも本質的な部分です。PANTAに、シャウトするテクニックがあったとか、声や喉や音感があったとかいうことではなくてね。

高沢氏のなかで印象に残っている頭脳警察のライブについて訊いてみた。

リスナーとして観たライブより、イベントの主催者として観たライブのほうが印象が強烈なんだよね。それはステージのすぐ側で観ていることも関係していると思うけど、そのなかでもとくに強烈だったのが、野音で行われたイベント「扉をあけて！」（七四年六月二日）のステージですね。

そのコンサートは、主催は別の団体でURCは制作でかかわったんです。トリが頭脳警察で、その前にウエスト・ロード・ブルース・バンドとか安全バンドとか、イエロー……エディ藩グループも出たかな。ほかのバンドのときには、ステージ警備は必要ないんだけど、頭脳警察にはステージ警備が必要だった。頭脳警察はそういうバンドだったんです。で、当時は主催者のスタッフがそのまま警備員になってステージの前を守ったんです。

このときの頭脳警察は、悲露詩（b）が在籍していたときだから、頭脳警察としては非常に特殊な時期なんだよね。強烈だったね。PANTAとTOSHIのふたりで十分強烈なのに、悲露詩もとんでもない個性の持ち主だったから、とんでもなくスリルある良いライブになった。いわゆる狭い意味でいうところの音楽性でいえば、かなり滅茶苦茶だった気がするけど（笑）。

ただ僕が観たなかでは、イベント「ロック・イズ・ショック」の埼玉会館（七三年十一月三十日）は、

左からTOSHI、悲露詩、PANTA

悲露詩が参加してまだ日が浅かったせいか、淡々としたライブであまりインパクトはなかったけどね。「ロック・イズ・ショック」は当時としては画期的な企画でね。頭脳警察、安全バンド、エディ藩グループの三バンドが、セットでツアーするものだった。

とにかく「扉をあけて！」の頭脳警察は強烈だった。メンバー三人が勝手に演奏していた（笑）。PANTAとTOSHIに一歩も引かず、悲露詩も強烈だったんだよ。ステージに置いてあったピアノを弾き始めたりするんだよ、ベースを置いちゃって。でもピアノソロっていうのともちょっと違う……ただ唐突に勝手に弾いているっていう感じ（笑）。PANTAも、もてあまして見ているというか。自由というか勝手というか、悲露詩のパフォーマンスなんだろうけど。で、アドリブでそういうことをするメンバーは、後にも先にも、悲露詩だけだよね。ステージ衣装もコートというかマントみたいなものを羽織って、髪の毛がストレートで長くて中性的な部分があるんだけど、なんか妖怪みたいな感じだった。そういう格好でフラフラしていたから、それだけで視覚的にインパクトがあるわけ。それと悲露詩は頭脳警察のメンバーのなかでは、唯一リードボーカルをとったよね。ベースの音の線が太くて、ドライブするときはすごくドライブしたんだよ。

TOSHIはステージではどうだったのだろう。

基本的に頭脳警察のメンバーは、PANTAの良さを引き出すバッキングを心掛けているっていう感じだよね。そういうメンバーのなかで、やっぱりTOSHIは目立っていたんです。ドラムを叩きながらスティックを突き上げて煽るという、パフォーマンスがウケていた。あと記憶に残っているのは、ドラムから離れてステージの前面に出て来たりしていたことだね。だから、その間はドラムの音は途絶えるわけ。前のほうにパーカッションを置いていて、ドラムからパーカッションに移動するときもあったけど、そういう構成上の問題じゃなくて、ただ出て来て、客を煽ってまた帰っていく、みたいなね。頭脳警察のファンってTOSHIのファンも多かったから、ウケるんだよね、そういうパフォーマンスは。僕も見ていて面白かった。

当時は、黙々と演奏するバンドが多かったからね。歌とか後回しで、どこまでカッコいいギターのアドリブができるかみたいなことで、勝負しているようなバンドが多かったんだよね。うつむいた長髪から、ちょっと鼻の頭が見えるくらいの感じで黙々とギターを弾いているっていう感じ。そういうなかで、頭脳警察は正反対だったんですよ。で、そんなパフォーマンスをするバンドはあまりなかったんです。目立つ、スター性のあるキャラクターを抱えたバンドっていうのは。

悲露詩は、だててんりゅう在籍後、頭脳警察に参加した。だててんりゅうはＵＲＣが主催する「田島ヶ原野外フリーコンサート」に出演しているが、京都のバンドだっただててんりゅうを関東で観る数少ないチャンスだったようである。

だててんりゅうが「田島ヶ原野外フリーコンサート」に出演したのは、七五年と七七年です。七五年の田島ヶ原は、九月十四日と十五日の二日間実施したんだけど、だててんりゅうが出演したのは十五日です。頭脳警察と同じ日だった。まあ、頭脳警察は結局出演しなかったけど。もちろん、どちらも悲露詩が抜けたあとのだててんりゅうですね。

だててんりゅうは、七三年の東京理科大学の学園祭に出演しているんです。その学園祭のスタッフの中心に、ＵＲＣのメンバーがいたんです。ほかには四人囃子とかウエスト・ロード・ブルース・バンド、安全バンドも出演しています。それから佐久間正英（b：五二年－一四年）が四人囃子に参加する前に茂木由多加（key：○三年死去）とやっていたミスタッチも出演していた。この学園祭がだててんりゅうとＵＲＣの出会いですね。僕自身は理科大の学園祭には行かなかったけど、このときにＵＲＣのスタッフが、だててんりゅうを気に入ったんじゃないかな。もしかすると、その前に誰かが観て気に入ったから、理科大の学園祭に呼んだのかもしれないけど。だててんりゅうは京都のバンドだから、簡単に呼べるというわけじゃないんですよね。基本的に交通費もギャラも出せないわけですから。だから結局二回だけでしたね、出演してもらったのは。

七五年九月十五日「田島ヶ原野外フリーコンサート」に、どうして頭脳警察は出演しなかったのだろう？　この日は、のちにアナーキーでデビューする仲野茂も客として会場にいたという話もあるが。

あれ、ドタキャンなんですよ。あの日のコンサートの目玉が頭脳警察で、その頭脳警察が出ないっていうんだから詐欺だよね（笑）。

あの日は僕がＭＣをやったんです。田島ヶ原野外フリーコンサートは、毎年十バンドぐらい出演するから、昼過ぎに始まって夜の九時ぐらいまで続くわけだけど、進行の途中で「頭脳警察が出られないらしい」っていう話が耳に入ったわけ。でも、どういう理由で出演できないのかとか、詳しい情報は入って来ない。頭脳警察のマネージャーからお客さんに直接説明させようと思ったんだけど、マネージャーはさっきまで近くにいたはずなのに、なぜか姿が見えない（笑）。

当然、お客さんは頭脳警察のファンが多いし、頭脳警察のファンだから、気の荒い連中も多いんですよ。で、主催者として僕が、頭脳警察の急遽出演中止を説明しなければならないんだけど、正直説明したくないよね。理由もわからないんだし。

でも、とにかくお客さんに頭脳警察が出ないことを伝えなければならない。千人以上のお客さんのほとんどが頭脳警察を今か今かと待っているのはあきらか（笑）。ここで「頭脳警察、出演中止」とか言ったらどうなるんだ、私の命は、みたいな（笑）。それで、ヤケになって「頭脳警察は今日出ません！」って、ぶっきらぼうに言っちゃったんだよね。今考えるとひどいと思うんだけど（笑）。そうしたら、逆にそれが良かったのかな。一瞬、ブーイングが上がったけど、それだけで、なにも起らなくて助かった（笑）。それで事無きを得たんだけど、怖かったよね。それでＰＡＮＴＡがソロになってからだけど、このドタキャンのことを話したら憶えていなかった（笑）。もう、キャンセルなんていくらでもしているから、頭脳警察は。

だからドタキャンの理由は、僕も本当のところは知らないわけ。だけど、九月十五日の直前にドラマーを辞めさせちゃっているんだよね。それでステージができなかったからだと、僕は思っているんだけど。

頭脳警察の当時のスケジュールを見ると、七五年九月十五日の数日前に、ドラムの正岡邦明が脱退して、結果として最後のドラマーになる八木下剛が加入するのが、十月二十六日である。この間のライブは、九月十五日の「田島ヶ原野外フリーコンサート」と九月二十一日の「激突の３６０分」（天王寺野外音楽堂　競演：外道、めんたんぴん、久保田麻琴と夕焼け楽団、ブラインド・エキスプレス、バナナ・キッズ）、十月二十日・二十一日のロック・ミュージカルの音楽などだった。「激突の３６０分」では、どのような編成で出演したか気になるところだが、確認する資料は見当たらない。

ところで、当時の日本語のＲＯＣＫと英語のＲＯＣＫの論争については、高沢氏はどのように考えていたのだろう？

そうですね、当時はＲＯＣＫが好きなら、そのことに関してはみんなそれぞれ自分の意見をもっていたでしょうね。僕は日本語でＲＯＣＫをやるのが当たり前だと思っていました。英語のＲＯＣＫってくだらないよなっていう雰囲気が僕の周りにはありましたね。だからＵＲＣも日本語でＲＯＣＫをやるバンドを中心に出演を考えていました。はっきり言って英語でやるバンドには、僕は興味はなかった。

はっぴいえんどに対しては、どのように考えていたのだろう。

当時も今もいいと思ったことはないですね。昔より今は客観的に冷静に評価できますけど、当時は冷静に評価できないほど忌み嫌っていた（笑）。生理的にいやだし、理屈としてもいやだし、なんとしてもいやだった。でも彼らは大人だった面があると思うんですよ。変にある意味、老成していたっていうかね。今考えるとね、はっぴいえんどが秀でていた点があったとすれば、熱気で浮かれていた時代に醒めた視点を持ち得ていたということでしょうね。だからといって彼らの音楽が、良いかどうかは別の問題だけど。

当時はアコースティックギターを使っているとフォーク、エレキギターを使っているとＲＯＣＫというような大雑把な区分けがあったようだが、アコースティック編成の頭脳警察がＲＯＣＫで、エレキ編成のはっぴいえんどがフォークと捉えられることが多かったようだ。この視点において、頭脳警察もはっぴいえんども共通して規格外のバンドだったといえるのかもしれない。

ところで「醒めていた」というキーワードから、すぐ頭に浮かぶのは四人囃子である。筆者には四人囃子も醒めていた印象があるが？

彼らにも醒めた部分はたしかにあるよね。微妙な問題になってくるんだけど、四人囃子の冷静さは、世代的なものが大きいと思う。四人囃子は純粋にミュージシャンなわけ。ミュージシャンにこだわっているがために、冷静にならざるを得ないっていうね。

いい音楽、美しい音楽、良いＲＯＣＫであることを実現したいというものすごくピュアな部分があって、そのことに本当に四人囃子はこだわっていた。自分たちが理想とする音楽を実現するために、やらなければならないこと、やってはいけないことを本当に繊細に考える人たちだった、四人囃子は。ただビジネス的な面でいうと、実際、四人囃子って儲かっていなかったしさ。今でこそ評価されているけど、当時は売れていなかったしね。当時の日本のＲＯＣＫのレコードのなかでは売れていたほうかもしれないけど、メンバーの生活が潤うようなレベルじゃないし。

では、ＰＹＧはどのように捉えていたのだろう。

ＰＹＧは観たことはなかったけど好きなバンドでしたね。だから、彼らが野音でブーイングを浴びた話なんか納得いかなかった。個人的には、結成した当初から興味をもっていたし、デビューシングルの「花・太陽・雨」（七一年四月発表）は、カセットに録音して繰り返し聴きました。ＲＯＣＫというよりも、ＲＯＣＫ的な良質なポップスが生まれたなと思いましたね。すごくいいバンドだと思ったし、こういうバンドが出てきたのはいいことだとも思った。だから、野音で物を投げられたとか聞いたときには「それはないだろ」と思った。物を投げた連中は、なんか勘違いしているなって思いましたね。

商業的な部分、グループサウンズ的な部分に対する嫌悪感はなかったのだろうか?

商業的、ということだけで嫌悪するということは全然なかったね。ただ当時の時代の意識としては、資本主義は敵というのがあるわけだからさ。だから大企業は悪で、レコード産業は悪で、レコード産業と関わることは悪で、となってしまうわけです。で、PYGは商業主義的なグループサウンズや大手プロダクションとの関わりがあるから、悪だという単純な図式で敵になってしまったわけなんです。

でもPYGにしたって、メンバーは単にROCK好きな人たちにしか見えないじゃない? どう考えたってさ。グループサウンズの活動に物足りなさを感じたROCKが好きな連中が集まって始めたわけでしょ? そのプロダクションが大手だとか、結果が追いつかない部分があって、音楽的に未熟なことをやっていたとか、あるかもしれないけど、その原点は見えるじゃない? まして選りすぐられたメンバーが集まったわけで、ジュリー(沢田研二)とショーケン(萩原健一 vo:五〇年-一九年)がツインボーカルなんだから、それなりにワクワクするよね。井上堯之さん(g&vo:四一年-一八年)がていねいにギターを弾いてさ。だからPYGには頑張ってもらいたいと思ったんだけど。

そういうように、僕には商業的だからどうとかっていう感覚はなかったんだよね。単純に良い音楽かどうかなんですよ。逆に、いくらマイナーでアングラな感じでやっていても、やっている音楽が良くなければなんの意味もないわけで。

僕がグループサウンズを聴いていたのは中学生の頃だったけど、結構しっかり聴いていたんだよね。たとえばブルー・コメッツ（五七年から活動）は、今も昔もＲＯＣＫの側からは、あまり評価されるバンドじゃないじゃない？　七・三に髪を分けてスーツを着て、保守的というか。でも、三原綱木（g＆vo：四五年生まれ）のギターが良かったんだよ。こいつは本物だなって思っていたわけ。

オックスの「ガール・フレンド」（六八年五月発表）は、あまりに歌詞がくだらないんで「いくらなんでも、これはないだろう」って思ったけど、タイガースの少女趣味的な曲は嫌いじゃなかった。あそこにはひとつの完成された世界があって、それはそれでいいんじゃないかと。口ずさむこともあったしね。

ＰＹＧを音楽性以外の取るに足りない部分で批判するような、了見の狭い人間にはなりたくないと思ったし、自分がコンサートの企画をやっていくうえで、そういうヤツらがのさばるような空間にはしないとも思ったよね。そういう勘違いしたヤツらに勘違いだということをわからせていこうとも思った。まあ、ある種、啓蒙的な意識もあった。

ＰＹＧがブーイングを受けたということでいえば、当時の会場の雰囲気はね、時代と言ってしまえば、それ以外のなにものでもなかったと思いますね。あの頃のような乱暴だけど自由な状況は、もう起きないんじゃないかな。当時の状況が良かったのか、現在の警備員に管理された状況のほうがいいのか、これはもう選べる話じゃないからね。こういう状況はＲＯＣＫのコンサートだけの話ではないから。あの頃は時代全部が乱暴だけど自由だった。

当時の会場の雰囲気で、今ともっとも違う点が、客の態度のデカさだね。当時は時代的な思潮として、直接民主主義的な志向があって、そこからきているんだろうけど、「ミュージシャンが偉いわけではない、客だって偉いんだ」っていうある種の民主主義の発想。客が「民」で「主」なわけ。それでステージに上がっているミュージシャンは、エリートになるわけなんですよ。選ばれて出ているっていう意味でね。だけど「エリートだから偉いってもんじゃないんだぞ」という主張が時代のトレンドだから、ミュージシャンばかりが偉くない、と。客の俺たちも自己主張するぞと、デカい態度をとるわけだ。それで、勝手にステージにあがったり、進行とかおかまいなしに好き勝手にわめく人がいくらでもいたわけ。で、全体の雰囲気を壊すために騒ぐことが、ある種の民主主義だと勘違いしている人もいたわけ。つまり「ステージが主役じゃないんだぞ、主役はこっちなんだぞ」っていうのを主張するために叫ぶわけだ。ただ叫ぶだけだから、才能はいらない。勘違いする能力さえあれば、誰にでもできる（笑）。そういう勘違いする人がいっぱいいたわけ。いっぱいと言っても実質的には少数派なんだけど、確実にいたよね。

客がステージに上がって、わめいたりするっていうのはね、中津川から流行ったんだよね。

「中津川」とは、岐阜県恵那郡坂下町（現在の中津川市）で、六九年から七一年にかけて三回開催された野外フェスティバルの略称である（全日本フォーク・ジャンボリー。通称、中津川フォーク・ジャンボリー）。七一年に開催された第三回目において、ジャズバンドと観客のあいだで言い争いが生じ、観客数十人がステージに上がり占拠したという。

十代をこのように過ごした高沢氏であるが、現在の若いバンドや今の音楽状況に対して、どのように見ているのだろうか？

全然興味ないね。ある時期から日本の若いロックバンド、海外も含めて興味と関心はほとんどなくなった。八〇年代の末からかな。少なくとも自分から主体的に情報を得ようという気力はなくなりましたね。

ＲＯＣＫである限り、六〇年代七〇年代に生まれたものを超えることは絶対にないから。僕にとっては当時のものをもっと深く知ることのほうが重要で、別に今なにかを探そうとは思わない。懐古趣味で言うんじゃなくて、どのような表現手段でも、それがいちばん力を持つ時期っていうのがあるんだよね。時代状況があって、はじめてその表現手段が生まれるわけだから。ＲＯＣＫにおいては、それが六〇年代から七〇年代にかけて。

七〇年代になって「第二のビートルズ」という言葉がよく使われたんだよ。ザ・ナック（主に七八年から八二年に活動）が「第二のビートルズの出現だ」とかね。ザ・バンド（主に六七年から七六年に活動）が「第二のビートルズ」なんて言われたこともあった。だけど「第二のビートルズ」なんて出現しなかったし、「第二のビートルズ」なんてあり得ないわけでさ。つまり、そういうこと。

たとえばジャズにしても、チャーリー・パーカー（ｓａｘ：二〇年－五五年）とかジョン・コルトレーンを超えるミュージシャンが出てくるわけないじゃない？　いろいろなスターは出てきたし、これからも出てくるだろうけど、彼らを超えるスターは出てくるわけがない。どんなに立派なラッパ吹きが出てきたって、チャーリー・パーカーが表現した意味を超えることは絶対にあり得ない。ジャズというスタイルにおいては、ね。

そう考えると、当時のＲＯＣＫの存在を超えるものが出てくるとすれば、それはＲＯＣＫじゃないものなんです。表現する人間がそれをＲＯＣＫと呼びたいならＲＯＣＫと呼んでも、それはかまわないよ。

だけど、それまでのROCKとは異なったものだろうね。

だから、そういう意味で興味がないんです。それなりに面白いものは生まれるだろうとは思うし、興味がなくても評判が聞こえてくるほとんどのものは、一応チェックはするけどね。


ROCKが豊かな時代に生まれた頭脳警察だが、その頭脳警察が九〇年に蘇った。九〇年の頭脳警察を高沢氏はどのように観たのだろう。


九〇年の頭脳警察は、初ライブ（九〇年六月十五日 日清パワーステーション）とラストライブ（九一年二月二十七日 渋谷公会堂）を観ています。「やっぱりいいなあ、昔の人たちは」っていう（笑）。「やればできちゃうんだなあ」って思いましたね。けれど懐古趣味的な感じはしなかった。今聴いても聴くに耐える楽曲だから、現在進行形で聴くことができるっていうか。

だけど、当時彼らが活動した七〇年代前半と九〇年では、ROCK自体の意味が変わってしまったからね。この変わった状況のなかでどうなのかな、というのはありましたね。九〇年に頭脳警察が良い音を出したとして、それにどういう意味があるのか。だから同じ会場で同じバンドを観ても、聴く人の立場、世代などで、意味は変わりますよね。

九〇年の頭脳警察は、僕にとっては確認ができたということなんだよね。今聴いてもいいんだなと、確認できた。再結成ものってやめればいいのにって思うケースが多いのに、思わなかったからね。PANTAのテンションも高かったよね。で、少なくとも、自分がいいと思っていたものは、やっぱりいいんだなという確信を得ることはできた。だからライブ会場では心地よく聴いていることができましたね。やっぱり、久しぶりだったんで感慨は深かったよね。ステージが始まった瞬間は、どうなるんだろうってハラハラしたんだよね。みっともないことにならなければいいなって。すぐにこれは大丈夫だと思えたけど。

九〇年のステージは、僕にとってのヒットパレードだったわけ。知っている曲、覚えている曲ばかりだったから。当時から頭脳警察のステージを観る前って、いつもどういう選曲なのか気になるんだけど、どういう選曲でも頭脳警察のナンバーは、全部僕にとってのヒット曲だから、どの曲をやってもやらなくても、結局、不満は残らないんだよね。

だから僕にとっては満足できる再結成ではあったけど、強いていえば、PANTAとTOSHI以外のメンバーに違和感があったかな。ただ、かつてのメンバーに比べて劣るとかということじゃないんです。かつてのメンバーより全然上手いと思うし、頑張っていると思うし。だけどやっぱりパンクが入っちゃっているのかな。頭脳警察の音楽性って別にパンクじゃないからね。なにか、そういうバックグラウンドの音楽体験の違いなのかな。そういうところで、僕には「ちょっと違うんだよな」と感じるのかもしれない。

PANTAもTOSHIも、きっとやりやすいんだと思うんだよね、この頃のメンバーは。でも当時の悲露詩のようなオリジナリティーをもったメンバーを入れるのも、ひとつの方法だと思うんです。そのときのライブのパフォーマンスが予測できないようなメンバーが入れば、刺激になっていいと思うんだけど。あるいは、同じ世代のメンバーで固めるのもいいかもしれない。楽曲がビンテージものなんだから、メンバーもビンテージもので（笑）。頭脳囃子（〇二年十月二十五日 厚生年金会館）が、僕のイメージとある種近かったんだけど。

九〇年の再結成と二十一世紀の再結成は、基本的に僕にとっての印象は同じです。

「頭脳囃子」とは、頭脳警察と四人囃子が合体して、ステージを行うときの通称である。では、四人囃子の再結成についてはどういう感想なのだろう？

頭脳警察の感想と同じです。ＭＺＡ有明のライブ（八九年九月二十三日）は、ワンステージでいろいろな編成を披露したけど、最後に森園勝敏が登場して歌い始めた瞬間、もう涙が出てきた。だからあのライブは僕にとっては、もうあの瞬間だけでよかった。

でもあのときは、森園の魅力が改めて発揮されるまでには至っていなかったと思った。だけどあの試みがあったから、今があるんだと思う。とにかく森園はそれまで四人囃子をやることができなかったわけだし、あのＭＺＡ有明のライブを経て、現在の活動があるわけだから、そういう意味で価値のあるものだったとは思います。

四人囃子と僕の出会いは古くて、まだオリジナル曲が一曲しかないときからだから。まだカバーばかりをやっている時代に、浦和で何回も観ているからね。その頃から「すげえな」って思っていた。僕は彼らと同世代だし、ある意味自分の音楽の原点のひとつです。

最近の四人囃子の活動を観て思ったことは、彼らが三十年前に二十歳ぐらいで創った曲が、改めて信じられないということだね。昔の曲を、基本的にはそのままのアレンジでやっているよね、三十年経ってもアレンジしようのない曲ばっかりなんだよ。彼らも少しは考えたと思うよ、二十一世紀バージョンで、とかね。時間が経ったしガキの頃創った曲だから、ちょっと手を入れないとダメだろうな、とか考えたかもしれない。でも変える必要は全然なかった。三十年前に二十歳ぐらいで、ここまで到達していたのは、信じられないよね。

僕にとっての幸運は、ビートルズをリアルタイムで聴けたことが最大のことなんだけど、四人囃子と出会えたことも本当に幸運だった。再結成で改めて思いましたね。

高沢氏は、単なるリスナーとしてではなく、ＵＲＣとしてコンサート主催者という立場で、四人囃子と当時接している。それも含めての「幸運」なのだろう。ではＵＲＣの活動は、高沢氏にとってどういうものだったのだろう？

自分の人生を左右してしまいましたね（笑）。ＵＲＣの活動のピークが、七三年から七五年までの丸三年間で、この頃は極端にいうと、毎日がコンサートだったからね。漠然とだけど、こういう生活を一生やっていくんだと思い込んでいましたね。

七三年から七五年の頃は、銀座の「スリーポイント」という広めの喫茶店みたいなお店で、毎週金曜日にライブをやっていたんです。スケジュールを決めてブッキングをする作業などのほかに、ライブハウスじゃないから、毎週毎週、機材類を持ち込んで撤去してっていう作業もあるわけです。この企画だけで結構時間を費やしてしまう。

それとは別に「田島ヶ原野外フリーコンサート」を年に一回実施していたし、不定期で市民会館などでもコンサートを主催し、なおかつ、レコードコンサートをやっていたんです。今と違って気楽にレコードが買える時代じゃないから、レコードをかけるというだけで、お客さんが何人も来るわけ。レコードをかけながらＤＪみたいなことをしてね。そういうこともやっていたから、準備から考えるとほとんど毎日がＵＲＣの活動の日々でしたね。

だから逆に、ライブの写真やスタッフの記念写真が全然ないんだよね。コンサートが日常だから、記念写真を撮るという発想をもてなかった（笑）。録音は、録音を趣味としていた知人のグループがあったので結構残っているんだけど、写真が全然ない。撮っておけばよかったと思うよね。この前たまたま、七三年にやった「田島ヶ原野外フリーコンサート」の安全バンドの８ミリが出てきてね。五分ぐらいのものなんだけど、それを見たときは感動したなあ（笑）。

契約書も覚書も、一枚も文書を交わさずによくやっていたよね。ドタキャンも頭脳警察と、あとひとつかふたつしかなかった。数え切れないほどコンサートをしているのに。「今度、いつやるから出てよ」「わかった」って口約束だけ。それだけで全部実現していた。だから、そういう意味では幸せな時代だったと思います。


一生やっていこうと思っていたＵＲＣの活動が、八七年で一応の終了を迎える。

最後の「田島ヶ原野外フリーコンサート」が八六年なんですね。二日間にわたって実施したんです。これはこれで、とても楽しくできたんだけど、七〇年代にやったときのような充実感はもう残らなかった。中心になったスタッフは、僕よりも一回りも年下の連中で、いわゆるパンク世代だったんだよね。僕はオブザーバー的な立場で。彼らは七〇年代の「田島ヶ原野外フリーコンサート」を知らない世代になるわけ。僕なんかから「すごくよかったんだぜ」なんて散々聞かされて、それで自分たちもやりたいっていうことで、彼らが中心になって実施したわけなんだよね。

「田島ヶ原野外フリーコンサート」ってさ、野外でなにもない原っぱみたいな場所に、ステージからなにからなにまで、全部手づくりでやるわけ。ものすごい情熱と体力がないとできないんだよね。七〇年代は、すごい情熱と体力を注いだ分、充実感もあった。八六年にやったときは、ステージも今までいちばん立派なものを造って、トラブルもなく、最大限にいい状態のなかでやることができたんだけど、終わってから、その若いスタッフたちから、面白いからまた来年やりたいという話が出なかった。僕自身はすでに自分が率先してやろうとは思えなくなっていたし、そして若いスタッフからも「またやろう」という声があがらなくて、そこで終わったということだよね。

実際はその後も若いスタッフのあいだで「田島ヶ原野外フリーコンサート」のような大掛かりなものじゃなくて、別の方法で続けて行こうという動きはあったんだけど、あまりぱっとしなくて、結局はその若いスタッフが、もうやめようという結論を出した。それに対して、僕はなにも言うことはなかったという感じだったんですね。

ただね、九〇年代に入って、安全バンドだった長沢ヒロ（b&vo：五〇年生まれ）のイベントを「ヒロイズム」として始めたんです。「ヒロイズム」は九四年まで続きましたね。これは、まあ、不特定多数に向けてのイベントではなくて、それほど大きくやるつもりもなかったから、基本的に僕ひとりが中心になって、七〇年代のURCのスタッフや協力者に手伝ってもらって実施していたんです。だから僕がこういうものをやるときは、現在でもURCを名乗っているんですね。

長沢ヒロの才能を僕は昔から評価していたんだけど、世間に正当に評価されたことがなくてね。今はCM作家としてすごく売れているんだけど、ロックミュージシャンとしては、きちんと評価されたことがなくて、僕はそれがずっとくやしくてさ。そういうことから、なにはともあれ長沢ヒロの表現する場所をつくりたいと思って「ヒロイズム」は始めたんです。そういう趣旨で小さなお店とかライブハウスを借りて、年何回か、イベントを開いたりしたんだよね。

「ヒロイズム」は、九四年で一応ひとつの区切りをつけて終了しました。最後に中国でライブを実施して区切りをつけました。七〇年に浦和に生まれたURCが、九四年に最終的に中国にたどり着いたという、誰も知らないドラマがあるんだけど（笑）。

中国の西安、昔の長安ね。そこの日本語学院で知り合いの日本人が講師をしていたんだけど、そこの学生たちが、日本のROCKに興味を持ち始めたと。それで僕に連絡が来て、いろいろなバンドの曲をカセットテープに録って送ったんだよね。テープには頭脳警察、四人囃子、安全バンド、カルメン・マキ&OZなんかを入れてね。僕のセレクションだからサザンオールスターズなどは全然入っていない（笑）。

そうしたら向こうの学生が面白がっちゃって。それでいちばん人気があったのが安全バンドだったんだよね。カセットテープ以外の情報は送っていないから、純粋に音だけの人気。当時の中国でROCK

に興味をもつような連中だから、向こうではツッパっている部類に入る学生なんだよね。だから頭脳警察が気に入ると思ったけど、安全バンドだった。これは少し意外だったね。

　それで中国でライブをやらないかという話になって、実現したというわけなんです。とにかく許可を取るのが大変だったね。会場選びからいろいろな作業があって、半年ぐらいかかって、九四年の五月のゴールデン・ウイークの頃に実現したんだけど。千五百人ぐらい入るホールで二日間やって、二日とも千人以上来て、成功に終わったんですね。それで「ヒロイズム」は一応ひと区切りがついたわけです。

　この中国のライブの話がきたときに、正直僕はあまり乗り気じゃなかったんだよね。ＲＯＣＫに対する幻想みたいなものが、すでに僕のなかになかったから。でも断り切れなくて、準備のために事前に向こうに行って、学生と会って打ち合わせをしたり、いろいろなことを話したり。そこで思ったのが「こりゃあ、二十年前の自分たちだよな」って。

　つまり中国ではＲＯＣＫが全然市民権をもっていなくて、認められていないなかで、情熱だけで実現させようとしているんだよね。加えてあの頃の僕らと似ていて、やっぱり貧しいわけよ。機材がないところまで同じ（笑）。当時の自分がＲＯＣＫに夢をもったり、ＲＯＣＫを通じて人生が面白くなったりしたような状況なんだよね。これはまあ、見捨てるわけにはいかないよね（笑）。それと同時に、自分のなかで忘れてしまっていたなにか大切なものが蘇ってきたり。そういう意味でもいい経験だったと思いますね。

　ドラムが高橋まこと（五四年生まれ）、ギターが森永淳哉（六〇年生まれ）、キーボードが三国義貴（五五年生まれ）、ベースとボーカルがもちろん長沢ヒロという編成でやりました。「ヒロイズム」をやっていくなかでできた新曲が十曲くらいあったので、新曲を中心に安全バンドの曲もやりました。安全バンドの代表曲の「13階の女」(七五年五月発表)を聴いたときはちょっと不思議だったよね。西安で「13階の女」を聴くとは夢にも思わなかったものね。

バンドのメンバーは、みんな長沢くんのためならっていう人たちだから、息も合っていいライブになった。言葉も通じず、まったくの無名の存在で、純粋にその場で出した音だけの勝負だったんだけど、コンサートは熱狂的なものになった。感動的だったね。自分たちが七〇年代からやってきたものが、海を渡って中国にたどり着いた。種が蒔かれたかどうかはともかく、たしかに、ここでひと区切りついたね。

安全バンドの中国ライブ。七〇年代初頭を知っている日本のロックファンには、大河ドラマのようなロマンが漂う話だ。「日本の商品音楽」は中国にもぼちぼち進出しているが、純ROCKが中国大陸にたどり着いた例は、これが初めてだろう。「ひとつぶの種になって」花開くことを期待したい。七一年に実施された「ウラワ・フェニックス4th URC破産コンサート」も日本のロック史に意義のある出来事だったが、安全バンドの中国ライブも日本のロック史にとって意義のある出来事といっても過言ではないだろう。

ほかに、なにか日本のロックファンがびっくりするようなことはないだろうか?

安全バンドの再結成を、後期の編成で二〇〇〇年に一回やったんだよね。それがすごくよくてね。二〇〇一年には、これは三十年ぶりくらいになるんだけど、頭脳囃子ならぬ安全囃子が実現した。四人囃子のメンバーと安全バンドのメンバーが合体した安全囃子、ね。

これはすごかったよ。忘年会でたまたま実現してしまってね。忘年会だったから、こんなすごいライブを五十人ぐらいしか目撃していない（笑）。このときの安全囃子のメンバーは、ギターが森園勝敏と相沢民男（五〇年生まれ）、ドラムが岡井大二、ベースは長沢ヒロという編成だった。相沢くんはロサンゼルスに住んでいるんだけど、一夜限りの忘年会に海を越えて駆けつけてきたわけ（笑）。ジミ・ヘンドリックスの「レッド・ハウス」なんかをやったんだけど、それがすごい演奏になっちゃって。これは映像も残したし、8トラックで録音したから、そのうちなんらかのかたちで発表したいと思っています。

安全囃子は、七〇年代の当時はよくやっていたんだよね。コンサート最後に安全バンドと四人囃子が合体して、セッションでやっぱりジミヘンの曲とかをやったり。安全バンドのドラムのトラで大二がステージをやったこともあるし。

いきなりこういうすごいセッションができるのも、URCの歴史と人脈があるからだよね。七〇年代のライブで音が残っているものがかなりあるから、きちんとCDにして世に出していこうと現在考えているところなんです。だからまだ、URCは「現在進行形」です。

8 ミュージシャン 秋間経夫の証言

アコースティック編成に
ROCKのビート感やリフが乗っていて、
完全なROCKになっているんだよね。

その頃、マルコシアス・バンプのミニ・アルバム『乙姫鏡』（九〇年一月発表 キャプテン）をレコーディングしようと準備を始めていたんだよね。それでエンジニアの牧野英司さんのスケジュールを押さえようと思ってコンタクトをとってね。牧野さんは、PANTAのレコーディングにも参加しているんだけど、忙しい方で僕たちは牧野さんのスケジュールに合わせてレコーディングするというかたちになりがちだった。電話でスケジュールの相談をしたら「実は秘密なんだけれど、頭脳警察のレコーディングが入るかもしれないので、それ次第で」という返事。そのとき初めて頭脳警察の新しいアルバムが出るって知ったんだよね。でも実際は、その時点ではまだ構想の段階で、頭脳警察のレコーディングが始動するのは、しばらくあとになってからだったけど。

秋間経夫氏は、東京出身の一九六〇年生まれ。一九八四年にマルコシアス・バンプを結成する。マルコシアス・バンプは、インディーレーベルで三枚のアルバムを発表後、九〇年十月にビクターよりメジャー

デビューを果たす。以後、七枚のアルバム（うち一枚はベスト盤）を発表し、九六年一月に活動を休止する。現在、秋間氏はＡＫＩＭＡ＆ＮＥＯＳでライブ活動を精力的に行っている。なお彼が、Ｔ・レックスやマーク・ボラン（vo＆g：四七年－七七年）の熱烈なファンであることは周知の事実。秋間氏が主催するイベント「GLAM ROCK EASTER」は、マーク・ボランを追悼し、グラム・ロックの魅力を再認識するものである。八七年から現在まで毎年行われ、Ｔ・レックスのファンのあいだでは恒例のお祭りとして定着している。ＰＡＮＴＡも八八年から毎年参加している。

マルコシアス・バンプは『乙姫鏡』のプロモーションで、八九年十二月「三宅裕司のいかすバンド天国」（通称：イカ天）に出場する。ここではイカ天について多くは語らないが、FLYING KIDS、ＢＥＧＩＮ、たま、BLANKEY JET CITYなど多数のバンドを輩出した深夜テレビ番組である。

アマチュア・バンドが審査を受けてプロを目指すという内容のイカ天だが、その審査員をＰＡＮＴＡも務めた。人間椅子もイカ天を通過したバンドだが、九〇年頭脳警察のドラマーを務めた後藤マスヒロ（六五年生まれ）が人間椅子に参加したことやマルコシアス・バンプとの交流を考えると、ＰＡＮＴＡとイカ天の関係は結構深いといえるかもしれない。

僕はほとんど、Ｔ・レックスしか聴かないんだよね。別に理由があってＴ・レックスしか聴かないわけじゃないんだけど（笑）。ほかの音楽は聴いてもつまらなくて、アルバムなんか丸ごと聴けない。とにかくマーク・ボランがＲＯＣＫを聴く最初のきっかけで、今でもそのまんまという話で（笑）。さっぱり広がらなかった。ほかにはそうだなあ、キャロルはよく聴いたな。キャロルは別の意味で僕にとって大切なものだと思っている。もちろん頭脳警察や身近な人の音楽は聴くけど、日常的に音楽を自分の周りに流しているタイプじゃないんだよね。

　ギターをはじめたきっかけは、なんとなく弾きたくなって自然と手にしたという感じ。T・レックスを聴いて弾きたくなった部分は大きいとは思うけど。T・レックスを知る以前から、なんとなく弾きたいと思っていたな。ギターをはじめた頃は練習ということで、いろいろな人のアルバムを聴いたりしたけど、やっぱり丸ごとアルバムを聴くことがあまりなかった。レッド・ツェッペリンやエリック・クラプトン（g&vo：四五年生まれ）などをギターを練習するために聴いたけど、T・レックス以外、触発されるものには出会わなかったというか。

　五〜六年前まで自分は音楽が好きだと思っていたんだけど、実は自分は音楽が好きじゃないことに気がついた（笑）。僕は「T・レックスが好きなだけなんだ」と気がついたら、なんだか気持ちが楽になったね。

　そう考えると、PANTAは音楽が好きだね。興味の裾野も広い。流行を追いかけるタイプじゃないけど、ポップスから民族音楽まで興味の範囲が広いよね。PANTAと音楽の話をしていると、しまいには「シンコペーションの語源はね」とか、そんなところまでいっちゃう（笑）。


そして秋間氏は、九〇年頭脳警察のアルバム『7』のレコーディングに参加する。

しばらくしてマルコシアス・バンプは、ビクターから『IN KAZMIDITY』（九〇年十月発表）を出すわけだけど、『7』（九〇年十一月発表）のレコーディングに参加したときは『IN KAZMIDITY』が出る前だから、厳密にいうとアマチュアの僕と佐藤研二（b：六三年生まれ 元マルコシアス・バンプ）を使ってくれたわけだね。

　だから、PANTAの事務所からオファーがあったときは「僕なんかがやって、いいのかな?」と思った。でも、うれしかった（笑）。PANTAとは「GLAM ROCK EASTER」などで、それ以前から付き合いがあったけど、今回は頭脳警察だからね。やっぱり「いいのかな?」って感じだよね。まあ、どういう理由で僕に声をかけてくれたのか詳しくは知らないけど、そういう人選ひとつとってみても、PANTAの独自の感性というか、枠にとらわれないなにか一貫した自由な考え方があるように思えるね。

　それで僕は収録曲「イライラ」でギターを弾かせてもらったんだけど、『7』のデモテープがあって、レコーディングに参加する前に参考資料としてもらったんだよね。そのなかにすでに「万物流転」が入ってて、車を運転しながらカーステレオで「万物流転」を聴いた途端に涙が出てきて……なんかわからないけど……言葉で表現できるようなものじゃないんだけど……歌詞も曲も……理屈じゃなくて、なにかものすごいものを創ったという感覚に襲われた。

　とにかく、ものすごくカッコ良くて泣いてしまいましたね。イントロの太鼓の音から、スケールがあまりにもデカい気がして。太鼓の音は、動物の皮を張ったような大きな太鼓を、山の頂上で叩いているイメージというか。歌詞も曲もサウンドも、こんなにスケールの大きい曲はほかにないと思う。

　『7』に収録されている「万物流転」より、デモテープの「万物流転」のバージョンのほうが、個人的には好きなんだよね。デモテープの「万物流転」は、歌詞がもうワンブロックあってメロディもそこの部分はほかとは、ちょっと違うんだよ。二〜三年前だったかな、あるときＰＡＮＴＡにデモテープの「万物流転」の話をしたら「あれ、そんなのあったっけ?」っていう感じで、全然憶えていなかった(笑)。スタッフも憶えていない。

それでデモテープを聴いてもらったら、やっと思い出して(笑)。それでＣＤに収録されていない部分の歌詞が自分には聞き取れないので「なんて歌っているの?」って訊いたら「わかんない。憶えてない」とか言っているし(笑)。歌詞を思い出してもらおうと思って、何回か聴いてもらったら「あ〜、思い出した。この曲、長すぎるからこの部分を削ったんだ。演奏していて、どうもなにかを忘れているような気がしてしょうがなかったのは、最初に創ったときはこの部分があったから、それがイメージとして残っていたんだな。これで納得」とか言ってた(笑)。

ＣＤに収録されたバージョンでも六分三十六秒もあるから、この部分を入れたら八分近くなってしまうので、長いというのはわかるんだけど、僕としたら削らなくてもよかったと思うな。ハッとするような言葉が入っていて、歌詞の内容も深いし。

このデモテープのバージョンをなにかのときにボーナス・トラックみたいなかたちで出そうって、ＰＡＮＴＡやスタッフに言ったら、音源が残っていないらしいんだよね。僕が持っているデモテープは、聴きすぎてノイズだらけになっているから、マスターにはならないし。デモテープのバージョンを僕は勝手に完全バージョンって呼んでいるんだけど、あれが世に出せないのは残念。ＰＡＮＴＡが主催する「UNTI－X 'mas」(〇一年十二月二十四日 Doors)というイベントで、完全バージョンをＰＡＮＴＡと一緒に演奏したときはうれしかったな。

あとデモテープで印象に残っているのは「6000光年の誘惑」だな。デモテープはPANTAのギター一本で演奏されているんだけど、ギターソロもPANTAが弾いているんだよ。それで、ギターソロに入るときに「ギター！　ジェフ・ベック！」とか叫びながら弾いているの（笑）。それがホント良かったりするんだけど。だから「あの叫びながら弾いているギターソロいいじゃない？　そのままCDにしようよ」って言ったら、すごくいやがってた（笑）。

だけどCDになってからこの曲を聴いたら、デモテープのPANTAのギターソロのフレーズが結構そのまま使われているんだよね。ギターは大槻啓之さん（五六年生まれ）が弾いているんだけど、PANTAのフレーズを生かしているんだよ。PANTAの創ったフレーズをふくらませるために、アームを使ったりして派手にしてはいるけど、素材の良さを生かしているという感じなんだ。

アルバム『歓喜の歌』に収録されている「最終指令〝自爆せよ〟」のイントロの藤井一彦くんが弾いているギターのフレーズをずっとカッコいいと思っていたんだよ。だけど今回出たボックスセット『頭脳警察 LIVE Document 1972－1975』に収録されている「最終指令〝自爆せよ〟」の七〇年代のライブの演奏を聴いたら、すでにイントロのそのフレーズをPANTAが弾いているんだよね。

きっと、ギターのリードのフレーズなんかも結構PANTAが考えているケース多いんだろうね。たぶん曲を創るときに、それは作詞をしているときかもしれないけど、PANTAの頭のなかにはそういうフレーズがすでに鳴っているんじゃないかな、同時にというか。だからPANTAには「最終指令〝自爆せよ〟」のイントロにしても、時を経てもあのフレーズが必要なんじゃないかな。ほかのフレーズじゃダメなんだと思う。PANTAのなかでは、歌詞とメロディとギターのフレーズが一体となって、ひとつの歌として成立しているんだろうね。

ボックスセットを聴いてわかったことなんだけど、ＰＡＮＴＡが三十年以上ファンに愛されている理由のひとつに、ＰＡＮＴＡのなかから生まれてくるギターのフレーズのカッコ良さもあると思うんだよね。「最終指令〝自爆せよ〟」のイントロにしても、聴いている人にとってはやっぱりあのフレーズが必要であり、カッコいい部分なんじゃない？　そういう詞と曲とギターのフレーズやアレンジの一体感が、ファンを引きつけるんじゃないかな。僕にとっても、あのイントロのギターがなかったら「最終指令〝自爆せよ〟」のグレードは、今のイメージより低いものになってしまうもの。「万物流転」のチョーキングみたいなギターもすごくカッコいいよね。ＰＡＮＴＡを語るときに見落とされがちだけど、このへんにも彼の魅力があるはずだよ。

ところで「銃をとれ！」のイントロのベースラインは、どうやって生まれたんだろう。あのベースラインはあきらかに、曲や歌詞を創る過程で同時進行で湧き出てきたものとしか思えない。どう考えても取ってつけたものではないでしょう。さらにいえば、「銃をとれ！」のギターのリフは、日本のロック史上、もっとも偉大なリフだと僕は思っている。この曲はベースラインが印象に残るけど、ギターのリフもカッコいい。

アルバム『マラッカ』に収録されている「極楽鳥」のギターのリフも、ＰＡＮＴＡが自分で考えたと本人から聞いたことがあるよ。ＲＯＣＫのカッコ良さのひとつにリフのカッコ良さがあるじゃない？　だけど日本のＲＯＣＫには、洋楽のように有名なリフがあまりないのはどうしてなんだろう。海外にはクリームの「サンシャイン・オブ・ユア・ラブ」（六七年発表）しかり、ディープ・パープル（主に六八年から七六年に活動）の「スモーク・オン・ザ・ウォーター」（七二年発表）しかり、有名でカッコいいリフがたくさんあるけど、日本で思いつくのは、キャロルの「ファンキー・モンキー・ベイビー」（七三年六月発表）ぐらいかな。日本には有名でカッコいいリフが少ないよね。

リフは「楽曲で繰り返し登場する印象的な短いフレーズ」などのことで、「refrain」が語源と思われる。個人的には、ビートルズの「デイ・トリッパー」（六五年十二月発表）が頭に浮かぶ。

頭脳警察が生ギターとボンゴというアコースティック編成でもＲＯＣＫだった理由のひとつに、このリフがあると思うんだよ。それは『ファースト』の「銃をとれ！」や「赤軍兵士の詩」などを聴くとわかるんだけど、アコースティック編成でやっていても生ギターにＲＯＣＫのビート感やリフが乗っていて、完全なＲＯＣＫになっている。

自分が知っている範囲では、このようなリフはフォークと呼ばれる人たちの楽曲にはないな。たぶん、リフを中心に曲を構成するという発想がなかったんじゃないかな。ＲＯＣＫのカッコ良さとしてのリフを、当時のリスナーやＰＡＮＴＡ自身がどこまで具体的に意識していたかはわからない。でも、きっとＰＡＮＴＡは本能的にカッコ良さを感じとっていたんじゃないかな。だから無意識に指が動いて「銃をとれ！」のあのリフが生まれたんだと思うよ。無意識に表現されたＲＯＣＫ的センスがリスナーにも伝わったから、アコースティック編成でも頭脳警察はロックバンドだったんだと思う。

そう思って聴いてみると、意外と頭脳警察のサウンドには、リフのカッコ良さがちりばめられているんだよ。カッコいいリフを生み出せるという意味で、ＰＡＮＴＡは僕のなかではギタリストなんだよ。チャラチャラただ弾いているだけじゃないという本当の意味でのギタリスト。奏法などで決して難しいことをやっているわけではないけど、すごく耳に残るギターというか、シンプルだからこそＰＡＮＴＡの生み出すフレーズはいいんだよ。

たとえば八〇年代のヘビーメタルが逆の例だと思うんだけど、高度な演奏技術があると、テクニックに走りすぎて、かえって耳に残るリフを創ることができない。ただ技巧に走っているだけだなあと、僕には感じられるギタリストがいないこともない。本来ＲＯＣＫは技術をひけらかすものではないと、僕は思っている。単純でカッコ良ければそれがいちばん理想なんだけど、ヘビーメタルのギタリストのなかには、そういうシンプルな表現ができないから複雑な方向にいってしまっていると思える人もいるんだよ。だから頭脳警察のやっていることは、ＲＯＣＫの魅力を研ぎすましたひとつのかたちだと思うよ。

ＰＡＮＴＡのギタリストの部分でいうと、レコーディングに立ち会っていると「（この曲の）ここはどういうふうに弾けばいいかなあ」とか、僕に質問することもあった。どの曲のどこの箇所だったかは、もう記憶にないけどリードギターのフレーズだったのは確か。それだけギターのフレーズにどん欲なんだよ。

とにかく『７』のデモテープは、完成度のかなり高いものだった。このままでもいいんじゃないかというレベル。「これがデモで、これからが本番なんだ？」と思った記憶がある。

完成度の高いデモテープやギターのリフなど、秋間氏の頭脳警察の考察から、ＰＡＮＴＡとＴＯＳＨ

ーの「本当の意味で音楽が好きだという気持ち」がみえてくる。PANTAが自分自身を語る言葉「グレート・アマチュアリズム」を借りるなら、楽しく・少年のように・凝りながらデモテープを制作する姿が目に浮かぶようだ。

そして秋間氏は「イライラ」にギターを入れる。

「イライラ」のレコーディングは、音合わせなどの打ち合わせはなく、いきなりだった。当日スタジオに行って、すでにできている音にギターをかぶせるという自由な環境で、「ここでこういうフレーズを弾いて」というような話はまったくなかった。だから「僕を使うんだから、マーク・ボラン的な要素があったほうがいいんだろうな」と思って、そういう音を意識して弾いたんだけど、PANTAから「それはやりすぎ。違う」と言われてしまった(笑)。完成したものを聴いてみたら、たしかに僕が最初に弾いたものは、曲のイメージには合っていなかったな。CDに入っている音が正解。

スタジオにはTOSHIもいたんだけど、TOSHIは結構酔っぱらっていて、最初に弾いたものに対して「最高！ OKだよ！」とか言ってくれた(笑)。そのひとことが、気分をすごく楽にしてくれたな。その日のスケジュールは、僕が弾く前からすでに遅れていて、僕のあとにも録らなければならない予定がたくさんあったんだよね。それに加えてビクターのもっとも良いスタジオでのレコーディングだったり、僕にとって初めての頭脳警察だったり、プレッシャーになる要素がたくさんあったんだけど、TOSHIの言葉で気が楽になった。

『7』を録音したスタジオは、すごくライブな部屋で、とにかく響く。リバーブをかけてもかけてなくても関係ない感じ。こんなライブなスタジオでやったことがなかったから、音決めもちょっと戸惑ったりした。僕は六〇年代初頭のブリティッシュ・ロックの感じがするアンプを持って行ったんだけど、逆にＰＡＮＴＡのギターの音は、九〇年当時の音に近いものだった。

ＰＡＮＴＡ自身の感覚は、きっと七〇年代の頭脳警察の頃と変わっていないんだろうけど、レコーディング環境が変われば、当然音質も変化するよね。たぶんＰＡＮＴＡは無理に七〇年代の音を再現しようとは考えていなかったんだと思う。それに対して僕は逆行して、昔の頭脳警察に合うような音で弾いていたかな。ただ、そういう肌触りのような音の感覚は、ある程度時間を経て聴いてみないと、自分でも客観的にわからない。

秋間氏には、マーク・ボランと頭脳警察のサウンドはどのように映っているのだろうか。

アルバム『マラッカ』には、マーク・ボランの追悼歌の「極楽鳥」が収録されていて、インナーにはマーク・ボランの写真まであるから、マーク・ボランのファンは「極楽鳥」でＰＡＮＴＡをリスペクトする部分が結構あると思う。そうじゃなくても、ティラノザウルス・レックスとほぼ同時期に、パーカッションと生ギターという同じ編成でやっていたということで、マーク・ボランのファンは頭脳警察に対して好意的だよ。

『7』のデモテープを聴いたとき、僕にはティラノザウルス・レックスのアルバム『ユニコーン』（六九年五月発表）の雰囲気が感じられてうれしかった。とくに「万物流転」には、収録曲の「ユニコーン」の

70年代のTOSHI

雰囲気がするんだよね。全然違うタイプの曲ではあるんだけど、僕にはそう感じられたんだよね。だから「GLAM ROCK EASTER」で、PANTAが「万物流転」のあいだに「ユニコーン」を挟んで演奏したりするけど、全然違和感がない。たぶんお客さんも違和感なく「万物流転」と「ユニコーン」の合体バージョンを聴いていると思う。

「謙虚な昼寝」も『ユニコーン』に収録されている「シー・ビースト」の雰囲気が、僕には感じられるんだ。あとは「6000光年の誘惑」には、アルバム『エレクトリック・ウォーリアー』（七一年九月発表）の香りがする。「万物流転」も「謙虚な昼寝」も「6000光年の誘惑」も、昔からの頭脳警察の正統的な曲として違和感なく聴けるけど、マーク・ボランの曲と聴き比べるといろいろな発見があって楽しいよ。もちろんコピーとかそういう意味じゃなくてね。

PANTAもTOSHIも若い頃に『ユニコーン』をとにかく聴き倒したというから、『7』を創るときも頭の片隅のどこかに残っていたのかもしれないね。ふたりは意識していないんだろうけど『ユニコーン』が記憶のどこかに残っていて、それが香りとして漂っているというか。

『7』は今聴いてみると、TOSHI曰く「『さようなら世界夫人よ』以来の名曲『People』」が収録されているし、やっぱりある程度年齢を経てでき上がったアルバムだと思う。

「People」を初めて聴いたときは、それほどインパクトはなかったけど、時間の経過とともにじわじわ沁み込んでくるんだよ。こういうじわじわくる曲を創ることができるようになったことに、年輪みたいなものを感じる。それにしてもアルバムの一曲目が「腐った卵」っていうのはできすぎだよなあ。


イベントなどで、PANTAとプレイする機会も多い秋間氏であるが、ライブパフォーマーとしてはどのようにみているのだろう。


「コミック雑誌なんか要らない」みたいなロックンロールのスリーコードの曲でも、スリーコードの部分は壊さないで、小節数が違ったり、繰返し方が歌詞の字数で不規則になったり、必ずどの曲にも独自な部分があるんだよね。だからPANTAの曲はすごく演奏が難しい。

でも、それがまた作曲に対して制約されていない自由な感じがするし、心地良いというか、プレイしていても楽しい。不規則な部分に、PANTAの創っているときの心がそのまま残っているような気がするんだよ。もし「コミック雑誌なんか要らない」が単なるスリーコードだったら、すぐ飽きてしまうと思うんだけど、でもそうじゃないから、演奏するたびにテンションが上がるというか、音楽の楽しさを感じる。アルバム『誕生』に収録されている「メカニカル・ドールの悲劇」もロックンロールのスリーコードなんだけど、普通のスリーコードとは違っていて、そこが心地いいんだよ。アルバムを聴いているだけでは、それほどわからないかもしれないけど、頭脳警察のステージを観たり、一緒にプレイしていて感じるのは、ＰＡＮＴＡというミュージシャンは、ＰＡＮＴＡ＝ボーカルというより、ＰＡＮＴＡ＝ギター＆ボーカルというスタイルで成り立っているのかなと。やっぱり頭脳警察の曲は、ＰＡＮＴＡがギターを弾かないと雰囲気が出ない。

僕も自分自身をギター＆ボーカルと思っているから、とにかくギターのリフだとか、そういうものと歌がワンセットに成立していないとダメ。そういう部分で、ある種ＰＡＮＴＡと自分には共通するものを感じる。ＰＡＮＴＡもボーカルだけだと寂しいからギターを持っているというタイプとはあきらかに違うじゃない？　もちろん、ＰＡＮＴＡはギターソロまでバリバリ弾くわけじゃないけど、たとえばバンドにいるほかのギタリストに対して、ヒントになる音やフィーリングを与えるタイプなんじゃないかな。

ＰＡＮＴＡのピッキングは独特。イメージ的には力任せに弾いている印象があるかもしれないけど、パンクにみられるような乱暴なピッキングとも違う。とくにエレキギターを弾くときのミュートの繊細な感じは、ＰＡＮＴＡ独自のものだと思う。「銃をとれ！」を聴くとよくわかるけど、ミュートしてピッキングしている。七〇年代の頭脳警察は、基本的にこのミュートしてピッキングする奏法で通しているんだよね。

「銃をとれ！」の奏法はＰＡＮＴＡ独自のもので、完全コピーするのは難しい。というか、たぶん無理。あのボーカルと一緒にギターがうねったりするような感じは、真似しようと思って真似できるものではない。

ＰＡＮＴＡの音楽活動を顧みると、頭脳警察のようにワンステージにおいて、全曲ギターを弾くことのほうがめずらしい。ワンステージ全曲ギターを弾くのは、頭脳警察とアコースティック・ユニットの「さざ波」ぐらいだろう。七〇年代の頭脳警察以降に組んだセカンドやＰＡＮＴＡ＆ＨＡＬ、八〇年代の通称ＰＡＮＴＡバンドでは、ワンステージで二〜三曲弾く程度だった。だから筆者にはギタリストというイメージがあまりない。

ハンドマイクのＰＡＮＴＡのイメージが先行してしまうと、ＰＡＮＴＡのギタリストとしての資質が見えなくなってしまうということに今さらながら気がついた。「ほかのギタリストに対して、ヒントになる音やフィーリングを与える」という秋間氏の言葉は、まさしくミュージシャン、バンドマンだからこそ見える部分かもしれない。

さて、ＴＯＳＨＩに関してはどうだろう。

ティラノザウルス・レックスのスティーヴ・ペレグリン・トゥック（四九年－八〇年）のパーカッション・スタイルは、さまざまな民族音楽のごちゃ混ぜみたいな感じなんだよね。決してラテン系ではない。「King of the Rumbling Spires」（六九年七月発表）はドラムセットで叩いているんだけど、ベードラ（バスドラム）なんか踏んでいないし、ドラムをパーカッションのように叩いている。ドラムの基本ビートにとらわれていなくて、カッコいい。ＴＯＳＨＩのドラムにも、そういうドラムの基本ビートにとらわれていないものがある。スティーヴ・ペレグリン・トゥックと感覚的に近いものを感じるんだよね。

パーカッションってラテン系の音楽というイメージが強いけど、ＴＯＳＨＩには全然ラテンの感じがしなくて、絶対ＲＯＣＫなんだよ。ＴＯＳＨＩがどういうところからパーカッションを始めたか、僕は詳しくは知らないけど、ラテンよりもアフリカンな感じがする。ＴＯＳＨＩのパーカッションはアフリカン・ビートっぽい。

ロックバンドにパーカッションを参加させるとラテン系の演奏をされて、大間違いになるケースが多い（笑）。日本にはホント、ＲＯＣＫのフィーリングを出せるパーカッションを叩ける人は、ほとんどいないと思う。ＴＯＳＨＩの音楽的バックボーンってみえないけど、ＲＯＣＫのパーカッションを叩ける数少ないミュージシャンじゃないかな。だからそういうパーカッションがいるという点だけでも、頭脳警察は日本のロックシーンにおいて、オリジナルなサウンドを獲得しているわけ。

バンドって、多かれ少なかれ普通バックボーンが見え隠れするけど、頭脳警察にはそういうものが見えない。ＴＯＳＨＩのパーカッションもそうだけど、ＰＡＮＴＡも誰かのギターに憧れて、がむしゃらに練習した感じがしない。ふたりからは音楽が好きだという気持ちはすごく伝わってくるし、その幅は広いんだけどバックボーンが見えない。ふたりに共通した特徴だと思うよ。

たとえばロックン・ロールが好きなヤツって、ロックン・ロールばかり聴いているケースが多くて、ＲＯＣＫから外れた音楽まで聴かないのが普通だけど、ふたりとも限定しないで、オールマイティーになんでも聴いているんだよね。そういう意味では、あえてバックボーンという言葉を使えば「単に音楽」ということになるんだろうね。

それとボックスセットで当時のライブの演奏を聴くと、ＴＯＳＨＩの演奏力の高さが良くわかるよ。当時のＰＡの状況やＴＯＳＨＩのキャリアなどを考えると「よくここまで叩いているなあ」と思う。ところどころブレている箇所もあるけど、ライブだから、どういう状況でブレたかはわからない。そういうことを考えると技術的にも高かったと思うよ。なんか、ＰＡＮＴＡがよく「ＴＯＳＨＩのリズムはなあ」みたいなことを言うから、みんながその言葉に引っ張られているところがあるけど、ライブの音を客観的に聴けば、決してそんなことはない。むしろ当時としては、テクニックがしっかりしているドラマーだと思う。

今のレコーディングは、リズムボックスがあって、それに合わせてドラムもギターも演奏するケースが多いけど、僕はそのやり方に違和感があるんだよ。曲のテンポは最初から最後まで一定だというのが正しいことなのかと思うんだよね。フレーズによっては、テンポを上げるぐらいじゃないと逆にしっくりしないとか、一定にするとモッタリ感じることもあるだろうし。そういうことを最近とくに感じていて、自分たちのレコーディングでは、感覚的に正しいテンポを優先している。

だから七〇年代にＰＡＮＴＡとＴＯＳＨＩが一時的に離れたとき、その理由にＰＡＮＴＡが「リズムを正確に叩け」みたいなことを言って、ＴＯＳＨＩが「俺は機械じゃない」と言ったという話があるけど、リズムが不正確だったのではなくて、ＴＯＳＨＩは感覚的にそこに行きたかっただけで、きっとＴＯＳＨＩとしては感覚的に正しいテンポを優先していたんだろうね。その行きたいところがＰＡＮＴＡとＴＯＳＨＩのあいだで、その時期はたまたま違ったのかなと。

実際、パーカッションは少しリズムが暴れているほうが、ホントはカッコ良かったりするんだよね。以前、アフリカ人のパーカッショニストとセッションをしたんだけど、彼のパーカッションはリズムのブレみたいな暴れ具合に土着の雰囲気が出るんだよ。それがすごく良かった。

リズムが全部キッチリしていたら、たぶんその音楽は全然つまらないものになってしまうだろうね。TOSHIにしてみたら、そういうブレる感じが正しいんだよ。それを否定されたら、やっていられなくなっちゃう（笑）。全部キッチリしているなんてきっとカッコ悪いよ。もちろんPANTAも全部キッチリしているほうがいいなんて考えていないと思うけど、ふたりのブレ方が生理的に相容れなかった時期があったということなんだろうね。僕はリズムについて、こういうふうに最近感じたり考えたりしているんだけど、それをTOSHIが二十歳そこそこで感じていたとしたら、すごいことだと思う。

一緒に音を出してみて、良いドラマーだと思うのは、僕の場合はやっぱり確固たるポリシーがあって、こちらが投げた音やリズムに対してきちんと返してくれるヤツだな。そしてドラムに対する執着心が強いヤツ。

たとえばギターは、音色にしてもフレーズにしても、自分を主張できるポイントは結構多かったりするんだけど、ドラムは叩く音数も決まっているし、ある程度裏方といえば裏方だったりするから、そういう限られたポジションのなかで自分をアピールしなければならない。限られたなかで、自分をアピールできる、自分自身の個性をもっているドラマーは、どうしても少数だよね。そういう意味でも、TOSHIは自分のスタイルをもっている数少ない日本人ドラマーだと思うよ。

「パーカッションは少しリズムが暴れているほうが、ホントはカッコ良かったりするんだよね」と語る秋間氏にとって、ROCKにおける演奏力とはどういうものなのだろうか？

巧いバンドは山ほどあるんだよね。だけど巧いというのと、カッコいいというのは別物。キース・リチャーズ（g＆vo：四三年生まれ）が巧いかといえば、どうなんだろうと思うよね。でも、ひたすらカッコいい。キースがジャーンと一発やったら、もうそれでOK。

ROCKのライブに足を運ぶ人の気持ちは、クラシックのバイオリンのソロに求めるものとはあきらかに異なる。ROCKの刺激やカッコ良さを求めているわけだ。だから、いくら巧いギタリストが早弾きをウワーッとやったところで、つまんないものはつまんない。だけどキース・リチャーズが、一発ジャーンと弾き下ろしただけでも、カッコいいものはカッコいい。この「カッコいいものはカッコいい」という部分を表現できることが、「ROCKにおける演奏力がある」と言えることなんじゃないかな。

クラシックは、基礎などの確固たる演奏力がないと表現できない音楽かもしれないけど、ROCKは全然別なもの。というより、別じゃないと存在価値がない。ROCKは演奏力がなくても人に感動を与えられる音楽で、演奏力がなくても人に感動を与えられるミュージシャンが、ROCKを表現できる選ばれた表現者ということだと思う。

ジョニー・サンダース（vo＆g：五二年－九一年）がそうじゃない？　あの人はギターをガンガン弾きまくるけど、ピッチが全然あっていなかったりする。でも、そういうピッチのズレを感じさせない。チョーキングが上がりきっていなくても全然違和感がない。それは、その上がりきっていない音が、ジョニー・サンダースが出そうと思った音だから。

そういうのが、ROCKのカッコ良さだと思う。なんか、ウマげに弾いているギタリストがヘタなビブラートとかかけると、聴いていられなかったりするじゃない？（笑）　ジョニー・サンダースのギターは、他人がマネのできない彼だけのもので、他人ができないものをもっているということが、やっぱりROCKに関してはいちばん大事な部分かな。

PANTA&HALのアルバムは、テクニックが光る印象があるが。

PANTA&HALの「極楽鳥」は、高度な演奏力とROCKにおけるカッコ良さが、うまく交じり合った成功例。「極楽鳥」は音楽的に難しいことをやっているんだけど、それを感じさせないシンプルでカッコいい曲だよね。難しいことを難しいと感じさせないで、なおかつシンプルなサウンドに仕上げる演奏力。このへんにもROCKにおける演奏力の答えがあるんじゃないかな。「極楽鳥」いいよね(笑)。

それにしても「極楽鳥」のあの変拍子は、とても興味深い。PANTAが創った初期の段階で、すでにあの拍数を踏んでいたのか、それともバンドでサウンドを練る過程で生まれたものなのか。フュージョンが流行っていたから、ということではないんだろうけど、アルバム『マラッカ』自体、PANTAの一連の作品のなかでは、フュージョンのテクニカルなサウンドが表現されている。

だけど決して、フュージョンのテクニカル主義に流れているというわけではない。たぶん、PANTAがギター一本で創ったもっとも粗い状態に対して、各メンバーがリズムを考えて変拍子にしたり、コードを工夫していろいろな味つけをしているんだろうけど、それが曲の原型とうまく融合している。だから安易にフュージョンに寄っていないんだと思う。こういうように練って創り込んで、どういう結論を導き出せるかということも、ROCK的な演奏力を問われる部分だと思うよ。

七二年に発表されたアルバム『セカンド』を聴くと、どうしてもやっぱり三十年前の音だし、当時の録音機材の幼さなど気になる点は避けられない。良くいえば趣があるし、悪くいえばやっぱり古い。だけど僕が『セカンド』を今聴いて感じるのはそういうことよりも、演奏のグルーブ感なんだよ。時代背景やレコーディング状況を差し引いても、あまりある乱暴な演奏。ベースがちょっとぐらい間違っていても、そのまま入っていたりするけど、でもそれが気になるかというと、全然気にならない。それよりPANTAとTOSHIのスピリッツみたいなものが、演奏が乱暴だから逆にすごく伝わってくる。

ボックスセットのライブからも、そういうスピリッツが伝わってくる。チューニングが合っていなくても、突っ走っているステージもあるし、僕なんかとてもこのチューニングじゃできないと思うものもあるけど(笑)。でもPANTAはそれでも思いっきりエネルギッシュにやっている。圧倒されちゃうよね。これでいいんだというエネルギーに圧倒されちゃう。このエネルギーを感じることがROCKなんだよ。

逆に『ファースト』を初めて聴いたとき、ライブなのにチューニングは狂っていないし、演奏力の高さにびっくりした。ライブを録る当時の環境や、イベントだったということを考えると奇跡的だよ。だからエレクトリック編成のロックバンドばかりが出演するイベントのなかで、PANTAとTOSHIがふたりでアコースティックで演奏しても、全然見劣りしなかったんだろうなと想像できる。

アコースティックで演奏した頭脳警察のエネルギーは、ほかのエレクトリック編成のバンドと同じか、それよりも大きかったと思うよ。きっとそこにいたお客さんには、頭脳警察のエネルギーは伝わったんじゃないかな。頭脳警察が放出するエネルギーが大きかったから、アコースティック編成でもロックバンドとして受け入れられたんだと思う。いやあ、『ファースト』のライブは実体験してみたかったなあ。

七〇年に「クラリンゲン・ポップ・フェスティバル」という大規模な野外イベントがオランダで開催されてね。サンタナ（六六年から活動）やピンクフロイドなどが出演したウッドストックのオランダ版みたいなものだったんだけど。そこにT・レックスはパーカッションとエレキギターのふたり編成で出演しているんだよ。だけど、ほかのロックバンドと比べて、なにも物足りなさを感じない。むしろ迫力や演奏力があるし、ほかのバンドのヘタさが目立ってしまうというか。頭脳警察の『ファースト』からも似たような情景が浮かんでくるね。

たぶんROCKという音楽には、編成や人数を超える「なにか」があるんだよ。だから頭脳警察のアコースティック編成には、きっとこの「なにか」があったんだろうね。この編成でエレクトリックバンドに挟まって、何十分かのステージを聴かせるのは編成や人数を超える「なにか」をもっていないと不可能でしょう。音楽にはこういうマジックがあるからミュージシャンって辞められないんだよ。

七〇年代に発表された頭脳警察の楽曲に、秋間氏はどのような印象をもっているのだろう。

七〇年代初頭の日本のロックシーンは、僕は年齢的に実体験はしていないんだけど、いわゆるギターソロが永遠と続くニューロックの時代だよね。そういう状況のなかで、頭脳警察は周りに左右されずに自由に曲を創っていたと想像できる。デビューしたときから「銃をとれ！」と「さようなら世界夫人よ」という対極の曲が存在していたことが、自由なスタンスを象徴している。この自由なスタンスは、PANTAとTOSHIのその後のソロにもいえるし、現在の頭脳警察でも変わらないけど。

今まで僕は、頭脳警察とＰＡＮＴＡのソロは、ＰＡＮＴＡのなかで区別するラインがあると思っていたんだけど、こうやって頭脳警察を改めて聴き直してみて、実はあまり線引きがないことに気がついたんだよ。アルバム『仮面劇のヒーローを告訴しろ』に収録された「まるでランボー」は、「マーラーズ・パーラー」の伏線を感じるし、ＰＡＮＴＡとスタジオミュージシャンで創ったアルバム『誕生』と『仮面劇のヒーローを告訴しろ』は、ＴＯＳＨＩがいないからだと思うけど、ソロになってからのＰＡＮＴＡに近いような感じがする。

「さようなら世界夫人よ」や「銃をとれ！」などの有名な曲は、さすがに名曲だと思うし、もちろん好きだけど、「いとこの結婚式」などのあまりメインではなくても興味深くていい曲があるんだよ。『セカンド』に収録された「いとこの結婚式」はシングルカットされた曲だけど、頭脳警察の王道かといえばそうじゃないよね。「銃をとれ！」や「ふざけるんじゃねえよ」などの一連の曲が、どうしても頭脳警察の一般的なイメージとしてあるけど、でも実際には同時期に「いとこの結婚式」や「ふりかえってみたら」などのポップな曲を『セカンド』でやっているわけ。計算していないという意味で、この共存性に頭脳警察の純粋な部分を感じるんだよね。それこそ僕が二十歳そこそこのデビューしたてで、「銃をとれ！」のような曲で有名になったとしたら、同じようなハードな楽曲で固めると思うよ。バンドのイメージを創りあげるためにね。

でも頭脳警察にはそういう計算した部分がないんだよ。初期には革命三部作が代表曲で、リスナーのイメージとしては革命三部作がドンとあった。そこから時間の経過とともに、頭脳警察のサウンドはだんだん変化していったように思われがちだけど、『ファースト』や『セカンド』を聴くと、実際にはそういうハードな楽曲で固めていたわけではないよね。『ファースト』には「戦争しか知らない子供たち」や「言い訳なんか要らねえよ」などのポップでライブでウケるような曲が収録されているし、『セカンド』にも「いとこの結婚式」や「ふりかえってみたら」「お前と別れたい」のようなポップな曲が収められている。「言い訳なんか要らねえよ」はストレートパンチを喰らったようなインパクトがある（笑）。ある意味、革命三部作よりも一発で観客をダウンさせられる楽曲だと思うな。

たしかに各アルバムには、ストレートで激しい曲が入っているけど、それと並行してポップで旋律の綺麗な曲が収まっている。この頭脳警察の世界を理解しないと本質はみえてこない。最初から頭脳警察には、いろいろなタイプの曲が同居していたんだけど、なにかひと塊にとらえられがちで、誤解されている部分がある。革命三部作の先入観、そして演奏やアレンジの部分でＰＡＮＴＡのギターの音色がどの曲も似ているから、リスナーが引っ張られてもしょうがないんだけどね。

一般的には「パンクの元祖」といわれているのかもしれないけれど、僕はちょっと違うと思うんだよ。でも僕にとって頭脳警察は、紛れもなくロックバンドであることは確か。「いとこの結婚式」や「ふりかえってみたら」「光輝く少女よ」などは「フォークじゃないの？」って思う人もいるかもしれないけど、僕にはそういう楽曲も紛れもなくＲＯＣＫだしね。

それと曲によっては、のちのフュージョンで使用するようなコードを使ったものもあったり、「銃をとれ！」一色のバンドでは出てこないようなコード進行もみられるんだよ。頭脳警察で使われているコードやコード進行は、僕なんかにしてみれば非常に興味深いものもあるんだよね。そういうコード進行の曲を聴いていると、なんだか新しく創った曲をつま弾くＰＡＮＴＡと、それを寝転がって聴いているＴ

ＯＳＨＩというふたりの絵が浮かぶ（笑）。ＰＡＮＴＡの独特なコード進行のメロディに「ああ、これいいじゃん。うん。いいね」とうなずくＴＯＳＨＩ、ニコッと微笑むＰＡＮＴＡ。そういう情景が思い浮かぶもんな。

「いとこの結婚式」には足踏みオルガンが入っていて、そういう楽器の選定も興味深いね。足踏みオルガンを使うなんて発想は普通ないよ、とくに当時のＲＯＣＫには。僕はこの足踏みオルガンに、単なる効果音とかアレンジを越えたものを感じてしまうんだよ。頭脳警察とほかのバンドのＲＯＣＫへのスタンスや発想の違いというか。

とにかく、足踏みオルガンのもつ意味は大きい。その時代の流行りや主流という発想で音を創っていたなら、普遍性をもち得ないし、すぐに曲が古くなってしまう。裏を返せば、時代を超えるためには、なんの躊躇もなく足踏みオルガンを使えるような自由な発想がなければならない。

あるときＰＡＮＴＡに「『いとこの結婚式』の足踏みオルガンがさあ、いい感じだよね」と話したら、あの音を使うことには随分こだわりがあったらしくて、「そう、あの足踏みオルガンは、ＴＯＳＨＩのお姉さんのオルガンを引っ張り出してきて録音したんだよ」って即答してくれた（笑）。ＰＡＮＴＡの音のこだわり方は「ＲＯＣＫだからこういう音を」みたいなものじゃなくて、「この曲のこの部分には、この音が欲しい」というこだわりなんだよね。アレンジャーがアレンジにこだわるのとは、少し違うこだわりで、その音を体内から要求しているという言い方が適切かな。

アルバム『７』に収録された「ＬＩＶＥ ＥＶＩＬ」のイントロの逆回転の部分やチェロのフレーズにもずいぶんこだわっていたという印象が残っている。「ＬＩＶＥ ＥＶＩＬ」をレコーディングしてい

70年代のPANTA

るとき、たまたま僕はスタジオにいたんだけど、チェロの音をさして「これが秋間と俺の接点だよな」って、PANTAが言ったんだよね。

ピンとくるリスナーは少ないかもしれないけど、たしかにその通りなんだよ。普通は「LIVE EVIL」にT・レックスっぽさを感じないと思うけど、僕にはT・レックスっぽく聞こえるんだよね。聞こえるけど、具体的なエッセンスが入っているわけじゃないから、具体的にどの部分がT・レックスかと尋ねられたら、それは答えられない。だけど、感覚的な部分でPANTAと僕はわかりあえるというか、そのひとつの例として、「LIVE EVIL」のチェロの音があるんだよね。最初スタジオでPANTAに言われたときはピンとこなかったけど、たしかにPANTAと僕の接点の音だと思う。

こうして楽曲を通じて整理してみると、頭脳警察は前提として、どういうタイプの楽曲をやってもROCK以外のなにものでもない反面、時代の流行としてのROCKというものが足枷にならずに自由に自分たちが欲する音を追求していた、ということが言えるよね。

頭脳警察の特徴のひとつである変則ビートについてはどう思っているのだろう。

アルバム『サード』に収録されている「前衛劇団〝モーター・プール〟」は、初めて聴いたときインパクトがあったなあ。アバンギャルドというか、今まで日本の歌になかったものを聴いた気がした。

PANTAは変則ビートが好きだね。「前衛劇団〝モーター・プール〟」や「無知な奴らが舞い踊る」「パラシュート革命」が『サード』に収録されている。『サード』って実質的なデビューアルバムじゃない？

そこに入っているのは驚異だよ。最初からこんな変則的な曲を創っていたんだから、すごいよ。Aメロ、Bメロ、サビみたいな型にもはまっていないし、こういう変則的な楽曲も頭脳警察のほかのバンドと一線を画す特徴だね。

枠にとらわれない感性や変則的な曲から、アーティストというか芸術家というか、そういう部分をPANTAに感じるんだよ。なにげない話をしていても、僕のほうがずっと年下なのにPANTAのほうが音楽的な部分で純粋だと思うことも多い。年齢やキャリアを重ねると、どうしても現実と夢の境目がはっきりしてくるものだけど、PANTAにはそれがあまりない。PANTAとTOSHIは、高校生の頃からバンドをはじめて、それがずっと同じように続いているんだろうと感じる。そうかといって、人に対して気を遣うし、コミュニケーションや対人関係などは常識的なんだよね、あのふたりは。そういう平衡感覚があるから、音楽活動も続けられるんだろうね。

Aメロ、Bメロなどの形式にこだわらないということでいえば、『サード』に収録されている「指名手配された犯人は殺人許可証を持っていた」がいちばんかな（笑）。だけどこのタイトルは、そそられるよね。知らない人が見たらどんな曲だろうって絶対興味をもつよ。きっと、このワンフレーズが出た時点で、PANTAとしては完結されてしまったんだろうね。カッコいいもんね。このセリフ（笑）。PANTAは結構好きなんだよ、この曲。PANTAが「『指名手配』やろうかな」とか言うから、わざと「あれは曲じゃないよ」って言うと「いや曲だよ！」ってムキになる（笑）。

楽曲から眺めると『7』と『歓喜の歌』を含めた『悪たれ小僧』以降のアルバムとそれ以前のアルバムの違いは、変則的な曲が収められているか否かとも言える。『悪たれ小僧』以前は「指名手配」に象徴されるように、体内から出てきたものを次々と曲にして、レコードに収めていたような感じがする。少年期というか、レコードに収める楽曲に対して「こうでなくちゃいけない」という意識がなかったんじゃないかな。普通は「こういうクオリティがなくちゃダメだろうな」という他者に対する意識があって、練習したりするわけなんだけど、ＰＡＮＴＡには、そういう他者に対する意識があまり感じられない。というか、彼独自の意識のなかで創作している。たぶんデビュー前に、そういう取るに足りないことは卒業してしまったのかもしれないね。

アルバム『悪たれ小僧』以降は、変則的な楽曲は見当たらない。だから角が取れたとか、他者を意識するようになったというのとは全然違うよ。『悪たれ小僧』以降は、「あばよ東京」に感じられる奥行きというか深さが曲に出るようになったと思う。

頭脳警察の歌詞に関してはどうか？

ＰＡＮＴＡの歌詞には、大きくふたつのパターンがあると思う。ひとつは「まるでランボー」のようにポエムというか詩的な雰囲気をもっているもの。

こういう歌詞は言葉数が少なくて、詩的であると同時に非常にＲＯＣＫ的な感じがする。「まるでランボー」は訳詞だけど、言葉数の使い方があきらかにＲＯＣＫだと思うよ。

それに対して「ふざけるんじゃねえよ」みたいに口語的なものがある。口語的な歌詞は、「ふざけるんじゃねえよ」でよくわかる通り、頭に浮かんだ言葉を直感的にたたみ掛けるように創ったような印象がある。

口語的な楽曲は、短い小節のなかに言葉をたくさん詰め込む点が特徴。当時でいうと、ボブ・ディランの影響を受けた吉田拓郎さんをはじめ、フォークの人たちにみられる特徴に近い。

ＰＡＮＴＡがボブ・ディランの影響を受けたかどうかは知らないけど、作風としてはそういう部分があると言ってもいい。だけど、それはあくまでも言葉を入れたいがために、そういう創り方になっているだけのことで、それがフォーク的か、ボブ・ディラン的かというとそう簡単な問題でもないけどね。アルバム『７』に収録されている「Quiet Riot」と「ふざけるんじゃねえよ」はイメージとしては異なる楽曲だけど、歌詞の創り方としてはどちらも口語的なパターンに近いと思うな。

そこで思うのは、頭脳警察は歌詞に重点を置いているにも関わらず、当時としては奇跡的にフォークに寄っていないということ。やっぱりＲＯＣＫとしてのビートやリフと歌詞が融合しているから、フォークには決して聞こえない。

とくに当時言われていたことだが、日本語をＲＯＣＫのメロディに乗せるのは、やっぱり難しいのか。

昔から言われていることだけど、日本語をＲＯＣＫのメロディに乗せるのは難しいと僕も思っている。日本語には日本語のイントネーションがあるから、自分の考えたＲＯＣＫのメロディに日本語を乗せようとすると、日本語のイントネーションが勝ってしまうんだよね。そうするとメロディがどんどん変わってしまうわけ。だから僕は日本語のイントネーションよりも、メロディを優先して言葉を乗せたりしている。

それと、英語はたとえば「Ｓｈｅ」というように音（おと）一個で一個の意味をもつ言葉が多いけど、日本語だと「か・の・じょ」と三個の音になる。「SHE LOVES YOU」だと三個の音だけど「彼女はお前が好きさ」だと十一個の音になってしまう。ＲＯＣＫのメロディは音数の少ない英語をあくまでもルーツにしているわけだから、この点において音数の異なる日本語を乗せる工夫や作業が問題になってしまうわけ。

英語と日本語の音数の違いから、自分の表現したいことがＲＯＣＫのメロディのワンセンテンスに収まらないことは多いよ。それを収めるためには、一つの文を一つの単語で表す必要が出てくるわけ。表現は抽象的になってしまうけど、工夫しないと言いたいことをメロディのワンセンテンスに納められない。日本語の「彼女はお前が好きさ」のような一つの文はＲＯＣＫのメロディのなかでは、長くなってしまうので一つの単語に置き換えていく。本来なら一つの文で表現する気持ちを、もっとも近い単語に置き換えるということだね。

そうはいっても一つの文を一つの単語に置き換えることはかなり難しい。自分のなかで感じた瞬間には、その感覚はすでに日本語の文になっているわけで、それを一つの単語またはできるかぎり数少ない単語に置き換える作業をするわけだからね。その気持ちを表現するために、もっとも象徴的な単語を探し出すのはかなり難しい作業で、なかなかうまくいかないけどね。

話は変わるけど、曲というのは三分間程度だけど、そのなかには三時間の映画に匹敵する内容がなければならないと思う。たった三分間の曲のなかに三時間の映画が入っていて欲しい。そう考えると、単語一つのイメージが非常に重要になる。単語一つの力を強いものにしていかないとならない。三時間の映画に匹敵する三分間の曲を創ることは、常に僕の頭のなかにある課題なんだよ。

そういうことも含めて考えると、「極楽鳥」の「少年の夢でさえ　きみにかないはしないだろう」は、必殺のフレーズだよなあ。PANTAはやっぱり詞がすごい。誰もかなわないというか、参ったというフレーズが多い。当時も今も日本の歌詞は、どうなんだろうというものが多いけど、PANTAは実際にクオリティの高い歌詞を書いている。当時から日本語にこだわったという話も納得できるね。


書籍『ラブ・ゼネレーション』（早川義夫著　株式会社シンコー・ミュージック　早川義夫が、六八年から七二年ほどに雑誌等に掲載したエッセイなどをまとめたもの）に収録されている「中年好みの春歌ではなく、僕たちの新しい春歌を」というエッセイで、早川義夫は頭脳警察の「言い訳なんか要らねえよ」と「前衛劇団〝モーター・プール〟」の歌詞を「童貞くさい」と語っている。童貞くさいか否かはともかく、興味深いのは「前衛劇団〝モーター・プール〟」の歌詞の引用が「キャベツの皮をむくより　お○○○なめたい」となっている点である。エッセイの掲載は七〇年なので、「キャベツの皮をむかないで　バナナを食べたい」の部分は、初期にはこのように歌われていたのだろうか（この曲は七二年に発表された『サード』に収録）。また、このエッセイから七〇年には「言い訳なんか要らねえよ」も「前衛劇団〝モーター・プール〟」もすでに演奏されていたことも理解できる。どちらにしても、レコーディング前の楽曲が引用されているということは、早川義夫にとってインパクトの強い楽曲であったのだろう。

その他、興味深いものには『別冊宝島ロックファイルVOL.3』（八八年九月三十日発行　株式会社宝島社）に掲載されている「検証!! 日本ロック詞の歴史」がある。ここに作詞家の岡本おさみ（四二年－一五年）

の言葉があるので引用したい。「岡林やはっぴいえんどをひとつの柱とするならば、頭脳警察はもう一方の柱として登場してきましたね。ものスゴくロックを感じましたよ。彼らの詞には女々しいセンチメンタルさがないし、自分の内面に入って自己反省しないでしょう。それに〝人生とはこんなものだ〟なんて教訓を言ったりしないですよね。骨太で硬質な彼らの文体は、あきらかに岡林やはっぴいえんどとは異質のものですね。そういう無駄な部分が一切ないところがホント、ロックの詞だなって思いますよ」。岡本おさみの考える「ロックの歌詞」の定義が文章全体を私小説と開高健ほどの違いがありますよ」。岡本おさみの考える「ロックの歌詞」の定義が文章全体を通じて見つけられないのが残念ではあるが、頭脳警察の歌詞の本質を簡潔に説明している。流石である。

七〇年代の頭脳警察が活動していた時期、僕は小学校の高学年から中学生ぐらいだった。当時から東京に住んでいたから、たまには新宿にも遊びに行ったりしたけど、なんだか当時の新宿の記憶と頭脳警察のサウンドのイメージが、すごくダブるんだよね。

浮かんでくるのは新宿の東口。現在のマイシティの前あたりかな。青空の明るい雰囲気じゃない。曇り空の下で、そこら辺に座り込んでシンナーをやっているヒッピーみたいな人がいっぱいいる……そんなイメージが新宿にはあるんだけど、頭脳警察を聴いていると、不思議とその頃のそういう記憶が、映像として蘇ってくる。どうしてかはうまく説明できないけど。

やっぱり音楽っておもしろいよね。ＰＡＮＴＡもＴＯＳＨＩもほかのメンバーも、当時の東京の香りのするサウンドを意識したわけではないけど、しっかり刻み込まれているんだよね。東京っていうか新宿の雰囲気が。その香りが時代を象徴しているのかどうかはわからないけど。

ＰＡＮＴＡ＆ＨＡＬは、アルバム『１９８０Ｘ』（八〇年三月発表）で「東京」を描くわけだが、その「東京」のイメージを「新宿の東口付近」とＰＡＮＴＡは語っている。ＰＡＮＴＡのかつての遊び場所に「新宿の東口付近」があったからだろうか、ＰＡＮＴＡのなかで「新宿の東口付近」が原風景として無意識に残っているようだ。

七〇年代の新宿といえば、新宿西口フォークゲリラやゴールデン街などがキーワードになるが、そのいずれにもＰＡＮＴＡは縁がなかったようだ。ＰＡＮＴＡが当時の文化や風俗の主流に身を置いていなかったことは、当時の頭脳警察の世界を探るうえで重要である。

さらにいえば、ＰＡＮＴＡの行動範囲だったゴーゴー喫茶での「異性との出会い」が直接創作に反映していない点が、ＰＡＮＴＡらしいといえばＰＡＮＴＡらしい。

ところで秋間氏には、このインタビューのために改めて頭脳警察の各アルバムを聴いてもらったので、その総括的な話を訊いてみたい。

一時期、ＴＯＳＨＩさえもいない時期があって、なんとＰＡＮＴＡだけになってしまうわけだけど、ＴＯＳＨＩが戻って来てレコーディングしたアルバム『悪たれ小僧』（七四年十一月発表）は、音質がすごくいい。

時代的に技術が進歩した部分もあると思うけど、『悪たれ小僧』は現代的な音の感じがするんだよね。現代でも通用するサウンドになっていると思う。今聴いてもアルバム『セカンド』のような古さは感じられない。だから若い人が聴いて、いちばん違和感なく入ることができるのは『悪たれ小僧』だと思うよ。加えて『悪たれ小僧』には、TOSHIが戻って来た勢いが感じられるよね。ドラムの音が大きくて、ボーカルが小さい。ボーカルが小さいのは、そのときの雰囲気でたまたまこうなっただけでしょう。なにか意図があるとは思えない。ドラムが大きいぶん、より鮮明にTOSHIが帰って来たという感じがする。

音質が良くなると、反比例してこぢんまりとまとまってしまって、バンドサウンドとしてはつまらなくなるケースがあるけど、『悪たれ小僧』にはそれはない。このアルバムには、バンドサウンドが見事に記録されていると思う。メンバーが一丸となっている様子が、見事に記録されている。音の良さと、ロックバンドがもつライブ感覚溢れる演奏がマッチしたスタジオ録音の良い例だろうね。

だから『悪たれ小僧』は、頭脳警察の完成したひとつの形のような気がするんだよね。結果的にこのアルバムで、七〇年代の頭脳警察は終焉を迎えるわけだけど、結果論抜きにして、たしかにこれは最後のアルバムだよ。仮に頭脳警察が続いたとしても、これ以上のアルバムを創ることはできなかったと思う。

『悪たれ小僧』より『セカンド』などの初期のアルバムのほうが、PANTA自身のエネルギーは、たしかに大きいと思う。PANTAのエネルギーが演奏のアバウトさなどを全部埋めている。それに対して『悪たれ小僧』は、演奏の迫力がしっかりあって、そのうえでPANTAのエネルギーがあるみたいな感じ。だから『セカンド』のもつエネルギーと『悪たれ小僧』のもつエネルギーは異なる。どのアルバムにもエネルギーが充満している点は共通しているけど、エネルギーの質感はアルバムごとに微妙に違う。

『セカンド』が七二年に録音されて『悪たれ小僧』が七四年。『ファースト』はライブだから、ちょっと横に置いておくとして、この約二年間に頭脳警察は五枚のアルバムを出しているわけでしょ？『セカンド』から順番に聴いてみると、録音技術の進歩みたいなものもわかっておもしろい。フォーク系のミュージシャンにはいるかもしれないけど、この時期にこれだけの枚数のアルバムを残した日本のロックバンドはめずらしい。そういう意味でも、頭脳警察は日本のロック史を語るうえで貴重だと思うな。

秋間氏のレコーディング方法も訊いてみよう。

僕のレコーディング方法は、きちんと曲を完成させて臨むタイプともいえない部分もあるんだけど、ある程度核の部分は創ってからレコーディングに入るタイプだね。マルコシアス・バンプの場合は、海外録音が多かったから、日本で音を固めて向こうに行かないと、日数が限られているから大変なんだよ。ただ、歌詞ができていないで行ったりすることはあった。歌詞がプレッシャーで、向こうで死ぬ思いでした（笑）。

音を録る順番はリズムセクションが先になるから、リズムを録る日は録り終わると「今日はもうおしまい」って感じで、みんなは打ち上げ的なことをやりに行くんだよね。僕は部屋に帰って、歌詞を考えなくちゃならない（笑）。歌入れのその日の朝までかかって書いて、歌詞が書けた曲から歌入れしてっていう状態で乗り切ったこともあった（笑）。だけどＲＯＣＫの場合は、歌詞が先にできてその歌詞に合わせて曲を創るということは、ほとんどないと思うよ。

同じミュージシャンとして、ＰＡＮＴＡとＴＯＳＨＩのレコーディングに対する継続力に注目したい。

PANTAは、七二年から九〇年までの約二十年間、毎年のようにコンスタントにアルバムを発表していたよね。TOSHIもシノラマやVajraやソロでアルバムを発表し続けているし、遠藤賢司さんや友川カズキさん、福島泰樹さん(僧侶・歌人:四三年生まれ)、三上寛さん(vo&g:五〇年生まれ)などのアルバムにも継続的に参加している。ふたりのこういう継続力は、日本のロックミュージシャンではめずらしい。

それと興味深いのはリリースの間隔。七〇年代の頭脳警察は、七二年から七五年の解散までの四年間に『ファースト』を含めて六枚のアルバムを発表しているわけだけど、この頃は海外もリリースの間隔が短かったんだよね。ティラノザウルス・レックスなんて二年ぐらいしか活動していないのに四枚も出ているし、T・レックスも年に二枚出したりしている。これは当時の特徴だね。

若い頃と年齢を経てからでは、時間の速さが違うから、年齢を経てから出す一年に一枚のアルバムと、若い時代の一年に二枚のアルバムでは、どうなんだろうね。当然、個人差はあるけど、一年間で創作できる量はその年齢で異なるから。

そして、秋間氏が考えるバンドとはどのようなものなのだろうか?

バンドをやるなら、やっぱり気持ちがわかり合えて、飛び抜けたなにかを感じて、惹かれるものをもっているヤツと組みたいと思うよね。マルコシアス・バンプにしてもあのメンバー以外考えられなかったし、僕の場合はメンバーのパーマネント性にこだわるタイプ。ビートルズも、あの四人でなければダメみたいなものがあるじゃない？　頭脳警察はその逆で、メンバーの出入りが激しかった。どちらがいいかというのは、ケース・バイ・ケースだから、一概にはいえないけど。

とにかく頭脳警察の特徴のひとつに、メンバーの変動が激しかったことが挙げられるよね。でも頭脳警察は、ＴＯＳＨＩが参加していないアルバムもあるけど、ＰＡＮＴＡとＴＯＳＨＩがいれば、メンバーが代わっても、楽器の編成が変わっても、そういうことは究極的には関係ないんだよ。こういう言い方をすると、元メンバーや現在のメンバー、レコーディングなどに参加されたミュージシャンの方々に失礼に聞こえるかもしれないけど。

頭脳警察の初期は、年齢も若いし、やりたいという気持ちが先に立って、とにかくそれをその場その場でやっているような状態。「この音を出すためには、こういう音楽指向のメンバーを入れて」というような視点をもち始めたのは、やっぱり鈴木兄弟以降でしょう。

頭脳警察は、ＰＡＮＴＡとＴＯＳＨＩを中心に始まったわけだし、ふたりの個性のぶつかり合いが大きな魅力だから、ほかのメンバーは頭脳警察の楽曲という風景画のバックを彩っている感じがする。それは良い悪いじゃなくて、頭脳警察というバンドが背負った宿命みたいなものだと思う。

ＴＯＳＨＩは一度離れて、いろいろなセッションなんかをやったけど、七〇年代の頭脳警察では、ＰＡＮＴＡもＴＯＳＨＩも活動の場が頭脳警察だけしかなかった。頭脳警察と同時平行でソロ活動をするという発想はたぶんなかったはず。そういう限定された状況で、ＰＡＮＴＡが自分の表現したいことをすべてやろうとすると、ＴＯＳＨＩと相いれない部分が出てくるのは当然だよね。同じようにＴＯＳＨＩの自己表現も頭脳警察のなかでは、すべて満たされるわけはないし。

だから、ＰＡＮＴＡとＴＯＳＨＩが自分のすべてを頭脳警察で表現するのは、土台無理な話だったんだろうと思う。ＴＯＳＨＩのインプロビゼーションみたいな音楽は頭脳警察では無理だし、頭脳警察で『マラッカ』を創ろうとしても、それは絶対に無理なんだよね。あくまでも頭脳警察は、ＰＡＮＴＡとＴＯＳＨＩのふたりの生み出すマジックが魅力で、そのマジックはふたりの音楽的共通項が起こすわけ。だからＰＡＮＴＡが「途中から頭脳警察のために曲を書かなければならなくなった」というようなことを言っているけど、それはもちろん反体制とかいう押しつけられたパブリックイメージが大きかったと思うけど、それよりもふたりの音楽的共通項のなかだけで楽曲を創らなければならない窮屈さがあったんじゃないかと思うんだよ。

そう考えると、今の活動方法は正解だと思うよ。ＰＡＮＴＡもＴＯＳＨＩもソロ活動などがあって、同時平行として頭脳警察をやるという活動方法ね。たとえ別々に活動している時間が多くても、頭脳警察はＰＡＮＴＡとＴＯＳＨＩの音楽的共通項だから、ふたりが組めば自然と頭脳警察になる。

バンドとソロ活動の違いは、どのへんにあるのだろう？

僕は前々から考えていたことがあって、それはソロとバンドの違いなんだよ。たとえば四人編成のバンドだとする。ステージをやるにあたって、四人のなかで重要な人物がふたりいるかどうか。ふたりいるバンドが理想的だと思う。ローリング・ストーンズのミック・ジャガーとキース・リチャーズ、Ｔ・レックスのマーク・ボランとミッキー・フィン（Ｐｅｒｃ：四七年－〇三年）のステージのコントラストがわかりやすい例だと思う。

そしてそのバンドのなかで、作詞や作曲を担当するメンバーがひとりだけだとしても、そのメンバーが創ってきた曲を聞いて、「いいね」ってうなずいてくれるメンバーがいるかどうか。そういうメンバーがいるのがバンドで、実はこれはとても大きな要素なんだ。曲の内面的なところまで理解して、うなずいてくれる。これがバンドには大切だと思うし、そういう人間関係がなければ、いくら一緒にやっていたとしてもバンドとはいえない。

T・レックスだと、マーク・ボランが曲を創ってカセットテープに何曲か録音して、それをミッキー・フィンに渡したりしていたんだよね。時間が経って、マーク・ボランもそのカセットに録音した曲を忘れることはめずらしくなかったんだけど、ある日、ミッキー・フィンが気に入っていた曲を、なにげなく鼻歌で歌うことがあったらしいんだ。それで、その鼻歌を聞いたマーク・ボランが「あ、そんな曲あったね」と思い出してその曲をレコーディングする、みたいなエピソードがあるんだけど、こういう関係があることが、きっとバンドだと思う。

ＰＡＮＴＡとＴＯＳＨＩの関係もまさしくそういう感じだと思うんだよ。だからふたりがそこに居ればバンドであって、もちろん頭脳警察になる。そういう感覚は観客にも伝わるんだよね。頭脳警察はメンバーチェンジが激しかったけど、常にバンドとして存在したのは、そういうことじゃないかな。

それと大切なことは、ミッキー・フィンの鼻歌じゃないけど、ＴＯＳＨＩはＰＡＮＴＡの楽曲の圧倒的な共感者だということ。「GLAM ROCK EASTER」は毎年九月十六日に開催しているんだけど、二〇〇一年のときは、ＰＡＮＴＡとＴＯＳＨＩのコーナーのリハーサルは九月十四日だったんだよ。

二〇〇一年の九月十四日はニューヨークの世界貿易センタービルの事件の三日後だったわけ。それだけで、ふたりのテンションは高かった。「GLAM ROCK EASTER」は、基本的にT・レックスのカバーをやるイベントで、ふたりはティラノザウルス・レックスの曲をリハーサルするはずなのに、『7』に収録されている「People」をやっていた。「えっ、話がちがうよ」と思ったけど、あまりにふたりがいつになく真剣にやっていたので、なにも言えなかった。というか、聴きほれてしまった。

「People」の音合わせ後にTOSHIが「いやあ、PANTAはやっぱりいい曲を創るよ。『People』はすごいね。PANTAは世界をよく見ているよ」と言っていたのが、非常に印象的だった。世界貿易センタービルのことと「People」が、TOSHIの頭のなかでひとつになったと思うんだけど、TOSHIはPANTAの楽曲の内面まで理解していると感じた出来事だね。

バンドに必要な人間関係の指摘は、非常に参考になる話だ。では、ROCKをどのように考えているのだろうか?

僕が考えるROCK、そうだなあ、すごく難しい質問だね。僕が自分自身でROCKをやり続けているのは、ある種のアンチテーゼみたいな部分があるんだよね。アンチテーゼというのは、僕の性格的な部分もあると思うんだけど、基本的に僕は大多数が認めるものは好きじゃないんだよ。ファッションにしてもそうだし、野球にしても巨人じゃなくて横浜ベイスターズのファンだし、まして子どもの頃は西鉄ライオンズだったし(笑)。そういう性格的ものは、一生変わらないと思うんだよね。

秋間経夫氏（左）と PANTA（右）

たしかにT・レックスは、セールス的には成功して、ある程度知名度のあるバンドかもしれないけど、僕の年代がROCKを聴くようになる中学や高校の頃、七六年ぐらいかな、全然誰もT・レックスなんて聴いていなかった。マーク・ボランが亡くなった七七年は、僕は高校二年生だったけど、それからはレコードはどんどん廃盤になってしまった。

たとえば友だちが僕の家に遊びに来て、T・レックスをかけるとみんなにいやがられた。だから僕は人前ではT・レックスをかけないことにしたんだよね。そういう経験をしているから、現在のようにT・レックスが認められている状況のほうが、僕にとっては逆に変な感じがするわけ。当時は「20センチュリー・ボーイ」（七三年三月発表）だけが、かろうじて認められているぐらいだった。

そういう経験を経て、バンドをやるんだったら世間には絶対ないようなものをやりたいという気持ちが強くなった。僕が考えるROCKのある種のアンチテーゼというのは、そういうもの。街に氾濫しているような音楽は、僕にはみんな似たような感じにしか聴こえないし、自分でやりたいとも思わない。

ほかの人ができることをやっても意味がないじゃない？　エリック・クラプトンやリッチー・ブラックモア（g：四五年生まれ）のギターは評価が高いし、みんながコピーしたがるけど、マーク・ボランのギターは、誰も評価しないしコピーしようとも思わない。せいぜい「20センチュリー・ボーイ」や「ゲット・イット・オン」（七一年九月発表）のバッキング・ギターをコピーする程度だよね。別に意識したわけじゃないけど、僕はその誰もやらないマーク・ボランのギターを徹底的に追求したということだけの話で、それが結果的に今の自分のスタイルの基本になっている。

でもマーク・ボランのギターを徹底的に追求してみると、いろいろなことがわかってくるんだよ。マーク・ボランのギターには、ほかのミュージシャンの影響が見えないし、技術よりも感性で弾いているウエイトが大きい。レコードには外れた音も入っているし、なんかマーク・ボランって、ギターを練習した形跡がないいんだよ。だけどその外れた音も感覚的に僕には外れて聴こえなくて、カッコいいテンションに聴こえる。

そういうマーク・ボランのギターに僕はすごくROCKを感じるんだよね。そういう部分では、PANTAのギターにも似たようなものを感じるな。サウンドの細かいこととか、重箱の隅を突っつくようなことをするのは、ROCKをやったり聴いたりするうえで、ものすごくナンセンスな気がするけど、このへんが「ROCKとはなにか？」という難問を解き明かす第一歩かな。

頭脳警察を誰かがコピーするとするよね。「銃をとれ！」や「ふざけるんじゃねえよ」などの代表曲といわれている楽曲しか聴いていなくてコピーをするのと、アルバム『仮面劇のヒーローを告訴しろ』

に収録されている「奴は帰らない」や『誕生』の「鹿鳴館のセレナーデ」などの一般的ではないような楽曲まで聴き込んで、良さを感じとって、全部コピーしたうえで、なおかつ挑戦する「銃をとれ！」は、伝わってくるものが違うと思う。

「銃をとれ！」と「鹿鳴館のセレナーデ」の両方の魅力を感じとった人がやる「銃をとれ！」は、ただなぞっているだけじゃなくて、楽曲に込められたエネルギーをちゃんと表現できるはず。ようするに表面的なマネじゃなくて、心からやってやろうという気持ちが大切だと思う。

入れ込むという行為や気持ちは、エネルギーが必要だから、その楽曲に本当に自分のエネルギーを注ぎ込めるかどうかだよね。表面的なことよりも入れ込んでいるかどうかが、ＲＯＣＫではいちばん重要なことだと思う。

人は音楽を聴いて感動するとき、鼓膜に伝わってくる表面的な音の部分よりも、そこに込められている目に見えない、耳に聴こえない何かを感じ取っているんだよね。だからマーク・ボランの楽曲でも、メジャーで明るい曲なんだけど、聴いていて涙が出てきたりすることがある。僕は英語がわからないから、そのとき歌詞を理解しているわけではないけど、あとで歌詞カードを見てみると、曲はメチャクチャ明るいのに悲しいことを歌っているんだよ。

音楽って、言葉が通じなくてもそういうふうに感じることができるじゃない？　サウンドはあくまでもエネルギーを乗せるための船みたいなもので、そこに乗っているなにかを人は感じとっているんだよね。だからレコーディングでまだ挑戦したことはないんだけど、何十トラックもあるうちの1トラックに、その曲のエネルギーだけを送ってみたいなと思っているんだ。そのトラックには音は入っていないんだけど、自分の思いとかエネルギーだけを入れるの（笑）。

ＰＡＮＴＡとＴＯＳＨＩについて、秋間氏から次のようなこぼれ話も聞くことができた。

周囲にいる人に気を使っているのかな、もともとＰＡＮＴＡはコミュニケーションというか、人と話をするのが好きなんだろうけど、とくにリハーサルのときはよくしゃべる（笑）。だからＰＡＮＴＡのおしゃべりのペースにハマるとリハーサルにならない（笑）。三十分遅れで登場して、まず一時間話してって感じだから。

スタジオを五時間押さえていたら、実際にリハーサルをやるのはたぶん一時間半ぐらいで、あとは知らないうちにＰＡＮＴＡのペースに乗せられておしゃべりをしているって感じなんだよね、いつも。菊池琢己さん（g：六〇年生まれ）は、そのへん慣れているから、話を中断してリハに入るタイミングを知っているけど、そうじゃない人たちはみんな、魔法にかかったみたいにずっと話し込んでリハが終わってしまう（笑）。それで「これじゃ時間足りないよ」ってスタッフに文句を言って（笑）。で、結局リハが不十分なまま不安な気持ちで本番を迎えることになってしまうケースがほとんどなんだよ。だけどＰＡＮＴＡは本番に強いから、結構自分だけ乗り切ったりして（笑）。ＰＡＮＴＡはリハのときに、「間奏のギターソロはこうやろう」というようなアイディアをどんどん出してくるんだよ。アイディアは出すけど、本番では本人がいちばん忘れている（笑）。

ＰＡＮＴＡと一緒にステージをやるのは、なんて言ったらいいんだろうなあ、心地いいんだよね。Ｐ

ANTAのボーカルのパワーとギターの音厚を直に身体に受けて、生きているって感じるんだよ。リハのときはそんな感覚はないんだけどね（笑）。

TOSHIは、ちゃんとテーピングをして曲の構成もちゃんと考えて、リハに臨むんだよね。だけどあまり曲を聴いてしまうと新鮮さがなくなるから、そのへんは自分でコントロールしているみたいだね。初日のリハーサルでだいたいの感触をつかんで、その後のリハーサルで深めていく感じじゃないかな。TOSHIはインプロビゼーションみたいな感じが好きだったりするから、コンディションのつくり方が普通の人と違うのかもしれない。だけどまじめに臨むタイプだよ。

これはあまり語られていないけど、PANTAの使っているギターは素晴らしい物が多いんだよね。TOKAIのテレキャスターとオールド・フェンダーのストラトキャスターは、いい音を出すんだよなあ。ストラトは確か、つのだ☆ひろさん経由で手に入れた物で、もともとはジミ・ヘンドリックスが使っていたとかいう噂があるよね。ジミヘンが使っていた確証がないからPANTAも言い切らないけど、素晴らしいギターであることは間違いないよ。タカミネのエレキ・アコースティックギターもいいよね。あれはライ・クーダー（g＆vo：四七年生まれ）がタカミネに創ってもらったオリジナルのモデルじゃないかな。市場に出たけど、コストがかかって採算が取れないということで、生産中止になった物だと思うけど。

頭脳警察って書いてあるギターアンプのツインリバーブもいい音を出しているよね。PANTAは車が好きなことでもわかるけど、物に対する愛情が強いから、物持ちもいい（笑）。だからビンテージの価値のあるギターやアンプを結構使っているんだよ。

そして本人はその価値を全然気にしていないのも最高なんだ。久しぶりに使うギターは、なんにもケアされていなくて、普通こんなになるかというぐらいひどい状態。ライブ前日、ローディーの青木が、弦を張り替えるのにPANTAのギターを見ると、どれもものすごくカビだらけで、弦を張り替える前にカビを落とさなければならない。「今日は眠れないよ」と泣きが入っていた。次の日、PANTAにそのことを言うと「やっぱり！」って笑っていたけど（笑）。

今後の頭脳警察に望むことや期待することを訊いてみた。

二十一世紀の頭脳警察は復活や休止など関係なく、こだわりなくやっているけど、僕はそれでいいと思う。PANTAもTOSHIも自分のソロの活動があって、それと平行して頭脳警察をやっているけど、このスタンスはある意味、バンドをやっていくうえで理想的なスタイルだと思う。

音楽活動が長くなると、枯れた味わいになるケースが多いけど、頭脳警察は全然枯れない。TOSHIはいまだにビールを飲みながらやっているし、コンガのセットをカッコ良く破壊したりしているし。こういう枯れない部分も僕はいいと思うんだよね。僕自身もポリシーとしては、枯れないでやっていきたいと思っている。

やっぱりふたりの継続力は見習うべきだよね。たしかに最近PANTAは曲を創るペースが遅くなっているけど、七〇年代、八〇年代に多くのアルバムを残しているんだから、それを考えると「もっと創れ」とは言えないな。新曲を期待する気持ちは、僕もファンの方々と同じだけどね。

訊いたことはないけど、ＰＡＮＴＡとＴＯＳＨＩのプロ意識ってどういう感じなんだろうね。僕はギャラが発生するしないに関係なく、一度も職業意識をもったことがない。「今日の仕事はレコーディングだ」というような気持ちになったことはないな。自分のバンド以外でギターを弾くときは、意識はプロとして臨むけどね。

ＰＡＮＴＡは自らの音楽活動を「グレート・アマチュアリズム」と呼び、他者のプロデュースなどをするときは「プロ意識で臨んでいる」と言う。秋間氏とＰＡＮＴＡのスタンスは、予想以上に共通点が多いことに気がつく。

中学生の頃からギターは弾いているわけだし、やっていることはその頃とあまり変わらないじゃない？　たしかに音楽活動を仕事ととらえると、いろいろ考えることも多くなって、継続できなくなってしまうのかもしれない。僕は辞めようと思ったことはないけど、辞めたいと思った時期はあったよ。

それこそ曲ができ上がっていないのにレコーディングに入ったり、それまでは無理してやっている部分があった。そういう状態を何年も続けていると、正直つらくなるよ。本来は曲ができたからレコーディングに入るというのがあるべき姿で、レコーディングの予定が先にあって、それに合わせて曲を創るというシステムは、無理を生むよね。

そういう無理な状態が続くと歪みが出てくる。僕の場合はそうだった。曲を創るというのは頑張りようが難しいというか、力業でがむしゃらにやれば成し遂げられるというものでもないし、いくら一生懸命やってもできないときはできない。機械的にスケジュールを組まれても、できないものはできない。創作ってそういうものじゃないかな。良い楽曲って、それが三分間の曲なら三分ぐらいで、できるものなんだよね。だから、こねくり回した曲はあまりできが良くない場合が多い。それと、どうでもいいことかもしれないけど、レコード会社の年一枚のアルバムを発表するというローテーションに乗って、真面目に活動している姿もROCKっぽくないよね（笑）。

九六年ぐらいだったかな。マルコシアス・バンプを活動休止にした頃、あの頃はもう「ギターを弾いたり、曲を創るのはうんざりだ」と思った。「こんなことは、もうやりたくない」と思った。でも、一年ぐらいしたら、時の流れは人の心を変えるもので、自然とまたやりたくなるんだよね。

現在はそういう経験をふまえて活動しているから、すごく自由な気分でやることができている。それとPANTAやTOSHIが現役でやっている姿を近くで見ているわけだから、やっぱり自分も頑張らなくちゃと思うよね。八五年ぐらいにPANTAが一瞬引退を口にしたっていう話を聞いたことがあるけど、そのときの気持ちや状況を一度詳しく訊きたいと思っているんだけどね。

アメリカのモーターサイクル・ギャングのヘルズ・エンジェルスは死ぬまで続けるけど、日本の暴走族は二十歳になったら卒業しなくちゃ、とかあるじゃない？　僕はヘルズ・エンジェルスの死ぬまで続ける姿のほうがカッコいいと思う。そうでなくちゃいけないと思うし、僕もそうありたいと思う。だから、それを実践している頭脳警察のライブを観ると、なんだかうれしくなってしまう。今後の頭脳警察に望むことは「実践し続けて欲しい」ということだけだね。

二十一世紀の頭脳警察は、〇一年六月九日の野音や〇一年九月六日のSHIBUYA-AX、〇三年八月十五日の新宿ロフトなどを観たけど、メンバーに新しい若いミュージシャンが入って、新しい息吹みたいなものを感じた。野音で観たときは、時代にすごく合っていると思った。「懐かしの」という感じは全然しなかった。今の時代に存在してエネルギーを放出していると思った。あきらかに現在形のバンドだよ。ＴＯＳＨＩのコンガの荒れ方も全然変わっていないし、現在形のエネルギーを感じる。

頭脳警察の七〇年代のナンバーを今聴いても「ナツメロ」にならないのは、当時からその時代のエッセンスなり流行なりを、取り入れようという計算がなかったからだと思うよ。それが結果的に普遍的なものを生む出すことに成功したんだと思う。もちろんやっている本人たちは、そのときはそんなことはカケラも考えていないんだけど。

たとえば自由でありたいと思う気持ちは、時代や年齢に関係ないよね。いつの時代でも何歳でも思うこと。頭脳警察は人間がもっている当然の気持ちを、自然にもち続けているだけなんだよ。だから七〇年代に自由なスタンスで創った曲が、今でも自由に聞こえるわけだし、頭脳警察の「自由」は、時代とか年齢や世代で左右されるものではない。本質的に自由なスタンスを彼らはもっていて、それは普遍的で変質しないものなんだよ。

本来、人間の心は子どもの頃からそれほど成長したり、変化したりするものではないと思うんだよね。身体が成長しているから、精神も成長しなければいけないと思っていて、いろいろ物ごとがわかったような気になるんだけど、実はそれほど成長なんかしていないはずだよ。

例を挙げれば、中学生ぐらいでＲＯＣＫに触発されて、ギターを弾き出すわけだよね。それで友だちとバンドをつくったりしているうちにメジャーになったりする。それでちょっと売れたりすると、忙しくなったり新しいものを要求されたりする。だから自分も進歩しなければいけないような気になってしまう。それで好きでもない音楽的要素を取り入れたり、それを無理にカッコよく見せたり、ビジネス的に売るための工夫をしたり。そういうことを繰り返していくうちに、自分が本当はなにが好きなのかわからなくなってしまう。これは結構多いケースだと思うよ。

二十代の頃はレコーディングの経験の浅さもあって、ただがむしゃらにやっているという状態。それはそれでいいんだけど、三十代の半ばも過ぎると、いったい自分はなにが好きなんだろうと迷路に迷い込むことがある。そういうときに、初めて自分が触発されたバンドなんかを改めて聴いてみると、ROCKに出会ったときの初期衝動みたいなものに立ち返ることができるんだ。

自分が好きだった音楽に立ち返ることもできるし、自分が本当にいちばん大好きだったものを取り戻せたりする。それと同時に、自分が全然変わっていないこともわかったりする。当時好きだったものが、二十五年ぐらい時間を経ても同じように好きなんだよ。しかも経験を経ているから、当時は出したくても出せなかった音が、出せるようになっていたりする。そういうことって楽しいよね。

だから本当に好きなことや心は、そう簡単に変わるもんじゃないと、僕は思うんだ。立ち返れる場所があるなら、音楽はずっと続けられるはずだよ。きっと、PANTAもTOSHIも僕も、好きな音楽という立ち返れる場所を心に秘めて、試行錯誤を繰り返しながら、最後まで音楽を続けていくのだと思う。

9
TOSHI語る

俺は音楽の影響を受けて
今、こうして生きている。
音楽には絶対、力はあるはずだよ。

ドラムで影響を受けたのは、ヴァニラ・ファッジのカーマイン・アピス、山下洋輔トリオの森山威男さん、それからツトム・ヤマシタさんだね。

松ちゃん（松下和義氏）にもインタビューしたんだ？　なつかしいね。今なにやってるの？　今でもエンジニアやっているんだ。会いたいな、元気なの？　沖縄に住んでいたりしたんだよね。まあ、記憶に関しては俺なんかより、今回インタビューしたほかの人たちのほうが、よっぽど頭脳警察を知っているんじゃない？（笑）　え？　初めて自分で買ったレコード？　そこからいくんだ？　長い話になりそうだな（笑）。

初めて自分で買ったレコードはね、木の実ナナ（vo：四六年生まれ）のシングル盤で「子象の行進」（六二年十一月発表）。知ってる？　知らないでしょ？（笑）　小学生のどのくらいのときだったかは忘れたけど「子象の行進」が初めて買ったレコード（笑）。それでその頃、よく聴いていたのはアメリカン・ポップスだね。

二歳上に姉がいてね、姉貴がアメリカン・ポップスをよく聴いていたから、自然とそういうものが耳に入ってきた。ペリー・コモ（vo：一二年－〇一年）や「ヘイ・ポーラ」（六二年十一月発表）のポールとポーラとかね。だけど、姉貴が聴いていたものを自然と聴いていたというだけのことで、その頃はそれほど音楽が好きというわけでもなかったんだよ。

それでベンチャーズに衝撃を受けてね。ベンチャーズが音楽に興味をもつきっかけ。中学校の一年生だったか二年生だったか。ベンチャーズからだよ、自分でいろいろ探して音楽を聴くようになったのは。ベンチャーズと出会ったのは、隣の家のお兄ちゃんが聴いていたから。二歳年上のお兄ちゃんで、よく面倒をみてもらっていたんだよ。そのお兄ちゃんに、いつもくっついて歩いていたようなものだから、それで隣の家で初めてベンチャーズを聴いたんだよ。

そのお兄ちゃんはＲＯＣＫが好きだったから、彼の影響はすごく大きかったな。楽器をはじめたのも彼の影響だからね。お兄ちゃんはすごく器用で木材を買ってきて、自分でくり貫いてエレキギターらしきものを造ってしまうような人だった。ピックアップが付いていたかどうかは憶えていないけど、ラジオに繋いでペケペケとエレキの音はしていたよ。そのエレキギターを借りて遊んでいたから、俺はギターから入ったんだよね。初めはギタリストだったの（笑）。テケテケとみんながやるようなベンチャーズのまねごとをしたりしていたんだよ。

お兄ちゃんはドラムセットも造っちゃってね。バケツにゴムみたいなのを張った程度の物だけど、当時としては、まして子どもの俺にとってはすごい物なわけ。それをいじらせてもらったのが、初めてのドラム体験（笑）。それからドラムに興味をもつようになったんだよ。最初はギターをいじったりしたけど、

70年代のTOSHI

やっぱりドラムの音がいちばんピッタリきた。肌に合ったというか、水に合ったというか。だからそのお兄ちゃんの影響はすごく大きいよ。お兄ちゃんのおかげで、楽しい子ども時代を送らせてもらいました。
　その頃のほかの思い出はね、中学生の頃、水泳部だったんだよ。クロールで頑張ったんだけど予選までの選手だったけどね。だから俺も一応体育会系の経験がある（笑）。今も泳いでいるよ。水の中が好きでね。
　当時はエレキギターにしても、もちろんドラムにしても高価な品物で、買うという発想はなかった。エレキギターなんていうのは、ショーウインドーで輝いている物っていう感覚。しばらくしてから日本のテスコなどのメーカーが安いエレキギターを販売するようになったけど、それでも高価な物であることに変わりはなかったな。
　エレキギターを持っていただけで不良と呼ばれた時代だったけど、個人的には全然関係なかった。ただエレキギターに熱中して、ただ弾いていたというだけだから、別に俺は不良でもなかったし、そういう友だちを不良だと思ったこともなかった。だいたい「エレキギターを持っていると不良」なんて大人が言っていただけのことで、俺たちには全然関係ないことだった。俺の両親もそういう世間の声を気にしないタイプで、自由にやらせてくれたし。

ベンチャーズの次によく聴いたのはアストロノウツ（六一年から六八年まで活動）かな。ベンチャーズ、アストロノウツとインストルメンタルのバンドが続いて、それからだね、ビートルズに入るのは。まあ、ビートルズを聴き始めたからといって、ベンチャーズやアストロノウツを聴かなくなるわけじゃないから、同時進行なんだけどね。

ビートルズは、めちゃめちゃハマったクチだね。自分の部屋の壁中ビートルズの写真だったもの。雑誌を切り抜いて貼ったりしていた。あえて好きなアルバムを挙げれば『ウィズ・ザ・ビートルズ』（六三年十一月発表）かな。ジャケットの写真がモノクロのやつね。やっぱりビートルズは衝撃的だったよ。どのアルバムもカッコよかった。本当に新譜が出るのを待ちわびたなあ。興味は最後の『レット・イット・ビー』（七〇年六月発表）まで続いた。

ドラマーで衝撃を受けたのは、ヴァニラ・ファッジ（主に六六年から七〇年に活動）のカーマイン・アピス（ds：四六年生まれ）。ヴァニラ・ファッジのライブ映像を初めて観たときは、ショックだったなあ。アルバム『キープ・ミー・ハンギング・オン』（六七年七月発表）もよく聴いたよね。

あとは山下洋輔トリオの森山威男さん（ds：四五年生まれ）。森山さんには、もう狂いましたね。それからツトム・ヤマシタさん（ds&Perc：四七年生まれ）だね。ツトム・ヤマシタさんを知ったきっかけは、高校の頃にジャケ買い（注 曲を聴く前にジャケットが気に入って買うこと）したアルバムがヤマシタさんだったから。それまでヤマシタさんのことは全然知らなかったけど、輸入盤でジャケットに打楽器が並んでいて、カッコいいなあと思って買ってから、ハマったんだよね。打楽器だけで構成されたレコードで「これはすごいや」って思った。「ああ、打楽器でこんなことができるんだ」って感動した。この影響は大きい。このときのインパクトは、俺がイメージする打楽器に大きな影響を与えたよね。

俺の場合は、ドラムといっても独特のリズムで、ROCKのちゃんとしたリズムをキープできるというタイプじゃないから。打楽器の余韻というか、そういうものに惹かれたんだろうね。それを教えてくれたというか、認識させてくれたのがツトム・ヤマシタさんのレコードだった。

こういうと、なんかヤマシタさんのレコードの影響で、エレクトリック・パーカッション・グループをやったように思えるかもしれないけど、ヤマシタさんのレコードと俺が七〇年代に組んだエレクトリック・パーカッション・グループは、まったくの別物。全然関係ないよ。エレクトリック・パーカッション・グループのドラムを並べるという発想は、単に楽しいんじゃないかなと思ってやったこと。

ドラムを六台も並べる編成のエレクトリック・パーカッション・グループはね、当時はドラムを何台も並べられる広いスタジオがなかったから練習はできないし、実際にステージでやったらメチャクチャだった（笑）。あの頃はPAやモニターがないから、ステージにドラムが六台も一列に並んで一度に音を出すと、向こうのドラムの音は聞こえない（笑）。グチャグチャになって、なにをやっているのかわからなくなっちゃう（笑）。一応、リズムは決めていたけどムダ（笑）。メンバーは四人囃子の岡井大二と安全バンドのじゅんぺい（伊藤純一郎）とチッコ相馬などやシンセサイザー以前の発信器という機械を使う堀内くん。チッコはその頃ジャズをやっていたんだけど、本当にうまいドラマーだった。

エレクトリック・パーカッション・グループは二～三回しか、ステージはやっていないんじゃないかな。俳優座（七二年八月十五日　鈴木兄弟参加時の頭脳警察のステージの前に演奏）と、あと日比谷の野音でもやったかな。そのぐらいしか記憶にないんだけど（笑）。

俺としては、ふたり編成の頭脳警察はやりやすかった。PANTAの歌や自分たちの感情は、ボンゴと生ギターという編成で伝わると思っていた。

エルヴィス・プレスリーとローリング・ストーンズはあまり聴かなかったね。プレスリーは姉貴が聴いていたから、身近にあったんだけど、あまり興味はもたなかった。ストーンズもあまり聴かなかったから、ストーンズからブルースに入るというタイプじゃなかったね。ブルースは最近かな、好きになったのは。でも別に詳しいというほどじゃないよ。ストーンズからブルースに入るというタイプは、ギタリストに多いんじゃない？　そういうのって、扱う楽器によるところがあるよね。

ニュー・ロックにもいかなかったな。その代わりというわけじゃないけど、プログレッシブ・ロックにハマった。ピンク・フロイドを聴いて、プログレにはかなりハマった。ピンク・フロイドとの出会いは、『おせっかい』（七一年十一月発表）や『狂気』（七三年三月発表）のあたり。『おせっかい』に入っている「エコーズ」とか好きだったなあ。シド・バレット（vo&g：四六年－〇六年）がいた『夜明けの口笛吹き』（六七年八月発表）や彼のソロは、遡って聴いたという感じだね。当時のピンク・フロイドは、ほとんど持っているよ。

高校生になると、みんなが知らないものを知っているのが、カッコいいみたいな意識が自分のなかに芽生えてくるんだよ。そういうこともあって、ファッグス（主に六四年から六九年に活動）とかマザーズ・オブ・インヴェンション（主に六五年から七六年に活動）なんかを聴くようになるんだよ。友だちにマザーズのレコードを見せて「一歩先を行っているだろう。おまえたちより」みたいな気分に浸ってた（笑）。

まあ、そういう年頃だからね。だから、自分でも知らないバンドのレコードを買ったりしていたな。ファッグスも最初はジャケ買い。買ったときは、名前すら全然知らなかった。でもファッグスはレコードを聴いて、一発で「これはスゴイ！」と思ったよ。英語だから、なにを言っているのか意味はわからないし、輸入盤だから解説もないけど感じるものがあった。それでしばらくして、ある本を見ていたらアレン・ギンズバーグ（詩人：二六年－九七年）が関係していることを初めて知って、大変なバンドなんだとビックリした（笑）。

ファッグスとマザーズは、PANTAともよく聴いたな。もちろんPANTAとも十代の頃は、みんながするように自分の好きなバンドを聴かせ合ったりしていたよね。MC5を「これ、カッコいいだろう」とか言って、PANTAに聴かせたのを憶えている。

ファッグスやマザーズを聴いていた頃は、もっともレコードを買いあさった時期だった。よく買っていたのは、そうだなあ、十八歳ぐらいまでなのかなあ。頭脳警察を始めた十九歳ぐらいにはレコード屋さんには、それほど頻繁に行かなくなったような記憶があるから。

ジャズに興味をもち始めたのも高校生の頃だね。「PIT INN」とかによく遊びに行ったよ。フリージャズがバーッと出てきた頃だから、そういう状況を体験できたのは幸運だったね。だからハマったのは、どちらかというとフォービートの普通のジャズじゃなくて、フリージャズだね。いわゆる前衛みたいなものが好きなんだよ。

ＰＡＮＴＡの音楽の趣味のポップな部分と共通していたのは、そうだなあ、フランス・ギャルは俺にはわからなかったけれど、ミッシェル・ポルナレフ（vo：四四年生まれ）は俺も好きだったな。俺もＰＡＮＴＡも音楽の趣味は一貫性がないからね。俺なんかフリージャズのアーチー・シェップ（sax：三七年生まれ）が好きだったり、サイモン＆ガーファンクル（主に六四年から七〇年に活動）が好きだったり。Ｒ＆Ｂ命とかそういうタイプじゃないんだよな。

頭脳警察のメンバーとは音楽の話をした記憶がない（笑）。いろいろなメンバーが出入りしたけど、不思議とみんなとは音楽の話はしなかった。悲露詩ぐらいかな、音楽の話をしたのは。悲露詩とは一年間ぐらい一緒に住んでいたようなものだったから、とにかく話をする時間があったからね。

だから逆にいうと、音楽で気が合ったからメンバーに誘ったというケースはなかったんだよ。音楽で気が合ったからといって、バンドのメンバーとして合うかというと、それもまた別の話だし、わからないからね、実際に一緒にやってみないと。俺もＰＡＮＴＡも二十歳そこそこの若造で人を見る目なんてものはなかったし、一緒に音を出してステージに立ってみて初めてわかるって感じだったから。

メンバーはＰＡＮＴＡがいつもどこかから見つけてきたという感じだった。俺がメンバーを誘ったことは一度もなかったな。俺はなにもしなかったんだね、こうやって思い出してみると、俺はホント頭脳警察でなにもしていない（笑）。ＰＡＮＴＡは大変だったと思うよ。曲を創ったり、メンバーを探したり（笑）。

頭脳警察で「このメンバーはやりづらい」と思ったこともなかったね。そういう視点でメンバーをみたこともなかったし（笑）。良くいえば誰が来てもやれる、悪くいえば俺はミュージシャンじゃないのかもしれない（笑）。だいたい人のことを言う前に、自分がリズムキープできないんだから（笑）。「俺に着いてこい」ぐらいしか言えないんだから（笑）。

七〇年代の頭脳警察の後期に、俺がドラムからパーカッションに移った理由？　とくに憶えてないなあ。俺のなかではドラムとかパーカッションとか別けていないし、「なんでもやりまっせ」という感じだったからね（笑）。だから最初の頃、ＰＡＮＴＡとふたりだけになってしまって、生ギターとボンゴだけで始めたときもとくに抵抗はなかった。抵抗もないけど、戦略もない（笑）。俺のなかではドラムからボンゴに移った違和感みたいなものはまったく感じなかった。ふたりでやっているときに、ベースを入れて三人編成にしようという話もなかったような気がするね。

俺としては、ふたり編成はやりやすかったんだよ。三人、四人になると、どうしてもバンド全体の音を考えなければならないけど、ふたりなら考えなくてすむからね。ＰＡＮＴＡのかき鳴らすギターと声がきて、こっちも一緒に歌うようにボンゴを叩く。ボンゴだとジャズっぽい合間の空気を読むというか、そういう演奏ができる。だからふたり編成のアンサンブルを考えれば、自由がきくパーカッションのほうが適している。

それまでドラムをずっとやってきて、より自由に表現できるパーカッションをやってみて、すごく気持ちが良かった。そんな感覚を憶えている。ドラムはリズムをキープするとか、余計なことが入ってくるけど、パーカッションは余計なことを考えずに自然体でやれるからね。それとＰＡＮＴＡの歌や自分たちの感情は、ボンゴと生ギターという編成で伝わると思っていた。だから俺にはメンバーを補強しようという考えはなかった。ＰＡＮＴＡは補強したかったかもしれないけど。

ふたり編成でも気持ちはふたりともROCKだった。だいたい、ふたりともフォークは嫌いだったし（笑）。四畳半フォークなんか「なにをメソメソやってんだ！」みたいな（笑）。俺もＰＡＮＴＡも「ＲＯＣＫだ！」という意識はガムシャラにもっていたと思う。生ギターとボンゴの編成でも、俺たちがＲＯＣＫだと思っていたから、たぶん勝手に大音響が鳴っているような気がしていたんだろうね。だから、やっていられたんだろうな（笑）。

生ギターとボンゴだけでも、フラワー・トラベリン・バンドに全然負けていると思っていなかったからね。もしかしたら、ただ負けず嫌いなだけだったかもしれないけど（笑）。負けず嫌いは、ふたりともずっと変わらない。そういう意味では、俺とPANTAは合っていたんだろうね。

頭脳警察の準備からデビューまでのＰＡＮＴＡのエネルギーは、たしかにすごいものがあったんじゃないかな。ＰＡＮＴＡは、やるときは本当に走りますよ。そこがいいところだね。俺にはない部分だ。いつも俺は「まあ、いいんじゃないの」っていう感じで適当だからさ。「もっとゆっくりやろうよ」とか、ＰＡＮＴＡの足を引っ張るようなことを言っていたと思うよ（笑）。それにしても「ウエスタン・カーニバル」には、どうして出演できたんだろうね。そこのところは全然知らないんだよ。

「ウエスタン・カーニバル」といえば、グループサウンズだよね。ジャズを聴きに「ＰＩＴ　ＩＮＮ」に行ったりしていたけど、同時にグループサウンズもよく観に行ってたよ。高校一年生ぐらいだったかな、スパイダースとかを観にジャズ喫茶によく行った。ＰＡＮＴＡと知り合う以前の話だね。

池袋の「ドラム」や「新宿ＡＣＢ」なんかによく行ったね。スパイダース、テンプターズ、ゴールデンカップスなんかが好きだったな。シャープ・ホークス（主に六三年から六九年に活動）やブルー・コメッツもよく観た。音楽番組が少ない時代だし、ビデオなんてないから、どうやってドラムを叩いているのかなんてわからないじゃない？　だからどうやって叩いているか知りたくて、そういう目的もあって観に行っていた。とにかく生演奏が観たかったんだよ。グループサウンズのドラマーでは、スパイダースの田辺昭知さん（三八年生まれ）が好きだったな。

俺はもともと池袋に住んでいて、高校二年生のときに清瀬市に引っ越したんだよね。高校二年生まで池袋が地元だったから、「ドラム」には結構頻繁に遊びに行ってたな。お金がないときは、入口のところに座って、漏れて来る音を聴いていたりしたっけ。ジャズ喫茶に行くなんていうのは、当時の大人からみれば不良なんだけど、俺にはそういう意識は全然なかった。ただライブが観たかっただけ。ほとんどひとりで行っていた。学校が終わって公園で学生服から私服に着替えて行くわけ。ジャズ喫茶って昼の部と夜の部があって、一日中どこかしらのバンドが演奏していたんだよね。だから午後から夜までずっと入り浸ってた。

補導されるなんて年中だったよ。たしかにジャズ喫茶は不良の溜まり場でもあったんだけど、店の中でケンカとかカツアゲとかそういうことはなかった。音楽が好きという同じ意識の連中が集まっているという感じだった。不良っていっても今とは全然違って、かわいいもんだったし、平和な空間だったよ。

パイロット万年筆の会長の令嬢と労働組合の組合長が、駆け落ちして生まれたのが俺（笑）。

初めてバンドを組んだのは、高校三年生ぐらいだったかな。そのバンドではディスコなんかで仕事を結構したんだよ。営業でちゃんとお金をもらっていたわけだから、プロといえるかどうかは別にして、そういう活動をしていたわけ。当時のディスコは生バンドが演奏していたから、そういう仕事が結構あって、一ヵ月間、富山のディスコで演奏したり、次の月は六本木のディスコで演奏、とかね。

そういう営業はね、一日六時間ぐらい演奏するの、それを毎日（笑）。レパートリーはヒットしている洋楽。スペンサー・デイヴィス・グループ（主に六三年から六九年に活動）とかアニマルズ（主に六三年から六九年に活動）とか。お客さんを楽しませなければならないから、レパートリーは自分たちの趣味じゃなくて、その店の雰囲気に合う曲をやるんだけど、選曲はこっちでするわけ。だから結構自分たちの好きな曲も演奏できるんだよ。自分たちの好みの楽曲をやりつつ、お客さんが知っているヒット曲を適当に並べて盛り上がれば、それで店はＯＫだった。

練習もそんなにした記憶はないなあ。でもやっていたんでしょうね。当時はスタジオなんてそれほどなかったから、どうやっていたんでしょうね（笑）。俺は演奏することがとにかく好きだったから、練習でもディスコでも、とにかく音を出せれば満足だったからね。今もそんな感じだけど（笑）。

初めて組んだバンドでディスコの演奏の仕事を経験して、お金をもらったわけだけど「音楽でお金を得ることを学んだか」というと、そういうことはまったくなかった。無性にドラムを叩きたかった時期だったということだけ。ただ無性に音楽をやりたかっただけで、お金とかそういうことよりも、ただ叩いているだけで充実していたね。ディスコで演奏していても、お客さんのノリなんて全然視野に入っていなかったな。まあ、毎日毎日六時間も演奏していれば、イヤでも巧くなるわけだから「ディスコを経験して技術を磨いた」なんて言い方もできるんだろうけど、そのときはそんなことは考えていないよ。ただ演奏したいだけ、それだけですよ。それに演奏できる場所が、当時はディスコしかなかったからね。

高校を卒業して頭脳警察をやるまでの時間は、一年かそのぐらいだけど、いろいろなことがあったな。六本木や赤坂あたりのスナックみたいな店で、朝までゴロゴロしていたり、そんなことがしょっちゅうだった。まだその頃は酒を飲む体質になっていなかったから、よく酒も飲まずにいられたね（笑）。コーラかなんかで朝までいたんだから。

赤坂、六本木といっても、きらびやかな街じゃなくて、当時は大人の街というか静かな寂しい場所でね。若者が集まる場所ではなかったような気がする。その頃は青山通りだって夜は真っ暗だったし、まだまだそういう時代だね。

六本木の防衛庁の前に「ジョージス」（六四年から営業、〇五年に西麻布に移転）というソウルバーがあって、その「ジョージス」にはよく遊びに行ったよ。米兵が集まる店で、大人びた雰囲気が好きだったんだよね。PANTAも一緒に行っていると思う。

ジュークボックスがあって新しいレコードが聴けて、「ジョージス」はそんな店だった。酒も飲まずにコーラだけで朝までいたんだけど、酒を飲まなかったから、ちょっと引いた視点で雰囲気を楽しめて、それが逆に良かったのかな。米兵の乱闘が年中あってさ、黒人でも白人でも目つきが怖くてさ、新しいレコードがかかっていて、そんな店を経営していた女性（〇一年死去）が俺のことを憶えていてくれてね。今から五～六年前かな、関西でライブをやったときに訪ねて来てくれたんだよね。「昔、ジョージスによく遊びに来てくれたわよね」って。あれはうれしかったなあ。

俺は高校を卒業してから、東京デザイナー学院に入学したんだよ。三日しか行かなかったけど（笑）。高校三年生ともなれば、進路について親に言われたりするわけじゃない？　デザイナーになろうと思ったことはなかったけど、絵は昔から好きだったから、まあ、とりあえずということで、入学しただけだった。その頃すでに、ディスコなんかのバンド活動が忙しくなっていて、親には専門学校に行っていることにして家を出かけては、ディスコで演奏していた（笑）。親をだまし続けた。悪いことしたよ、入学金とか払わせてさ。

ＰＡＮＴＡは大学生だったけど、学生運動で学校が閉鎖になったりしていたから、ふたりでツルんで遊び始めた時期だね。ＰＡＮＴＡの車でフラフラしていた（笑）。それで頭脳警察になるわけ。頭脳警察とかいっても、親にしてみればなんのことだかわからないし、普通なら「就職しろ」とか「おまえ、毎日なにやっているんだ」とか、そういう話が出てもいい年齢だよね。だけど朝日新聞や週刊朝日なんかに載っている頭脳警察の記事を見て、親父は自分の息子がやっていることに理解を示して、あれこれ言わなかった。

パイロット万年筆ってあるでしょ？　親父はパイロット万年筆の戦後の労働組合の組合長だったんだよ。でもそんなことは息子の俺は全然知らなかった。親父は本当に無口な人で、そういう話は一切しなかった。俺にひと言も言わなかったんだよ。親父は俺が二十六歳のときに亡くなったんだけど、のちに知人から親父のそういうことを聞いて知ったぐらいだから。そんな親父だったから、新聞に載るような悪さをする頭脳警察でも理解があったんだろうね、きっと。

でね、おもしろいのは、お袋はパイロット万年筆の会長の娘だったんだよ。すごいでしょ？（笑）。お袋のそういうことも俺は全然知らなかった。労働組合の組合長と会長の令嬢が、ほとんど駆け落ちに近いかたちで結婚したから、お袋のほうの親戚とは付き合いがなかったんだよね。だから俺は全然知らなかった。

親父が亡くなってから、お袋の親戚との付き合いもぼちぼち出てきて、俺もやっと知ったんだよ。この俺が、パイロット万年筆の御曹司の可能性もあったわけだ（笑）。「じゃ、実家は金持ちなの？」って訊かれることがあるけど、いやいやお袋は勘当同然だったから貧乏人だよ。お袋は今でも俺の顔を見ると「髪の毛切って、普通の生活をしなさい」とか「いいかげん、まともに働きなさい」って言っているよ（笑）。まあ、それが親子ってもんでしょ（笑）。

親父、最後は癌だったんだよね。「もっても半年」と医者から言われて、俺も親孝行のひとつもしなくちゃとか思って、結婚式をあげちゃったわけよ。俺は小心者だから、親父を安心させようというセコイ考えからね。親父は車椅子で式場に来てさ。結婚のお祝いで、親父にスーツを買ってもらったんだよね。イギリス製の高いやつ。結婚式で一回着ただけだったけど。スーツなんて持ったのは、あとにも先にもその一着だけ。

どう？　うちの親父カッコいいだろ？　敗戦後のすごい運動をやったみたいだね。それにしても本当に寡黙な人だったなあ。（注　株式会社パイロット［現・株式会社パイロットコーポレーション］は、一九一八年に創業し三一年に労働組合を公認した。このことは日本の労働組合運動史において高く評価されている。そして敗戦後、四六年一月にパイロット従業員組合が結成された。同年九月には、解雇問題を発端に労働争議に突入する。「敗戦後のすごい運動をやったみたいだね」というＴＯＳＨＩの言葉は、この運動を指しているのかもしれない。当時のパイロットの労働闘争の特徴と

しては、単に会社と対立するだけではなく、会社復興への協力的な姿勢があったとも言われている）
話は前後するけど、俺が叩いていたディスコのバンドが解散して、サミー&チャイルドのバンド・ボーイを経験するんだよね。サミー&チャイルドのキーボードが、古田皓士さんという人だったんだけど、皓士さんにはいろいろな遊びを教わったよ。皓士さんの家に遊びに行って悪い薬をいっぱい覚えた（笑）。皓士さんは、今でも新宿の二丁目で店をやっているよ。

サミー&チャイルドの次がスパルタクス・ブント。でもスパルタクス・ブントはなにもしないまま自然消滅したって感じ。スパルタクス・ブントを辞めて、俺もPANTAもやることがなくなっちゃうんだよ。それで自分たちでバンドをつくろうという話になるんだけど、PANTAが「日本語でやろう」と言うわけ。俺もディスコの仕事で、外国の曲ばかりをコピーしていて、英語にはうんざりしていたから、日本語大賛成だった。これが頭脳警察。

PANTAの「日本語で」という発想が斬新だったかどうか。俺にはよくわからないけど、頭脳警察以前の日本語のROCKって、どうなんだろうね、ジャックスがあるよね。朝のテレビ番組で「ヤング720（セブン・ツー・オー）」っていうのがあって、それにジャックスがよく出演していて好きなバンドだった。ジャックスを初めて観たときは衝撃的だったなあ。「時計をとめて」とか「マリアンヌ」とか、いい曲がいっぱいあったよね。

それにしても「ヤング720」はすごい番組だったと思うよ。朝の七時二十分にジャックスが観られたんだから。俺たちの世代にとってあの番組の影響力は大きかったと思う。あと「ヤング・ミュージック・ショー」という音楽番組があって、クリーデンス・クリアウォーター・リバイバル（主に五九年から七二年に活動）やクリームなんかのライブ映像を流していたな。
ラジオの深夜放送もよく聴いたよ。でも、かかる曲はフォークばかりだから、英語もわかんないのにFENをよく聴くようになった。清瀬に住んでいたからきれいに入るし、洋楽の最新のヒット曲がかかるからFENはよく聴いたね。
映画は『ビートルズがやって来る ヤァ！ ヤァ！ ヤァ！』（六四年八月公開）は七回ぐらい観たよ。当時はビデオなんてないから全部映画館だよ。七〇年七月に公開された『ウッドストック』は封切りで観た。衝撃的だったなあ、ジョー・コッカー（vo：四四年－一四年）なんて涙が出たよ。いちばん印象に残っているのはジョー・コッカーとサンタナだな、あとジミヘン。

敗北したヤツらにすりよられて、頭脳警察はすり減ったんだよ。だから疲れちゃったの。

俺にとって、七〇年代の頭脳警察はなんだったんだろうなあ。生活かな、好きな上着かもしれないし、好きな靴かもしれないし、好きなバッグかもしれないし、間違いなくそういう生活の一部だったよね。それで一度離れたんだよね。そのまま脱退した可能性はあったのか、なかったのか、どうなんだろうね、離れていたといっても半年だし、まあ、いいんじゃない？ もう昔のことだし（笑）。離れていた半年という時間は、俺のなかでは一年ぐらいのイメージがあるな。頭脳警察から離れた俺はエレクトリック・パーカッション・グループをやって、PANTAはアルバムを二枚も出しているんだよね。大変だったと思うよ、PANTAは（笑）。

離れた理由は頭脳警察に疲れたから。頭脳警察って、めちゃくちゃ売れっ子だったんだよ。まさにアイドル的（笑）。名前が先行して、俺もPANTAもそれに引っぱられているという状態。そういう状態がイヤでイヤで、それで辞めようと思ったわけ。

いわゆる革命三部作をやらないと観客は納まりがつかなくなってしまう状態がイヤでね。お客さんや主催者は、その日だけだからそういう曲を望むわけだけど、こっちは毎日同じことをやっているわけだから。ディスコの仕事でも、そんなに毎日同じ曲を演奏するなんてなかったよ（笑）。今になってみれば、そういう曲を望む気持ちもわかるけど、当時はそんな余裕はないしね。毎日毎日同じ曲ばかり演奏していたらホント、疲れるよ。

そして俺が復帰して、またライブ活動が始まるわけだけど、同じ曲を演奏する状態がなくなったわけじゃないんだよね。結局最後まで頭脳警察は、このジレンマを乗り越えられなかった。それで解散になるわけだ。

解散の話は、PANTAとふたりで話して、それでみんなに伝えたというかたちだったと記憶している。解散に対する意識は、ほかのメンバーやスタッフとズレがあったかもしれない。でも、もう俺もPANTAも疲れていたよね。最後は惰性だった。とにかく俺とPANTAにエネルギーがなかったからね。しょうがないよね。

やっぱりあそこで終わりにしておいて良かったと思うよ。だから逆に今、こうして頭脳警察をやっていられるんだと思う。「あばよ東京」で終わって良かった。まわりの意見を聞かなくて良かった。俺とPANTAだけで話し合って決めて良かったんだよ。

70年代、学園祭の控え室のTOSHI

ホント最後は、俺は頭脳警察がイヤでイヤでしょうがなかった。一秒でも早く頭脳警察から逃れたいっていうのが本音だった。頭脳警察という名前から逃れたかった。頭脳警察という名前を捨てたかった。頭脳警察はなかったことにしてしまいたかった。本当に疲れ切っていた。解散以外、ほかに考えようがなかった。とにかく余裕がなかったんだよ。

じゃ、逆に頭脳警察がなかったらと考えると、そうだなあ、ヘンな薬で廃人にでもなって、どこかでのたれ死んでいたんじゃないかな。そう考えると、頭脳警察という出会い、PANTAと俺の出会いは必然だったな。PANTAと俺の性格や考え方の似ているところ、違うところ、引き合うところ、反発し合うところ、全部引っくるめて、出会うべくして出会ったんじゃないかな。

大げさな言い方をすると、こういうのを運命の出会いとか言うのかもしれないけど、そういうことじゃなくて、人間が普通に生活していて、その人が気持ちをしっかりもっていれば、黙っていても人生に有意義な出会いはあるもんだよ。人と人との出会いはそういうものだと思うな。裏を返せば自分が怠けたり、金でコロコロ寝返ったりしていると、人生に有意義な出会いはないということだね。

九〇年頭脳警察の約一年という活動期間はちょうど良かった。あれも一年という区切りがなかったらストレスになっていただろうね。だけど現在の頭脳警察はもうエンドレスでいいでしょう。だって、もう俺もＰＡＮＴＡも五十四歳だよ。いまさら解散も再結成もないよ。やりたいときにやればいいってこと。そういうスタンスで今はやっていたい。

今の頭脳警察は、逆にもっとライブをやってもいいと思うんだよ。でもだいたいＰＡＮＴＡは仕事が遅いから（笑）。それにスタッフの方針が絡むしね。バンドだから、俺とＰＡＮＴＡだけの問題ではないし。それにしても、ライブはもっとやるべきだな。

「頭脳警察の政治的な部分について」とか、そういう質問を受けることがあるけど、そんな政治的な部分なんてものはないよ。もともとＰＡＮＴＡも俺もノンポリだし、政治的意識をもってバンドを始めたわけじゃないし。それが革命三部作と呼ばれたような二〜三の楽曲が大きく取り上げられて、政治的なバンドと見られるようになってしまっただけだよ。

それで運動そのものが下火になると、今度は評論家や文化人なんかが頭脳警察にすり寄ってくるという状況が生じてきたんだよ。評論家や文化人だけじゃなくて、元活動家だとか運動に乗りそこなったヤツとか、運動に幻想をもっているヤツとかね。そういうヤツらって、敗北しているわけ。敗北しているヤツにすり寄られても、こっちはすり減るだけなんだよ。だから疲れちゃったの。こっちは気持ち良くＲＯＣＫをやりたいだけなのに。頭脳警察は負けてもいいないのに、一緒にするなってこと。自分たちの代償にするなってこと。いいように利用されたんだよ、頭脳警察は。一方で、そういう現状を頭脳警察が乗り越えられなかったのも事実だけどね。

だけど、俺もPANTAも負けていないよ。敗北なんてしていない。俺は俺の表現で戦い続けているし、PANTAも戦い続けている。だけどなにと戦っているのか……言葉でうまく表現できないんだよ。グニョグニョで、言葉でうまく表現できない。「それは違う！」という感覚だけが確かであって、それ以上はとらえ切れない。すべてのものが「それは違う！」という感覚。政治もなにもかもがすべて「それは違う！」。だけどその「違う！」と感じるものがグニョグニョで、言葉でうまく表現できない。

結局は、もう己が感じるままにやるしかない。己の姿を見せるしかない。それだけはわかっているということだね。俺という個人の生き方をお客さんにもう見せるしかない。それが正直な気持ちだね。ただ、みんなにもそういう認識をもって欲しいという思いはあるよね。俺もPANTAも頭脳警察で戦っているし「みんなも自分の表現で戦ってよ」ってこと。俺もPANTAも自分なりの孤独な戦いをしている。結構、孤独でっせ、これ。

頭脳警察のレコーディングは、ほとんど憶えていないんだよ、悪いけど（笑）。

七五年に頭脳警察が解散してから、PANTAとはほとんど会わなかった。八〇年代はとくに会わなかった。意識して会わなかったな。俺は「劇団ろば」で音楽を担当したり、シノラマを始めたり、自分の活動をしていて、ホント、もう頭脳警察から離れたかった。PANTAとも離れたかった。PANT

Aに会いたくないというよりも、頭脳警察を消し去りたいという気持ちだね。

イベントなんかで自分のことを「元・頭脳警察」って書かれるのが一時期イヤだった。今では全然そんなことはないけど、「書かないでくれ」ってよく主催者に言ったよ。解散してからずっと、自分の意識と周囲から頭脳警察を消し去りたいという気持ちが十年以上続いた。自分ではその十年を長いと感じたことはなかった。

だけど裏腹に「どうせ、またPANTAとやるんだろうな」という気持ちもあったよね。自分のなかから頭脳警察を消し去りたいと思う反面、気持ちのどこかでは、PANTAとは切れているわけではなかった。俺は絶対いつかPANTAと一緒にやると思っていた。だから八八年に頭脳警察の復活の話がきたときは、自然に受け止められたよね。結果としては、シノラマのスケジュールの関係で頭脳警察の復活は一年遅れてしまったけど。

復活のオファーは、PANTAのスタッフから電話がきたんじゃなかったかな、よく憶えていないなあ、まずPANTAとふたりで会ったのかなあ……いや、いきなりスタジオに入ったんだと思うよ。とにかくその最初の時点では、ほかのメンバーは全然決まっていなかったよ。九〇年の頭脳警察のメンバーが決まったのは、『7』のレコーディングが終わったあとだから。

とにかく、ふたりでスタジオに入ってみようと……そうだ！　思い出した！　御苑スタジオだ。それでPANTAが三時間ぐらい遅れて来たんだ。俺はボーッと待っていてもしょうがないから、スタッフと蕎麦屋でベロベロになるまで飲んでしまったんだ（笑）。結局、リハーサルにならなかったんだよ。それが復活の初日。PANTAが遅れた理由は、頭脳警察に対するプレッシャーとかっていう話ならカッコもいいんだろうけど、車のトラブルかなんかの単なるヤボ用だよ（笑）。スタジオに集まったけど音合わせもなにもしなかった。

そういえば一度、PANTAのロフトのイベントかなにかに呼ばれて行ったことがあったなあ（注「PANTA風雲録 4days」八六年十二月十一～十四日 新宿ロフト 十四日のゲスト）。「さようなら世界夫人よ」かなにかを一緒にやったんだっけ？ あとで聞いた話だと、俺が花束を抱えてステージに登場したっていうんだけど、全然憶えていないんだよ（笑）。誰の演出か知らないけど、似合わないことやらされたんだなあ（笑）。だけどテレ隠しにちょうど良かったんじゃないかな。俺って人と会うときテレが入るんだよ。それはPANTAでも友川カズキでも三上寛でも一緒。いまだに彼らと会うときって、なんかテレるんだよね。

三十年間、音楽をやっているけど、構成とか演出とか考えたことなんかないね。もちろん曲順ぐらいは考えるけど（笑）。頭脳警察も同じ。ずっとそんな調子。演出なんてことを意識できる頭があればもうちょっと売れていたよ（笑）。俺のステージは、動物的本能だけでやっているようなものだから。俺はステージで本能のままに動いているだけだから（笑）。

いくら本能のままっていっても、ボックスセット『頭脳警察 LIVE Document 1972－1975』に収録されている伊那市民会館のライブDVDを観たときは、さすがに「俺ってバカじゃないの」とか自分でも思ったよ（笑）。当時は全然音楽をやってなかったんだね。ミュージシャンじゃなくて、まるでダンサーだよね（笑）。酒も飲まないのによくあんなことをやっていたよな。ネジが外れていたんだろうな。別に変な薬をやって、あんなことになっていたわけじゃないよ（笑）。意外なんだけど、薬をやってステージをやったことは数回しかないんだよね。なにも年中ラリっていたわけじゃないんだよ（笑）。

そういう意味では、今も昔もプロ意識は基本的にないね。まして頭脳警察においてプロ意識をもって臨んだなんて皆無だね。だからドラムを叩くのが好きだとか、いい人たちとめぐり会って助けられて三十年間やってこられたということだけなんだよね。ものすごく幸せだよね、いい人たちと三十年間やってくることができて。俺とＰＡＮＴＡの共通点は、人との出会いに恵まれたということだと思うよ。

アルバム『７』のレコーディングは、とにかく時間をかけたね。一年も時間を使わせてもらった。なんかダラダラダラダラしていた印象しかないから、記憶がごちゃごちゃになっているんだよね。スタジオに入ってもなにもしなかったなんてしょっちゅうだったし、酒だけ飲んで帰ったことも多かったね。ホント、年中酒を飲んでいた印象しかないよ（笑）。スタジオに行くとね、もうね、ボトルがあるの。氷と一緒に（笑）。それで気がつくと受付のおねえちゃんも横で飲んでたりして（笑）。ふざけたレコーディングだったよ。ＰＡＮＴＡは一生懸命仕事をしていたけどな（笑）。ＰＡＮＴＡは「しょうがねえなあ」とか思ってイライラしていたんじゃない？　そういう環境に甘えているボクがいた（笑）。

「万物流転」のイントロの太鼓の音はね、いろいろなものを叩きましたよ。楽器という楽器を叩いたね。俺だけじゃ間に合わなくて、スタッフが叩いたりしたし、結構大変だった。大変といえば、秋間経夫くんも大変だったんじゃないかな。彼のギターの音入れは憶えているよ。えらく緊張していたよね。でも俺は楽しくレコーディングしたいから、声をかけたんだよ。気張ってやるんじゃなくて、肩を張らずにのびのびやって欲しかったからね。楽曲ごとにゲストがきてくれたけど、みんなにリラックスした雰囲気でレコーディングして欲しいと思っていたよね。昔から頭脳警察のレコーディングは、肩を張らないたんだよ。

雰囲気のなかでやっていて、これがいいところだと思っていたから、復活した頭脳警察でもそうしたかったから、時間はそれほどかからないで完成したね。俺は相変わらず飲んでいただけだったけど（笑）。ほかのメンバーがしっかりしているから全然心配ない（笑）。スタジオのなかで酔っ払っていたら、知らないあいだにできていたという感じ（笑）。

アルバム『歓喜の歌』は、バンドのメンバーが固まってライブをこなしてからレコーディングに入ったから、時間はそれほどかからないで完成したね。

まあ、どういう経緯でかたちになったにしても、頭脳警察のアルバムであることには変わりはない。俺にとって大切な一枚でもあるし、そんなにたいした一枚でもない。でもアルバムとしての意味は今でも確実にある。あそこに収められている楽曲、歌詞やサウンドは今でも十分生きているはず。それがPANTAの才能なんだよ。

頭脳警察に限らず、自分がレコーディングしたものを聴くことは、まずないね。頭脳警察の七〇年代のライブを集めたボックスセットを創るから聴いてくれってスタッフから頼まれて聴いたけど、聴いていて疲れてきたからOK、OKって（笑）。解散してから七〇年代の頭脳警察の音源を聴いたのは、そのときが初めて（笑）。しかし自分のやったものを聴いてうっとりしているヤツなんている？　いたら気持ち悪いよ（笑）

レコーディングしているときは、録音した音をそりゃガーッと聴くよ。でも盤ができたら、まあ二〜三回は聴くかもしれないけど、あとは埃をかぶっているね。頭のなかはもう次にいっているから、頭脳警察のレコーディングのことは、七〇年代も九〇年代もほとんど憶えていないんだよね、悪いけど（笑）。

アルバム『セカンド』は、自分としても初めてのスタジオ・レコーディングだから、憶えていてもよさそうなものなのに、全然記憶にない。

七〇年代の頭脳警察は、ホント、毎日がライブライブで、一日ツーステージとかザラで、メチャメチャ忙しく動いていたんだよ。その日のライブに追われていたから「さあ、レコーディングだ。頑張るぞ」なんて考える余裕はなかった。こういうサウンドにしようとか意気込みがどうだとか、考えたことなんてなかったよ。気がついたらレコーディングしていたみたいな感じ。俺にはそんな記憶しか残っていないんだよね。

それでも『ファースト』のときは「やっとレコードが出せるんだ」と思った。それは憶えている。でも『ファースト』はライブだから、俺たちはいつものようにステージをやるだけなんだよ。それをスタッフが録音して盤をつくって、ハイ出しますよということだから、「ああ、俺たちのレコードが出るんだ」といううれしさはあったけど、なんか、あれよあれよと自分たちの知らないところでスケジュールが進んでいるだけだからね。それで、発売中止でしょ（笑）。感激もなにもないよね（笑）。

インタビューでPANTAもいつも言っていることだけど、俺も『ファースト』の発売は無理だと思っていたよ。でも初めてのレコードだし発売できるかもしれないと、期待する気持ちもどこかであるわけだよ。『ファースト』の発売中止の印象が強かったから、『セカンド』の回収のときはシラケていて、ガッカリして落ち込むなんて気持ちは失せていたのかもしれない（笑）。

『セカンド』をレコーディングしているときに、寺山修司さんが覗きに来たという話は、全然知らなかった。だけど寺山さんは、お気に召さなかったんでしょ？　そのときにいいと思ったら、劇団「天井桟敷」

（六七年－八三年）の音楽に頭脳警察を使っていたのかな（笑）。お気に召さなかったのは、頭脳警察のハートの部分だったのか、録音の技術的な部分だったのか、今となっては永遠の謎だ。どうだったんだろうな、もしかしたら天井桟敷で使う音楽を探していて、それで頭脳警察のレコーディングを覗きに来たのかもしれないね。その頃、頭脳警察の名前は一応通っていたから、噂を聞いてどんなものだろうと思って見に来たのかな。

俺は寺山修司さんの七七年の『ボクサー』という映画の音楽にパーカッションで参加しているんだよ。そのときに初めて寺山さんと会ったんだけど、もう体調が悪くて、ほとんど顔が土色になっちゃって、ぐったりしていて。現場に来てもほとんどなにもしないで、帰ってしまうような状態だったんだよね。（注　寺山修司氏が長編映画『ボクサー』を監督したのは、七七年四十一歳のとき。八三年四十七歳の五月四日、肝硬変と腹膜炎のため敗血症を併発、東京杉並の河北総合病院にて死去。同年七月天井桟敷解散）

どういう経緯で『ボクサー』に参加したのか憶えていないけど、音楽を担当したJ・A・シーザー（作曲家・演出家：四八年生まれ）の紹介だったような気がするな。結局、寺山さんとは音入れのときに一回会っただけだった。寺山さんは体調が悪かったから、ほとんど話をすることもなかった。シーザーが紹介してくれて「おう」という感じで挨拶を交わしたぐらい。その頃、俺は友川カズキとステージを盛んにやっていたけど、頭脳警察のドラマーだったということぐらいは知っていたんじゃないかな。

俺の最初の嫁さんが天井桟敷だったんだよ（笑）。彼女と知り合ったのは『ボクサー』をやるずっと以前だよ。結婚したのが二十六歳だから七六年でしょ、『ボクサー』はその後だからね。彼女の関係で天井桟敷のリハーサルや稽古なんかは見に行ったりしていたけど、『ボクサー』の音楽をやったこととは別の話だね。

その嫁さんとの結婚生活は三年ぐらいだった。短いとか我慢が足りないとかいう人がいるけど、そんなことないよ。よく言うだろ、三年目、七年目、十四年目が危ないって（笑）。結婚式も大々的にやったけど、まあ、しょうがないね。若い頃の男女の仲なんてどっちもどっちですよ（笑）。どっちがいいとか悪いとか、そういうことはないよ。アレ？　なんの話してんだ（笑）。

あの結婚、ＰＡＮＴＡは反対したんだよな。ちゃんと見ていたんだな。ＰＡＮＴＡは偉い！（笑）でも男ってバカだから、そういうときって助言を聞く耳を持たないじゃない？　いくらＰＡＮＴＡが反対しても聞く耳を持たなかった。結果的にＰＡＮＴＡが正しかったけど（笑）。ＰＡＮＴＡは昔から結構ドライというか、慎重なところがあるから、人の恋愛も見ていたんだね。俺は直感で行くほうだけど、ＰＡＮＴＡは慎重だね。性格は俺とＰＡＮＴＡは両極端だから（笑）。全然違うから、かえって合うのかもしれないけど。

ステージで音を出せばお互いのことはわかるから、会話をする必要がない。

自分のソロ活動とバンドの活動は、きっぱり分けているんだよね。バンドは歌があってリズムがあってというものだし、ほかの人とのコミュニケーションが中心になる。それに対して俺のソロは自分の感覚のままに演奏するものだから。ソロもバンドも両方とも好きだよ。あと、片山広明さん（ｓａｘ：五一年－一八年）とかジャズの人とやるセッションも好きだね。ジャズは俺の憧れだったんだよ。いつかジャ

2001年のPANTA＆TOSHI、楽屋にて

ズをやりたいとずっと思っていたんだよね。ここ十年ぐらいから、やらせてもらっているけど、いいよね、ジャズは。

　バンドの活動は、シノラマ、エンケンバンドに頭脳警察でしょ、遠藤ミチロウとやっているNOTALIN'S、あと今はちょっと動いていないけど三上寛と灰野敬二（vo&g：五二年生まれ）とやっているVajra、それから友川カズキや三上寛や佐渡山豊、福島泰樹さんのバックで叩くのもバンドとして考えると、現在の活動はソロどバンドとジャズの大きく三つかな。それぞれ個性的なミュージシャンばかりだから、いろいろな刺激があってホント楽しい。いろいろ楽しめる環境があるのは、ホント幸せ（笑）。四十五歳を過ぎた頃から、こういう環境が整って、もうずっと幸せ。みんなにこの幸せを分けてあげたい（笑）。

　四人囃子とも久しぶりに演奏できて楽しかったよ（〇二年十月二十五日　東京厚生年金会館 ROCK LEGENDS Vol.2）。厚生年金会館で一緒にやる前に、渋谷公会堂（〇二年五月二日ROCK LEGENDS）に遊びに行っているから、そのときが何十年ぶりかの再会だったんだよね。俺にはプログレを演奏することはできないけど、聴くのは好きだから四人囃子は好きなバンドだね。それで「おまつり」と「泳ぐなネッシー」という楽曲のレコーディングに参加させてもらったんだよ。また、頭脳囃子とかいって一緒にステージをやったりしているから思い出も多いね。（注「おまつり」はアルバム『一触即発』［七四年］に収録、「泳ぐなネッシー」はアルバム『ゴールデン・ピクニックス』［七六年］に収録されている）

あと、当時好きだったバンドは、イエローだな。イエローは音楽的に好きだったね。もうずいぶん前の話だけど、北海道にライブに行ったときにベースの垂水良道さんが遊びに来てくれてね。久しぶりに会ってうれしかったな。

外道も好きだったし村八分もカッコいいと思ったな。村八分のステージはカッコ良くて釘付けになって観ていたよね。はっぴいえんどは決して嫌いじゃなかったんだよ。でも好きでもなかった（笑）。興味なかったというのがホントのところだね。

イベントで一緒になるバンドには「絶対に負けない」という気持ちはいつもあるよ、負けず嫌いだから（笑）。そんな調子だから、当時は俺もＰＡＮＴＡもミュージシャンの友だちがいなかった（笑）。あまりミュージシャンと会話をしたことがなかった（笑）。だいたい楽屋が嫌いだったからさ。野音とかみんな一緒の楽屋で、あれがまず俺はイヤだったからね。馴れ合いというか仲良くなるのがイヤだったな。

あの頃の楽屋は、ピンと張りつめた雰囲気があった。頭脳警察に限らず、どのバンドもお互いに負けないという気持ちをもっていたと思うよ。そのなかで仲良くなったのが、四人囃子とか安全バンドとかね。それだって「いい天気だね」ぐらいの会話だよ。ステージが終わって、一緒に食事に行くとか、そういうことはなかった。俺もＰＡＮＴＡも酒は飲まなかったし、そういう付き合いはなかった。本当に友だちがいなかったんだよ（笑）。酒は二十五〜二十六歳からだよ、飲むようになったのは。今はそうだな、週に何回ぐらい飲んでいるのかな、そのときによって違うよね。俺はひとりでは飲まないから。

こうやっていろいろ思い出してみると、ＰＡＮＴＡとも長い付き合いだよね。でもＰＡＮＴＡだけじゃなくて、一緒にやっているほかの人たちも長い付き合いばかりだな。俺は一度一緒にやると長い付き合いになるんだよ、不思議と。付き合いは長いけど彼らとは、音楽の話は全然したことがないなあ。三上寛とは文学の話なんかはするけどね、「最近の現代詩はつまんない」とか。だけど音楽の話はしないなあ。友川カズキとはライブのあとに一緒に酒は飲むけど、すぐに別行動になるって感じだね。だから音楽仲間とはベタベタしないし、あらたまって会って飲むということはないね。本当に世間話だけだね。

福島泰樹さんは歌人や僧侶の顔があるから少し違うかな。話をしていて討論に発展することも結構あるよ。宗教論も含めて人間の品性の話だね。大ゲンカになったこともあるんだよ。「もうちょっと新しい短歌を創れよ！」みたいなことを俺が言ってね。「『バリケード（・一九六六年二月）』でいつまでも食ってるんじゃねえよ」って。「昔の頭脳警察と一緒じゃないか！」とか。福島さんの才能を知っているから、もったいないと思ってケンカするんだよ。本当にバカにしていたら、ケンカなんかしないよ。

頭脳警察を復活させてから、ＰＡＮＴＡとも音楽の話をした記憶はないなあ。音楽の話をしていたのは頭脳警察を結成する前、十代までだろうね。だけどその頃だって、ほとんどしなかったような気がするなあ。これだけ長く一緒にいるのに、猫の話とか世間話しかした記憶がない（笑）。

だいたい俺は誰とも、ひざを交えて音楽の話をしたことがないんだよ。俺がまずそういう会話が嫌いだし、話すよりステージで演奏したほうが早い。その相手がなにをしようとしているのか、なにをやりたいのか、どうやって生きていくのか、全部ステージに上がった段階でわかるから、それ以上話をして確認したり、意見を交換する必要がないんだよ。一緒に演奏すれば全部わかるから、会話をする必要がない。

バンドを組んだ相手と長く付き合っていられるのは、みんながしっかり生きているってことだよ。お互いがしっかり地べたに両足をつけて、生きているってこと。それがもう、根本に、底辺にあるから、それ以上の会話はいらないわけ。確認し合うみたいなバカらしい会話は必要ない。いい音楽を創るという同じ目的があれば、会議は必要ないよ（笑）。

途中会わない時期があった悲露詩と再会したんだよ、四〜五年前ぐらいかな。あいつも変わらなくていいヤツだよ。姫路市に「マッシュルーム」っていうライブハウスがあって、そこで悲露詩のニプリッツがよくやっているということは知っていたんだよね。頭脳警察でやっていた「心のかけら」をニプリッツで今でもやっているんだよ。大井町で一緒に生活していたときにできた曲なんだよ、あれ。それで姫路に行ったときに「マッシュルーム」を訪ねたの。だから偶然会ったわけじゃなくてね。それで悲露詩と高橋ヨーカイ（b：二二年、誤嚥性肺炎のため死去）の三人でＪＯＫＥＲＳというバンドを組んで『ＪＯＫＥＲＳ』（vo&g：悲露詩 〇三年十月発表）なんてアルバムも創ってしまいました。

ＰＡＮＴＡも俺も五十代になって、やっと人を見る目ができてきたから、現在の頭脳警察のメンバーはベストだね。あとはレコーディングして、ライブをするだけ。本当にたまにだけど「ＴＯＳＨＩも曲を創れば？」なんて言われることがあるけど、それはないね。絶対にない。死んでもないよ（笑）。

ちょっとヘンな言い方だけど、俺はね、ＰＡＮＴＡのファンなんだよ。で、しっかり認めていて信用しているわけ。期待っていうか。頭脳警察ではPANTAが詞や曲を書いて、俺は音で入っていく。PANTAが詞や曲を書くように、俺は音で表現するわけ。お互いのポジションがあって、はじめて頭脳警察の音楽が生まれるわけだから。

だから頭脳警察に関しては、PANTA待ちですよ。PANTAを待って早十年（笑）。価値のある時間だね。決して無駄な時間じゃないよ。

現実のほうが頭脳警察なんて、とっくに飛び越えている。その現実をみんなはわかっていないよ。

絵を描くのは好きだから、常に描きたいという気持ちはあるよ。だけど今は描いていない。今は音楽に集中する時期かな。もちろん、いずれまた描くだろうけどね。『赤い夜』（九九年五月発表）みたいに、また自分のアルバムのジャケットにしたいとも思うし、以前やったように個展じゃないけど、まとまったかたちでみんなに見てもらいたいとも思うよね。まだまだ、絵を描くことで自分を見つめてみたい気持ちはあるしね。

俺にとって音楽ってなんだろうと考えると、石鹼だな。手を洗う石鹼。音楽は俺をきれいにしてくれる。いつもすがすがしい気分にさせてくれる。演奏することによって、音楽をやることによって、俺という人間をきれいにしてくれるよね。そんな感覚ですね。音楽をやらないと、もう垢がたまるよ、きっと。音楽をやり続けないと俺はダメだね。音楽をやることで、バランスがとれているんだろうね（笑）。

現在は月の半分ぐらいライブとかリハとかなんだかんだ入っているけど、ちょうどいいね。いちばんいい状態だね。五十歳も過ぎると、そりゃ疲れが溜まるよ。だけど気持ちがいいんだよ。だって好きなことをしているから、幸せだよね。高校生の頃、イメージしていた生き方みたいなものが、ずっと続いているんだから、幸せだよね。

だから音楽を辞めたいと思ったことはないんだよ、困ったことに（笑）。若い頃と比較すると、ますます楽しくなっている。本当に楽しいなあって思えるようになったのは、四十五歳ぐらいのときからだね。四十五歳ぐらいのときに、音楽をやっていて本当に良かったと思った。演奏中にふと思ったんだよね。演奏しながらしみじみ思ったね。それで、やれるまでやり続けようと思った。

そう思ったのは、まあ、四十代というのもあったのかもしれない。三十代って、若くもないし老けてもいないし、それでいて生活の責任も出てくるし、誰でも苦しい年代なんじゃない？　四十代になると、そういう状況をいくらかは冷静に見ることができるようになるんだよね。だから、俺も自分がやっていることを冷静に見ることができて、そう思ったのかもしれない。

音楽に関しては、まだまだやりたいことがいっぱいあるよ。俺ひとりのシノラマのアルバム『0番ホーム』（〇一年発表）では、いろいろな楽器を使ったから、打楽器だけのアルバムを創ってみたいよね。打楽器だけでなにか、ひとつのかたちを残したい。それとは別に、使う楽器はともかく、まったくひとりでアルバムを創ってみたいし、作曲もまだまだやりたいし、いっぱいありますよ。いっぱいありすぎて、言えない（笑）。一つひとつクリアしていかなければという気持ちでいっぱいだね。だけどホント、自分がやりたいと思うことが、実際に実現できているからすごい幸せ。実現できるというところに自分がいられることが幸せだと思うよね。

とはいうものの、自分のオリジナリティーってなんだろうなんて、難しいことを考えたことはほとんどないな。変な言い方だけど、いつも自分に素直でいたいんだよ。くだらない話だと思うかもしれないけど、自分の感情に対していつも素直にいたいと思っている。信じるのは自分しかいない。いいか悪いかは自分が決めるしかない。自分がいつも自然体で、正直な感覚で音楽をやりたいと思う。変に頑張りたくないいんだよ。それが俺のオリジナリティーかな（笑）。

そうすると音楽とビジネス的な部分は、どうなのかという話になるよね。ライブをやったりアルバムを創ったりする行為のあとにビジネスがついてくる、そういうもんだと思っている。生活や仕事は、自分が動いた結果だと思うんだよ。だから自分が音楽を創っているときは、ビジネス的なことは考えていない。創っているときは、過程だからね。自分が創ったものに対して、人が評価してくれてお金を出してくれるわけだから、まず自分がなにかを創らないと結果は生まれない。その結果というのは、たとえばお金かもしれないし、観てくれた人の感動かもしれない。音楽とビジネスの関係は、俺としてはそういう感覚だな。だからいつでもどこでも手抜きはできない。手を抜くことができたら、もうちょっとお金持ちになっていたかもしれない（笑）。

こんなに長くやっていて、不思議とギャラのトラブルなんかもないんだよね。そういうことも含めて幸せだと思う。なぜかちゃんと振り込まれている（笑）。ちゃんと生活ができている。お金で苦労したことがないいんですよ。俺も別に金を使うほうじゃないからね。酒代とかたまに車検代とか、そんなもんだから（笑）。

「もっと売れるような音楽にチャレンジしたら」というアドバイスをもらったことも、たぶんあるんだろうね。そう言ってくれた人もいたかもしれない。いたんだろうね、たぶん。だけど、俺にとっては全然興味のない話だから憶えていないよ。売れるとか売れないとか、そういうことしか頭にないというのは、なにか人として違うんじゃないかな。簡単に目先で仕事をするなっていうことよ。それを忘れてはいけない。心のどこかに、自分の気持ちに見合うことをやりたいという意識をもち続けることが、生きているということだよ。売れるとか売れないとかそういうことで、自分の人生を無駄にしちゃダメだよ。

結局ね、売れるとか「己」にないことには、俺は興味がないんだよ。己を貫くことは簡単だよ。難しい話ではないと思うよ、てめえがあるかないかだけの話だから。いちばん単純でいちばん簡単なことだよ。やるかやらないかだけの話だから。いずれにしても品性ですよ、人間の品性の問題。人間なんて品性だよ。その個人のもっている品性ですよ。それですべてが決まる。品性が良い方と悪い方、それで人間は分かれる。自分で言うのもなんだけど、俺もＰＡＮＴＡも品性は高いと思うよ。

ものを創るということは、自分のケツの毛を見せるような行為でしょ？　自分のロマンティックな部分をさらけ出すわけだから、恥ずかしいことなんですよ。シノラマや『０番ホーム』で表現していることは、全部俺のロマンティックな部分だ。自分の甘えの部分をさらけ出しているようなものだから、恥ずかしいことなんですよ。弾けないギターを一生懸命弾いてさ、まさしく甘えですよ。だけど、そういう甘えの部分も出していかなければ、人間ってバランスがとれないんだよね。

表現なんてウンコみたいなものですよ。常に自分のなかで消化していなければバランスがとれない。俺がやっている音楽は、聴く人によっては理解できないかもしれないけど、自分としては、生理的に自然に生まれたものなんだよね。

七〇年代から八〇年代にかけてガンガン楽曲を創っていたPANTAも、さすがに創作のペースが遅くなったね。PANTAはそれほど器用な男じゃないし、ホント真面目だから、自分にウソをついて誤魔化して創作しようとは思わないんじゃないかな。「クソ」がつくほどPANTAは真面目だから、クソ真面目にものごとをちゃんと考えているよ、絶対。それでいいの。ものを創るということは、真面目に考えるということだから。真面目に考えないと創作活動はできない。真面目に取り組むということは、やっぱり時間がかかるんだよ。

PANTAはその場その場に合わせて、どんどん創るというタイプじゃないからね。だからここ何年間かアルバムを発表していないけど、俺は決して枯れたとは思わない。そのうち、すごいものを創りますよ。俺は信頼している。あいつはポーカーフェイスだから、わかりづらいところがあるけどすごく考えているよ。それにしても俺もPANTAも表現の仕方は当時から全然変わっていないね。ホント、俺たちはクソ真面目だよ。だけどそれだけのことをやっているという自負心は絶対あるよ。

真面目といえば、エンケン（遠藤賢司）も真面目（笑）。エンケンバンドのリハはすごいよ。きびしいよ、真面目だから。でも、そういうことも含めて楽しいね。俺はエンケンの自分を追求しているその真面目な「様（さま）」が好きなんだよね。表現するために、エンケンは相当苦労していると思う。だけど苦労している人間は、絶対に人を裏切らない。

エンケンもPANTAと同じように、ひとりでやっても生ギターでやっても、ROCKだよ。ジャンルなんて関係ないけどね。三上寛を初めて観たときなんか、生ギター一本だったけどフリージャズだと思ったもん。ようするに人を感動させる才能があるかないかですよ。じゃ、才能ってなにかといえば、それは存在が確立しているということ。存在が確立しているなら、フォークもＲＯＣＫもジャズも関係ない。その存在だけでいいんだよ。

最近はジャンルというものにあまりこだわらなくなったね。良い傾向だと思うよ。だけど、まだまだだね、日本は二十年遅れている。三上寛はフランス・ツアーなんかをやっているよね。ヨーロッパのほうが日本より、三上寛の才能を見ているわけですよ。日本は目先の利益になる音楽しか追わないからね、アホだよね、ホント。文化を認める土壌が、ホントない。

それじゃ、頭脳警察が海外でやったらどうなるか。言葉の問題もあるけど、国によっては成功すると思うよ。ドイツなら受け入れてくれるかな。アメリカじゃないし、フランスでもないな。だけどウケるとかウケないとか、そういうことは関係ないんだよ。自分たちの根っこを大事にしていれば、どこでやっても恥ずかしくないはず。これがいちばん大切。

今度、タイに行くんだよ。演奏じゃないけどね。タイの子どもたちを保護しているところがあって、そこを訪ねるんだけどね。世界は贅沢な戦争をしているかと思えば、一方では貧困で子どもを売ったり買ったりしている国もあるし、本当にめちゃくちゃだよ。それで、そういう世界の状況を直視しようとしないのが、日本だよ。ボヤーとした幸せだか、なんだかわからない空気のなかで、さ。目先の金しか見えない、そういうレベルで暮らしているのが、この島国でしょ？　本当にアホらしくってやってられないね。

日本がボヤーとしているあいだに、どんどん世界は変化している。危険な状況が足元まで迫っている。現実のほうが頭脳警察なんて、とっくに飛び越えていますよ。その現実をみんなわかっていないよ。なんか問題があっても、全然反応しない。ワイドショーのなかの出来事で終わってしまう。嗅覚をなくしているんだよ。人間だって動物なんだから、感覚でわかるはずなのに。バカになるように飼育されたのか、自分からなったのかは知らないけど、そこまでダメになっているんですよ。もうちょっと真面目に、生きていることを考えないと。本当にバカらしくて、バカらしくて。

文学の世界だって、売るがためかなんだか知らないけど、賞を使ってアイドルをつくればいいってもんじゃないだろ？　日本の文化水準なんて、その程度のものだよ。戦う文学者なんて見当たらないしな。昔、中上健次さん（作家：四六年－九二年）とゴールデン街でよく顔を合わせることがあって、もし、まだ生きていれば、もうちょっと違う展開があったかもしれない。少なくとも、そう想像させるだけのものが彼にはあったね。中上さんはＲＯＣＫだった。生き方がＲＯＣＫだったよ。

演劇と音楽と美術と文学と映像の全部が、リンクしていたのが七〇年代の初頭だった。今はリンクしてないよね。あの頃はバンドをやっている人間でも面白いと思ったら本を読んだし、文学の人間でも面白いと思ったらＲＯＣＫを聴いたんだよね。寺山修司さんが頭脳警察のレコーディングを覗きに来たというのも、そういうことじゃないかな。今は、小難しいことを言うと避けられてしまうから、会話そのものがどこにも存在しない。街にいて聞こえてくる会話に限らず、音楽の世界でも絵の世界でも文学でも、みんな同じだよ。人間そのものを避けてしまっているんだな。

これからの時代、自衛隊はますます和平という侵略をやっていくでしょう。徴兵制が復活して、自分の子どもが侵略者になる時代がくるかもしれない。徴兵制という言葉じゃなくても、たとえば「一年間ボランティアをしなければいけません」みたいな隠れ蓑で徴兵されるかもしれない。支配する側としては、日本人は扱いやすい飼いやすい国民だよ。危機感を感じる感性が剝ぎ取られているんだよ。だけど俺は諦めないよ。今の若い人たちも、きっとわかっているはずだよ。なにかがおかしいということは感じているんだから。その嗅覚を大切にすることが、たとえば文化なんだよ。

俺は音楽の活動をするなかで「なにかを動かせるかもしれない。なにかを変えられるかもしれない」と常に思っているよ。そういう思いはあるよ。希望としてね。希望として、そういう気持ちで音楽をやっているよ。これからもその思いは絶対変わらない。

やっぱり音楽には、なにかを変える力があると思う。その力の及ぶ範囲は、ひとりかもしれないし、ふたりかもしれないけど、意識を変えることはできると思う。PANTAの歌を聴いて、演奏している俺の姿を見て、きっとそれはあると思いますよ。だって俺がそうだったんだから。俺は音楽に影響を受けて、今、こうして生きているわけだから。音楽には絶対力はあるはずだよ。

音楽の力。それはたとえば心地良くなるし、雷に打たれたようにもなるし、目が覚めたようになる場合もあるし。音楽の力ってそういうものだね。友川の「生きてるって言ってみろ」（七四年九月発表）を初めて聴いたとき、俺は背筋がゾクっとしたわけ。それは音楽の力が俺をゾクっとさせたわけでしょ？だから音楽には絶対、力があるんだよ。ないとは言わせない。音楽の力を信じていなければ、俺は今まで音楽なんてやっていないよ。ただね、聴く側の視点もあるよね。いかにオープンになって、邪念なく音楽と向き合えるか、みたいなね。

文学にも力はあると思うよ。文学の場合、個と個が向き合える分、もしかしたら音楽よりも力があるかもしれない。俺は純文学が好きだから、坂口安吾や太宰治はずいぶん読んだ。間違いなく彼らの影響を俺は受けている。高校生のときに読んで影響を受けたけど、今の文学界には物足りなさを感じるんだよな。

俺たちは過去の、先人たちの歴史の上にいるわけでしょ？　俺たちが人類の歴史の出発ではないわけじゃない？　俺たちの前に、いっぱい骨があるわけ。その骨の上を俺たちは歩いているんだよ。先人の骨に唾を吐くようなことをするのではなく、その骨を大事にして生きていかなければいけないんだよ。

それは音楽だけじゃなくて、文学でも絵画でも映画でもすべて同じ。先人たちが成し遂げられなかったことを、俺たちはもっともっとやっていかなければならない。先人たちの歴史を乗り越えなければならない。乗り越えなければ、彼らが創った歴史を踏みにじることになるじゃない？　踏みにじらないためには、未来をいつも意識している必要があるんだよ。酒を飲んで昔のことを懐かしんでいる場合じゃないんだよ。以上。

ROCKはアメリカで生まれたものだけど、日本人のROCKを創らなければならない。和魂洋才だよ。

頭脳警察は頭脳警察として、現在なにをすべきなのか。

余談だけど、NACK5（埼玉県のFM放送局）の放送審議委員になったんだよ。七人で構成されているんだけど、欠員が出て、名指しされて参加することになった。放送局は放送法にしたがって放送審議委員を置かなければいけないらしく、それで「やってくれ」って言われたんだけど「俺は審議されるほうなんだよね」って（笑）。でも審議される側の人間が入っていたほうが、ある意味バランスがとれているという考えがあったのかもしれない。

月に一回、放送審議委員は自分の放送局の番組を審議して批判をするわけ。その結果が全部記録されて、新聞や広報に掲載されるんだよね。批判をするっていっても、NACK5って、いい番組をやっているんだよ。

NHKも結構いい番組をやっているよね。過去の日本の外交を扱った番組が、ここ一年ぐらいのあいだに増えたような気がする。当時の日本が外交という手段で戦争をいかに回避してきたか。回避する努力をした陰の人間にスポットを当てたり、おもしろいものをやっている。民放のテレビはくだらないエロとお笑いばっかりだけど、NHKはダイレクトに言えない分、遠回しに随分と頑張っていると思う。

NACK5やNHKの話はともかく、現在の頭脳警察はシングルの「時代はサーカスの象にのって」を中心としたアルバムを早く創らなければいけないよね。言い訳はしたくないけど、いろいろなことが重なって一年遅れている（笑）。

先日、日本赤軍の和光晴生くん（四八年－二三年）の公判に行って来てね。意見陳述が一時間あったんだけど、自分の謝罪と反省をきっちりと釈明して、かつ、現在の世界情勢に驚くほど精通し、明確に分析していて、すごくすばらしいものだった。傍聴席で思わず拍手しそうになった自分がおかしかったよ。和光くんはひとりで日本国家を相手に戦っているわけ。

だけど、日本のミュージシャンのなかにも、自分のスタンスで平和をアピールしているヤツもいるんだよね。ビジュアル系と呼ばれたようなバンドにも、スジの通った人間はいるんだよ。ジョン・レノンになれると思うようなヤツもいるしさ。それも常識のあるジョン・レノン（笑）。

普段はチャートを賑わしているようなそういう連中が、平和とか反戦というテーマで意志を統一して、なんらかの行動を起こすという可能性もあるのかな、と。実は地下活動はすでに始まっているのかな、と。俺が知っているだけでも三人、四人は確実にいるね。それでその三～四人が行動を起こすと、とんでもない力になるよ。マスコミはもちろん、社会がひっくり返るぐらいの力がある。事務所やレコード会社の関係とかさまざまな状況で、彼らは今までは意志表示ができなかったというだけで、その壁を取り除けるかどうか。その壁を取り除いてあげることができたら、彼らが本当の意味で意志を示す日が、近い将来やってくるだろうね。

クエスチョンマークでいいんだよ。そういう連中がクエスチョンマークを提示できれば、それだけでいいんだよ。ファンに考える機会ができるだけで。それがポップ・ミュージックっていうものなんだから。じゃあ、頭脳警察は頭脳警察として、現在なにをすべきなのか。なにができるのか。かたちにならなくてもともと。できなくてもともとなんだけど、俺はでっかいものが嫌いなんだよ。ジョージ・w・ブッシュ（米国第四三代大統領：四六年生まれ）を中心とするアメリカが嫌いだし、日本のミスティック・コンサーバティブが嫌いだし。ミスティック・コンサーバティブは「怪しげな保守」という意味で、俺が勝手につくった言葉で、略してミスコン（笑）。アメリカのネオコンは表に出ているけど、日本の政治家はただのでくの坊の人形で、その裏で糸を操っているミスコン。

和光くんを見ていて「やらなくてはいけない。俺には義務があるんじゃないか」という気持ちになったよね。ただ「戦争はいけない」というひと言だけ。このキーワードだけ。まあ、ある意味「反戦」という言葉がとても安っぽくなっているよね。そういう状況まで含めて「戦争はいけない」というひと言だけ、ということだね。別に俺は、ボブ・ゲルドフ（vo＆g：五一年生まれ）になろうと思っているわけじゃないよ（笑）。

今までこういうことを発言したり行動に移すのは、嫌いだった。だから反戦コンサートなんかは、誘われれば出るけど、自分で声をかけて主催するなんて考えられなかった。「骨髄バンクキャンペーンコンサート」（「Human Love Aid」九三年及び九六年に実施）をやったときも、友だちから頼まれて、彼の気持ちが十分理解できたからやったわけで。やるからには一生かけてやる覚悟がないとできないから、腹をくくってやったんだよね。だけどもう好きとか嫌いとか、性に合わないとか、そんなことを言っていられる状況じゃないでしょ？　今の日本は。

日本は第二の明治維新を待ち受けていると本気で思うよ。維新は右翼言葉だけど（笑）。昨日、有事関連法案が通ってしまったけど、これは諸刃の剣っていうか慎重に使っていかないと、大変な法案になってしまう。こういうこと一つひとつが、すべて同じ方向に向かっている。その終着点として第二の明治維新だね。そういう意味で、憲法改正が叫ばれるなか、日米安保条約のことも含めて、初めて戦後が終わるのかなあと思っている。

歴史全集はページが破けるほど読んだよ。古代から平安、鎌倉、戦国時代、そのあたりが好きだったな。

スティーブン・フォスター（一八二六年－一八六四年）が、俺の洋楽の最初の体験といえるんだけど、そこから音楽に興味をもったというのともちょっと違うんだよね。フォスターの「ケンタッキーのわが家」が、ガツーンときただけで、それで音楽に興味が湧いたわけでは決してないんだ。

俺の音楽の入り口は、ポップスでいえば、エルヴィス・プレスリーということになるでしょうね。エルヴィスは小学生の頃だね。だけど初めて買ったレコードはビートルズ。「ツイスト・アンド・シャウト／ロール・オーバー・ベートーベン」（六四年五月発表）のシングル盤が初めて買ったレコード、たぶん（笑）。このへんの記憶は定かじゃない（笑）。シュープリームス（五九年から七七年まで活動）の「ひとりぼっちのシンフォニー」（六六年発表）かもしれないし、クリフ・リチャード（vo：四〇年生まれ）の「サマーホリディ」（六三年発表）かもしれない。このへんがあいまいなんだよなあ。どっちにしても、その三枚のうちのどれか一枚であることは確かなんだけど。この三枚はほとんど同時期に買っていると思う。いや、どうかなあ、ビートルズはあとだったかなあ……「ツイスト・アンド・シャウト」でカルチャー・ショックを受けるのは、もうちょっとあとだったかなあ。まあ、とにかく「ツイスト・アンド・シャウト」でショックを受けて、ビートルズはアルバムも買ったよ。

だけど、どうだったんだろうなあ、初めて買ったレコード……まず、テープレコーダーを買うんだよね。3号テープというのを使うオープンリール。どうしてテープレコーダーを買ったかというと、プレーヤーだとレコードを買わなければならないじゃない？　テープレコーダーだとラジオからエア・チェックできるでしょ？　だからテープレコーダーを買ったんだよね。マイクをラジオに近づけて録音するんだよ。でもやっぱりノイズとか入って、結局タクト社製のプレーヤーを買ってもらうんだけど。おまけでシングルレコードをつけてくれるというので、タクトのプレーヤーを買って、そのおまけが「ひとりぼっちのシンフォニー」と「サマーホリディ」だったのかもしれない。それで記憶があいまいになっているのかも。

ディック・デイル&ヒズ・デルトーンズ（主に五八年から六七年頃に活動）の『ミスター・エリミネーター』（六四年発表）が、初めて買ったアルバムだね。プレーヤーを手にしてすぐに買ったホット・ロッドのアルバムなんだけど、ジャケットがジャック・ブラバム（レーシングドライバー：二六年－一四年）の1500ccのF1フォーミュラーで、だからジャケ買い。買うにあたって、どういうサウンドか全然知らないし賭けでしかないわけだよ。『ミスター・エリミネーター』に収録されている楽曲の歌詞は、ジャガーXK－Eとか車の名前がいっぱい出てきたり「お前の車がどうした」とか、そういう内容だったから、結果的に結構気に入ってしまったけどね。自分でお金を出して買ったレコードって、愛着があるしガンガン聴くから、多少好みじゃなくても結局好きになってしまうんだよ。音楽って不思議だね。

「ツイスト・アンド・シャウト」でカルチャー・ショックを受けて「ロール・オーバー・ベートーベン」を聴いてグッときた。それまでエルヴィス、エルヴィスって言ってたのに、やっぱりビートルズを認めてしまった（笑）。より激しいものを求めていた時期だな。ヤワな音楽は大嫌いっていう感じだった。

それである日、雑誌を見ていたら、たぶん「ルビー・チューズデイ」（六七年発表）の宣伝だったと思うんだけれど「ザ・ローリング・ストーンズだからといって、ドラムとベースがドンドンバリバリじゃない」というようなキャッチコピーを目にしたんだよ。バラードだということを伝えるためのコピーだったと思うんだけど、それを読んで「ストーンズってそんなに激しいんだ」ってコピーの内容とは逆の意味で、ストーンズに興味をもってアルバムを買ったんだよ。

それで、そのアルバムをずっと『アフターマス』（六六年四月発表［イギリス盤］）だと思っていたわけ。でも俺の記憶だと一曲目が「一人ぼっちの世界」（六五年九月発表［シングル盤］）なんだよね。『アフターマス』の一曲目が「マザーズ・リトル・ヘルパー」だと最近知った（笑）。UK盤で正規に発売された『アフターマス』だと「一人ぼっちの世界」は入っていないんだよ。日本盤で買っているから、日本の編集盤だったのかもしれない。当時はレートが違うから、輸入盤なんて高くて買えなかったし、普通のレコード店には、輸入盤自体がなかった。だいたいROCKのアルバムなんて、ほんの少し、三十枚ぐらいしか置いていなかった。一曲目が「一人ぼっちの世界」のそのアルバム、好きだったんだけどなあ（笑）。だけどストーンズは、その後それほど強力にハマりはしなかった。

エルヴィスは友だちにレコードを聴かせてもらった記憶があるし、ビーチ・ボーイズ（六一年から活動）の『サーフィンＵＳＡ』（六三年三月発表）は中学一年生ぐらいかな、近所のお兄さんに聴かせてもらった。同時期にビートルズを聴き始めたんだろうね。小学生の頃は、ただラジオを聴いていただけだよ。たぶんエルヴィスもラジオで出会ったんだと思う。小学生のときは、友だちと音楽の話をした憶えはあまりないな。友だちとそういう話をするようになるのは、中学生になってからだね。

だから、小学生のときに趣味の話を友だちとした記憶があまりない。読んだ本の話もしなかった。小学三年生ぐらいかな、よく歴史の本を読んだよ。『少年少女世界文学全集』と『日本歴史全集』を親が買ってくれて、文学全集は一ページも開かなかったけど、歴史全集はページが破けるほど読んだ。古代から平安、平安から鎌倉にかけて、ちょっと遅れて戦国時代、そのあたりが好きだったな。平安時代の誰がどうしたなんて話を、小学生がクラスでしても通じないじゃない（笑）。

世界史も全集みたいな本が、家に三冊ぐらいあったと思うんだけど、それも大好きだったな。アレキサンダーとナポレオンとローマ帝国の頃とか夢中になったよ。今度、映画で『トロイ』（アメリカ　〇四年公開）が公開されるけど楽しみなんだよね。映画としてのできなんかどうでもいいんだよ。ヘクトルやアガメムノンとかそういう名前が出てくるだけでＯＫ（笑）。だって神話とされていたものをハインリヒ・シュリーマンが、歴史上実際にあったと証明したんだものね。そういうことにワクワクしたよね、子どもの頃は。

中学生のときの作詞・作曲の俺のペンネームが平八郎盛実（笑）。平八郎盛実のペンネームが世に出ることはなかったけどね。「平」は平清盛だし、「八郎」は源八郎為朝の八郎なんだよ。「盛実」は誰なんだろう？　平清盛が好きだったし、源実朝が暗殺された事件も印象深かったから、そのへんかもしれない。

保元・平治の乱で、弓の名手といわれた源為朝が大好きだったんだよ。最後に負けて弓を引けないように筋を切られるんだけど、島流しにされたところで、また弓が引けるまで頑張ったという、そういう話が好きだったな。子どもだから、そういう話に単純にのめり込む（笑）。源氏と平家が好きだったというよりも「ワイルド&エレガンス」だね。それが俺の原点。源氏の野性さと平家の華麗さ、文武両道じゃないけど、両方揃った美しさじゃないとダメという感覚だね。だけど学校の歴史の勉強は得意じゃなかったなあ。年号とか全然覚えられなかったし。

あとはチャールズ・ダーウィンの『ビーグル号航海記』（一八三九年発表）とか、そのへんを結構読んだよ。いわゆる名作と呼ばれる小説は全然読んでいない。夏目漱石なんか一ページも読んでいないし（笑）。

小学生時代の趣味友だちでいえば、飛行機の話が合う友だちがひとりだけいた。お互いに月刊誌『航空ファン』（五二年創刊）とか小学生のくせに読んでて（笑）。彼ぐらいかな、趣味の話ができたのは。小学生の頃って家で遊ぶタイプと、外で遊ぶタイプとに分かれたりするけど俺は両方だった。外は外で思いっきり遊んでいたし、家では家で本を読んだりしていたからね。

中学に入ってからかな、大きなカレンダーの紙を使って、自分でサーキットの双六を創って、のちに頭脳警察の初代ベーシストになるヒトシ（粟野仁）と遊んだ（笑）。硬い紙を折り曲げて車をつくる。フェラーリ330P－2、P－3って、車とドライバーを決めてね。フェラーリ・ディーノを駆るロレンツォ・

バンディーニというレーサーが大好きだった。トランプを使って排気量によって進む数を決めるんだよ。2000cc以下は十二以上出ないようにして、自分なりにリアリティを求めていた。それで十二時間とか、二十四時間耐久レースとかやるわけ。でも実際に十二時間とか二十四時間やるわけじゃなくて、三十分とか六十分程度だと思うんだけど、ヒトシは「まだやるのかよぉ」とイヤイヤながら付き合わされたわけだ(笑)。俺はフェラーリ、ルノー、アルファロメオをやるから、ヒトシはフォード、ポルシェで走れってね(笑)。ヒトシともやったけど、そういうことをひとりでも遊べるタイプでもあったね。

中学生になると、すでにバイクに乗ったりしていたから(笑)、音楽よりもバイクのウェートのほうが高かった。ビートルズもハマったというよりも、一応定番として聴いていたという感じだし、新譜を待ちわびるというほどでもなかった。音楽にそれほど夢中になっているという感じではなかったんだよね。雑誌とかラジオの企画では、ビートルズ派とストーンズ派とに分かれて応援するというのがあったけど、実際にクラスで聴いているのは少数だった。当時の中学生にとって、ポップスのウェートってそんなもんだったよ。

メディアの意識だって当時はホント、低かったよ。たとえば俺が小学生のとき、校庭で遊んでいたら、ラジオのインタビューがあったんだよ。そのインタビューに応えたのをすごくよく憶えているんだけど、その質問がね、「歌謡曲が好きですか? ジャズが好きですか?」って(笑)。その二つしか選択肢がないんだよ。向こうのものは全部ジャズ。ROCKだろうが、ポップスだろうが、ソウルだろうが、全部「ジャズ」という言葉のなかに入ってしまうわけ。洋楽とか邦楽とかという言葉もなかったし、向こうのもの=ジャズなんだよね。それで歌謡曲という言葉のなかには、演歌だろうが、ポップスだろうが、都々逸だろうが全部入ってしまう。だから小学生ながらに困っちゃって（笑）「ジャズかなぁ〜？」と答えたんだけど。小学生の俺でさえ、ジャズという言葉で向こうのものをすべて含めるのはおかしいと思ったよ（笑）。メディアだって、そのレベルの時代だからね。

ベンチャーズも人気があったけど、俺はダメだったなあ。まったく興味なし。ただ最初に行ったコンサートが、サファリーズ（主に六二年から六六年に活動）なんだよね。サーフィンやホット・ロッドの時代のインストゥルメンタルのグループ。だけどサファリーズが観たくて行ったわけじゃないんだよ（笑）。当時ロータリークラブに入ると、優先的に外タレのチケットが安く買えたりしたわけ。それで中学生のときにロータリークラブに入って、初めに来日したグループがサファリーズだったというだけなんだよ。名前もよく知らないで観に行ったようなもんだね。

サファリーズのコンサートは新宿の厚生年金会館だったから、初体験のライブ会場は、厚生年金会館大ホールってことになるね。当時は必ず前座が付いたんだけど、そんなことも知らなかった。サファリーズがすぐ出て来ると思っていたら、スパイダースが出て来た。だから厳密には、初体験のコンサートはスパイダースと言わなきゃいけないのかな（笑）。たぶんライブで初めて聴いた曲は「フリフリ」（六九年五月発表）だと思うよ。

サファリーズは、インストルメンタルの「ワイプアウト」（六三年発表）という曲がヒットしていたんだけど、構成の関係でカバーもやったんだよね。「ユー・リアリー・ガット・ミー」（六四年八月発表）をやったわけ。それを聴いて「サファリーズってカッコいい〜〜！」って思った（笑）。「ユー・リアリー・ガット・ミー」が、キンクス（主に六三年から九六年に活動）の曲だとわかるまで、それから数年を要する。で、サファリーズのステージを観てもファンにはならなかったなあ。だからアルバムはもっていないよ。

「ユー・リアリー・ガット・ミー」はカッコいいと思ったけど、キンクスにはそれほどハマらなかった。アルバム『アーサー、もしくは大英帝国の衰退ならびに滅亡』（六九年十月発表）は買ったけどね。激しいキンクスが好きだったから「サニー・アフタヌーン」（六九年六月発表）がヒットしていたけど「ふーん」って感じだった。まあ、「サニー・アフタヌーン」は、後々いいと思うようになるんだけどね。キンクスの熱心なファンではなかったけど、ドアーズが「ハロー・アイ・ラブ・ユー」（六八年六月発表）を出したときには「ふざけんなよ。この野郎。キンクスもどきを出すんじゃねえよ」って感じだった。だからドアーズは大嫌いだった（笑）。ドアーズは売れ線の匂いがしたしね。はたしてドアーズが売れ線だったかどうかはわからないよ。こっちはあくまでも子どもで表面的な部分しか見てないから、そう思っただけで。（注「ハロー・アイ・ラブ・ユー」は、キンクスの「オール・デイ・アンド・オール・オブ・ザ・ナイト」［六四年十月発表］の盗作騒動があり、作詞と作曲をしたキンクスのレイ・デイヴィス［vo&g：四四年生まれ］に印税が支払われた）。

ビートルズで最初に買ったアルバムは、はっきり憶えていないんだよなあ。『ウィズ・ザ・ビートルズ』（六三年十一月発表）はあとで買ったような気がするなあ、じゃ『プリーズ・プリーズ・ミー』（六三年三月発表）なのかなあ。好きだったのは『リボルバー』（六六年八月発表）だね。俺の印象では『リボルバー』は後期になるんだけどね。『サージェント・ペパーズ・ロンリー・ハーツ・クラブ・バンド』（六七年五月発表）は一応買ったと思う。『ザ・ビートルズ（ホワイトアルバム）』（六八年十一月発表）ぐらいから、あまり印象に残っていないんだよ。ビートルズって不思議なんだよね。どのアルバムも最初に聴いたときはガッカリするんだよ。ガッカリするんだけれど、やっぱりハマり込んでいくんだよ。最初からガツンというんじゃないんだよな。

グループサウンズもそれなりに聴いたよ。レコードを買うほどじゃなかったけど、モップス（六六年から七四年まで活動）が大好きだった。「朝まで待てない」（六七年十一月発表）が好きだったな。どちらかといえば、ゴールデン・カップス（主に六六年から七一年に活動）よりモップスが好きだった。ギタリストでは星勝くん（四八年生まれ）やビーバーズ（六六年から六九年まで活動）の石間秀樹くんが好きだった。ジャズ喫茶は「新宿ACB」なんかによく行ったよね。

だけど俺はジャズ喫茶より、今だったらクラブってことになるんだろうけど、ゴーゴー喫茶だったね。新宿の三丁目あたりにあった「螺旋階段」によく遊びに行ってた。「螺旋階段」は生バンドじゃなくて、レコードをガンガンかける店。ミラクルズやフォー・トップスをはじめテンプテーションズなんかのモータウン系がかかっていて、至福のひとときだった（笑）。生バンドが入る店でよく行ったのは「アップル」だね。「アップル」ではベベズ（第二期）がよく演奏していた。陳信輝のギターと柳ジョージのベースが最高だった。

好きだったアルバムを挙げるとねえ……ROCKだけ？　フレンチポップとかカンツォーネ、クラシックなんかはいいの？　じゃ、とりあえずROCKだけで考えると……順不同、適当に思い出した順に言うよ、バンド名だけでもいいよね？　まあ、ビートルズは全部と言っていいかな。ローリング・ストーンズは『アフターマス』と思い込んでいたアルバム（笑）。一曲目が「一人ぼっちの世界」のやつ。ビーチボーイズは『サーフィンUSA』だな。ボブ・ディランの『追憶のハイウェイ61』、フランク・ザッパ&ザ・マザーズ・オブ・インヴェンションの『フリーク・アウト』。フランス・ギャルは全部だね。ザ・ファッグスはファーストになるのかな、そこのところはちょっと記憶があいまい。バーっと挙げていくよ、チャック・ベリー、スペンサー・デイヴィス・グループ、スモール・フェイセス、ゼム、ハーマンズ・ハーミッツ、キンクス、アニマルズ、エレクトリック・プルーンズ、ホリーズ、フリートウッド・マック、ジェリー&ザ・ペースメーカーズ、ジェファーソン・エアプレイン、ザ・バーズ……このへんがくるでしょ。それでイエスの『ファースト』、ムーディー・ブルースの『童夢』、マンフレッド・マンあたりがくるでしょ。それでハリー・ニルソンの『ザ・ポイント』、アリス・クーパーの『キラー』、クイーンの『戦慄の王女』、キッスの『地獄からの使者』でしょ、アバの『スーパー・トゥルーパー』なんていうのもあったな。マーク・ボラン関係では、ティラノザウルス・レックスの『ユニコーン』とT・レックスの『電気の武者』。サーチャーズの『ラブ・ポーション No.9』っていうのもあったよね。ダイアナ・ロス&ザ・シュープリームスには不純異性交遊のパーティーの思い出がある(笑)。そして、テンプテーションズの『ドリーム・カム・トゥルー』でしょ、オーティス・レディングの『ジーズ・アームズ・オブ・マイン』にBooker T. & the M.G.'s、そしてジェームス・ブラウン、サム&デイブ、ウォーカー・ブラザース、スウィンギング・ブルージーンズだな。まあ、こんなもんでしょ、今、思い出せるものは。抜けているものもあるかもしれない(笑)。あっそうだ、あとバルバラも好きだったな、「黒い鷲」っていうヒット曲があるよね。

すでにティラノザウルス・レックスを知っていたから、なんの躊躇もなく、ボンゴと生ギターでやれたんだと思う。

バンドを始めたのは高校二年生。退学になって新しい高校に転校してからだね。バイクの盗難事件の巻き添え、冤罪で海城高校を自主退学して、錦城高校に移るんだよね。それで地元の所沢でつくったスキップ・ジャックっていうビートルズやストーンズのコピーバンドと、錦城高校でフォークの好きなヤツと友だちになってフォーク・デュオを組んだ。どちらを先にやり始めたかは憶えていないけど、ふたつを同時進行させていた。スキップ・ジャックは「飛び魚」という意味で、アメリカの原子力潜水艦の名前なんだよ（笑）。当時から趣味が変わっていないから「さざなみ」とかバンド名の付け方も現在とあまり変わっていない（笑）。（注「さざなみ」とは旧帝国海軍の駆逐艦〝漣〟から名づけたアコースティック・ユニットの仮名称のこと。編成は、PANTA：vo&g ロケット・マツ：key 阿部美緒：vn）

俺は戦艦や重戦車などはあまり好きじゃなくて、駆逐艦や装甲車などが好きだったので、その手のオタクからはソフト・スキン・マニア（装甲が薄い）と言われている。やはりスキンは薄いに限るよね（笑）。

フォーク・デュオを組んだ友だちは、ブラザース・フォア（五七年から活動）とかピーター・ポール＆マリー（主に六一年から七〇年に活動）が好きなわけ。思いっきりアイビーでさ。「バイタリス・フォーク・ビレッジ」を熱心に聴いているようなタイプ。（注「バイタリス・フォーク・ビレッジ」とは、フォーク系の曲を中心に放送したニッポン放送系列のラジオ番組。六六年から七二年にかけてオン・エアーされた）

一方で俺はフォークをやるんだったら、ボブ・ディランとかアニマルズを生ギターでやるっていう考えで、歌い方もアニマルズのエリック・バードンみたいになっちゃうわけ。「風に吹かれて」をコピーするにしても、彼はピーター・ポール＆マリーのバージョンで、俺はディランのバージョンをやりたい。

だから、全然息は合わないんだけど、本人たちは一生懸命やっていたわけだ。

そのフォーク・デュオの最初で最後のステージは、友だちが主催したパーティー。千駄ヶ谷駅を出て、駅前通りを右に行って、すぐ左の角に地下の喫茶店があって、そこが最初で最後のステージの場所。クラスのヤツとかその友だちとか三十人ぐらい集まったかな。緊張しまくっちゃってね（笑）。とにかく三十分ぐらい演奏したと思うんだけど、終わってから「なんか変だったよな。いつもと違うよな」って話していたら、ふたりのギターのチューニングを合わせていないことに気がついた（笑）。

このフォーク・デュオをやるために生ギターを買ったんだよ。これは大きかったな。それまでも楽器なしで曲は創っていたんだけど、生ギターを手にしたことで、コードを覚えて曲創りに幅ができた（笑）。その頃のオリジナルはR&Bっぽいものが多かったな。歌詞は英語。教科書に出てくる範囲の単語や熟語で創っていた（笑）。その頃創った曲に「Blood Blood Blood」なんていうのもあったよ。もちろんアルバム『7』の「Blood Blood Blood」とは全然違うものだけど。

スキップ・ジャックは、人前でほとんどやらなかった。同じ町内にアロウズというベンチャーズのナンバーを中心としたバンドがあって、ドラムがＴＯＳＨＩだったんだよね。このアロウズはすでに営業みたいなことをやっていて、俺が憶えているのはプールサイドの演奏だね。所沢市にオリンピックの射撃場の跡スペースみたいのがあって、プールになっていたんだけど、そのプールサイドでアロウズは演奏したりしていた。すでにそういう活動をＴＯＳＨＩはしていたんだよね。

俺が住んでいた埼玉県の所沢市とＴＯＳＨＩが住んでいた東京都の清瀬市は、隣接しているんだけど、その清瀬の農協で行われたアマチュアバンドのイベントがあって、アロウズもスキップ・ジャックも出演したんだよ。そのときはたまたまメンバーの関係で俺がドラムを叩いて、叩きながらビートルズの「マネー」（六三年十一月発表）を歌った。で、アロウズとスキップ・ジャックがセッションすることになって、これがTOSHIとやった初めての演奏になる。高校三年生になっていたと思う。

アロウズはベンチャーズのコピーが多かったから、俺はバンドそのものには興味はなかったけど、ドラマーには興味があったわけ。キース・ムーンみたいだなあと思ったね。で、俺はイメージとして、TOSHIにキース・ムーンをダブらせていて、それはいまだに変わらない。だからリズムが狂おうが走ろうがなにをしようが許せるんだよ。とはいうものの、七〇年代の頭脳警察でケンカした理由が、あまりにリズムが狂うから「もう少しリズムを勉強しろよ」「俺は機械じゃねえよ」だから（笑）。いくらキース・ムーンでも限度があるだろうと（笑）。いや、TOSHIは当時上手いドラマーだったよ（笑）。もちろん今も上手いよ（笑）。（注 キース・ムーン［四六年－七八年］は、ザ・フー［主に六四年から八三年に活動］のドラマー。手数の多いワイルドなプレイやドラムセットを破壊するなどのステージングで、のちのハードロックやパンクに影響を与えた）

だけどTOSHIのドラムは、パワフルというんじゃないんだよな。ズシッという感じじゃなくて、車のエンジンでいえば、高回転型っていうのかな、ホンダとかフェラーリのようなエンジンだな。アメ車のV8エンジンのドッドッドッドッていう低いところから力が出てくるタイプではなくて、どこでもフレキシブルにフワーッとパワーが出てくるホンダのタイプだな。道を選ばず走れるホンダ。そういうタイプだと思うよ。

岩田由記夫がいた「樽小屋」に、俺が陳信輝を連れて行ったたって話は憶えてないなあ。あの店で弾き語りをやっていたって話も憶えてねえなあ（笑）。樽小屋で「言い訳なんか要らねえよ」や「少年のつぶやき」をもうすでにやっていたというなら、俺が霞町（現・西麻布）に住んでいる頃だな。そこまではっきり憶えているなら、岩田の記憶のほうが正しいでしょう。俺の記憶は自分の都合の良いように改ざんされているから（笑）。だけど、俺、その頃赤坂で遊んでいたかなあ……その頃はのちに議員になる山東昭子さん（四二年生まれ）なんかと遊んでいたんだよね（笑）。お姉さまにモテたんだよ（笑）。

弾き語りをやった記憶があるのは、「ブルーシャトー」という上野の不忍通り沿いのキャバレー。ストリップ劇場といったほうがいいのかな。そこでストリップの合間に弾き語りしていたんだよ。なにを歌ってもいいわけ。オリジナルもやっちゃうし、アニマルズもやっちゃうし、森進一もやっちゃう。ストリップを見たさにTOSHIがその店に遊びに来たがってさあ（笑）。今はもう違う店になっているけどね。その店に夕方四時に入って十時か十一時までやって、それから青山へ移動して一時から四時までやっていた。だから赤坂の樽小屋でやったかなあ？　とにかく弾き語りは大学生になってからだね。

弾き語りはしていたけどプロになるという意識はなかったね。ただ好きというだけでやっていただけ。趣味の延長。グループサウンズはあったけど、ミュージシャンとかそういうことを職業にするという発想がまだ薄い時代だよね。俺にしても大学生だったし、バイトとしての意識しかないよね。

この頃、十八〜十九歳ぐらいの生活って、すごくいろいろなことが凝縮して同時進行しているんだよね。それこそ今の十年分ぐらいが一年間の時間に詰め込まれている。たとえばTOSHIと「どういうバンドをつくる？」という話をした記憶があって、俺は「ファッグスだ」と言ったんだよ。でも、翌日になるとフランク・ザッパ&ザ・マザーズ・オブ・インヴェンションって言ったり、またこれが日々変わるんだ（笑）。TOSHIは「MC5だ」って言っていた。ただ、そういう会話をしたのは頭脳警察をつくる前だったはずなんだよ。頭脳警察の話が出る前、そうかといってスパルタクス・ブントのときでもないんだよね。そのわずかな狭間での会話だね。頭脳警察で走り出すときは、すでにそういう会話は必要なかったから。

それでちょっと話は逸れるけど、頭脳警察のメンバーがいなくなって「ＴＯＳＨＩ、ボンゴやれよ。俺はギターをやるから」と言ったのは、すでに俺はティラノザウルス・レックスを知っていて、そういう編成を知っていたから、なんの躊躇もなく、ボンゴと生ギターで臨めたと思うんだよね。サウンド的なことではなくて、あくまで編成としてね。

ティラノザウルス・レックスとの出会いは、当時友だちだった女の子から教えてもらったのがきっかけ。頭脳警察はほんの初期の頃、ジミーとエリックという女の子がふたりいたんだよ。ジミーがボーカルで、エリックがキーボードを担当して、そのふたりプラス、俺もボーカルでＴＯＳＨＩがドラム、左右栄一がギター、ヒトシがベースの六人編成だったけど、ステージなどの活動はしなかったと思う。で、そのエリックがティラノザウルス・レックスが好きで、『ユニコーン』を「これ、好きなの」って持って来て、彼女の影響で『ユニコーン』をその頃よく聴いていたんだよ。最初は異様に感じた『ユニコーン』だったけど、繰り返し聴いているうちに、なぜかハマってしまった。だから『ユニコーン』はずいぶん聴いたアルバムだね。そういうなかで、彼女からティラノザウルス・レックスの編成の話なんかを聞いたりしていて、その知識と記憶が、ふたり編成の頭脳警察を生んだと思うんだ。他人事みたいな言い方になるけど、そう考えるほうが自然なんだよな。ふたり編成になったときも、思い出したように『ユニコーン』を聴いたような記憶があるんだよね。

ティラノザウルス・レックスがバンド編成になるのはいつ？　ドラムのビル・レジェンド（四四年生まれ）が参加するのが「ゲット・イット・オン」（七一年七月発表）からなんだ？　ふたり編成の頭脳警察の初ステージが七一年四月だけど、ティラノザウルス・レックスのプロモーションに「海外にも頭脳警察と同じギターとボンゴのふたり組がいて」というようなコピーをレコード会社が使っているんだよね。じゃ、四月から七月までのあいだに、このコピーが使われたのかなあ。え？　七一年二月に出た「ホット・ラヴ」で、すでにベースのスティーヴ・カーリー（四七年－八一年）が参加しているんだ？　じゃ、ティラノザウルス・レックスの再発のときに使われたコピーなのかなあ。とにかく、頭脳警察がふたり編成になったのはティラノザウルス・レックスがあったからで、そのティラノザウルス・レックスのプロモーションに、頭脳警察が引き合いに出された。こういうことも、ほんの一年か数ヵ月か、そのぐらいの時間のなかの話なんだよ。

ホリ・プロに「じゃ、辞めます」と言ったのは、時代が俺に言わせた「時代の言葉」。

頭脳警察を結成したときのコンセプトは「なんのしがらみもなく、思いっきり自由に」ということになるのかな（笑）。もちろん当時はそんなことは考えもしなかったけど、今あえて言えばね。なんでそういう考えにいたったかというと、やっぱりホリ・プロに一度入った経験が大きかったと思うんだよね。大学に入学した頃、スキップ・ジャックとは別のバンドを組んでいてね。どういうかたちでメンバーが集まったのか、今となっては謎なんだけど（笑）。ドラムの木村が清瀬市で、ギターの三畑は青森県出身で、もうひとりのギターの塩谷は国分寺市だった。リーダー兼ベース&ボーカルが俺。塩谷は国分寺の市長の息子で、洋館の大邸宅に住んでいて、そこでよく練習したりした。

ある日いきなり、木村が「兄貴がホリ・プロのオーディションを受けろって言っているんだけど」って。木村の兄貴は、ホリ・プロのマネージャーをやっていたんだよ。俺はそんなことは全然知らなかったけど「じゃあ、受けてみようか」って話になった。モップスがいるプロダクションならいいだろうということでね。

それで最初にやったことが、プロモーション写真の撮影（笑）。「それじゃ、みんなでプロモーション写真を撮ろう」って、所沢の喜田川写真館というところで撮った写真が、あのよく出てくるヤツだよ（笑）。田舎の普通の写真屋さんで、普段は結婚式とか七五三とか、そういう写真が中心のようなところだから、まさにそういう雰囲気が出ているでしょ？　陰影とかね（笑）。それで慌ててバンド名を決めたんだよ。それがピーナッツバター。六八年の結成だね。俺は十八歳で大学一年生だった。

当時ホリ・プロは、赤坂の一ツ木通りのところにあってね。一階にレストランのTOPSが入っていて、その二階がホリ・プロ。事務所の奥の部屋にアンプとか全部持ち込んで、セッティングして。そうしたらその狭い部屋に二十人ぐらいかな、ぞろぞろ関係者が入って来るわけ。部屋の雰囲気がガラッと変わって、緊張しちゃってさ。まして俺はシールドを忘れて、短いものを応急で使ってアンプにくっついた状態で演奏しようと思っていたんだよ。だけど歌うときにはもう外れていて、それに気がついていなかった（笑）。演奏が終わったら「ボーカルとベースのキミ、ベースの音が出てなかったよ」って（笑）。そんなことも気がつかないぐらい緊張していたんだよ。でも、受かっちゃってさ。ルックスかな？　プロモーション写真がきいたのかな（笑）。
バンドの当事者である俺たちの意志とは関係なく、プロダクションには方針があるわけだ。オックスの第二弾のバンドをデビューさせよう、とね。なんせ、オックスの全盛期だから。それで「キミたちはどういう音がやりたいんだ？」という話になって、俺は向こうの立場も考えて「綺麗なサイケデリックならやってもいい」って答えたんだよ。そうしたら「デビューしたかったら、その髪をなんとかしろ」と。それで「じゃ、辞めます」と。せいぜい二～三ヵ月しか在籍していなかったけど、すでに鬱憤が溜まっていてさ。こういうやりとりがあって辞めたんだよね。ホリ・プロを辞めたのと同時にピーナッツバターも解散。塩谷だけホリ・プロに残って、和田アキ子のバックをやったりしていた。（注 ピーナッツバターの代わりにオリーブが「君は白い花のように」［六九年十月二十五日］でデビューする。オリーブは、ホリ・プロが「第二のオックスを」という趣旨で、全国からメンバーを集めて結成したグループ。デビュー前のメンバーに元ヴァン・ドッグスの山根裕［ｋｅｙ］が在籍していた）
この「じゃ、辞めます」という言葉は、俺が言ったんじゃなくて、時代が言わせた「時代の言葉」だと思っている。「あなたの考えているカッコ良さは、もう過去の価値観ですよ」という意味で「じゃ、辞めます」と。この辞めるという決断は、自分でいろいろ悩んで考えて出したものじゃないんだよ。ようするに「時代のなかにすでにあったもの。時代が言わせたもの」なんだよ。
俺がホリ・プロを辞めたのは、いかにもグループサウンズの衰退とＲＯＣＫの台頭の象徴的な出来事のように思えてしょうがないんだよね。もちろんそのときは、そんなことを考えていたわけじゃないんだけど。だからホリ・プロの経験が、頭脳警察につながっていることは確かだね。

そういう時代だったと思うよ。グループサウンズで売れていた連中も同じ気持ちをもっていたヤツは多かったと思うよ。プロダクションの売るがための方針に対して「やってられねぇよ」と多くの連中が思っていたんだよ。タイガースにしても、テンプターズにしてもね。だって会って話せば、音楽が好きというだけで、みんなベースは同じなんだよ。「今度出たキンクスの新曲カッコいいよ」とかさ。

グループサウンズの演奏の場は、ジャズ喫茶が中心だったけど、だいたいワンステージ三十分ぐらいなんだよ。それを数バンドが交代でやるわけ。三十分のほとんどを自分たちの好きな曲を演奏していた。アニマルズやジェファーソン・エアプレインとか、ストーンズとかさ。オリジナルなんて数曲しか演奏しない。のちにニュー・ロックとか呼ばれるような連中も、売れ線と呼ばれたグループサウンズも、好きな音楽ということでは、同じ。

でも観る側は、頭脳警察とグループサウンズは一線を画すよね。たしかにプロダクションの商業的図式に乗って活動するグループサウンズと、頭脳警察は違うものかもしれない。だけど方法論が違うだけで、人間として、ミュージシャンとしてという部分では違いはないんだよ。そういう意味まで含めて「あなたの考えているカッコ良さは、もう過去の価値観ですよ」ということだったと思うよね。

ピーナッツバターでの活動は、結局ライブを一回やっただけだったと思う。上野にあったホリ・プロ直営の「東京」というジャズ喫茶でね。フィーバー・トゥリー（六八年デビュー）やビーコン・ストリート・ユニオン（六六年デビュー）という、誰も知らないようなバンドのカバーを演奏したんだよ。もちろん大好きなスペンサー・デイヴィス・グループもやったけど、人の知らない曲をやるのがカッコ良い、みたいな感覚（笑）。で、そのステージのときに外国人が客で入って来て、英語の歌を英語で歌っている自分がすごく恥ずかしかった。そういう経験をするわけだけど、この経験が頭脳警察の「日本語で歌う」というところにつながるんだよね。日本語で歌おうと思った理由のひとつ。

なにかイメージだと、スパルタクス・ブントが頭脳警察の前身のように思われているかもしれないけど、スパルタクス・ブントはＴＯＳＨＩと初めて組んだバンドというだけで、あとは頭脳警察に通じるものはあまりないかな。ピーナッツバターのほうが、反面教師として頭脳警察につながる経験をしている。

ピーナッツバターが解散したあとに、サミー＆チャイルドというバンドと仲良くなってね。キーボードの古田皓士さんが巧かったんだよ。古田さんはモージョというバンドもやっていたから、俺もモージョのメンバーと交流をもつようになるんだよね。たまにボーカルをやらせてもらったけど、モージョは俺にとって初めてのプロと呼べるバンドだったね。ソウル系は聴くのは好きだけど、自分が歌うのはダメだと悟ったのもこの頃だな。（注　モージョは、何回かのメンバーチェンジを経て、弘田三枝子のバックも担当するようになる。シングル盤「欲ばりな恋」［六九年二月発表］でデビューするが、この前後にもメンバーチェンジがあり古田皓士が参加する。ＰＡＮＴＡが交流をもつのは、この時期と思われる）

そうこうしていると、サミー＆チャイルドのマネージャーが、Ａ・Ｋ企画というプロダクションをつくるんだよ。このＡ・Ｋ企画を介して元ヴァン・ドッグスの千葉正健さんと知り合うわけ。え？　千葉さんの名前？　別にいいよ、書いても。だけど俺たちは千葉さんの名前を「雅武」という漢字で覚えているんだよね。だから「正健」は芸名だったのかなあ。まあ、それで千葉さんから「ＰＡＮＴＡ、一緒にやらない？」って誘われて、千葉さんがキーボードで俺がベースで、以前から一緒にやってみたいと思っていたＴＯＳＨＩをドラムで呼んだんだよ。これがスパルタクス・ブント。ギターレスだね。六九年だったと思うよ。
スパルタクス・ブントは六本木で一回リハーサルしたか、もしくは営業したか。どっちにしろ活動といえるようなものは一回だけだったように思う。その頃、俺が歌えたのはスペンサー・デイヴィス・グループとか、そのへんだから、そういう曲をやったような気がする。そんな状態でせいぜい三〜四ヵ月時間が経過しただけだったから、オリジナルを創る段階までいかなかった。
スパルタクス・ブントというバンド名は、千葉さんが付けたんだよ。千葉さんに「バンドの名前どうするの？」って訊いたら「スパルタクス・ブント」と。「は？　なにそのカッコ悪い名前」って（笑）。俺はまったくのノンポリだったから全然意味がわからなかった（笑）。のちに知るんだけど、千葉さんは社学同（注　社会主義学生同盟。新左翼の学生組織）の有名な活動家だったんだよね。だからバンドの名前もそういうものを考えたんだろうね。（注　スパルタクスブントは、ローザ・ルクセンブルクとカール・リープクネヒトが結成したドイツの革命党［一五年―一八年］。千葉氏はこの党名をバンド名にしたのだろう）
初台にあった千葉さんの家に遊びに行くと、奥さんとふたりでテレビのニュースを見ながら「最近の白はどうしたこうした」とか話をしていた。当時の俺は全然そんなことはわからないし、興味もなかった。「それより早く活動しようよ。練習しようよ」と（笑）。だけど、千葉さんはバンドの活動にはあまり熱心じゃなくて、煮え切らなかったから「千葉さん、もう辞めよう。俺、学業に戻るよ」と伝えて、スパルタクス・ブントは解散した。（注「白」とは新左翼の党派・中核派のヘルメットの色または中核派を指す俗称。中核派は白いヘルメットに黒字で「中核」と書いた）
それから数日を経ず、ＴＯＳＨＩに「アマチュアでやろう。アマチュアだったら好きなことができる」

と。ピーナッツバターのようにプロダクションに所属すれば、方針に従わなくてはならない。スパルタクス・ブントのように営業中心に活動を考えると、なかなか動けないし選曲も限られる。そういう経験からアマチュアでやろう、と。これが頭脳警察だね。頭脳警察はアマチュアだから、放送禁止用語も気にしなくていい。なにも気にする必要はない。そう考えた。

頭脳警察の初めの頃は、ダイレクトな言葉を歌にすることで、自分のなかの激しい部分を燃焼させていたわけ。自分が思うＲＯＣＫをストレートに表現したんだよね。で、頭脳警察が世を席巻し始めたある日、新聞を見ていたら「宵の新宿でびょう打ち銃」と、バーンとデッカイ字が目に飛び込んできた（七二年二月十五日／新聞掲載は十六日）。新宿駅西口の小田急ハルクの裏で、工事用のびょう打ち銃を使っておまわりを撃っちゃったんだよ、千葉さん。「え～！　やっちゃったの？」って驚いたよね。『セカンド』のレコーディングに入るかどうかという時期で、すでに頭脳警察は政治的なバンドとみられていた。浅間山荘の銃撃戦が二月十九日から二十八日だったの？　そうかぁ、自分のことも社会の動きも、いろいろな出来事が本当に凝縮されている時期だったんだなあ。千葉さんは東拘（東京拘置所）に八年ぐらい入っていたけど、一回も面会に行けなかった。頭脳警察に事情聴取？　ないない。

だけど不思議だよね、千葉さんって。だって社学同にいながら、グループサウンズをやっていたなんていうヤツいないよ。当時は運動をやっていたヤツもバンドをやっていたヤツもたくさんいたけど、たぶん両方ともやっていたのは千葉さんだけだと思うよ。政治意識をもったグループサウンズのミュージシャンなんて、まず皆無（笑）。

そういう唯一の人物が、のちに政治的と呼ばれる頭脳警察の中心メンバーと交流があったというのが

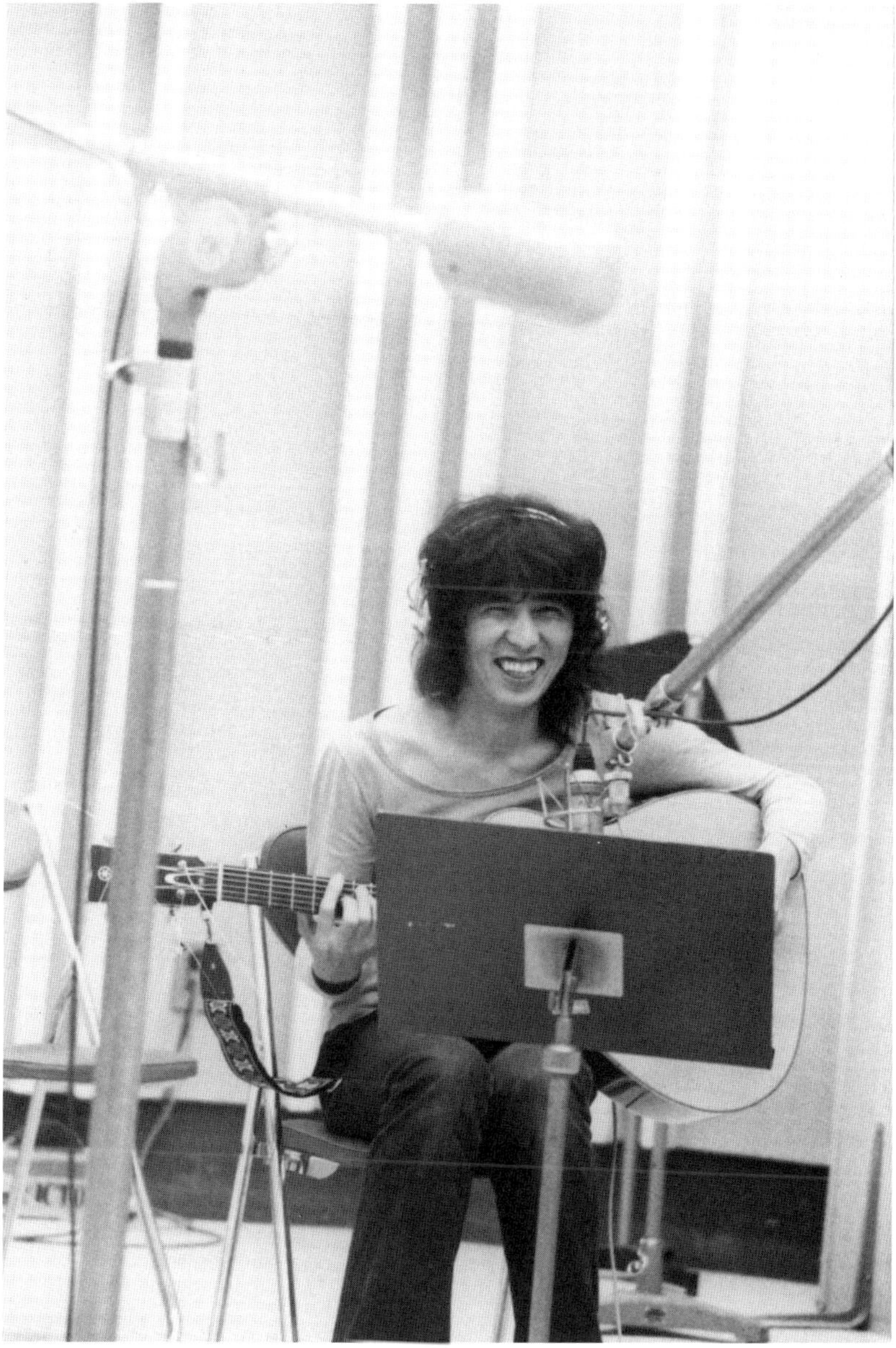

70 年代頭脳警察、レコーディングの PANTA

できすぎというか（笑）。そう考えると、ある意味運命的な出会いだったんだよね。千葉さんは、思想と音楽をどのように分けていたんだろうね。付き合いがあった頃、俺はノンポリだったから、そういう話は全然しなかったから興味があるな。

こんなことをいっておきながら、俺、千葉さんがいたヴァン・ドッグスって聴いたことないんだよ（笑）。聴いてみたいなと思ってさ。「♪キミは僕のレボリューション～」みたいなダブル・ミーニングが使われていたらどうしよう（笑）。別にもろ、グループサウンズの他愛ない曲でもいいんだけど（笑）。あと憶えているのが、千葉さんは楽器車の色を黄色にすることにこだわっていたんだよね。黄色になにか意味があったのかなって、いまだに気になって（笑）。会う機会があったら訊いてみたいね、元気みたいだから。（注 千葉正健氏［ｋｅｙ］は、ヴァン・ドッグスに六七年四月のデビューから六八年まで在籍。ヴァン・ドッグスのあとはギャングブラーズ～スパルタクス・ブント。七二年二月十五日新宿において、ぴょう打ち銃で警官を襲いピストル奪取に失敗。巡査の身体を貫通したびょうが、たまたま道路の反対側を歩いていた銀行員の背部に命中し怪我を負わせる。逮捕時は「山本三郎」と名乗っていた。八年九ヵ月実刑。非転向出獄）

スパルタクス・ブントを抜けてアマチュアになったわけだけど、アマチュアっていうのは誰にも気兼ねしなくていいから、日本語で歌い、バンド名も日本語にすると決めたわけ。マザーズ・オブ・インヴェンションの楽曲「Who Are The Brain Police?」の「Brain Police」を直訳して頭脳警察。それまでに書き溜めたオリジナルもあるし、全曲オリジナルでやると。そういうことを決めて、ＴＯＳＨＩの清瀬の実家で「アメリカに行く？　それとも日本でやるべきだと思う？」って訊いたんだよ。「日本人はバカだから、アメリカに行って成功して、逆輸入すればわかるんじゃないの？」と俺が言うと、ＴＯＳＨＩ

から「いや、日本でやるべきだろう」みたいな答えが返ってきた。どういう考えがあって日本でやると言ったのか、その真意はわからない。確固たる信念があったのか、不精だったのか、意気地がなかったのか（笑）。日本でやるからこそ意味があるだろうというようなことを言いたかったのか、なぜかそこは追求しなかったな。

どちらにしてもＴＯＳＨＩの考えと俺の考えは一致して、日本語でやることを決めた時点で、土俵は日本と決まったようなものだよね。いまだに俺は、そのときの感覚を守っているつもり。歴史にifはないけど、あのスタイルのままで、カリフォルニアでやっても面白かったかなと。言葉を越えたところで通じるものがあったかなと思ったりもするよね。

当時、毛沢東（一八九三年－七六年）は絶対に外に出て行かなかったんだよ。外国のどんな要人に会うにしても来中させていたんだよね。俺もそのぐらいのプライドはもちたいと思ったな。行くのではなく、来させる。当時の俺はプライドとか、そういうのばかりがガチガチだったから（笑）。プライドだけは世界一だったから（笑）。肩で風切って歩いて、ガン飛ばしまくり（笑）。

今はもうどこでやってもいいと思っているよ。バビロニア音楽祭（〇三年九月）に出てもいいと思ったよ。「頭脳警察　ライブ・イン・バビロン」ってカッコ良いじゃない（笑）。ワールド・ツアーって言って、バビロンと日本しかやらないとか（笑）。でも、フランスとか廻っても面白いかもね。

『セカンド』はポップで上手い演奏で、コーラスなんかもバッチリと考えていたんだよ。

英語で歌うのと日本語で歌うのと、どういう点が大きく違うと思う？　創る側・歌う側にとっては全然違うんだよね。英語の場合は、楽器のひとつとして歌を歌っているわけ。誰もわからないから歌詞を間違えても関係ない。日本語で歌うということは、その歌に意味が出てくるということ。このへんをわかっていない連中が多すぎる。

あるグループのゲストで出演したとき、歌詞のあんちょこにカタカナが列記されているんだよ。俺は愕然としたなあ、ちゃんと英語で書いておけよって。まあ、自分の母国語、この場合は「母郷語」という言い方のほうがいいのかな（笑）、母郷語を大事にできないヤツに外国の言葉を尊敬しろってのが、どだい無理な話なんだけどね。

世の中の歌って、男と女の歌ばっかりだよね。古代から歌い継がれている普遍的なテーマだけど、俺はそうじゃなくてもいいと思うわけ。なにも男と女の歌ばかりでなくてもいいのに、と。だから男と女の歌は意識的に創らなかった。避けていた。苦手なジャンルということもあるけど（笑）。まあ、ラヴ・ソングが結果的に多くても当然だとは思うよ。世の中、男と女しかいないんだからさ。

七〇年代初頭の頃って、どのバンドもみんな洋楽のコピーでさ。グランド・ファンク・レイルロードとかレッド・ツェッペリンやキング・クリムゾン（主に六八年から七四年に活動）とか。たとえオリジナルといっても、洋楽風であったり。一度、フラワー・トラベリン・バンドをステージからバカにしたわけ。「物まね猿の大行進」とかなんとか、そういうようなことを歌って（笑）。フラワーのギターの石間秀機くんが憤慨して楽屋に来て、怒ってたなあ（笑）。会場はどこだったかなあ？　野外だったかなあ。富士だったかなあ。（注「ロック・イン・ハイランド」富士急ハイランド 七〇年七月二十五～三十一日だろうか？）

石間くんは音楽で激論できる数少ない友だちだね。もちろん彼は先輩だけど、いつも音楽のことで意見を戦わせていた。「グランド・ファンク（・レイルロード）とか（キング・）クリムゾンをコピーしてどうなるんだよ。上手くてもそれがなんなんだよ」って、石間くんによく言ってたよ。石間くんとは普段は仲が良いんだよ。でもコンサート会場に入れば別だし、認めているからこそ、思うことを言わせてもらっていた。

もちろん俺は、石間くんの気持ちをイヤと言うほどわかっていたんだよ。石間くんは世界を見ていた。俺は日本を見ていた。石間くんは開国派、俺は攘夷派。そうか俺は攘夷派だったのか（笑）。攘夷派と開国派の侃々諤々の議論。「こんなことでは日本は滅びる！」みたいな（笑）。「そんなことを言っていると外国に蹂躙される」と。でも、実は蹂躙されたあとだったんだよ（笑）。それも何回も蹂躙されたあとだった。遣隋使、遣唐使の時代に蹂躙されて、明治維新で、太平洋戦争で、ずいぶんと蹂躙されて。だけど結局、占領軍の音楽は大きかった、みたいな（笑）。

グランド・ファンクを好きなのはわかるけど、それをマネしたらおしまい。木村屋のアンパンじゃないけど、和魂洋才じゃないとダメだと俺は思うよ。ROCKはアメリカで生まれたものだけど、やっている俺たちは日本人なんだから、日本人がやるROCKを創らなければならない、ということ。頭脳警察にはそういう意識があった。頭脳警察は和魂洋才のアンパンなんだよ。

和魂洋才じゃなくて洋魂洋才じゃどうしようもないよね、それもエセ洋魂洋才で。今も昔も、外国人になりたがっている日本人ばっかり。三十年経っても、なにも変わらない。だから「万物流転」なんだよ。なにも変わっちゃいない。いや、さらに悪くなっている。

フラワー（・トラベリン・バンド）は世界を見ていて、結局カナダに行くわけだ。そのときのお別れパーティーみたいなのに、俺、ラリパッパで行った憶えがあるんだよね（笑）。それで鈴木ヒロミツ（vo：四六年―〇七年）にからんでいたような思い出がある（笑）。（注 フラワー・トラベリン・バンドは、七〇年十二月五日にカナダ・トロントに旅立った。頭脳警察がふたり編成でやっていた時期である）

彼らがカナダに行っているあいだにアルバム『SATORI』（七一年四月発表）がリリースされるわけだ。『SATORI』はガツーンときたね。これが開国派・石間秀機の回答だと思った。俺に対する石間くんの回答だった。少なくとも俺はそう思って、涙が出るほどうれしかった。

だけど開国派・石間くんも、カナダに行ってすぐにガツーンとやられるわけだよね。向こうのミュージシャンとセッションしていたら、ドラムのヤツに「俺たちはそんなものは生まれたときからやっているんだよ、そんな聴き飽きたブルースじゃなくて、キミたちの音を聴かせてよ。東洋からミュージシャンが来るというので楽しみにしていたんだから」と言われてショックを受けるわけ。「キミたちの音楽を聴かせてよ」と言われて、聴かせられる音がないということに、そのとき初めて気がついて石間くんは愕然とするわけ。でもそういう経験を経て、カナダで認められるんだよね。

イベントでは、フラワーにいつも美味しいところをもっていかれていたんだよ。野音なんかのイベントだと、だいたいフラワーがトリで、頭脳警察がトリ前。俺たちが会場を盛り上げて、その盛り上った雰囲気に乗ってフラワーが登場する。フラワーがさらに盛り上げてイベントは終了。結局、フラワーの印象しか残らない（笑）。

ジョー山中（vo：四六年―一一年）も、ふだんは頭脳警察の事務所に遊びに来ていたりして、仲は良かっ

70年代の頭脳警察。PANTAとTOSHIのふたり編成

たし、大好きな存在。だけどコンサート会場では、別の話。それにジョーはモデルとか楽屋に連れて来るわけよ。「バカ野郎、楽屋に女を入れるんじゃねえよ」みたいな（笑）。彼は元プロボクサーで未来の世界チャンピオンを期待され、共栄ジムの金平会長にスカウトされて、のちにそれを裏切って芸能の世界に飛び込んじゃうわけだ。そんな超弩級のボクサーあがりの彼と殴り合わなくてホントに良かった（笑）。でも気持ちはケンカしていたよね。

頭脳警察のデビュー前後かな、霞町にあった頭脳警察のオフィスには、夜の十時頃から、いろいろな人がやって来て、夜明けの五時頃になると五十人ぐらいになっていたんだよ。フラワーのメンバーをはじめカーナビーツとか、宮下文夫、エンケンも来ていたっていうし、評論家でいえば木崎義二とかも来るし、プロ、アマ問わず、ミュージシャン、カメラマン、デザイナー、ファッション関係などなど、いろいろなジャンルの連中の溜り場。石間くんはシタールをかついで来るし、そういうオフィスだった。え？ （宮下）文夫、亡くなったの？（注 宮下文夫［現・富実夫 key：四九年－〇三年］

は、ファーラウト［頭脳警察の左右栄一在籍］を経て、ファー・イースト・ファミリー・バンドを結成。七七年アメリカへ移住し、ミュージックセラピーの研究をはじめる。六十万枚のロングセラーアルバム『瞑想』など作品は多数）

エンケンと俺の出会いは、その頭脳警察のオフィスになるらしいんだけど、俺は憶えていないんだよ。エンケンははっきり憶えているんだけどね。そのとき俺は詰め襟の学生服を着ていたっていうんだけど、どうなのかなあ、もう高校生じゃないし。それで俺が「遠藤さん、日本語はＲＯＣＫに乗りますかね」と訊いて、エンケンが「乗るに決まってるよ」と答えたらしいんだよ。初対面はそれだけの会話だったとエンケンは言うんだけどね。俺も日本語で歌うことに対して、きっと自分のなかで不安と戦っていたんだろうね。（注　遠藤賢司は、六九年二月シングル「ほんとだよ／猫が眠ってる」でレコード・デビューする。頭脳警察は六九年十二月にかたちになり、七〇年四月「ＨＥＡＤＲＯＣＫコンサート」でステージ・デビューする。遠藤賢司は事務所での出会いのあとしばらくして「日劇ウェスタン・カーニバル」［七〇年五月七日］の事件を知ったと、あるインタビューで語っていることから、遠藤賢司とＰＡＮＴＡの出会いは、六九年十二月から七〇年初頭と推測できる。遠藤賢司はすでにプロ、ＰＡＮＴＡはまだアマチュアという関係で言葉を交わしたのだろう）

事務所に来る連中はプロもアマも関係なくて、「仲間」というだけのシンプルな付き合いだった。エンケンだって、どういうきっかけでオフィスに遊びに来たのかは憶えていないし、みんなそんな感じ。知り合いの知り合いに連れて来られた、とかね。レオというのちにアイドルになる子も頭脳警察のオフィスに遊びに来ていてね。レオはその頃からホント可愛かったよ。当時彼女は、有名な作曲家と同棲していたんだけど、ケンカして飛び出しては頭脳警察のオフィスに来る、とかね。（注　レオのデビューは一般的には七三年［二十一歳］とされているが、コマーシャルソングの企画でユニットながら、六八年にシングルを出している。

頭脳警察のオフィスに遊びに来ていた時期にも若干ではあるが芸能活動をしていたようである）

頭脳警察のステージ・デビューが、どうしてプロが出演する「HEADROCKコンサート」だったかって？　オフィスに集まる連中で、もう人脈も手伝ってくれる仲間も揃っていたんだよ、デビューする前に。それに年齢的にも血気盛んな頃だから、プロとか年上とかそういうものを意に介さないところがあって、「頭脳警察はすでにお前らプロと同等だ」ぐらいの考えがあったからね。そういう気持ちがなければ、頭脳警察を始めるときに山口冨士夫を誘ったりしないよ（笑）。

ダイナマイツの名だたるギタリストの山口冨士夫に対して同等だという意識がなかったら、ジャズ喫茶の「ACB」の楽屋まで行って勧誘なんかできないよね。「実は日本語でブルースバンドをやりたいんだけど、一緒にやらない？」って声をかけたんだよ。「そういう話だったら、ヒロミツのほうがいいんじゃないか」って真摯に答えてくれてね。だけどヒロミツはボーカルで、俺が欲しいのはギタリストだったから。それが数年後に、西の村八分、東の頭脳警察って呼ばれることになるんだから面白いよね。ずいぶん経ってから、冨士夫にこの話をしたら憶えていなかったけど（笑）。俺も俺で、山口冨士夫って、ずっと京都の生まれだとばっかり思っていたんだよ。東京の人間と知ったのは、つい最近（笑）。

とにかく「頭脳警察はすでにお前らと同等だ」ぐらいの気持ちで、神田共立講堂で行われた「HEADROCKコンサート」に出るわけだよね。これがオフィシャルとしての最初のステージになるわけだけど、まだそのときはのちに言われる政治的な曲はなかった。どちらかというと「言い訳なんか要らねえよ」みたいな、そういう曲をやっていたように思う。

ビクターからレコード・デビューの話があったときは、とくにうれしさみたいなものはなかった。デビューできて当然みたいな気持ち。デビューよりも、さらなる野望があったから。スキップ・ジャックをやっているとき、あくまでも俺の頭のなかだけのイメージなんだけど、こういうアルバムを出すって、すでに考えていたんだよ（笑）。アルバムジャケットのイメージを描いて、架空の曲目を書いて、アルバムタイトルやコンセプトも考えて、それですでにアルバム八枚程度は、いつでも出せる状態（笑）。ファースト・アルバムはこういうコンセプト、そしてセカンド・アルバムはR&Bだけを歌うアルバムとか、妄想していた（笑）。ひとりっ子だから妄想癖があって（笑）。だけどイメージとしては、すでに八枚もアルバムがあるわけだから、ビクターから話がきたのは遅かったぐらいで（笑）。

ビクターから話があった頃は、やっていた曲が激しかったから、世に出すのは難しいだろうと思っていた。でも、過激な曲はあくまでも一時的なものだと、自分では思っていたわけ。俺はもっと違うポップスとしての……エルヴィス出身だから、野望があったわけだよ。アメリカに上陸して、エルヴィスのようにビルボードを席巻したいという野望。リバプールからビートルズが出たのなら、「日本からは俺が出る」と思っていたから。

ビクターとの最初の話し合いは、赤坂の東急にあったMCAレーベルに呼ばれて、部長と直接だったね。俺は「大丈夫なんですか？　止めたほうがいいんじゃないですか？」と言ったら、「PANTA、大船に乗った気でいてくれ」と（笑）。この話は今まで何回も話しているけれど、俺はそのときの会話ははっきり憶えているんだよね。

で、案の定プレス寸前になって発売中止勧告になった。ショックというよりは、じゃ急遽スタジオ録音に切り替えてやろうと、ディレクターと一緒に即対策を練って、それが『セカンド』。こういう状況だったから『ファースト』も『セカンド』も、うれしいという感情はとくにないよね、さほどね。『ファースト』のレコーディングは東京だけだったって？ いや、京都でも録っているよ。だって、京都に8トラックのテレコを運んだのをはっきり憶えているもの。だけど、アルバムに収録された十曲のうち、どの曲が京都でやったもので、どの曲が東京でやったものかは、わからない。憶えてないんだよな。

『セカンド』は確信犯的に歌詞をレコ倫に提出しなかったんだよ。提出を要求されて、発売中止のお達しが来るまでの時間を稼ぐためにね。そのタイム・ラグがあるから、一ヵ月間は世に出せたんだよ。レコ倫に通らなくても、とりあえず少しの期間は店頭に並ぶことができると考えた。それで案の定、中止と。頭脳警察の歌詞は、それまでのレコ倫のフォーマットにないわけ。だから、否が応でも目立つわけだ。頭脳警察という名前がいけないとかさ（笑）。

だいたい『セカンド』は、もっとポップで上手い演奏で、コーラスなんかもバッチリあって、と考えていたんだよ。あんなペションペションのギターじゃなくて、もっとワイルドでハードでグングンくるようなギターをイメージしていた。内容は過激でいいんだけど、ポップなアルバムを創りたかった。まあ、「やりたいこと」と「できること」は違うわけで、自分たちの技量や時間的な問題とかいろいろあって、結果的にあれが等身大だったのでしょう。

だから『サード』では石間くんに弾いてもらったわけ。自分のイメージをより実現するためには石間くんのギターが必要だったんだよね。弾いてもらった楽曲は一部しかクレジットされていないけど、結構弾いてもらっているんだよね……どのくらいかな……半分はないと思うけど。

「光輝く少女よ」は石間くんのギターなんだけど、逆回転させた音を使っているんだよ。オケを逆回転で流すと、ウワ〜ン、ウワ〜ンという音が聴こえてくるわけ。その音にギターをかぶせてもらった。さらにすごいのが石間くんは譜面を終わりから逆に読んで、逆に弾いていったんだよ。ウワ〜ン、ウワ〜ンって鳴っているオケに合わせて逆に弾いた。録り終えて、正規の回転で聴いてみたら、ぴったりギターが入っているんだよ、びっくりだよ。「じゃ、オケを流して」とか言って、リハもなしにいきなり弾き始めたんだよ。なにげなく弾いてさ。だからすごいんだよ、石間くんは。オープンリールで「光輝く少女よ」を録音してそれを逆に聴けば、たぶん石間くんの逆弾きが再現できるよ。オケも逆に聞こえるから、石間くんがどういう状態のなかで弾いたのかわかると思う。シングルの「孤独という言葉の中に」は、もう思いっきり石間くんだよね。フレーズ指定で弾いてもらった。それと「今日は別に変わらない」の前奏のグ〜ン、グ〜ンとか、あのへんの音は全部、石間くん。

『ファースト』に次いで『セカンド』が発売中止になったということで、いろいろな声が挙がり始めたんだよ。それで朝日新聞が、頭脳警察を取り上げたんだよね。確か「歌の中の殺人は、歌の中の警察が取り締まればいい」（朝日新聞七二年六月二十二日社会面）という寺山修司さんのコメントが載ったと思う。もちろんこっちは、ネガティブ・プロモーションみたいなものは全然考えていないわけだよね。意識的に発売中止を狙って、その反響を宣伝にするとか、そういうことは一切考えていない。日劇にしても、そういう計算はない（注 日劇ウエスタン・カーニバルのステージでマスターベーションをして、「平凡パンチ」誌にその写真が掲載される）。だいたい、ネガティブ・プロモーションなんてノウハウもない時代だしね。今ならいくらでも、そういう仕掛けはあるだろうけど。だから『セカンド』の歌詞を提出しなかったのも、なんとか出したいという気持ちがそうさせただけであって、注目されるためとかそういう計算はなかった。それにしても『ファースト』『セカンド』と、相次いで発売中止というのは、担当スタッフも大変だったと思うよ。（注 アルバム『PANTAX'S WORLD』でも発売前に「ロックもどき」と「マーラーズ・パーラー」が、レコ倫［レコード倫理審査会］に引っかかり、修正して録音している）

え？　寺山さんが『セカンド』のレコーディング中に遊びに来たの？　全然知らなかった。

ヒット曲？　意識していたよ。「夜明けまで離さない」のシングルなんて思いっきりヒットを狙っていた。

TOSHIが抜けたときに、たしかにアイ高野くんを頭脳警察に入れようと考えたよ。実現しなかったけどね。彼が入っていたら、もう少し人気出たかな（笑）。当時からいいドラム叩いていたもの。彼は今でも叩くの好きでしょ？　好感がもてるよね。

俺が惹かれるのは、その人がもっている情熱、意識なんだよね。ジャンルは関係ない。本当に好きだっていうその人の気持ちが伝わってくるのがいちばんうれしい。俺は酒は飲めないけど、たまたま友人と赤ちょうちんにいたときに、隣にいた親父さんが、酒をぐーっとホント旨そうに飲んでね。俺も幸せな気持ちになって。そういう伝わってくる気持ちっていいよね。

殿さまキングスの「なみだの操」（七三年十一月発売）なんかを担当した鶴田哲也さんっていう演歌のディレクターと、当時仲が良かったのも、彼が本当に演歌に情熱をもっていたから。鶴さんとは話は合わないんだけど、ウマがものすごく合った（笑）。俺のROCKへの情熱を彼はわかっているし、彼の演歌への情熱もひしひしと伝わってね。本当に、五木寛之さんの小説『海峡物語』や『艶歌』に出てくる高円寺竜三みたいな男。のちに山口洋子さんが鶴さんをモデルに小説を書くけどね（「演歌の虫」八四年 第九十三回直木賞受賞作品）。

頭脳警察がレコーディングをしていると、鶴さんがスタジオに遊びに来るわけ。それで「PANTA、こぶしがまわってない、こぶしが。ギターが泣いてない」って（笑）。それで「俺に頭脳警察を制作させろ」って。鶴さんが担当していたら『マラッカ海峡冬景色』なんてアルバムができていただろうね（笑）。

「演歌の若手の作家が育たないから、PANTA、演歌を書いてくれよ」って、鶴さんはよく言っていた。「俺、演歌は嫌いなんだよね（笑）。だから鶴さん、俺には演歌は書けないよ」って言ったら「これを聴いてくれ！」って「刈干切唄」というレコードを貸してくれた。宮崎県の民謡だと思うんだけど、家に帰って一生懸命聴いて、返すときに何曲か演歌を書いてもっていってあげたんだよ。それで鶴さんに渡すときに「鶴さん、言っとくけど、俺、演歌のスタイルで書いているけど、まったく演歌の心なんてないよ。偽物だよ」って言ったら「PANTA、わかってくれる？　本当にわかる？　演歌には演歌の本物の心が必要だよね。わかってくれる？」ってビクターのロビーで、本当に映画のワンシーンみたいに眼に涙をいっぱい浮かべて言うんだよね。そういう人だった。

それで俺も鶴さんのために、なにかしたくなって「それだったら、鶴さんのために書くよ。俺でよかったら」って言ってね。津軽姉妹（注『東北民謡競演』［株式会社クルーズ］に収録されている津軽姉妹と同じグループか？）にROCKっぽい演歌を歌わせたいということだったので、「津軽育ち」という曲を書いてね。8ビートで三味線が乗るような曲。結局、使われなかったけど。それからいまだに憶えているのは、青江三奈。「PANTA、青江三奈ね、もう一度、横浜で勝負したいんだよ。横浜で書いてくれるか」って鶴さんに言われて「霧の馬車道午前二時」と「ポートサイド・ナイトクラブ」というのを書いた。それがかたちになる前に鶴さんが急死してしまったので、結局、発表にはいたらなかったけど自信作（笑）。もったいないけど頭脳警察でやるわけにはいかないしね（笑）。

頭脳警察が解散した日（七五年十二月三十一日）に『ファースト』を渋谷郵便局から郵送したんだけど、その作業を郵便局でしているときに、たまたま鶴さんにバッタリ会うんだよね。鶴さんは渋谷郵便局の裏に住んでいたから、用事かなにかで郵便局に来たんだけど、俺がアルバムの発送作業をしているのを見て、「なにやってんの？　ＰＡＮＴＡ！」って（笑）。「これ、今日発送しないと頭脳警察は解散できないんだよ」って答えた。それが俺と鶴さんの最後の会話。鶴さん、ぽっくり亡くなってしまうんだよ。四十歳ぐらいだったと思うよ。山口洋子さんの『演歌の虫』が賞をとったあとに、線香をあげに行ったっけ。

『ファースト』の発売に関しては、まず『ニュー・ミュージック・マガジン』誌だったと思うけど、「『ファースト』を通信販売します」って小さい広告を出しちゃったんだよね。それで六百人の方が現金書留で申し込んでくれたんだけど、『ファースト』を出す準備が手つかずでズルズルしてしまった。それで最後の最後に駆け込みで、郵送したと。ちゃんと送らないとサギになってしまうし、気持ち良く解散できないからね。音源？　何者かがビクターの倉庫から持ち出して、それを海賊盤として出したんだよ（笑）。だから幻と呼ばれた『ファースト』は正確には海賊盤だったという（笑）。

もともとファーストアルバムには「諸君！　頭脳警察だ」というタイトルが用意されていたんだよ。それが三億円事件のモンタージュ写真に変わった。三億円事件は六八年なんだよね。『ファースト』は七二年に発表されるはずのアルバムだったから、三億円犯人のモンタージュを使うのはタイムリーじゃないんだよ、ズレているんだ。なんせ、海賊盤だからそのへんがいいかげん。創ったヤツが勘違いしたんだろうね（笑）。（注　三億円事件は六八年十二月十日、東京府中刑務所の北側外塀監視所付近で起きた現金強奪事件）

六百人の方が、現金書留で送ってくれたけど、いつの間にか使ってしまっていた。だから、自腹で六百枚プレスしたんだよ。三十万円ぐらいかかったかなあ。経費節減で、ジャケットはそのまま郵送できる物にしてね。だから普通のＬＰのサイズより若干大きいんだよね。六百部もまとめて郵送するとなると、自分でスタンプを押さなければならないから、俺がひとりで渋谷郵便局に行って、ザーッと『ファースト』を並べて作業をしたわけ。三億円犯人のモンタージュ写真が郵便局いっぱいに並んだ（笑）。

発売中止になった音源だから、どっちにしても消される運命だったんだよね。だからどういう経緯だったにしても、世に出せて良かったんじゃないかな。当日ステージで演奏はしたけど、『ファースト』に収録されなかった曲の音源はどうなったかわからない。たぶん、制作の段階で消されているでしょう。

タイトルが変わってしまったといえば、四枚目か五枚目ぐらいの候補で「子どものための頭脳警察」っていうコンセプトがあったんだよね。子どもにもわかるやさしい言葉を使った曲で、一枚創ろうというもので有力な企画だった。既存の童謡をＲＯＣＫにするんじゃなくて、オリジナルで新しい童謡を創ろうというものだったんだよ。子どものためのＲＯＣＫだね。アルバムの構想っていうのは、こちらからもレコード会社側からもいろいろ出るわけ。「子どものための頭脳警察」は『セカンド』ぐらいの時期に出た企画だから、結構早い時期からあったものだね。最後まで強力に残っていた企画で、俺は大賛成だったけど、結局実現しなかった。

『悪たれ小僧』はビクターの青山第三スタジオで録った。「悪たれ小僧」とか「戦慄のプレリュード」

などは、ほとんど一発録り。あのアルバムは、ダビングとかレコーディング・テクニックを極力排除して録ったんだよ。だから勢いがあるね。

『悪たれ小僧』のレコーディングの頃は、頭脳警察を終わらせたいという気持ちはまだなかったな。出したあとだろうな、そういう気持ちになるのは。だけど後半の三年間はつらかったよね。望むものと望まれるもののあいだにギャップがあって、自分の思っている音楽ができないっていうね。もっというと「世界革命戦争宣言」をやった以後からギャップが生まれた。「世界革命戦争宣言」は、一回やって終わりにしようと思っていたんだよ。それが主催者やお客さんの要望でやらなくてはならなくなってしまった。だから二回目以降は、自分たちがやりたいと思ってやっていたわけじゃないんだよ。(注「世界革命戦争宣言」の初演奏は、七一年五月二十二日「ロックエイジ・71・イン・日比谷」日比谷野外音楽堂にて)

頭脳警察はいわゆる営業はやらなかったけど、まったくやらなかったというわけじゃないよ。初ステージの「HEADROCKコンサート」の前に「キラージョーズ」というディスコで演奏しているしね。友だちがキラージョーズでファッション・ショーをやるというので、そのバックで演奏したんだよ。そのときのメンバーはたぶん、TOSHI(ds)、左右栄一(g)、粟野仁(b)に俺というデビュー当初のラインナップだったと思う。

キラージョーズは、俺の遊び場のひとつだったんだよ。しょっちゅう遊びに行っていた。俺の記憶では青山のホンダ本社ビルの側の地下にあったんだけど、違うっていうヤツもいるんだよね。どっちの記憶が正しいのかな。ある日、お立ち台で踊っているエナメルのワンピースを着たメチャクチャ可愛い子がいたから、声をかけようとしたら友だちに止められて「あれは男だから」って(笑)。その子は、その界隈では有名だった美女で、のちのピーター。ピーターがデビューするずっと前の話だよ。

あと新宿の「サンダーバード」という当時有名だったディスコでも演奏したことがあった。ふたり編成になる前だったな。フラワー（・トラベリン・バンド）、M、頭脳警察の三バンドでやったんだよね。だけど頭脳警察の曲は「前衛劇団〝モーター・プール〟」とか、思いっきり変拍子が多いから、お立ち台のゴーゴー・ガールが困っちゃう（笑）。店長と笑顔で握手して「お互いに二度とやめましょう」って（笑）。それ以来ディスコではやっていない。（注 サンダーバードでは、七二年十月、レコード契約をしたキャロルのデビューライブが行われた）

最後のアルバムになった『悪たれ小僧』は、TOSHIがドラムを叩いている。パーカッションをやることは、TOSHIと話をして決めた記憶もないし、サウンドの変化でそういう編成にした記憶もないなあ。『悪たれ小僧』を出したあとの最後の一年間、TOSHIがパーカッションでフロントに移動した理由は、ちゃんとしたドラマーが欲しかったからかな（笑）。俺はTOSHIにキース・ムーンを見ているけど、同時にボーカルとしては、安定したドラムが欲しかった（笑）。とにかくリズムは安定していて欲しい。

そういうことも含めて、当時はなにもかも本当に手探りだった。お手本がなかったし、頭脳警察には所属する場所もなかった。ただがむしゃらに、自分たちのスタイルを模索しながら走って、そして解散した。

だからどのアルバムにも思考錯綜が感じられるよね。迷走と言ってもいいかもしれない。普通バンドってカラーが決まっているものだけど、頭脳警察にはそういうものがなかった。どの方向に向かって走って行ったらいいかわからなかった。結果的に頭脳警察用に書いた曲もあるし、個人的に書いた曲もある。

90年代頭脳警察のPANTA

でも俺には頭脳警察しかなかったから、頭脳警察のなかでどう処理していったらいいのか、そういうジレンマみたいなものが、とくに後期にはあった。曲を創っている最中に、頭脳警察のイメージに則して書いていることに気がついて、没にしたり。

きっと、そういうこともあって他人に書いたりしたんだろうね。人に書いているとストレスを発散できるから。最初に書いたのが浜村美智子さん（vo：三七年生まれ）。「バナナ・ボート」というハリー・ベラフォンテの大ヒット曲のカバーを歌った人なんだけど、彼女に「どろんこの唄」「女は影でほくそえむ」という曲を書いた。それと日吉ミミさん（vo：四七年－一一年）にも書いたよ。いちばん売れたのは、石川セリ（vo：五二年生まれ）の「ムーンライト・サーファー」（七九年七月発表）か、岩崎良美（vo：六一年生まれ）の「Vacance」（八二年七月発表）かな（笑）。

頭脳警察には、日本から海外へ進出するという大きな野望があったからね。自衛隊が海外派兵していいのかどうかは、悩むところではあるけど（笑）、頭脳警察は海外を意識していた。そういう野望に対して、逆に頭脳警察が終息に向かっていることが、自分としては納得できなかった。納得できない反面、一度ピリオドを打たなければならないのかなとも思っていた。バランスっていうかな、最後の一年間は自分の気持ちが行ったり来たりしていたな。

海外進出を考えていたぐらいだから、頭脳警察でヒット曲を出すことも意識していたよ。「夜明けまで離さない／やけっぱちのルンバ」のシングルなんて思いっきりヒットを狙っていた。「夜明けまで離さない」にはポピュラリティーがあるよね。歌いやすく、サビもあって、印象深い歌詞。ヒットの条件を網羅していると思うんだけど（笑）。気持ちだけはヒットメーカーだから（笑）。

シングルを切るにあたって、「夜明けまで離さない」にするか「ふざけるんじゃねえよ」にするか、意見のわかれるところだったんだよ。「ふざけるんじゃねえよ」をシングルにしたほうが良かったのかなあ（笑）。「ふざけるんじゃねえよ」のような激しい曲をシングルにするという概念がまったくない時代だったから、あのような曲がヒットするわけないっていう先入観がレコード会社にあったね。もし、あのタイミングで「ふざけるんじゃねえよ」がヒットしていたら、音楽業界の流れも変わっていたかもしれない（笑）。

ヒットの条件を意識しているわりには、俺はあまのじゃくだから「いとこの結婚式／軍靴の響き」をシングルにしたりしちゃうんだよなあ。違うんだなあ、やっぱりヒットを狙うなら「いとこの結婚式」じゃないでしょう（笑）。

ヒットするってなにか？　音楽を生活の糧にしてはいけないのか？　じゃあ、あくまでも趣味でないといけないのか？　音楽の歴史を考えると、かつては土着的な祭事に奏でるものだったり、もっと自然なものであったり。それから権力者がスポンサーになって、宮廷音楽家という連中が出てきた。そういう時代を経て、音楽が商売になるということを見つけたヤツが現れたわけだ。で、現在の状況が生まれたわけだけど、音楽の歴史から見れば、ごく最近のことなんだよ、商売になるなんて。現在は具体的にいえば、CDを買ってくれるファンやCMなんかの企業がスポンサーだよね。

たとえばマイケル・ジャクソンにどれだけのファンがいるか知らないけど、多くのファンに感謝されているんだから、あれだけ大金持ちになって当たり前だよという意見もうなずける。重要なのは、売って儲けるというビジネス的な発想じゃなくて、自分の音楽がどれだけの人に感謝されたのか、ということなんだよ。その感謝された結果のひとつとして、お金で返って来るということ。そのお金が次の制作費に還元されていく。これが理想的なかたちだと思う。

お金というものが介入するから話が複雑になるけど、かといってお金がなければいいのかという極論も、結局ジョン・レノンの「イマジン」と同じように現実的じゃないかな、と。ようするにお金を得ることが第一の目的か、いいものを創ることが第一の目的か、ということだよね。その結果としてのお金だから。

ポップ・ミュージックを通じて、「自分で考えるきっかけ」が生まれればいいんだよ。自分で考えることが大切なんだから。

九〇年に頭脳警察を復活させるにあたって、まずTOSHIとふたりで会って話をした。

TOSHIが行きつけにしていた新宿の牛タン屋。「TOSHI、そろそろかな」と。「いろいろなしがらみとかあるけど、そういうものを抜きにして。そろそろかな」という話をした。七五年に頭脳警察が解散して、それからも何度か会うことはあったけど、ゆっくり話をするのは解散以来。だけど一週間ぶりに会ったような感覚だったね。なんの違和感もない。

八九年十一月にスタートしたアルバム『7』のレコーディングは、覚悟を要した。メンツもあるし、半端なことはできないから。再結成ブームとかそういうものとは一切関係ないところで、頭脳警察は再度動き出した。

レコーディングには時間はかかったけど、計画は着々と進んだよ。すっきり頭脳警察だったね。だからなおさら綿密にやったね。レコーディングは、極秘裏に進めた。青山スタジオの当時できたばかりの四〇一スタジオ。そこには「ZK7」としか書かれていないからレコード会社の人間でもわからない。音楽関係者立ち入り禁止。でも自動車関係の個人的な知人はOK（笑）。

極秘ということにこだわったから、情報は全然漏れずに進んだんだよね。ホントは最初のライブもシークレットでやりたかったんだよ。ただ、ライブをやったという事実をつくりたかった。お客さんの人数とか関係なくね。だからといって、お客さんに来て欲しくないとかそういうことではないよ。シークレットで、たまたま情報を手にした人間だけが来てくれれば、そういう再結成ライブでいいと。

そう思っていたんだけど、なにかの雑誌ですっぱ抜かれちゃった。バレたなら、しかたがない。それなら思いっきり頭脳警察を出してしまったほうがいいということで路線を変更したんだよ。それで復活のパワステになるわけだ（日清パワーステーション 九〇年六月十五日）。一年間限定という活動だったけど、すごく覚悟が必要だった。

パワステのステージが終わった後、楽屋でTOSHIとケンカするんだよね。え？ ステージですでにしていたって？ あの延長戦が楽屋で繰り広げられた（笑）。興奮なのか、緊張なのか、楽屋で爆発したね。TOSHIが「頬に日の丸を描いていい？」とかふざけているから、頭に血が昇っちゃってさ、「ふざけるな！」って。取っ組み合いこそしなかったけどさ、そのぐらいのテンションで罵声を飛ばし合ったんだよね。あのステージでアンコールに応えなかったのは、このケンカが原因。「頭脳警察はこれで終わりだ！」って俺が叫んで、スタッフは本当にそう思ったって（笑）。あれ、カメラクルーがいたんだから、撮っておけばおもしろかったのに（笑）。

だけどそれとは別にいつも思っているんだけど、アンコールって、拍手が本当に鳴りやまなくてやるのが、本来の本当のアンコールだよね。もう様式美と化してしまっているから、お決まりのアンコールの部分はいいとしても、その後にどれだけの拍手がくるか、その鳴り止まない拍手のなかで出て行くのが本当のアンコールだよね。

九〇年に復活した頭脳警察で印象に残っているライブは、まずパワステ（九〇年六月十五日）で、パワステは業界関係者の人数がすごかったらしいね。それから、悪たれ（新宿ロフト 九〇年十月三日 頭脳警察のコピーバンド・悪たれ小僧という設定でのライブ）、大阪（大阪厚生年金会館 九一年二月二十三日）、渋公（渋谷公会堂 九一年二月二十七日）、あと同志社（同志社大学 九〇年十一月十二日）。同志社は大葬の礼の日だったんだ。前日、朝霞（朝霞米軍基地跡）でやって、その足でTOSHIとふたりで行ったんだ。

朝霞は火を使用したってことで、あれ以来使えないんだよ。あのライブは俺たちよりカメラクルーのほうが気合が入っていた（笑）。クレーン二台とクルーが二十人ぐらいいたんだけど、黒のコスチュームで揃えて、ZKってロゴの入ったキャップをみんなで被ってさ（笑）。

（注　再結成の軌跡を若干みておこう。PANTAとTOSHIのふたりだけの新宿の打ち合わせの後、八九年九月二十五日PANTA・TOSHI・レコード会社・事務所スタッフの打ち合わせ。十一月二十九・三十日新宿にてリハーサル。十二月八・十三日ビクタースタジオにてデモ・テープ録り。二十一日アバコ・スタジオにて『7』レコーディング開始。四月二十九日日清パワーステーション再結成ライブの告知掲載。六月十五日日清パワーステーション再結成ライブ。七月二十一日PANTAの「イカ天」の審査委員が始まる。八月三十日『7』のレコーディング終了。十一月二十一日『7』発表。九一年一月二十六日法政大学学生会館「江戸アケミ一周忌ライブ」出演。二月二十一日ライブCD『LIVE IN CAMP DRAKE』及びライブビデオ・LD『万物流転』発表。二月二十七日渋谷公会堂「最終指令自爆せよ」ラスト・ライブ。三月『歓喜の歌』レコーディング開始。四月一日『歓喜の歌』レコーディング終了。五月二十一日『歓喜の歌』発表）

一年間の活動が終わって、すがすがしさもあったけど、『歓喜の歌』のレコーディングが残っちゃったから（笑）。本来はラスト・ライブ以前に発表されていなければならないのに、解散してからレコーディングが始まった（笑）。解散してから新譜が出るという、世間のフォーマットにない動き（笑）。

九〇年の再結成に対して、二〇〇一年の再々結成のときはすごく気が楽だった。歳を重ねると、いろいろな連中がいろいろな事情で去っていくよね。身近な人間が病気をしたり、実家に帰る音楽仲間とか、若くして命を絶つヤツとか……もうね、いろいろ見てきてさ……（ソロアルバム『反逆の軌跡』に収録した）「綺羅と紛れて」だよね。そういうなかで「この歳になるまで、好きなことをやってくることができたのは本当に幸せなことだよ」って、TOSHIと話をして始めたから。続けられるだけで、結果的にすごいことだと。だからもう気が楽だよね。頭脳警察が幸せを求めてどうするんだっていうのもあるけど（笑）。

だからこれからは、頭脳警察はいつやってもいいし、いつやめてもいいし、結成とか解散とか関係ない。なぜそこまで吹っ切れたかというと、ＴＯＳＨＩも俺も七五年から、いろいろなことをやってきたからだよ。七五年までは頭脳警察がすべてだった。だから自分のすべてを頭脳警察に託さなければならなかった。これはきついよ。やりたいことは、いっぱいあるのに。結果として解散というかたちをとらざるを得なかった。

その後俺は、ソロであり、ＨＡＬであり、アコースティック・ユニットであり、いろいろなことをやってきた。ＴＯＳＨＩもシノラマや多くのミュージシャンとセッションを重ねたり、ソロの活動もやったり。そうやってここまでやってきて、ＴＯＳＨＩも俺も頭脳警察以外の活動なり世界なりをもっている。そういう個人の活動と頭脳警察が、ここにきてやっと両立できるようになったということだね。

俺にしても『R★E★D』も創ったし『クリスタルナハト』も創った。本当は『マラッカ』のあとが『クリスタルナハト』だったわけだけど、クリスタルナハトの史実について、いろいろと調べていけばいくほど、深みにはまって重くなってしまった。これは一朝一夕にはできないなと。それで『１９８０X』になったわけだけど、続いて出した『TKO NIGHT LIGHT』に「フローライン」を収録するにあたって、カッコで「アルバム『クリスタルナハト』より」って入れようとも思ったんだよね。『TKO NIGHT LIGHT』の次は『クリスタルナハト』っていうのが頭にあったから、決意表明という意味も込めて。でも書かなくて結果的に良かった。だって『クリスタルナハト』が完成するのは、その六年後なんだから（笑）。『R★E★D』に収録した「Again & Again」の台詞「ベルリンで会おう」というのも決意表明みたいなものだね。

『クリスタルナハト』（八七年七月発表）の前段階として、『R★E★D』（八六年五月発表）と『プラハからの手紙』（八七年一月発表 12インチシングル）を発表して、神経ボロボロ。『クリスタルナハト』に行く前に、ワンクッションおいたほうがいいっていう意見もあったけど、「ここでワンクッションおいたら、『クリスタルナハト』は一生創れない」と俺は思ったんだよ。そういう状況と平行して、『R★E★D』の頃からライブでやる曲に頭脳警察の曲が合うようになってきた。逆に頭脳警察の曲を加えないとライブのメニューが組めない。

『R★E★D』あたりから、だんだん頭脳警察の曲がライブで増えてきて、『クリスタルナハト』で、ますます増えて……もう、この後は頭脳警察しかないという状況が自然に生まれた。だから九〇年の再結成になるわけ。

実際には『クリスタルナハト』のあとに『P.I.S.S.』が入るんだよね。「ここでワンクッションおいたら」という意見が、結果的には頭脳警察に入る前になったという。ワンクッションにしては『P.I.S.S.』は、いいアルバムだと思うよ（笑）。力が抜けている感じがいいよね。力んだからっていいアルバムができるとは限らない。

『クリスタルナハト』は、最初から青写真がしっかりあって設計図どおりに組み立てていったアルバム。ほぼ青写真どおりに完成した。『マラッカ』もコンセプトがあって創ったものだけど、「極楽鳥」は本来のコンセプトとは異なったものだよね。『クリスタルナハト』には、そういう部分が一切ない。事実関係に間違いがあるといけないから、スタジオには資料が山積みだった。その資料のなかに『夜と霧』（ヴィクトール・E・フランクル著 ヴィクトール［一九〇五年－九七年］はホロコースト生還者の精神科医）があったんだよ。それで「夜と霧の中で」が流れるなかで（菊池）琢己が『夜と霧』に掲載されているアウシュビッツの写真を見ていたら、あいつ、身体が震えて止まらなくなってさ。『クリスタルナハト』は決してユダヤ擁護のアルバムではないんだけど、その状況は見事にユダヤ戦略広報にハマッたという感じで、写真と楽曲が融合して、琢己の身体のなかにグイグイ入ってしまったんだよ。

音楽の力？　危険性だね。音楽の力に危険性を感じるね。ということは、力があるということを認めているようなものだね。「音楽に力があることを期待したい」とは思っているけどね。音楽はすべての人の心に通じる力をもっている。でも、音楽のいちばん弱い点は、答えを提示しないところ。「答えを提示しない」というのは、強いところでもあり良いところでもあるんだけれど。

音楽は「ひとつの答えを提示しない」んだよ。その歌を聴いた人がふたりいたら、ふたりとも違う絵を浮かべる。これが音楽。聴いた人の生きてきた環境とか、聴いた瞬間の感情、そういうものがすべてその歌に集約されて、一人ひとりの映像が浮かび上がる。だから、前から言っていることだけど、俺が歌った言葉は、スピーカーから出た時点で、もう俺のものではない、と。「この歌はどういう歌なんですか？」「その答えはあなたの心のなかにありますよ」と。「あなたの心に浮かび上がった絵が、その歌のもつ意味なんですよ」ということだよね。

インタビューなんかで「この歌は、どういう気持ちで創ったんですか？」と尋ねられて「実は、こんなことがあって創りました。こんなメッセージを込めました」みたいなことを言うヤツがいるけど、バカじゃねえの？　って。そういう発言は逆サービスなんだよ。歌は聴いた人のものなんだよ。自分のイメージを言ってどうすんの？　って。聴いた人が自由に思い浮かべる絵をいかに大切にできるか。その絵がその人にとっての正解なんだから。イメージを限定するようなことを言ってはダメだよ。

音楽はそういう強さ、弱さを持っている。そこで、はたして力があるかと問われると、俺は「疑問なんだよ」って答えざるを得ない。だって同じ曲を聴いて、ある人は反戦の絵を浮かべ、ある人は交戦の絵を浮かべる可能性だってあるわけだから。ただ、まだ本人が気がついていない個が持っているパワーを呼び起こすことはできると思う。そういう力はある。個人に働きかけることはできる。パーソナルなもの。そういう力はある。

あるミュージシャンのコンサートに一万人集まったとする。そのミュージシャンや、楽曲を「好きになる共通した要素を持っている人間」が一万人集まったということだよね。そういう個人の潜在的な部分を刺激する力はあるだろうね。だけど音楽で世界が変えられるとは、一切思わない。音楽でもっとも大切なことは「答えを与えること」じゃなくて、「考えるヒントがそこにあること」だと俺は思っているから。

「クエスチョンマークを与えられるか?」。ここがものすごく大切だと思うわけ。たとえば議会制民主主義に対して、反対する意志があって確信的に選挙に行かない、というのと、お笑いとエロに冒されて選挙に行かない、というのは根本的に違うわけでしょ? お笑いとエロに冒されているヤツに考える機会を与えることができるのが、ポップ・ミュージックなんだよ。ポップ・ミュージックの良さはそこにあるわけ。ポップ・ミュージックを通じて「自分で考える機会」が生まれればいいんだよ。自分で考えることが大切で、答えは重要ではないんだよ。答えなんて、自分で出したものでいいわけだから。

だからこそ、和魂洋才のアンパンとして、頭脳警察はなにをすべきなのか? 近い将来、頭脳警察には、ちょっとおもしろいことが待っているような気がするんだけどね。

ＰＡＮＴＡが旅立ち、頭脳警察はどうなるのか？

いま、ＴＯＳＨＩが語ること

（二〇二四年三月四日　皓星社会議室にて）

増補版 インタビュー

今思い出すと『悪たれ小僧』の頃は、すでに頭脳警察に疲れていた

二十年前に出した『頭脳警察』の増補版を出版するんだね。あの頃はよく飲み歩いていたな。ゴールデン街から直接リハーサルに行ったり（笑）。コロナ禍になって全然外で飲まなくなって、今は夜の九時過ぎには寝るようにしている。コロナが落ち着いても、ライブの打ち上げも減ったし、もうわざわざ飲みに行く体力もないしね。

勝呂（和夫 七〇年代頭脳警察の後期のギタリスト）のインタビューも予定しているんだね。アルバム『悪たれ小僧』のレコーディングは、もともとPANTAと俺と悲露詩の三人で始めたんだよ。それでタイトル曲の「悪たれ小僧」を録音し終えたタイミングで悲露詩が抜けて、（石井）正夫と勝呂が入ってきた。だから「悪たれ小僧」のギターはPANTAだよ、勝呂じゃないよ。勝呂は「あばよ東京」でいいギターを弾いているよね。

今思い出すと、すでにあの頃は俺もPANTAも頭脳警察に疲れていた。レコーディングにしても、なんていうのかな、悪くいえばちょっとヤケになっていて投げやりなところがあった。良くいえば遊び心っていうのかな、勢いでやっていた。だから「あばよ東京」は、とくにライブ感があっていい演奏になったんだと思う。ドラムの俺としては、延々と続く演奏を見ながら叩いたという感じ。その印象がすごく残っている。きちっと譜面があってというものじゃなかったし、あの演奏は「もう一回やってくれ」

と言われてできるものじゃない。「あばよ東京」に限らず、ほかの楽曲もPANTAがスタジオで作曲や作詞をして、ちょっと確認してすぐにレコーディングするという状態だったから、メンバーに任せる比重が高かった。だからみんなで創ったアルバムだね。

悲露詩がいた頭脳警察のライブは、良かったと言ってくれる人が結構多いんだよ。悲露詩が個性的だったから、そこに惹かれたんじゃないかな。たとえば、ステージで演奏していて悲露詩はノッてくると縦横無尽に動き出すわけ。ベースを弾きながら走ったりジャンプしたりね。そうするとPANTAはステージの後ろに下がってそれを見ている。悲露詩のそういうノリを好きなお客さんは、PANTAは自由にやらせていると思ったかもしれないけど、本当は呆れて見ていただけなんだよ(笑)。

七〇年代からいろいろな人とステージやレコーディングをしてきたけど、「この人はこうだから、こうしよう」とか、そういうことを頭で考えたことはほとんどないよ。相手がどういう音楽をやりたいのか、それをリハーサルなりで感じ取って、身体で応えていくという感じだね。ただ俺としては、ステージの前にあまり入念にリハーサルをやってしまうと、本番でちょっとダメっていうのがあって、即興というか、新鮮なほうがやりやすいな。

前回のこの書籍のインタビュー以降、この二十年間、仲間と演奏するという俺の活動は、なにひとつ変わっていない。それはもちろん頭脳警察も同じだったけど……。

常に「頭脳警察の看板は汚したくない」と思っている

昨年の七月七日にPANTAが旅立ってライブ葬をやった。そして追悼の『ミュージック・マガジン二月増刊号』が発売（二〇二四年一月十七日）されて、頭脳警察のアルバム『東京オオカミ』を発表（同年二月五日）して、渋谷の「La.mama」でイベントもやった（二三年九月一日「PANTAお別れ会 献花式・ライブ葬」渋谷duo MUSIC EXCHANGE／二四年二月四日「『東京オオカミ』発売記念&PANTA&TOSHI 74歳生誕祭&頭脳警察55周年開始！&ミュージックマガジン『PANTA追悼増刊号』記念イベント」渋谷La.mama）。

では今後、頭脳警察をどうするかということだね。ひとつの結論、結論という言い方がいいのかどうかはわからないけど、俺は「頭脳警察の看板は汚したくない」と思っている。もっともこの思いは、今に始まったことではなく常に俺のなかにあったことだけど。

どう言ったらいいのか、やっぱりPANTAがいて、その隣に俺がいて……俺のなかでは、PANTAあっての頭脳警察だから。誰か違う人が頭脳警察の楽曲をやっても、やっぱり頭脳警察じゃないんだよね……俺のなかではね、こればっかりはね。だから、これから頭脳警察をどうしたらいいのか、俺の気持ちはグラグラしている。たとえば、俺とPANTAの生誕祭みたいなものを毎年やっていくという方法もあるんだろうけど、まだ一周忌も過ぎていないから、そういうことを考える余裕もないというか。

今のメンバーも一九年からの付き合いだから長いよね。ギターの澤竜次、ベースの宮田岳、ドラムの樋口素之助、キーボードのおおくぼけい、サックスの竹内理恵、みんな素晴らしいミュージシャンだから、これからもなんらかのかたちで一緒にやる機会があればいいとは思っているよ。直接彼らと話をしたわけじゃないけど、ひとづてに彼らも俺とやりたいと言っていると聞くし。だけどそういうことですら、彼らと会話をもっていないんだから、まして「これから頭脳警察をどうする？」なんて話はしていない。

いや、まったくしていないわけでもないな。『東京オオカミ』でレコーディング・プロデューサー

2000年代、頭脳警察のTOSHI

を務めてくれた秋間（経夫）くんと（宮田）岳の三人でタバコを吸っているときに、「これから頭脳警察、どうする?」ってなにげなく訊いたんだよ。岳は「ふふん」と少し笑っただけだったけど、秋間くんは「続けたほうがいいんじゃない?」って言っていた。秋間くんとはＰＡＮＴＡも俺も付き合いが長いし、客観的に見てくれていたから、貴重な意見だと思うよね。

だけど繰返しになるけど、どうしても俺は隣にＰＡＮＴＡがいない頭脳警察がイメージできないんだよ。それにしても結成当初から、メンバーにしてもレコーディングにしても、俺は全部ＰＡＮＴＡに任せっきりだったなあと、あらためて思うよね。

ＰＡＮＴＡも俺も若いミュージシャンと演奏するのが好きだった

昔から頭脳警察はメンバーチェンジの多いバンドだったけど、同じステージに立っているメンバーに対して、一度だってバックをやってもらっているなんて考えたことはないよ。それはＰＡＮＴＡも同じだったと思う。だけどだからといって、ＰＡＮＴＡが旅立って、今のメンバーと「頭脳警察」という名前を使っていいのか、どうか。今の俺にはわからないし、どうしてもネックになっている。どうしても、ＰＡＮＴＡがいて俺がいることで頭脳警察だという思いが強いから。ＰＡＮＴＡがいなくなった現実のなかで、頭脳警察の看板でなにかをするというのは……どうなのかという……ＰＡＮＴＡが亡くなってから、ずっとそういう気持ちが揺れ動いている。

今のメンバーは俺よりはるかに若いけど、俺の場合はそういう年齢は関係ないんだよね。どうしてかというと、言葉ではなくて音で会話をするから。音で会話をすると、お互いに音楽的な身体をもっているから、年齢は関係なく触発しあえるんだよ。だけどあえて「年齢差」でいえば、若いミュージシャンは新しい空気というか新しい風をくれる。そういう新しい風を感じると「音楽をやっていて良かった」と思う。だから今後もみんなとやっていきたいというのは、本当に正直な気持ちだよ。

もちろん円熟したミュージシャンには円熟した良さがあるけど、若い人にはやっぱり若い人の良さを感じる。こういう感覚はPANTAも同じだった。PANTAも若いミュージシャンと演奏するのが好きだった。若さに新鮮さを感じて、ケツを叩いてもらって、背中を押してもらう。こういう感性はPANTAと俺は似ていたな。

俺の周りの人は、品性があるから長くやっていられる

俺は頭脳警察をやりはじめた頃から、PANTAが創る楽曲のファンなんだよ。ここはずっと変わらない。「頭脳警察で曲を書かないの？」と訊かれたこともあったけど、最初からそういう気持ちはなかったよね。やっぱりPANTAに勝てるような楽曲は、俺には創ることはできない、詞も曲もね。それは一緒にやり始めたときからわかっていたから、俺も創ろうと考えたことは一度もない。ただずっとね、俺は頭脳警察のステージが好きなんだよ。PANTAのボーカルとギターを身体で受けて、パーカッションで応える。だから作詞作曲はしないけど、ライブをいいものにしようという気持ちで頭脳警察を続けてきたよね。

「銃をとれ！」にしても「万物流転」にしても、タイプの違う楽曲だけどまったく古くならない。PANTAが創った曲は、その時代、その時代で意味を持ち続けている。それはなんといっても、PANTAが純粋な気持ちで創作と向き合ってきたからだと思う。だから意味を持ち続ける曲が生まれたんだ

ろうね。もし「なにか飾りを付けよう」とか「もっとカッコいいフレーズはないかな」とか「もう少しひねったほうがウケるかな」などと計算していたら、発表したときは受け入れられても、時間とともに見向きもされなくなっていただろうね。ＰＡＮＴＡは世界の流れをずっと見つめていて、地球レベルの広い視野で感じて歌にしている。だから楽曲が時代を超えて色褪せないんだよ。

そういうＰＡＮＴＡは「君が代」を否定していないんだよ。「世界中の国歌の歌詞には、戦争や戦いという言葉を含むものが多いのに『君が代』はラブソングなんだよ。だから俺は『君が代』が好きなんだよ」というようなことをよく言っていた。固定観念にとらわれないＰＡＮＴＡの広い視野が俺は好きだし、こういう感性も才能のひとつだと思うよ。

さらにいえば、ＰＡＮＴＡはいい品性をしていたよね。そういう品性あっての創作だった。品性ということでは、三上寛や友川カズキ、エンケン（遠藤賢司）、遠藤ミチロウ、福島泰樹さんとかね、俺の周りの人はみんな品性がいい。だから長くやっていられるんだよ。たとえば、僧侶で歌人の福島さんには表現に対する心意気がある。だから俺は長く一緒にやってこられた。福島さんは筋を曲げない、曲がんないもんね。頑固だよ、表現者ですよ。そういうところが尊敬できるな。

俺の音楽キャリアも五五年目になるから、たまに「長く音楽活動ができた理由は？」というようなことを訊かれるけど、とくに理由なんてないよ。あえていえば、ただ謙虚にやる、素直に音楽と向き合うだけ。それは音楽に限ったことではないんじゃないかな。なんでも、くそ真面目になんでもやればいい。そう思うな、長く続けるためにはね。

頭脳警察の若いメンバーもみんな品性がいい。音楽に真剣に取り組んでいるところがいいよね。だから今後もみんなとはやっていくでしょう。ただ「頭脳警察」という名前をどうするのか。現時点では俺にはわからないけど、いろいろなかたちで関わりをもつと思う。要は「頭脳警察」という名前をどうするのか……こういう俺のはっきりしないところがよくないんだろうけど、わからないというのが本当に正直な気持ちなんだよ。

『東京オオカミ』のレコーディングで、メンバーがなにかを感じてくれていたら

生活していて目に入るもの、聞こえてくるもの、すべて「数字」が優先されて支配されているからね。政治の世界も過半数をとっていればなんでも自由にできて、国民なんて彼らの目に映っていないんじゃない？『東京オオカミ』はメジャーレーベルから離れて「BRAINPOLICE UNION」という自分たちのレーベルから発表したけど俺は満足しているし、「聴いたよ、良かったよ」と言ってくれる人も多い。やっぱり良いものを創れば、きちんと聴いてくれる人は満足してくれるんだなと。

二十年前に「音楽には力がある」と言ったけど、その思いは今でも変わらないよ。常に「音楽の力」を信じてやってきた自信はある。頭脳警察の若いメンバーにも「音楽の力」を信じて長くやってもらいたいよね。年齢とともに生活環境が変化するから、続けることが辛くなるときもあると思うけど、なんのために音楽をやっているかということだから、「音楽の力」を信じて続けてほしい。

俺の演奏を聴いて、音楽の力を感じる人は何人いるのか。もしかしたらひとりだけかもしれない。だけどなにかを感じてくれる人がいるということは、俺にとって本当に幸せなことなんだよ。たとえばアケタの店で毎月やらせてもらっているけど、皆勤賞もので来てくれるサラリーマン風のお客さんがいる

んだよね。挨拶程度しか言葉を交わしたことはないけど、なにかを感じてくれているのかなと思うとうれしいよね。それで、そのお客さんは頭脳警察を知らないの。「頭脳警察っていうのもやってらっしゃるんですね、今度聴いてみようかな」って(笑)。

もし、俺に伝えられることがあるとすれば、それはやっぱり「音楽をやり続ける」ということ。それはお客さんに対しても、一緒にやってきた仲間に対しても、もちろん頭脳警察の若いメンバーに対しても。『東京オオカミ』のレコーディングを通じて、メンバーがなにかを感じとってくれていたのなら、俺は幸せだよ。「レコーディングが楽しい」と思ってくれたのなら、「こういうレコーディングのやり方もあるのか」と刺激を受けてくれたのなら、その気持ちを大切にしてほしい。そういう彼らの気持ちを俺も大切にしたい。なんといっても、俺は彼らの自由な発想が好きなんだよ。音楽をジャンルで考えないところが、一緒に演奏していて気持ちがいいんだよ。

PANTAが創った楽曲、それは頭脳警察にしてもPANTA&HALにしても、ソロにしても、月日とともに薄れていくことだけは避けなければと思う。ファンのみなさんの気持ちのなかで、PANTAの作品を思い出にさせたくない。頭脳警察とは別のユニットの「PANTA&黒い鷲」には俺は参加していないけど、頭脳警察のメンバーがやっていて頭脳警察のナンバーもソロのナンバーも演奏できるから、なにかベストの活動方法があればとは思うけど。

未発表の音源や映像がたくさんあるから、それをどうするかということもあるし、とにかく頭脳警察の看板を汚すことだけは避けたい。そしてPANTAの楽曲を風化させたくない。今の俺に言えることは、これだけですよ。

写真：加藤孝

おわりに

時間を経ると色褪せてしまう歌がある。時間を経ても色褪せない歌がある。不思議なものである。その答えを探すために、証言者の言葉に耳を傾けてきた。これからも私は、頭脳警察の歌を聴き続けるだろうが、「色褪せる歌と色褪せない歌」に対する現時点における答えを、証言者の言葉のなかに見つけたつもりである。

十代前半の多感な時期に、頭脳警察に出会えたことは、私にとって、結構幸せな人生の入り口だったんだなと、こうやって作業を終えてみて感じたりもした。また、七〇年代の日本のロック状況を多面的に記録できたことは、資料としてもとても有意義だと自負している。

本書とほぼ同時に発表されるCD『頭脳警察 Music for 不連続線』に収録されたライナーノーツの菅孝行氏の言葉を参考にさせていただければ、頭脳警察は政治的なものがないだけに確信犯になれず、逆に不用意に政治的なイメージにどんどん引っ張られてしまったのであり、「赤軍兵士の詩」にみるように、ラジカリズムの後退戦の戦士であったのだと思う。誤解を恐れずに言わせてもらえれば「やけくその世界」である。

PANTAとTOSHIは、現在進行形であるがゆえに、いまだにラジカリズムの後退戦の戦士である。いまだに戦っている。もがいている。血を流している。相変わらず「やけくその世界」かもしれない。そして、一生、ラジカリズムの戦士として、戦い続けるだろう。

世界では資本家のブタどもが、自分の平和のために他人の血を流し続ける毎日だ。TVからは、不況・子殺し・家庭／学校崩壊・戦争が垂れ流され、商売となる。

現実世界のほうが、頭脳警察を大きく飛び越えているのか？　歌の世界にも、すでに夢はないのか？　頭脳警察の存在意義なんて、もうないのだろうか？　世界では、子どもたちが飢餓の地獄のなかで死んでいるというのに、頭脳警察のインタビューなんて、平和ボケの自己満足なのかもしれない。頭脳警察のインタビューなんて、生きている緊張感も、なにも生まれないのかもしれない。

本書の作業をするなか、迷路に迷い込まなかったと言えばウソになる。しかし、このような日常を打破するために本書に取り組んだのも、一方の事実だ。時計の振り子のような不安定な精神状態のなかで、作業が進められ、無自覚のうちに証言者の言葉に支えられていた。

本書に登場していただいた証言者も、皆、頭脳警察と同様に現在進行形で戦い続けている。だから彼らの言葉は、私にとって、とても刺激的な実弾であった。彼らもまた、一生、戦い続けていくのだと思う。

頭脳警察も証言者も、誰のマネもせず、自分自身で考え、もがき、そして自分で生きる力をつかみ得た。だから頭脳警察の歌は、彼らの言葉は、時空を超えて光り輝いているのだ。頭脳警察と証言者の生きる力は、現代の後退戦のなかで、もがき苦しむ少年・少女に届くだろうか？　百年後のがらくたの世界に横たわる少年・少女に届くだろうか？

本書を手に取られたあなたは、証言者の言葉をどのように受け止めたでしょう。あなたにとって、それがたとえ、かすかなつぶやきだったとしても、やがてひとつぶの種になるかもしれないという希望と期待をもって、『頭脳警察』の取り組みに幕を引きたいと思う。

最後に証言者の方々をはじめ、FLYING PUBLISHERSの石井康則氏、田中宏明氏、岡本恵一氏、ここに挙げられないほど多くの方々のご協力で、本書を書き上げられたことを、この場を借りてお礼を申し上げたい。

増補版によせて

二〇二三年八月に公開された映画『シーナ&ロケッツ 鮎川誠 ～ロックと家族の絆～』のなかで、甲本ヒロトが「鮎川さんとシーナが死んだことは大したことじゃない。〝いた〟ってことがすごいんだ」と語っていた。目からウロコが落ちた。正直、それまで私は、PANTAの旅立ちと向かい合うことができなかったが、ヒロトの言葉で初めて現実を受け入れることができたのだ。

そしてPANTAが〝いた〟ことのすごさを、ひとりでも多くの人に伝えたいと思うようになった。PANTA本人がいなくても〝いた〟ことのすごさは伝えられるだろうとも思った。これが増補版出版の大きな理由だ。

そもそも私は、七〇年代頭脳警察のときからのファンで、PANTA&HALの頃から頻繁にライブに足を運ぶようになった。ライブ会場でPANTAファンクラブ（FC）のスタッフとも言葉を交わすようになり、九〇年に頭脳警察が復活するタイミングで、先任のFC会報紙の編集長からバトンを受け取り、編集を務めるようになる。以降、約二十年にわたってFCの会報紙を担当した。年に三～四回、約二十年にわたってPANTAにインタビューをしたことになる。もちろんTOSHIにも事あるごとにインタビューをした。

FCの活動と平行して、二〇〇四年に書籍『頭脳警察』を河出書房新社から出版させてもらい、二〇〇九年には映画『ドキュメンタリー頭脳警察』（瀬々敬久監督）の企画と製作も行った。

『ドキュメンタリー頭脳警察』の劇場公開後、私が編集をしていたFCが終了したこともあって、PANTAとTOSHIと直接会う機会はほとんどなくなる。PANTAが出演した映画『眼球の夢』（二〇一六年 佐藤寿保監督）のイベントの企画を担当し、久しぶりにPANTAと時間を共有した程度で、あとはライブに足を運ぶのみとなった。ただ、七〇年代の頭脳警察を知る人にインタビューをしたいという欲求や好奇心は、この二十年間、ずっと続いていた。

さてこの度、増補版を出版させていただくにあたって、改めて自分が好きな音楽とはどういうものかを考えてみた。そこで頭に浮かんだ言葉が「頭脳警察史観」である。ただし、証言者の皆さんにインタビューをするにあたって、この言葉を使っていないので、証言者の話を頭脳警察史観とすることはできない。読者の皆さんが「これは頭脳警察史観だな」と感想をもつことは自由だけれど。

ともかく今、私が考えているのはこういうことです。私は主体的に音楽を聴くようになって以来、常に頭脳警察史観を土台にポップスに接していたんだなと。そしてこれは、決して悪癖ではなかったんだなと。これは今の若者にも胸を張って言えるなと。

増補版では、七〇年代頭脳警察をさらに確認するために、当時のギタリスト・勝呂和夫氏の証言に耳を傾けた。そして、PANTAが旅立った現在の頭脳警察に触れるためにTOSHIにインタビューをした。ふたりにはお礼を申し上げます。

時代の中心はインターネットになったが、七〇年代の頭脳警察や音楽環境をつくった証言者のエネルギーはいつの時代にも通用するもので、現代の若者にも、近未来の若者にもヒントを与えると信じている。あるいは今の若者にとっては、目からウロコかもしれない。そういう意味でも、やっぱり頭脳警察を多くの人に聴いてもらいたい。そのために微力ではあるが、本書を出版する意義があると考えている。

増補版の出版をしてくださった株式会社皓星社の晴山生菜社長をはじめ、ROCKET PUNCH LLC. PANTA頭脳警察オフィシャルの田原章雄プロデューサー、石塚紀代美氏、椎野礼仁氏、石井正夫氏、そして今回も石井康則氏、田中宏明氏にもご協力をいただきました。皆様に心より感謝を申し上げます。もちろん、前回、インタビューに応えてくださった証言者の皆さんにも、改めて謝意を表します。

そしてＰＡＮＴＡさん！　あなたの楽曲は永遠だよ。あなたは最高のロッカーだよ。
本当にありがとう！

二〇二四年五月　須田諭一

主要参考文献

『ROCK FILE Vol.3』ＪＩＣＣ出版、一九八八年九月
ＰＡＮＴＡ著『ＰＡＮＴＡ　ナイフ』ＪＩＣＣ出版、一九八九年二月
ＰＡＮＴＡ、広瀬陽一共著『ＰＡＮＴＡ　歴史からとびだせ』ＪＩＣＣ出版、一九八九年十二月
月刊オンステージ編集部『日本ロック大系［上］』白夜書房、一九九〇年八月
宝島編集部編『頭脳警察　1990－1991』ＪＩＣＣ出版、一九九一年十一月
早川義夫著『ラブ・ゼネレーション』シンコー・ミュージック、一九九二年九月
『フォーク黄金時代』シンコー・ミュージック、一九九二年十一月
黒沢進著『日本ロック紀ＧＳ編』シンコー・ミュージック、一九九四年十月
『ミュージック・マガジン　増刊』ミュージック・マガジン、一九九四年十月
田口史人、湯浅学、北中正和監修『日本ロック＆フォークアルバム大全』、音楽之友社、一九九六年五月
国枝まさみ他編『ROCK is LOFT：HISTORY OF LOFT』ロフト・ブックス、一九九七年七月
吉田拓郎著『吉田拓郎　お喋り道楽』徳間書店、一九九七年十月
松本隆著『風のくわるてつと』角川文庫、二〇〇一年五月
『頭脳警察 Live Document 1972－1975』（ブックレット）FLYING PUBLISHERS、二〇〇三年
『ミュージック・マガジン　増刊：パンタ／頭脳警察　反骨のメッセージと叙情が交差するロック詩人の航跡』
　ミュージック・マガジン、二〇二四年二月
『PANTA FAN CLUB 会報紙』PANTA FAN CLUB
みの「ニューミュージック・マガジン 1971 年5月号日本語ロック論争 全文掲載」
　https://note.com/lucaspoulshock/n/n7f9577fb7b80
PANTAX'S WORLD PANTA 頭脳警察オフィシャルサイト　https://www.brain-police.com
RADIO PA PA「作詞家・松本隆〝創作の流儀〟「10までは言わない。１で留める」そぎ落とす凄み」
　https://dot.asahi.com/articles/-/3916?page=1

頭脳警察 年表

2024年4月作成

（PANTAとTOSHIの単独での活動は割愛し頭脳警察としての主な活動を掲載）


1950年2月2日、TOSHI、東京に生まれる。

同年2月5日、PANTA、埼玉に生まれる。

所沢小学校にて、PANTAと仁、出会う。

高校生の頃、スキップ・ジャックのPANTAとアロウズのTOSHI、イベントで出会う。

1969年

千葉正健（元ヴァン・ドックスkb）、PANTA（vo・eg）、TOSHI（ds）で、スパルタクス・ブントを結成する。スパルタクス・ブント解散後、オリジナルの日本語で歌い、自由に活動することを目指したバンドの構想が、PANTAとTOSHIの間で固まる。バンド名はマザーズ・オヴ・インヴェンションの「フー・アー・ザ・ブレイン・ポリス?」の「ブレイン・ポリス」を直訳して頭脳警察。PANTA（vo）、TOSHI（ds）、左右栄一（eg）、粟野仁（eb）の編成で、12月に頭脳警察が結成される。友人主催のファッション・ショーのバックで、青山のディスコにて演奏する。	

1970年

メンバーの変遷PANTA（vo・eg）、TOSHI（ds）、左右栄一（eg）、粟野仁（eb）～PANTA（vo）、TOSHI（ds）、山崎隆史（eg）、粟野仁（eb）～PANTA（vo）、TOSHI（ds）、山崎隆史（eg）、松本恒夫（eg）、粟野仁（eb）～PANTA（vo）、TOSHI（ds）、松本恒夫（eg）、粟野仁（eb）

4月1日	「HEADROCKコンサート」（神田共立講堂）にて、デビュー・ステージ
5月7日	「第41回日劇ウエスタン・カーニバル」にて、伝説の「マスターベーション事件」
6月12日	日比谷野外音楽堂の革共同政治集会に出演
7月24日	「HEADROCKコンサートVol.2」出演
7月25～31日	「ロック・イン・ハイランド」（富士急ハイランド）出演。他の出演は裸のラリーズ、エイプリル・フール等
9月6日	「100円コンサート」（日比谷野外音楽堂）出演
9月16日	第1回日本語のふぉーくとろっくのコンサート（日比谷野外音楽堂）出演。他の出演は岡林信康、M、はっぴいえんど、フード・ブレイン、裸のラリーズ等。以後72年の10月まで5回にわたって開かれたこのイベントにすべて出演。
11月頃	テレビ番組「11PM」に出演。「前衛劇団〝モータープール〟」「パラシュート革命」を演奏。それを観た鈴木慶一が「当時、深夜番組で頭脳警察を観てやられたと思った」旨の発言を後にしている。 70年末、PANTAとTOSHIの二人編成になる。

1971年

メンバーの変遷PANTA (vo・ag) TOSHI (per)

4月3日	「日比谷ロックフェスティバル」(日比谷野外音楽堂) 初の二人編成で出演。
5月22日	「ロックエイジ・71・イン・日比谷」(日比谷野外音楽堂) 出演。頭脳警察にアンプをカンパするためのコンサートと雑誌で報じられる。「世界革命戦争宣言」初演。
6月3日	「第2回日本語のふぉーくとろっくのコンサート」(日比谷野外音楽堂) 出演。
8月8〜9日	「精進湖ロックーン」(富士精進湖畔) 出演。他の出演は麻生レミ、モップス、スピード・グルー&シンキ、村八分等。
8月14〜16日	「三里塚で祭れ　幻野祭」(千葉県成田三里塚/三里塚芝山連合空港反対同盟・青年行動隊主催) 出演。頭脳警察は14・15日に出演。他の出演はブルース・クリエイション、ロスト・アラーフ、DEW、高柳昌行等。初日の音源はオムニバス盤『幻野'71日本幻野祭　三里塚で祭れ』に収録。
8月28日	「フェニックスコンサート」(浦和市駒場サッカー場) 出演。他の出演はM、ニュー・ダイナマイツ、四人囃子、安全バンド等。
10月17日	「第3回日本語のふぉーくとろっくのコンサート」(日比谷野外音楽堂) 出演
11月4日	「関学ロックフェスティバル」(関東学院大学) 出演
11月6日	三田祭前夜祭 (慶応大学三田校舎中庭特設ステージ) 出演。頭脳警察出演時、実行委員に対立する学生と共にステージを占拠。はっぴいえんどの出演時間に大幅に食い込み演奏する。
12月	オムニバス・アルバム『幻野』発表。頭脳警察にとっての初のレコード化。

1972年

メンバーの変遷PANTA (vo・eg)、TOSHI (per) 〜PANTA (vo・eg)、TOSHI (ds)、増尾光治 (eb)

1月9日	「MOJO WEST」(京都府立体育館) 出演。他の出演は麻生レミ、トゥー・マッチ、カルメン・マキ&エンジェルズ等。
1月10日	「オール・ジャパン・ロック・フェスティバル」(東京都立体育館) 出演。他の出演はモップス、村八分、M等。ファースト・アルバム『頭脳警察1』は、この9日、10日の音源から構成された。
1月16日	「聖ロック祭」(日本青年館ホール) 出演
2月下旬	『頭脳警察セカンド』のレコーディング開始。増尾光治 (eb) が加入。
3月5日	『頭脳警察1』発売中止決定。
3月19日	「第1回北陸維新　頭脳警察!」(富山市地下鉄ホール) 出演
3月20日	「RSU音楽祭」(浦和市民会館) PANTAとTOSHIの二人編成で出演。他の出演は遠藤賢司、安全バンド等。
4月4日	「聖ロック祭　パート3」(日比谷野外音楽堂) 出演

4月9日	「フラワー・トラベリン・バンド帰国コンサート」(日比谷野外音楽堂)出演
5月5日	『頭脳警察セカンド』発売
5月14日	「第4回日本語のふぉーくとろっくのコンサート」(日比谷野外音楽堂)出演
6月	『頭脳警察セカンド』発売中止、回収。
6月3日	「聖ロック祭」(日比谷野外音楽堂)出演
6月5日	「いとこの結婚式/軍靴の響き」シングル発売
7月〜8月末	『頭脳警察3』のレコーディング開始
8月5日、6日	「ノコの島民芸展覧会」(福岡県能古島)出演
8月15日	「WAR IS OVER……?」(日比谷野外音楽堂)出演。他の出演はフラワー・トラベリン・バンド、安全バンド、ジュリエット等。
8月16日	「幻野祭」(京都大学農学部グラウンド)出演。他の出演は内田裕也、ウエストロード・ブルース・バンド等。テルアビブ空港で戦死した3名の戦士の追悼集会(テルアビブ空港襲撃事件)。京大西部講堂の屋根の3つ星は、この日の夜に描かれた。
8月16日	『頭脳警察セカンド』発売中止記念コンサート、中止。
8月26日	「RSU『夏の陣』」(埼玉会館大ホール)出演。他の出演は遠藤賢司、乱魔堂、小坂忠等。
9月17日	「聖ロック祭パートV」(日比谷野外音楽堂)出演
10月2日	「MONDAY ROCK Vol.2 頭脳警察　成田賢とジプシーブラッドジョイントコンサート」(日本青年館)出演
10月5日	『頭脳警察3』発売。ギタリストの石間秀樹(フラワー・トラベリン・バンド)が参加。
10月10日	「聖フォーク祭」(日比谷野外音楽堂)出演
10月13日	「フォーク・ロック・マスコミ・タブー」(トーク&ライブ　芝郵便貯金ホール)出演。他の出演は山平和彦、田英夫等。田英夫は参議院議員で、連合赤軍を擁護する発言をした人物。
10月15日	「第5回日本語のふぉーくとろっくのコンサート」(日比谷野外音楽堂)出演
11月18日	三田祭前夜祭(慶応大学三田校舎)出演
11月27日	「パレスチナ難民救済コンサート」(東横劇場)出演
12月	「孤独という言葉の中に/今日は別に変わらない」シングル発売
12月31日〜1月1日	「FIRST/LAST」(京大西部講堂)出演

1973年

メンバーの変遷PANTA(vo・ag)、TOSHI(ds)、増尾光治(eb)〜PANTA(vo・ag)〜PANTA(vo・ag)、TOSHI(ds)、鈴木健一(eg)、鈴木良輔(eb)〜PANTA(vo・eg)、TOSHI(ds)、悲露詩(eb)

1月	九州を中心としたツアーを行う。ツアー後、増尾光治が脱退。
2月	NHKドキュメンタリー番組「新日本紀行」の音楽を担当し、「さような

ら世界夫人よ」「破滅への招待」を録音する。森園勝敏（eg）、石井正夫（eb）参加。この直後にTOSHI脱退。

2月　『誕生』のレコーディング開始（TOSHIは不参加）
なお、3月から5月にかけてライブ活動を休止したため、この時期に頭脳警察解散という誤報が流れる。

4月5日　4枚目アルバム『誕生』発売

4月　『仮面劇のヒーローを告訴しろ』のレコーディング開始（TOSHIは不参加）

8月4日　「白樺湖音楽祭」（長野県白樺湖畔）出演。TOSHIの復帰初ステージ。鈴木健一、鈴木良輔が参加した編成の初ステージでもある。他の出演は外道、四人囃子、三上寛と青葉城、ジュリエット等。

8月5日　5枚目アルバム『仮面劇のヒーローを告訴しろ』発売

8月15日　「俳優座劇場ロックコンサート週間」（六本木俳優座）出演。他の出演はエレクトリック・パーカッション・グループ、きたもんど＆ザ・スタイリスト、バッドシーン等。

8月29日　「OZ・ラストデイズ」（吉祥寺OZ）出演。ライブハウス「吉祥寺OZ」閉店のイベント。

10月10日　「体育の日記念コンサート」（横浜野外音楽堂）出演。鈴木兄弟が脱退したため、PANTA（vo・eg）、TOSHI（per）、岡井大二（四人囃子ds）、中村真一（四人囃子eb）の編成で出演する。

10月20日　「聖ロック祭（頭脳警察リサイタル）」（日比谷野外音楽堂）出演。PANTA（vo・eg）とTOSHI（per）に加えて、四人囃子（岡井大二［ds］、中村真一［eb］、森園勝敏［eg］、坂下秀実［kb］）の編成で出演する（寺田十三夫［eg］、近田春夫［kb］が「コミック雑誌なんか要らない」「歴史からとびだせ」「やけっぱちのルンバ」に参加）。この日の音源は2001年にCD化。

10月　京都の「だててんりゅう」の悲露詩が参加する。この後1年間弱、悲露詩を加えた三人編成で活動。

11月4日　名称不明（横浜国立大学）出演。悲露詩が参加した編成の初ステージ。

11月5日、6日、14日〜17日、12月31日〜1月1日
「不連続線第3回公演/狂劇「にっぽん水滸伝・最終指令自爆せよ」（関西学院大学、吹田市市民会館、四谷公会堂等）劇中音楽を担当。不連続線関連の音源は2004年にCD化。

11月17日　三田祭前夜祭（慶応大学三田校舎）出演

11月〜12月　「ロック・イズ・ショック」（ツアー）出演。頭脳警察、安全バンド、エディ藩グループの3バンドのツアー企画。

12月31日〜1月1日
「FLUSHコンサート」（西武劇場）出演。他の出演はキャロル、ファニーカンパニー、クリエイション、かまやつひろし等。「ニューイヤー・ロック・フェスティバル」として現在まで続く内田裕也プロデュースの第1回目。

1974年

メンバーの変遷PANTA(vo・eg)、TOSHI(ds)、悲露詩(eb)～PANTA(vo・eg)、TOSHI(ds)、勝呂和夫（eg)、石井正夫（eb)

5月26日	東大五月祭（東京大学農学部野外ステージ）出演。
6月2日	「扉をあけて!」（日比谷野外音楽堂）出演
7月27日	四人囃子コンサート・ツアー（長野市民会館）ゲスト出演
8月4日	「TWO STEP CONCERT」（日比谷野外音楽堂）出演。共演は山口冨士夫のZOON。郡山で開催された「ワンステップ・フェスティバル」をキャンセルして出演した。悲露詩が「やんちゃな絵留」でボーカルをとる。
9月上旬	『悪たれ小僧』のレコーディング開始。レコーディング序盤に悲露詩が脱退し、勝呂和夫（eg)、石井正夫（eb）が参加する。
9月15日	「エターナル・ウーム・デリラム」（六本木俳優座劇場）出演。他の出演はリトル・ウィング、裸のラリーズ等。解散までメンバーを務める勝呂和夫（eg)、石井正夫（eb）が参加した初ステージ。
9月17日	「第3回FLUSHコンサート」（会場不明）出演。悲露詩がゲストで参加。
11月25日	6枚目アルバム『悪たれ小僧』発売
12月	「夜明けまで離さない/やけっぱちのルンバ」シングル発売。全国キャンペーンを行う。
12月24日	クリスマス・コンサート（日本青年館）出演
12月31日～1月1日	「FLUSHコンサート」（西武劇場）出演。他の出演はクリエイション、フード・ブレイン、イエロー等。

1975年

メンバーの変遷PANTA（vo・eg)、TOSHI（per)、勝呂和夫（eg)、石井正夫（eb)、正岡邦明(ds)～PANTA(vo・eg)、TOSHI(per)、勝呂和夫(eg)、石井正夫(eb)、八木下剛（ds)

1月	NHK「若いこだま」出演
2月6日	（荻窪ロフト）出演
3月21日	（三ノ輪モンド）出演
4月16日	（荻窪ロフト）出演
4月25日	（三ノ輪モンド）出演
5月16日	（荻窪ロフト）出演
5月17・18日	（三ノ輪モンド）出演
5月24日	東大五月祭（東京大学農学部野外ステージ）出演
6月24日	「ロックエリアVol.3」（文京公会堂）出演
7月13日	「TOP FORTY STATION」（伊那市民会館）出演。2003年に発表された『頭脳警察LIVE Document 1972-1975』に収録。
7月26日	「サマーロック・カーニバル」（日比谷野外音楽堂）出演
8月10日	「九頭竜ロックフェスティバル」（福井県大野郡九頭竜スキー場）出演
8月11日	NHK「ヤングジョッキー」出演

8月31日	（下北沢マライカ）出演
9月	（横浜野外音楽堂）出演。他の出演はイエロー等。止岡邦明（ds）の最後のステージ。
9月15日	「田島ヶ原野外フリーコンサート」（埼玉県浦和市田島ヶ原）出演（当日キャンセル）
10月26日	「ロックエリア Vol.4」（日比谷野外音楽堂）出演。八木下剛（ds）が参加した初ステージ。
11月	（三ノ輪モンド）出演。このときの演奏が90年発表の『頭脳警察LIVE!』（SFC）だと思われる。
11月22日	（下北沢マライカ）出演
12月3・4日	（三ノ輪モンド）出演
12月20日	（下北沢マライカ）出演
12月31日	『頭脳警察1』を自主制作で発表
12月31日	頭脳警察解散コンサート（渋谷屋根裏）出演

1981年

8月	『頭脳警察セカンド』再発

1987年

6月	『頭脳警察ベスト』再発

1989年

11月29日	復活に向けリハーサル開始（1年の期間限定で活動を再開）
12月21日	アバコ・スタジオにて『頭脳警察7』のレコーディング開始

1990年

メンバーの変遷PANTA（vo・eg）、TOSHI（per）、藤井一彦（eg）、下山アキラ（eb）、後藤マスヒロ（ds）

1月〜2月	『頭脳警察7』のレコーディング（以降8月まで断続的に継続）
6月15日	頭脳警察復活初ライブ（日清パワーステーション）出演
6月25日	『頭脳警察LIVE!』（SFC）発表
6月30日	「ベルリンの壁崩壊記念コンサート」（川崎CLUB CITTA）出演
8月30日	『頭脳警察7』レコーディング終了
9月21日	『頭脳警察セカンド』『頭脳警察3』『誕生』『仮面劇のヒーローを告訴しろ』『悪たれ小僧』がCDで再発。
9月29日	「オーバー・ザ・ウエイブ」（川崎CLUB CITTA）出演
9月30日	『頭脳警察アナログBOX』発売
10月3日	（新宿ロフト）変名バンド・悪たれ小僧で出演

10月6日	(大阪城野外音楽堂) 出演
10月7日	(大阪バナナホール) 変名バンド・悪たれ小僧で出演
10月21日	「ブラック・リムジン」(日比谷野外音楽堂) 出演。他の出演はGANG ROCKER (THE MODSの変名バンド) 等。
10月28日	「ネルソン・マンデラ支援ライブ」(日大文理学部講堂) 出演。他の出演はシーナ&ロケッツ、THE FOOLS等。THE FOOLSと頭脳FOOLSとしてセッションも行う。
11月2日	(明治大学) 出演
11月10日	(横浜国立大学) 出演
11月11日	ビデオ収録用ライブ (米軍朝霞基地跡) 出演
11月12日	「超非国民集会」(同志社大学) PANTAとTOSHIの二人編成で出演
11月21日	『頭脳警察7』発売
11月24日	(明治大学生田校舎及び法政大学市ヶ谷校舎) 出演
12月8日	(名古屋クアトロ) ニューエスト・モデルのライブにゲスト出演
12月22日	泉谷しげる主催「真夜中の雰囲気一発」(新宿パワーステーション) に出演。ベースは内田雄一郎 (筋肉少女帯) が担当。
12月28日	「ソウルフラワー3DAYS」(大阪アム・ホール) ゲスト出演
12月30日	コズミック・サーカス (天風会館) PANTAのみ出演
12月31日	「ニュー・イヤー・ロック・フェス」(浅草常盤座) 出演

1991年

メンバーの変遷PANTA (vo・eg)、TOSHI (per)、藤井一彦 (eg)、下山アキラ (eb)、後藤マスヒロ (ds)

1月11日	(青森クォーター) 出演
1月12日	(盛岡AUNホール) 出演
1月14日	(仙台青年文化センター) 出演
1月26日	「江戸アケミ一周忌ライブ」(法政大学学生会館) PANTAとTOSHIの二人編成で出演。他の出演は遠藤賢治+TOSHI、KUSUKUSU、TEARDROPS、THE FOOLS、町田町蔵、近田晴夫&ビブラストーン等。
2月4日	「第1回ネオ・アコースティック・ミーティング」(東京芸術劇場) PANTAとTOSHIの二人編成で出演。
2月9日	「東京アコースティック・ナイト」(日清パワーステーション) PANTAとTOSHIの二人編成でシークレット出演。
2月19・20日	(博多Be-1) 出演
2月21日	ライブCD『LIVE IN CAMP DRAKE』及びライブビデオ・LD『万物流転』発売。前年11月11日の朝霞米軍基地跡でのライブを収録したもの。
2月22日	(広島ウッディ・ストリート) 出演
2月23日	「最終指令自爆せよ!」(大阪厚生年金会館) 出演
2月25日	(名古屋クアトロ) 出演
2月27日	「最終指令自爆せよ!」(渋谷公会堂) 出演。復活頭脳警察のラストライブ。
3月	『歓喜の歌』レコーディング開始 (〜4月1日)
5月21日	『歓喜の歌』発売

5月23日	（浅草常盤座）変名バンド・悪たれ小僧で出演。ベースは佐藤研二（マルコシアス・バンプ）が担当。
10月16日	書籍『頭脳警察1972-1991』（宝島編集部編／宝島社）刊行

1993年

11月21日	ベスト盤『頭脳警察1972-1991』発売

1997年

11月21日	『T・レックス・トリビュート・アルバム』に頭脳警察が2曲参加

1999年

12月	フランク・ザッパ7回忌ベストアルバム『PANTA from 頭脳警察 meets フランク・ザッパ』発売

2001年

メンバーの変遷PANTA(vo・eg)、TOSHI(per)、藤井一彦(eg)、JIGEN(eb)、YOSHIRO(ds)

6月9日	「WE ARE THE BRAIN POLICE!」（日比谷野外音楽堂）で再復活。ライブ収録DVDも後日発売される。
8月29日	（名古屋E.L.L）出演。ドラムは後藤マスヒロ（人間椅子）が担当。
8月31日	（大阪BIGCAT）出演。ドラムは後藤マスヒロ（人間椅子）が担当。
9月3日	（福岡DRUM LOGOS）出演。ドラムは後藤マスヒロ（人間椅子）が担当。
9月6日	（東京SIBUYA-AX）出演。ドラムは後藤マスヒロ（人間椅子）が担当。
9月16日	「GLAM ROCK EASTER Vol.15」（渋谷CLUB QUATTRO）PANTAとTOSHIの二人編成で出演。
9月	1990年再結成時のラストライブビデオ『最終指令自爆せよ！』発売

2002年

メンバーの変遷PANTA(vo・eg)、TOSHI(per)、藤井一彦(eg)、JIGEN(eb)、YOSHIRO(ds)

4月28日	「命どぅ宝平和世コンサートVol.13」（上野水上音楽堂）出演。編成はPANTA（vo・eg）、TOSHI（per）、藤井一彦（eg）、JIGEN（eb）。アンコールに佐渡山豊、遠藤ミチロウ、石井正夫が参加。
7月	『頭脳警察1』『頭脳警察セカンド』『頭脳警察3』『誕生』『仮面劇のヒーローを告訴しろ！』『悪たれ小僧』が紙ジャケットで再発（ブザー音なし）。
9月16日	「GLAM ROCK EASTER Vol.16」（渋谷CLUB QUATTRO）出演。編成はPANTA（vo・eg）、TOSHI（per）、藤井一彦（eg）、JIGEN（eb）、大島

晴彦（ds Akima & Neos）

10月25日　「ROCK LEGENDS Vol.2」（東京厚生年金会館）出演。編成はPANTA（vo・eg）、TOSHI（per）、藤井一彦（eg）、JIGEN（eb）、YOSHIRO（ds）。アンコールはPANTA（vo・eg）、TOSHI（per）、森園勝敏（eg）、佐久間正英（eg）、中村真一（eb）、坂下秀実（kb）、岡井大二（ds）による頭脳囃子。

12月8日　「トラ・トラ・トラ2002 弾を浴びた島にパンクを！」（沖縄胡座ピラミッド）出演。編成はPANTA(vo・eg)、TOSHI(per)、藤井一彦(eg)、JIGEN(eb)、YOSHIRO（ds）

2003年

メンバーの変遷PANTA(vo・eg)、TOSHI(per)、藤井一彦(eg)、JIGEN(eb)、YOSHIRO(ds)

4月20日　「WORLD PEACE CONCERT」（日比谷野外音楽堂）出演

4月26日　BOXセット『LIVE Document 1972-1975』発売。頭脳警察の72～75年の未発表ライブCD7枚、未発表映像DVD1枚を収録。

6月8日　「DMX IN YAON」（日比谷野外音楽堂）出演

8月15日　「どうせウソだとわかっているさ！～WAR IS〝NOT〟OVER～」（新宿ロフト）出演。アンコールに遠藤ミチロウとVELVET PAWが参加。

9月　スカパーの番組「ROOTS MUSIC」で収録されたPANTAとTOSHIの二人編成のスタジオライブをDVDで発売。

11月 25日　復刻『幻野』発売。かつて2枚組のアナログ盤で発売された『幻野』が、青池憲司監督のドキュメンタリー映画『日本幻野祭・三里塚』とカップリングしたもの。

12月26日　「浦和ロックンロールセンターPRESENTS」（高円寺SHOW BOAT）四人囃子・安全バンドのライブパーティーにPANTAとTOSHIのみゲスト出演。四人囃子をバックに演奏する。

2004年

8月20日　書籍『頭脳警察』（河出書房新社 著者：須田諭一）刊行。

9月22日　DVD『万物流転 頭脳警察』発売。90年11月の朝霞米軍基地跡でのライブをDVD化したもの。

10月1日　『頭脳警察 Music for 不連続線』発売。DVD『2001 6.9 WE ARE THE BRAIN POLICE! 日比谷野外音楽堂 頭脳警察』発売。

2005年

8月13日　「～戦後60年記念集会・いぎナシッ!?～“日本を元気にした詩”」（日比谷野外音楽堂）に出演。他の出演は遠藤賢司、中川五郎、町田康グループ、セ・シアン（早川義夫・佐久間正英）、福島瑞穂、宮台真司、ピーター・バラカン、高取英、小西克哉、藤井誠二等。

2008年

メンバーの変遷PANTA（vo・eg）、TOSHI（per）、菊地琢己（eg）、中谷宏道（eb）、小柳〝CHERRY〟昌法（ds）、中山努（Key）

5月18日	「Japan RockBand Fes.2008」（日比谷野外音楽堂）に頭脳警察支援・特型〝陽炎〟で参加。他の出演はBLUES CREATION、紫、めんたんぴん等。
6月1日	シングル「時代はサーカスの象にのって」発売
8月2日	「ROCK IN JAPAN FESTIVAL 2008」（国営ひたち海浜公園）出演。他の出演は斉藤和義、筋肉少女帯、エレファントカシマシ等。
9月28日	「TURN ON, TUNE IN, DROP OUT!」（京都大学西部講堂）出演。他の出演はフラワー・トラベリン・バンド等。
11月1日	「頭脳警察 LIVE 2008 in 仙台 時代はサーカスの象にのって」（仙台enn）出演

2009年（頭脳警察結成40周年）

2月	頭脳警察支援・特型〝陽炎〟のワンマンライブ（初台Doors）
6月13日	「奈良前衛映画祭シーズンイベント　頭脳警察復活ライヴ」（NARA STUDIO WALHALLA）PANTA（vo・eg）、TOSHI（per）、菊地琢己（eg）の編成で出演。
7月26日	「FUJI ROCK FESTIVAL '09」（新潟県湯沢町苗場スキー場）出演。他の出演は渋さ知らズオーケストラ、ソウル・フラワー・ユニオン等。
9月20日	「祝デビュー四拾周年 第二回 エンケン純音楽祭り」（渋谷CLUB QUATTRO）PANTA（vo・eg）、TOSHI（per）、菊地琢己（eg）の編成で出演。他の出演は遠藤賢司バンド、ZAZEN BOYZ。
10月3日	「サタデーナイト・ライブツアー（第一夜）」（千葉：ZX WEST）出演
10月10日	「サタデイナイト・ライヴツアー（第二夜）」（越谷：EASY GOINGS）出演
10月17日	「サタデイナイト・ライヴツアー（第三夜）」（さいたま新都心：HEAVEN'S ROCK VJ-3）出演
10月18日	「反戦・反貧困・反差別共同行動 in 京都」（京都円山公園野外音楽堂）出演
10月24日	「サタデイナイト・ライヴツアー（最終夜）」（横浜：B.B.STREET）出演
10月27日	「DRIVE TO 2010『革命の煙突』」（新宿ロフト）出演。他の出演はカーネーション、宙也＋幸也、突然段ボール等。
11月6日	『俺たちに明日はない』発売
11月3日〜29日	「『俺たちに明日はない』CD発売記念全国ツアー」 11月3日（岡山：DESPERADO）、4日（神戸：STAR CLUB）、6日（福岡：Gate's 7）、7日（広島：club cream）、8日（京都：京大西部講堂）、14・15日（東京：初台Doors）、22日（仙台：enn）、23日（新潟：CLUB RIVERST）、27日（岐阜：SoulDyna）、28日（名古屋：ell FITS ALL）、29日（大阪：THE LIVE HOUSE soma）

11月7日	映画『ドキュメンタリー 頭脳警察』(瀬々敬久監督) 公開
12月28日	「COUNTDOWN JAPAN 09/10」(幕張メッセ国際展示場) 出演。他の出演は阿部真央、筋肉少女帯、くるり等。

2010年

2月20日	自伝的小説『頭脳警察 Episode Zero－悪たれ小僧の前奏曲－』(ぶんか社 著者:PANTA) 刊行
3月20日	映画『狂った一頁』(衣笠貞之助監督)×頭脳警察ライブ(初台Doors)出演。2012年にCD化される。
4月25日	「柴山俊之プロデュース～暁のRock'n'Roll Show 横浜七番街の決闘」(横浜:7th AVENUE) 出演
5月1日	「Shinjuku URGA 10th Anniversary Special」(新宿:RGA) 出演
5月3日	「騒-Gaya-祭2010」(京都磔磔) 出演
6月26日	「頭脳警察ワンマン・ライヴ」(初台Doors) 出演
7月3日	「新宿ブルースナイト2010」(新宿大久保公園/シアターパークテント劇場) 出演
7月18日	「ROCK'N'ROLL SUNDAY 2010 Vol.3」(渋谷duo MUSIC EXCHANGE) 出演
8月12日	「GET WELL JOE!チャリティ・コンサート」(原宿:クロコダイル) 出演
8月15日	「どうせウソだとわかっているさ! Vol.7」(渋谷:O-WEST) 出演。他の出演は黒猫チェルシー、戸川純、NOTALIN'S等。
8月21日	「AOMORI ROCK FESTIBAL'10夏の魔物」(青森:つがる地球円形劇場) 出演。他の出演は人間椅子、ホフディラン、灰野敬二、三上寛等。
9月3・4・17・18日	「頭脳警察全曲ライブ」(初台Doors) 出演
10月11日	「ヘッドロック・ナイトVol.56」(新宿ロフト) 出演。他の出演はゲタカルビ等。
11月1日	「頭脳警察vs外道ツアー」(神戸チキンジョージ) 出演。共演は外道。
11月2日	「頭脳警察vs外道ツアー」(大阪:soma) 出演。共演は外道。
11月3日	「頭脳警察vs外道ツアー」(名古屋:Bottom Line) 出演。共演は外道。
11月17日	「頭脳警察vs外道ツアー」(初台Doors) 出演。共演は外道。
11月23日	「ロック革命!大進撃300分!!」(新宿ロフト) 出演。他の出演はキノコホテル等。
11月24日	7CD+2DVD『無冠の帝王－結成40周年記念BOX-』発売
12月10日	「第1回寺山音楽祭 ～Terayama World Music Festival」(初台Doors) 出演。他の出演は山田勝仁、梶芽衣子、なるせゆうせい等。

2011年

2月19日	「伝説のROCK対決 外道vs頭脳警察」(浦和Ayers) 出演。共演は外道。
3月30日	4枚組DVD『頭脳警察 from 全曲LIVE ～反逆の天使～』発売
7月2日	ファン有志主催「頭脳警察ワンマンライブ」(初台Doors) 出演
7月10日	「ZIG ZAG+頭脳警察」(新宿ロフト) 出演。共演はZIG ZAG。

7月17日　「AOMORI ROCK FESTIVAL'11 夏の魔物」（青森：つがる地球村円形劇場）出演。他の出演はくるり、MONGOL800、ザ50回転ズ、三上寛、田口トモロヲ等。

8月15日　「8・15世界同時多発フェスティバルFUKUSHIMA!」（福島市・あづま球場）出演。他の出演は遠藤ミチロウ、グループ魂、渋さ知らズ等。

9月9日　「デリシャ●カーニバルとびだせ！　人間第24回目」（下北沢：CLUB QUE）出演。他の出演はマギー直樹等。

10月26日　「伝説のROCK対決！頭脳警察vs外道ツアー」（神戸：WYNTERLAND）出演。共演は外道。

10月27日　「伝説のROCK対決！頭脳警察vs外道ツアー」（大阪：soma）出演。共演は外道。

10月28日　「伝説のROCK対決！頭脳警察vs外道ツアー」（名古屋：ell.FITSALL）出演。共演は外道。

12月29日　「COUNTDOWN JAPAN 11/12」（幕張メッセ国際展示場）出演。他の出演はザ・クロマニヨンズ、ZAZEN BOYS、スキマスイッチ、チャットモンチー、電気グルーヴ等。

2012年

3月10日　「頭脳警察 対 放蕩息子」（吉祥寺：ROCK JOINT GB）出演。共演はTHE PRODIGAL SONS等。

7月25日　『俺たちに明日はない～SPECIAL EDITION～』発売

2013年

5月31日　「真夜中のヘヴィロック・パーティ」（渋谷：Mt.RAINIER HALL SHIBUYA PLEASURE PLEASURE）出演。他の出演は外道、騒音寺、灰野敬二、非常階段、ROLLY等。

6月2日　「ROCK JOINT GB 5th Anniversary 頭脳警察vsM.J.Q」（吉祥寺：ROCK JOINT GB）出演。共演はM.J.Q。

6月5日　「2013騒音警察LIVE TOUR 頭脳警察/騒音寺」（名古屋：ell FITSALL）出演。共演は騒音寺。

6月6日　「2013騒音警察LIVE TOUR 頭脳警察/騒音寺」（大阪：JANUS）出演。共演は騒音寺。

6月8日　「2013騒音警察LIVE TOUR 頭脳警察/騒音寺」（岡山：Desperado）出演。共演は騒音寺。

6月9日　「2013騒音警察LIVE TOUR 頭脳警察/騒音寺」（京都：磔磔）出演。共演は騒音寺。

7月17日　「朝日のあたる村音楽祭2013」（あさひプライムスキー場特設ステージ）出演。他の出演は竹中直人＆オレンジ気分バンド、友部正人with三宅伸治、木村充揮＋内田勘太郎、エンケンバンド等。

11月2日　「ROCK LEGEND Vol.2～頭脳警察結成45周年に向けて」（渋谷：CLUB CRAWL）出演。

12月11日	「第7回寺山修司音楽祭」（初台Doors）出演。JOJO広重+ファーストサマーウイカ等。『暗転』発売。
12月15日	「69 Paradise」（吉祥寺：ROCK JOINT GB）出演
12月24日	「UNTI X'mas～頭脳警察スペシャル・ナイト」（原宿：クロコダイル）出演

2014年

4月18日	「TELEVISION vs 頭脳警察」（初台Doors）出演
12月24日～	連続公演、「オリジナル〝頭脳警察〟復活祭」他6公演（上野ストアハウス）出演

2015年

4月22日	DVD『歴史からとびだせ』発売
6月28日	「伝説のロッカーたちの祭典スーパー・レジェンド・フェス 2015」（全労済/ホール スペース・ゼロ）出演。他の出演はTHE卍、めんたんぴん、三文役者、外道等。

2016年

2月5日	「～PANTA & TOSHI合同生誕祭～〝頭脳警察2016始動〟ワンマンライブ」（新宿JAM）出演
3月4日	頭脳警察「LOVE.40」（赤坂BLITZ）出演。他の出演はシーナ&ロケッツ、ギターウルフ、CHAPPIES等。

2017年

2月4日	「今日は別に変わらない～頭脳警察合同生誕祭」（新宿JAM）出演
3月12日	「横浜セブンスアベニュー32周年スーパーライブ」（横浜セブンスアベニュー）出演。他の出演は汝、我が民に非ズ等。
5月18日	LA MAMA 35th ANNIVERSARY「第5回渋谷幻野祭」（渋谷La mama）出演。他の出演はD-forces等。
11月26日	PANTAX'S WORLD 2017 FALL TOUR（佐賀ミュージック・フェスティバル）出演
11月27日	PANTAX'S WORLD 2017 FALL TOUR（福岡CB）出演
12月24日	UNTI-X'mas 2017 THE PASSION OF PANTA ～頭脳警察五十周年始動！（渋谷La mama）頭脳警察（PANTA［vo・eg］、TOSHI［per］、菊池琢己［eg］、JIGEN［eb］、森下寿一［Key］、樋口素之助［ds］）出演。他の出演はアキマ・ユニット、モモナシ、ホノオミカ等。

2018年

1月13日　「第七回 真夜中のヘヴィロック·パーティー·プレゼンツ」(渋谷:マウントレーニア・ホール) 出演。他の出演ははちみつぱい。

5月1日　騒音警察 (頭脳警察+騒音寺) (名古屋TOKUZO) 出演。他の出演は首振りDOLLS等。

5月3日　騒音警察(頭脳警察+騒音寺)(京都磔磔)出演。他の出演はKiNGONS、首振りDOLLS等。

5月19日　「ライブハウス横浜セブンスアベニュー3分の1世紀『横浜ロックレジェンド」DAY1』(横浜赤レンガ倉庫1号館3階ホール) 出演。『頭脳警察セカンド』のコンプリートライブ。他の出演はクリエイション、汝、我が民に非ず、近田春夫、フラワーマンバンド等。

7月17日　「頭脳警察 Gemini Theater Opening Special LIVE with 騒音寺」(二子玉川GeminiTheater) 出演。メンバーPANTA (vo・eg)、TOSHI (ds) に加え、騒音寺 (NABE [vo・Hmc]、TAMU [eg]、KOHEY [eb])。

9月2日　「夏の魔物2018 in TOKYO」(お台場野外特設会場J地区) 出演。他の出演はでんぱ組.inc、筋肉少女帯、田渕ひさ子、サニーデイ・サービス等

9月19日　『BRAIN POLICE RELAY POINT 2018/頭脳警察』発売。横浜赤レンガ倉庫と渋谷マウントレーニアホールのライブを収録。

12月3日　TBSラジオ「アフター6ジャンクション」で「頭脳警察特集」が放送される。

12月31日〜1月1日
「46th NEW YEAR WORLD ROCK FES」(銀座博品館劇場) 出演。他の出演は内田裕也 & Truman Capote Rock'n'Roll Band、シーナ&ロケッツ、白竜、TH eROCKERS、活躍中、新月灯花等。

2019年 (頭脳警察結成50周年)

メンバーの変遷PANTA (vo・eg)、TOSHI (per)、澤竜次 (eg)、宮田岳 (eb)、樋口素之助 (ds)、おおくぼけい (Key)、竹内理恵 (sax)

1月1日　「46th NEW YEAR WORLD ROCKFES」(銀座博品館劇場) 出演

1月10日　「遠藤賢司デビュー50周年を祝う!〝男はみんなバカチンだ!〟」(渋谷CLUB QUATTRO) 出演。他の出演はトーベン&トシ、鈴木慶一、直枝政広、フラワーカンパニーズ等。

2月1日　TBSラジオ「アフター6ジャンクション」に出演。ライブを行う。

2月3日　「頭脳警察50周年 OPENING PARTY PANTA&TOSHI69歳=ROCK YEAR 生誕祭」(渋谷La mama) 開催。ゲストは崔洋一監督、大久保ノブオ (ポカスカジャン)、アップアップガールズ (仮)、澤竜次、アキマツネオ、伊東潤、後藤マスヒロ、高垣健、樋口素之助、宮田岳等。

4月7日　「『頭脳警察 揺れる大地に』結成50周年1stライブ〜初の野外天幕に挑む」(新宿花園神社・水族館劇場特設天幕劇場) 出演

4月21日　「アースデイ東京2019」(代々木公園) PANTAとTOSHIの二人編成+

おおくぼけいで出演。他の出演は加藤登紀子、三浦隆一、いとうせいこう等。

4月28日	「頭脳警察〝50th〟&B.Y.G〝50th〟presents#1」(渋谷B.Y.G) 出演
5月6日	「Revolution for Love 浜松」(浜松市窓枠) 出演。他の出演は松本有加、鈴木麻美、ウォン・ウィンツァン等。
5月11日	「頭脳警察〝50th〟&B.Y.G〝50th〟presents#2」(渋谷B.Y.G) 出演
5月25日	「亜無亜危異 presents SHOWDOWN 2019」(京都磔磔) 出演。共演は亜無亜危異。
5月26日	「四日市CLUB ROOTS 1周年×頭脳警察50周年ANNIVERSARY」(四日市CLUB ROOTS) 出演
5月29日	ROLLY・大槻ケンヂの「渋谷うたの日コンサート 2019」(Mt.RAINIER HALL SHIBUYA PLEASURE PLEASURE) にPANTAとTOSHIの二人編成出演。
6月8日	「頭脳警察〝50th〟&B.Y.G〝50th〟presents#3」(渋谷B.Y.G) 出演
7月6日	「頭脳警察50周年vsフラワーカンパニーズ30周年 2マンライブ『50×30絆』」(渋谷La mama) 出演。共演はフラワーカンパニーズ。
7月16日	『乱破』のレコーディング開始(8月3日終了)
7月28日	「頭脳警察×Rama Amoeba 69 Paradise」(吉祥寺ROCKJOINT GB) 出演。他の出演はRama Amoeba、69Paradise等。
9月8日	「アーバンギャルド Presents 鬱フェス2019」(TSUTAYA O-EAST) 出演。他の出演はアーバンギャルド、R指定、眉村ちあき、新しい学校のリーダーズ等。
9月11日	ミュージック・エア「MA HEADLINES」(楽器カフェ) 公開収録に出演。オンエアは14日NACK5にて。
9月18日	『乱破』発売
9月21日	「頭脳警察 結成50周年 2ndライブ」(Mt.RAINIER HALL SHIBUYA PLEASURE PLEASURE) 出演。リクエスト曲を演奏する企画。
9月29日	「中津川THE SOLAR BUDOKAN 2019」(中津川市中津川公園内特設ステージ) 出演。共演は他の出演タイジ&華純連、一青窈等。
11月11日～15日	『夕刊フジ』にて「～ど真ん中から叫んでやる～頭脳警察50年目の真実」が連載される。
11月25日	「頭脳警察結成50周年3rd Right Left the Light ど真ん中から叫んでやる～ライブ」(渋谷duo MUSIC EXCHANGE) 出演。他の出演は玲里、岳竜、Jun Togawa avec Kei Ookubo等。
11月30日	「頭脳警察 ライブin長野」(長野NEON HALL) 出演。他の出演は酒巻裕三、井上淳一等。
12月22日	「UNTI-X'mas 2019 頭脳警察×金属恵比須METAL POLICE」(渋谷La mama) 出演。共演は金属恵比須等。
12月31日	頭脳警察47th ANNIVERSARY YUYA UCHIDA PRESENTS NEW YEARS WORLD ROCK FESTIVAL 追悼内田裕也」(博品館劇場) 出演(ただしTOSHIは休み)。他の出演は内田裕也&Truman Capote Rock'n'Roll Band、シーナ&ロケッツ with LUCY、白竜、活躍中、高木完、TH eROCKERS、亜無亜危異等。

2020年

1月27日　「LIGHTNING　STRUCK　Phase1 〜渋谷大決戦〜」（渋谷O-WEST）ジュリエッタ霧島(eb)で出演。他の出演はウシャコダ、THE TOMBOYS等。

2月2日　「頭脳警察PANTA & TOSHI 70歳＝古希の祝い生誕祭」（渋谷La mama）開催。ゲスト多数。

2月20日　『頭脳警察2020 1st』発売

3月27日　「絶景かな」レコーディング（渋谷La mama）

4月1日　結成50周年YEARの頭脳警察の1年間のライブを記録した写真集『頭脳警察 50TH YEAR PHOTO BOOK』刊行

4月4日　無観客ライブを収録し配信（渋谷La mama）

6月28日〜7月12日

ツイキャス プレミアムで初のライブ生配信（渋谷La mama）

7月18日　頭脳警察結成50周年記念ドキュメンタリー映画『zk/頭脳警察50 未来への鼓動』公開（末永賢監督 新宿K's cinema）。エンディング曲「絶景かな」も同日発売

9月5日　「無機質な狂気第11夜」（配信）（渋谷クラブクアトロ）出演。他の出演は戸川純、汝、我が民に非ズ等。

9月26日　『頭脳警察「背信」LIVE 2020 in 長野』のシークレットライブを配信

10月9日　「頭脳警察『神戸襲来』」（神戸VARIT）出演。他の出演は岳竜。

11月1日　「頭脳警察デビュー50周年記念ライブ第三世界のヘッドロック2020」（二子玉川GeminiTheater）出演

11月30日　「夕刊フジ・ロック『頭脳警察7』コンプリート with BRAINPOLICE UNION」（duo MUSIC EXCHANGE）出演。他の出演はおおくぼけいと建築、FAIRY BRENDA、宮田岳&素之助等。

2021年

1月13日　DVD『zk/頭脳警察50－未来への鼓動－』発売

12月1日　『頭脳警察7 コンプリート with BRAINPOLICE UNION』発売

2022年

6月5日　「『会心の背信』発売記念、PANTA応援ライブP-FES Vol.1」（渋谷La mama）ボーカルは中野茂で出演。他の出演はZUNOmono、みやすこんぶ、おおくぼけいユニット、空に油、FAIRY BRENDA等。

6月10日　『会心の背信』発売（PANTAとTOSHIの二人編成＋澤竜次）

8月15日　『東京オオカミ』のレコーディングリハーサル開始（池の上タカギズホーム）

8月27日　『東京オオカミ』のレコーディング開始（新小岩オルフェススタジオ）

9月20日　DVD『頭脳警察結成50周年1stライブ〜初の水族館劇場野外天幕に挑む「揺れる大地に」』発売

12月25日　「21st UNTI-X'mas 2022」（渋谷La mama）出演。他の出演は鬼怒無月、ヤヒロトモヒロ、トーキョーキラ、仲野茂、アキマツネオ等。

2023年

4月2日　「PANTA応援イベントP-FES 2」（渋谷La mama）頭脳警察×（ボーカル：仲野茂）で出演。他の出演はZUNOMONO、石塚俊明×みやすこんぶ、石塚俊明×おおくぼけい等。

6月4日　「PANTA応援イベントP-FES3 PANTA退院！」（渋谷La mama）頭脳警察×（ボーカル：マリアンヌ東雲）で出演。他の出演はZUNOMONO、ポカスカジャン等。

6月14日　「夕刊フジ・ロック5th Anniversary "Thanks"」（渋谷duo MUSIC EXCHANGE）頭脳警察×（ボーカル：うじきつよし）で出演。他の出演はACTION TYPE-00 SAN SUI KAN MODE、ミッキー吉野、芳野藤丸、山本恭司、玲里等。

7月7日　PANTA永眠

7月15日～22日　映画『zk/頭脳警察50－未来への鼓動-』（新宿K's cinema）上映

9月1日　「頭脳警察PANTAお別れ会『献花式・ライブ葬』」（渋谷duo MUSIC EXCHANGE）

9月14日～10月1日
「PANTA回顧展 頭脳警察・PANTA&HAL・ソロポスター写真展」（ネオ書房＠ワンダーランド神保町）

9月17日、18日　映画『ドキュメンタリー頭脳警察』（ネオ書房＠ワンダーランド神保町）二部作一挙上映。瀬々敬久監督他でトークショーを行う。

10月15日　「頭脳警察によるPANTA追悼トークイベント『東京オオカミ』レコーディングを終えて」（渋谷LA mama）

11月1日　CD『頭脳警察東京三部作』発売

2024年

1月17日　PANTA追悼『ミュージック・マガジン2月増刊号　頭脳警察』発売

2月4日　「『東京オオカミ』発売記念＆PANTA&TOSHI　74歳生誕祭＆頭脳警察55周年開始！＆ミュージック・マガジン『PANTA追悼増刊号』発売記念イベント」（渋谷La mama）開催。出演は頭脳警察（TOSHI、澤竜次、宮田岳、おおくぼけい、樋口素之助、竹内理恵）、アキマツネオ等。

2月5日　頭脳警察最新オリジナルアルバム『東京オオカミ』発売

2月5日より月曜日の計4回、FM COCOLO『J-POP LEGEND CAFE』で頭脳警察『東京オオカミ』特集が放送される。

2月10日～16日　映画『zk/頭脳警察50－未来への鼓動－』（横浜ジャック＆ベティ）再上映

7月7日　DVD『頭脳警察 50 2nd 頭脳警察50周年記念2nd「乱破」発売記念LIVE＆リクエスト・ベストテン』『頭脳警察PANTAライブ葬』発売

7月8日　「七夕忌 PANTA一周忌＆頭脳警察55周年記念ライブ」（渋谷duo xviii MUSIC EXCHANGE）出演。他の出演は鈴木慶一、白井良明・大久保ノブオ、ミッキー吉野、難波弘之、玲里、アキマツネオ、仲野茂、大槻ケンヂ、下山淳、うじきつよし等。

索引

頭脳警察アルバム

PANTAとTOSHIのアルバム

頭脳警察の楽曲

A～Z

あ

か

さ

た

な

は

ま

や

ら

須田諭一（すだ・ゆいち）

1959年生まれ。大学進学予備校の職員を経て、フリーライターへ。90年より「PANTA FAN CLUB」会報紙編集長を約20年間務める。主な編書・著書としては、『プロレスへの遺言状』『非常識』（以上、河出書房新社）、『筋肉少女帯自伝』『上田正樹 戻りたい過去なんてあらへん』（以上、K&Bパブリッシャーズ）、『野村克也 解体新書』（無双舎）、『美しい黒星』（日刊スポーツ）、『子どもと親のためのハチ公物語』『真田幸村 物語』（以上、メトロポリタンプレス）などがある。

増補版
頭脳警察　七〇年代、日本ロック胎動期の証言者たち

2024年7月7日　初版第１刷発行

著者　須田諭一

協力　PANTA 頭脳警察オフィシャル
編集協力　石井康則
田中宏明
岡本恵一
椎野礼仁
石井正夫
写真　斎藤陽一
吉田真啓
水津宏
シギー吉田
田浦薫
加藤孝

発行所　株式会社 皓星社

発行者　晴山生菜
〒101-0051　東京都千代田区神田神保町3-10-601
電話：03-6272-9330　FAX：03-6272-9921
URL http://www.libro-koseisha.co.jp/
E-mail：book-order@libro-koseisha.co.jp

装幀・組版　藤巻亮一／印刷・製本　精文堂印刷株式会社

ISBN978-4-7744-0826-2 C0073

落丁・乱丁本はお取替えいたします。